人文社会科学概论

Renwen Shehui Kexue Gailun

主　编◎童广运

副主编◎丁太魁

参　编◎杜晓霞　梁英平　高永鑫　赵录旺
张智虎　孙倩　张旭　姚挹沣

北京师范大学出版集团
BEIJING NORMAL UNIVERSITY PUBLISHING GROUP
北京师范大学出版社

图书在版编目(CIP)数据

人文社会科学概论 / 童广运主编 . —北京:北京师范大学出
版社,2015.8(2021.8 重印)

ISBN 978-7-303-18416-3

Ⅰ. ①人… Ⅱ. ①童… Ⅲ. ①人文科学—概论 ②社会科学
—概论 Ⅳ. ①C

中国版本图书馆 CIP 数据核字(2015)第 018686 号

营 销 中 心 电 话	010-58802181　58802123
北师大出版社高等教育分社网	http://gaojiao.bnup.com
电 子 信 箱	gaojiao@bnupg.com

出版发行:北京师范大学出版社　www.bnup.com

　　　　　北京市西城区新街口外大街 12-3 号

　　　　　邮政编码:100088

印　　刷:天津中印联印务有限公司

经　　销:全国新华书店

开　　本:787 mm×1092 mm　1/16

印　　张:25

字　　数:450 千字

版　　次:2015 年 8 月第 1 版

印　　次:2021 年 8 月第 5 次印刷

定　　价:39.80 元

策划编辑:刘松弢	责任编辑:马佩林　刘松弢
美术编辑:焦　丽	装帧设计:焦　丽
责任校对:陈　民	责任印制:马　洁

序 一

随着科学技术的进步和社会主义市场经济的发展，科学教育备受青睐，人文教育受到冷落，并随之带来一系列的社会问题，突出表现在高校大学生的世界观、人生观和价值观等方面。高等学校肩负着为社会主义建设事业培养德智体美全面发展的中国特色社会主义事业合格建设者和可靠接班人的时代重任，其所培养出来的学生具有什么样的思想观念和文化精神，具有什么样的文化素养和行为举止，将直接影响到民族的整体素质。因此，加强大学生人文素质教育，对于促进教育思想和教育观念的转变，培养适应 21 世纪需要的高素质创新人才，具有重要意义。

首先，加强大学生人文素质教育是高等学校贯彻党的教育方针的时代要求。中共中央国务院印发的《关于深化教育改革全面推进素质教育的决定》中提出，"高等教育要重视培养大学生的创新能力、实践能力和创业精神，普遍提高大学生的人文素质和科学素质"。《国家中长期教育改革和发展规划纲要（2010—2020）》中也指出，"坚持以人为本、推进素质教育是教育改革发展的战略主题，重点是面向全体学生、促进学生全面发展，着力提高学生服务国家服务人民的社会责任感、勇于探索的创新精神和善于解决问题的实践能力。"因此，加强大学生人文素质教育，从一定意义上讲，就是贯彻党的教育方针，体现育人为本，实施素质教育，解决如何培养以德为先、能力为重、全面发展的高素质人才的重要问题。

其次，加强大学生人文素质教育也是我国高等教育改革发展的必然要求。《教育部关于加强大学生文化素质教育的若干意见》中明确提出要将人文素质教育纳入到高等学校教学改革当中。据此，高校应适应高等教育改革的要求，更新教育思想和教育观念，把提高大学生人文素质作为高等教育改革的重要方向，通过加强大学生人文素质教育，培养既具有扎实的专业知识和较强的专业技能，又具有较高文化科学素养的新型的高素质人才，彻底解决高等教育重理轻文，专业设置过窄过细，学生知识结构失衡、人文素质欠缺等弊端。

再次，加强大学生人文素质教育更是培养高素质创新人才的内在要求。培养创新能力和创新人才需要人文素质和科学素质的融合，要求多学科知识的综合，要求具有复合型的知识结构。实践证明，世界上许多卓有成就的科学家在人文、艺术上都有很高的修养，而且这种修养为其获得杰出成就起着重要作用。钱学森曾经说过，"培养有科学创新能力的人，不但要有科学知识，还要有文化艺术修养。我觉得艺术上的修养对我后来取得的科学成果很重要，它开拓科学创新的思维。现在我要宣传这个，自己在科学上之所以取得如此成就，就是因为我小时候不但学习了科学知识，还学习了艺术，培养了全面素质，因此思路开阔。"因此，高等学校通过加强人文素质教育，促进高技术与高素质的统一，可以培养出既有知识又有能力、既有学术魅力又有人格魅力、既会做事又会做人的创新型人才，实现人才素质的全面提高和人的全面发展。

最后，加强大学生人文素质教育也是师范院校大学生特殊角色的需要。师范院校是培养教师的摇篮。师范院校的学生大多数都是未来的人民教师，他们自身文化素质的高低，对培养下一代社会主义事业合格接班人、提高全民族整体素质有着举足轻重的作用。因此，在师范院校实施人文素质教育更具有其特殊性和迫切性。在师范院校学生中实施人文素质教育，实现学生的全面发展，对培养富有时代特色的新型教师起着重要的作用。

面对高等教育改革的新形势和经济社会发展对高素质人才的需求，高校在推进人文素质教育工作中应把握好以下几点：

一是结合教育教学改革发展的实际，创新教育理念、改革教育方式，大力推进高校文化素质教育工作，在促进人文素质教育和科学素质教育融合方面取得新突破，把"三注重"、"三提高"、"三结合"的要求落到实处，这是实施人文素质教育的前提。

二是要大胆创新，积极探索，构建有利于人文素质教育特别是人文素质教育与科学素质教育融合的教育教学体系，实现第一课堂与第二课堂的有机结合，形成科学与人文并重的大学精神与文化氛围，营造有利于人文素质和科学素质相融合的育人环境，这是实施人文素质教育的内容。

三是要努力提高大学教师队伍的人文素养和科学素养，建设一支师德高尚、业务精湛、素质优良的教师队伍，这是实施人文素质教育的关键。

四是要加强人文素质教育理论研究，特别是研究新形势下人文素质教育的内涵拓展，加强人文素质教育的途径，评价人文素质教育的方法，建立促进人文素质教育持续开展的长效机制，等等，形成具有中国特色的高等学校人文素质教育理念和思想体系，以进一步指导人文素质教育实践的深化，这是实施人文素质教育的根本。

五是要充分发挥人文素质教育基地的作用，建立学校人文素质教育基地，办出特色，起到基地的辐射和示范作用，这是高校人文素质教育工作发展的基础。

童广运同志主编的《人文社会科学概论》，从高等教育改革的方向和大学生全面发展的需要出发，以高等学校课程改革为切入点，结合了当代大学生的特点，选择了与其密切相关的一些主要学科进行介绍，旨在帮助大学生了解和掌握人文社会科学的基本原理和基础知识以及各分支学科的前沿理论，促进大学生人文素质教育的系统化，扎实有效且全方位地提高培养对象的人文素质，具有时代的创新性、知识的科学性、内容的可读性和效果的实用性。该书体例严密，内容广泛，叙述简明，它既是大学生人文素质教育理论研究的成果，也是对各学科领域理论前沿的初步探索，可作为高等学校特别是师范院校开设文化素质教育课程的教材使用。

付建成
陕西学前师范学院党委书记，教授，博士

序 二

20世纪90年代以来，根据《教育部关于加强大学生文化素质教育的若干意见》文件精神，我国高校普遍开展了人文素质教育，这是全面贯彻党的教育方针，推进素质教育，提高教育质量，培养高质量高素质人才的重要举措。实践证明，随着高等教育改革的深入，加强大学生人文素质教育，对促进教育思想和教育观念的转变，推动高等学校人才培养模式、课程体系和教学内容的改革，培养适应21世纪需要的高质量人才具有重要意义，同时对提高大学生的文化素质，提升学校的大学文化品位等方面，起到了重要的促进作用。

大学生的基本素质主要包括四个方面：思想道德素质、文化素质、专业素质和身体心理素质，其中文化素质是基础。这里所说的文化素质教育，重点指人文素质教育。人文素质教育是人格修养、道德品质、文化知识、诚信责任、法律和公民意识诸方面教育的整合体。加强大学生人文素质教育，主要通过对大学生加强文学、历史、哲学、艺术等人文社会科学方面的教育，同时对文科学生加强自然科学方面的教育，以提高全体大学生的文化品位、审美情趣、人文素养和科学素质。加强大学生人文素质教育有助于培养学生的人生观和价值观，有助于培养学生的思维能力和创新意识，有助于学生形成合理的知识体系，形成高尚的情操和健康的人格，对于促进学生的成长成才具有重要作用。

《中共中央国务院关于深化教育改革全面推进素质教育的决定》中提出，"实施素质教育应当贯穿于高等教育等各级各类教育","高等教育要重视培养大学生的创新能力、实践能力和创业精神,普遍提高大学生的人文素质和科学素质"。《国家中长期教育改革和发展规划纲要(2010—2020)》中也明确提出,高等教育改革发展的核心任务是培养人才、提高质量。同时也指出,提高人才培养质量的一个重要途径就是加强大学生人文素质教育,促进文理交融。这就为高校进一步推进人文素质教育指明了方向。因此,加强大学生人文素质教育既是高等教育贯彻党的教育方针的时代要求,也是高等教育自身改革发展的必然要求,同时也是高等教育培养高素质创新人才的内在要求。

新时期,高等院校加强大学生文化素质教育,应注重以下几个方面工作:

一是推进文化素质教育与大学文化建设的结合。大学具有文化传承与创新的社会功能。大学文化是大学的灵魂,大学文化中所沉淀的人文底蕴是人文素质教育的丰厚土壤,对于学生陶冶情操、砥砺德行、磨炼意志、价值塑造具有重要作用。在人文素质教育中要加强大学文化建设,营造有利于人文素质和科学素质相融合的育人环境,使学生受到人文精神和科学精神的熏陶。

二是加强文化素质教育课程建设。科学构建人文素质教育选修课的课程体系,有计划的开设人文系列讲座,同时加强对文化素质教育的研究,组织专家编写教材,积极开展人文素质教育活动,构建有利于人文素质教育和科学素质教育相融合的教学体系,实现第一课堂与第二课堂的有机结合。

三是将人文素质教育与专业知识传授紧密相结合。以人才培养为根本任务的高校,应自觉地把人文素质教育贯穿于人才培养的全过程,将人文精神和科学精神的培养贯穿于专业教育始终,同时充分挖掘和发挥专业课对学生文化素质养成的潜移默化作用。

童广运同志编著的《人文社会科学概论》一书,可以说是适应了高等学校人才培养模式创新、课程体系改革、教学内容改革以及培养高素质人才的需要,在普及人文社会科学知识、介绍人文社会科学的研究方法、培养学生的人文素养等方面进行了有益的探索,对培养学生的人文精神和社会科学思维方法,拓展人文素质教育知识体系的建构,塑造理性、人文和科学三位一体的思维方式、独立精神和批判意识,提高文理互补互渗的理性认识和实践能力具有积极的促进作用,是一部不乏创意的大学生人文通识入门教材,可供高校相关专业教师以此为基本线索分若干专题开设讲座或选修课。

王志刚

陕西学前师范学院院长,教授、博士

目　录

绪论　人文科学的历史与现状

人文社会科学是人文科学和社会科学的总称。人文科学是指以人的生存价值和生存意义为研究主题的学科。社会科学是以人类社会现象为研究对象的科学。人文社会科学是人类了解社会和认识自身的思想成果，是在社会生活、生产和科学实验实践中对社会现象发展规律、人类自身生存价值、生存意义的概括和总结。人文社会科学的产生和发展以不同的方式通过各种途径影响物质文明建设、精神文明建设、社会制度变革、经济体制状况，影响着人们的思维方式、行为方式、感情方式、生活方式、交往方式。今天的人文社会科学几乎渗透到社会生活的一切领域，新的人文社会科学发展正变革着世界。因此，关注人文社会科学的变化发展、研究其发展规律、应用其最新成果、钻研其专业知识已经成为人们的迫切需要。由于人文社会科学是一个庞大的知识群，在学习了解人文社会科学的各门专业知识之前，需要对人文社会科学的研究对象和基本特征、人文社会科学的分类原则、体系结构、社会功能、发展趋势和特点等进行概括地了解学习。

第一节　人文社会科学的性质

一、什么是人文科学？什么是社会科学？

"科学"一词由近代日本学者初用于对译英文中"science"及其他欧洲语言中的相应词汇，欧洲语言中该词来源于拉丁文"scientia"，意为"知识""学问"，在近代侧重关于自然的学问。明治时代日本启蒙思想家使用"科学"作为"science"的译词。到了 1893 年，康有为引进并使用"科学"二字。此后，"科学"二字便在中国广泛运用。在中国古汉语中科学一词意为"科举之学"。

科学是指反映人们对自然、社会、思维等的客观规律的分科的知识体系。它一般是指由权威学者、组织和机构经过实践、论证所得出的具有普遍性、必然性的数据，并通过一系列技术完善、确认、推荐、宣传、传授和捍卫的一种广泛领域的理论体系、知识体系。也指人类为了论证自然现象、文艺学术、宏观发展而造就的一个具有广泛领域的综合性学术名词。

中文中的人文一词，最早出现在《易经》中贲卦的彖辞："刚柔交错，天文也。文明以止，人文也。观乎天文以察时变；观乎人文以化成天下。"关于这个词的注解有很多，宋代程颐《伊川易传》对此的解释是："天文，天之理也；人文，人之道也。天文，谓日月星辰之错列，寒暑阴阳之代变，观其运行，以察四时之速改也。人文，人理之伦序，观人文以教化天下，天下成其礼俗，乃圣人用贲之道也。"（见《伊川易传》卷二）一般认为，中国传统的人文概念是指人的各种属性。到了近代，人文这个词被用来翻译 Humanism，也就是人文主义，这个词是欧洲文艺复兴时期一些知识分子，在超越和反对中世纪欧洲宗教传统的过程中，以古希腊、罗马文化为学习典范，以此回归世俗。这些人就被称为"人文学者"，到 19 世纪的欧洲又有人文学科，20 世纪英美的大学里面开始出现人文学科。人文学科的意思不是说人文的东西用一种科学的理论来解释，而是说对于人的各方面的一种求知，对于人的知识的一种探讨。

"社会"一词的定义首先是指由一定的经济基础和上层建筑构成的整体。也叫社会形态。原始共产主义社会、奴隶社会、封建社会、资本主义社会、共产主义社会是人类社会的五种基本形态。它还泛指由于共同物质条件而互相联系起来的人群。美国生物学家威尔逊（Edward O. Wilson）对社会一词的定义是："A group of individuals belonging to the same species and organized in a cooperative manner.""belonging to the same species"可以翻译成"同种"。"individuals"是生物体，个体，包括动物和植物。所以威尔逊的定义可以翻译成："一群以协作方式组织起来的同种生物。"

现在世界各国对科学的理解大体上有两种：一是英美的科学概念，认为科学应是具有高度的逻辑严密性的实证知识体系，它必须同时满足如下两个条件：第一，具有尽可能的严密的逻辑性，首先是能公理化，其次是能运用数学模型，至少也要有一个能自圆其说的理论体系；第二，能够直接接受观察和实验的检验。二是德国的科学概念，认为科学就是指一切体系化的知识。人们对事物进行系统的研究后形成了比较完整的知识体系，不管它是否体现出像自然科学那样的规律性，都应该属于科学的范畴。按照英美的理解，只有自然科学属于严格意义上的科学，社会科学勉强可以算科学，而人文方面则不能看成是科学。因此，英美等国把所有的学科分成为三类：自然科学、社会科学和人文学。人文学只能是学问，是一门学科，不能称之为科学。但按照德国的理解，则人文科学也应当属于科学。德国人把所有科学只分为两类：自然科学和精神科学（或文化科学）。显然，这里的精神科学或文化科学包括我们现在所说的社会科学和人文科学。自然科学是指研究自然界的物质结构、形态和运动规律的科学。

　　具体地说，所谓人文科学，是指一些以人的内心活动、精神世界以及作为人的精神世界的客观表达的文化传统及其辩证关系为研究内容、研究对象的学科体系，它是以人的生存价值和生存意义为学术研究主题的学科，它所研究的是一个精神与意义的世界。人文科学原指同人类利益有关的学问，有别于在中世纪教会中占统治地位的神学。它是以观察、分析及批判来探讨人类情感、道德和理智的各门学科（哲学、文学、艺术、历史、语言等）和知识的总称。后来含义几经演变，其狭义指对拉丁文、希腊文、古典文学的研究，包括哲学、经济学、政治学、史学、法学、文艺学、伦理学、语言学等。人文科学是一门最古老的学科，从某种意义上说，人类最早的学问就是人文科学。古人把人类的各种学问都统一称之为"智能之学"，或曰"哲学"，其实就是人文之学。从人类科学史来看，人文科学早于社会科学，并曾经包容过社会科学，这种状况至少延续了几百年。

　　所谓社会科学是一种以人类社会现象为研究对象的科学，如政治学、经济学、军事学、法学、教育学、文艺学、史学、语言学、民族学、宗教学、社会学等，其任务是研究并阐述各种社会现象及其发展规律。从上述定义看出人文科学和社会科学难以明确区分，二者都与人类的教养和文化、智慧和德行有关。其区别在于人文科学直接研究人的需要、意志、情感和愿望，强调人的主观心理、文化生活等个性方面；社会科学强调人的社会性、关系性、组织性、协作性等共性方面。社会科学的形成远远迟于自然科学和人文科学，从具体时间来看，社会科学中的经济学、社会学、政治学等以经验的方法对社会进行实证研究的学科都是从18世纪中后期才开始独立出来，到19世纪才逐渐建立起自己的系统的理论结构。社会科学的出现是欧洲社会大变革的产物，是工业化、城市化的产物，是近代以来西方自然科学与技术变革兴起与迅速发展的产物。

二、人文社会科学与自然科学的区别与联系

　　人文社会科学与自然科学的关系在本质上取决于社会规律与自然规律的联系与区别。人文科学和社会科学越是远离物质领域而趋近精神领域，其包含的自然科学内容就越隐蔽。传统的观点认为，社会规律与自然规律是两种不同类型的客观规律，各自有着完全相反的逻辑方向，现代的观点认为，人类本身是从自然物质进化而来，伴随并制约人类运动与变化的社会规律必然是从自然规律进化而来，两者肯定存在着某种逻辑联系和内在一致性。事实上，人文社会科学与自然科学关系是既相互联系，又相互区别。

　　人文社会科学与自然科学区别有：

　　第一，从研究方法角度看。自然科学是以实证说明为主导的理性方法，

而人文学科更多地使用内省、想象、体验、直觉等非理性方法。自然科学和人文学科可以互相补充，因为它们在探究和解释世界的方式上存在根本区别，它们属于不同的思维能力，使用不同的概念，并用不同的语言形式进行表达。科学是理性的产物，使用事实、规律、原因等概念，并通过客观语言沟通信息；人文学科是想象的产物，使用现象与实在、命运与自由意志等概念并用感情性和目的性的语言表达。人文社会科学的主体性、个别性、独特性、丰富性特征，要求认识主体具备把握意义世界的主观感悟能力，而这种能力的形成与个体的生活经历、生命体验密切相关，人文社会科学的认识活动因而带有个体性与差异性特点。因此，一些哲学家认为解释学能够提供适合人文社会科学的客观性的方法论。自然科学和人文学科的区别在于其分析和解释的方向。科学从多样性和特殊性走向统一性、一致性、简单性和必然性；人文学科则突出独特性、意外性、复杂性和创造性。

第二，从研究手段角度看。自然科学通常使用实验手段，在人为控制条件下，使研究对象得到简化、纯化和强化，使对象的属性及其变化过程重复出现，从而观察和认识研究对象，达到客观统一的认识。而人文社会科学很难使用实验方法，即使社会科学研究中采用的"试验"、"试点"，也总是随时间、地点和具体对象而改变，很难做到研究对象的简化和纯化，也不可能使研究对象的属性重复出现，与自然科学研究中的实验大相径庭。此外，数学方法是自然科学研究中普遍使用的基本方法。但由于人文社会科学现象的复杂性，至今只有经济学、社会学等个别社会科学门类，采用数学方法作为辅助研究手段。至于人文现象，更难以量化和纳入数学模型，很少有采用数学方法进行研究的成功案例。

第三，从研究目的角度看。自然科学主要是在认识论框架下展开的，目的在于揭示自然界的本质与物质运动的规律，追求认识的真理性，试图规范和指导改造自然的实践活动，造福人类。工具理性维度构成自然科学的核心，价值理性维度多在自然科学视野之外。人文社会科学主要是在价值论框架下展开的，目的在于通过对人类文化与社会本质、发展规律的研究，丰富人类精神世界，提升生活质量，指导改造社会的实践活动，兼具工具理性与价值理性。人文社会科学不仅有助于营造一个促进经济与社会发展的和谐环境，而且注重探讨与人类生存、发展、幸福有关的价值与意义。"如果人文科学想要求得自身的生存，它们就必须关心价值。这种关心是人文科学与自然科学的最明显的区别。"

第四，从学科属性角度看。自然科学具有客观性和真理性，忽视价值判断，可为任何阶级、民族和国家服务。自然科学内部不同学派之间的争论，多是基于认识差异上的学术争论，一般不涉及阶级偏见。而在人文社会科学活动中，认识者往往既是认知主体，又是被认知的客体。作为主体，他能认识客体与自己；作为客体，他是人生意义的产生者、民族文化的承担者、社会活动的参与者、自我认识的历史存在。人文社会科学是真理性、价值性与艺术性的统一，多属社会意识形态，往往程度不一地打上阶级或民族的烙印，难以毫无差别地为一切阶级、民族和国家服务。因此，人文社会科学比自然科学更多地受到统治阶级的干预和控制。正如贝尔纳所说："社会科学的落后主要不是由于研究对象具有一些内在差别或仅仅是复杂性，而是由于统治集团的强大的社会压力在阻止着对社会基本问题进行认真的研究。"人文社会科学工作者总是从属于一定的阶级、民族和国家等利益集团，与人文社会现象之间存在着或多或少的利害关系，研究成果往往透着各自的知识背景、价值观、民族文化传统，带有阶级倾向性。这也就是为什么世界上只有一种物理学、化学、天文学，却并存着多种哲学、历史学、法学的原因。

第五，科学研究在组织形式。自然科学研究以集体劳动为主，人文社会科学研究以个体劳动为主。自然科学的时代性较弱，继承性较强；人文社会科学的时代性较强，继承性较弱。自然科学体现的是一种以探索、求实、批判、创新为核心的科学精神；人文社会科学体现的是以追求真善美等崇高的价值理想为核心，以人的自由和全面发展为终极目的的人文精神。

总之，人文社会科学与自然科学在许多方面都存在着差异，这里远未穷尽它们之间的差别，正是这些差异使人文社会科学成为与自然科学相区别的相对独立的知识体系。

人文社会科学与自然科学的联系主要表现在以下几方面：第一，由于所有人文社会规律的本原都是自然规律，则所有人文社会科学均可以把其假设前提建立在自然科学基本公理的基础之上，以完全消除可能存在争议的主观假设。第二，由于人文社会规律综合体现了多种自然规律的具体内容，则所有人文社会科学均可综合地采用各种自然科学的方法来描述。第三，由于人文社会规律在开放系统的整体效应上体现了自然规律的发展方向，则人文社会科学在整体上可以看作是自然科学的特殊组成部分，且其最终归宿是自然科学化。第四，由于人文社会规律在更高的逻辑层次上来体现自然规律的客观内容，则人文社会科学要比一般的自然科学具有更大的抽象性，并遵循更为复杂的逻辑法则。当科学技术和人的思维能力处在较低水平时，人们不能正确反映具有较高抽象性的人文社会规律，既不能把人文社会规律的研究建立在基本公理基础之上，也不能进行较为复杂的逻辑推理，为此人们不得不做一些大胆的主观假设和主观判断，以消除大量不确定变量，简化人文社会科学的研究程序，这就决定传统的人文社会科学具有较多的主观假设前提和较少的基本公理。第五，由于人文社会规律以更大的偶然性和波动性特征来体现自然规律的必然性特征，即人文社会规律往往需要通过很多偶然的而又不可逆转的社会事件才能体现出来，人文社会科学所阐述的各种人文社会规律往往不容易得到实证，这就决定了人文社会科学具有较强的思辨性而较弱的实证性。第六，由于人文社会规律以更多的模糊性和混沌性特征来体现自然规律的确定性特征，即各种人文社会规律由于变量太多、太复杂往往不容易清楚而准确地呈现在人们的面前，人们通常只能进行不精确的定性分析。其结果是，根据相同的社会事件，人们可以从不同的观察角度，总结出若干不同的甚至是完全对立的社会规律，形成不同的甚至是完全对立的社会科学理论，而且彼此都没有充分的理论根据来论证自己的观点或驳倒他人的观点，这就决定了社会科学具有较高的模糊性、多样性和矛盾性，具有较低的精确性、单一性、同一性。第七，由于社会规律以更充分的主动性和创造性特征来体现自然规律的客观规定性特征，即人不仅能够被动地适应环境，而且能够积极主动地选择环境、改造环境和创造环境，在一定程度可以根据自身的主观愿望或利益关系灵活地选择和运用社会规律，并进行一些主观假设与模糊判断，这就决定了人文社会科学具有较为强烈的主观意志性、情感倾向性和阶级性，具有较少的客观性、理性和公正性。

人文社会科学与自然科学的联系还表现在二者对于人类社会同样重要，对于人文社会科学与自然科学的协调发展，无论从理论上还是从实践上看都是极为重要的。事实已经证明，自然科学越发展，人文科学和社会科学越重要。根本的原因在于，自然科学和技术发展所引发的问题超出了自然科学范围，绝大部分是人文社会问题。例如，从世界范围看，当代科技革命促进了世界的发展，可当代自然科学发展的技术应用不当，也引发了所谓全球性问题，包括各种各样的危机，如能源危机、人口危机、生态危机，等等。这些问题不少是人文问题、社会问题，属于人文社会科学研究的范围。也就是说，当代自然科学的应用不当，即技术化过程所引发的负效应，超出了单纯自然科学和技术研究的范围，没有人文社会科学的参与，是不能正确认识和解决的。发展科学技术固然重要，但社会主义社会的发展，同样要重视人文科学、社会科学，重视人文科学、社会科学的理论创新。理论创新是制度创新、科技创新、文化创新的先导。社会主义不是固定不变的，是需要不断改革的社会。它在整个发展中会遇到许多新问题，需要人文科学、社会科学理论的创新。苏联解体的一个重要原因在于其人文科学、社会科学理论的长期混乱，面对新的国际和国内矛盾提不出创新的马克思主义理论，而是在貌似创新的新思维下背离社会主义道路。中国则不同，改革开放30多年以来取得的伟大成就，当然与我们的科技发展密切相关，可是提出改革开放战略思路并不是根据自然科学原理，而是着眼于马克思主义与中国实际的结合，着眼于马克思主义的中国化，其中许多问题的研究是靠人文社会科学工作者的共同努力完成的。强调要深入认识人类社会发展规律，认识社会主义建设的规律，认识共产党执政的规律，这三大规律的研究都是属于社会科学的问题。要运用马克思主义的立场、观点、方法来进行人文社会科学的研究，要以有中国特色社会主义理论体系来统领我们的社会科学。如果我们的社会科学研究和成果，能发挥认识世界、改造世界、推动历史发展和社会进步的作用，能对关系党和国家发展的前瞻性、全局性、战略性问题，对干部和群众关心的理论和实际问题的回答在不同程度上做出贡献，能在认识世界，传承文明，创新理论，资政育人，服务社会方面发挥作用，就能从根本上扭转从资本主义工业化开始的向自然科学技术自发倾斜甚至科技与人文对立的倾向。

人文科学与社会科学之间的关系是相当复杂的，它们之间既有区别又有联系。它们的区别主要表现在：

第一，研究对象的不同。人文科学研究的是人的观念、精神、情感和价值，是"人"的精神世界及其所积淀下来的文化，是"人文世界"，所面对和解答的是关于人的生存与关怀，人的信仰与情感，人的自由与幸福，人的价值与发展等问题。人文科学的价值不在于提供物质财富或实用的技术，而在于为人类提供一个意义的世界，守护一个精神的家园，使人类的心灵有所安顿、有所依归。而社会科学研究的是"社会"，如果说人文科学是研究人的主观世界和人类的精神文化的话，那么社会科学关注的中心则是客观的人类社会，它是外在于具体个人的，即社会现象及其运动规律，作为社会科学对象的社会客体的基本内容包括社会本质与规律，社会机制与动力，社会结构与功能，社会形态与发展等方面。社会科学通常要面对和探索的是社会的运行、组织、调控、管理、规范和发展之类的社会性问题。经济学、政治学、法律学、社会学等社会科学，从各自不同的角度对人类社会进行研究，它们对经济、政治、法律、社会进行分门别类的或整体的考察，对人类社会的结构、功能、机制、变迁、动因等进行深入研究，目的在于获得关于人类社会运行与发展的系统知识和理论，使人类能够更好地、更有效率地管理社会。

第二，研究方法的不同。人文科学的研究方法主要是意义分析的方法，是一种解释的方法，而社会科学则较多的引进了自然科学的方法，实证的方法。人文科学是指一些以人的内心活动、精神世界以及作为人的精神世界的客观表达的文化传统及其辩证关系为研究内容、研究对象的学科体系，它是以人的生存价值和生存意义为学术研究主题的学科，它所研究的是一个精神与意义的世界。人文科学由于以人为根本的出发点、归宿点和价值取向，它要认识和理解的是人的情感、心态、信仰、理想、意义、文化等问题，因而应当采取人学本体论的立场、观点和方式进行认识。感悟、反思、直觉、情感思维、价值分析、自由联想等内在必然地构成了人文认识的基本和主导型的方法，而客观实证和定量分析只能作为一种必要的补充和参考。社会科学是一种以人类社会为研究对象的科学。社会客体一般具有近似于客观实在性的常态性和某种程度的运动周期性，主体可以对其在一定层面上进行某些观察和试验，因而作为社会客体建构的社会科学在很大程度上是可以形式化、定量化和公理化的。研究者为了客观、精确的解释和把握社会的本质和规律，必须广泛运用各种定量分析和数学方法，通常它包括经济学、社会学、政治学、法学等。

第三，历史不同。人文科学是一门最古老的学科，从某种意义上说，人类最早的学问就是人文科学。古人把人类的各种学问都统一称之为"智能之学"，或曰"哲学"，其实就是人文之学。从人类科学史来看，人文科学早于社会科学，并曾经包容过社会科学，这种状况至少延续了几百年。社会科学的形成远远迟于自然科学和人文科学，从具体时间来看，社会科学中的经济学、社会学、政治学等以经验的方法对社会进行实证研究的学科都是从 18世纪中后期才开始独立出来，到 19 世纪才逐渐建立起自己的系统的理论结构。社会科学的出现是欧洲社会大变革的产物，是工业化、城市化的产物，是近代以来西方自然科学与技术变革兴起与迅速发展的产物。

第四，研究成果的区别。社会科学成果由于是对客观、稳定、持续的社会现象及其运动规律的确切反映，它们一般应具有不同于日常生活语言的语义的确切性，语词的单一性和语言的国际性，公理化、形式化、定量化应是它追求的基本目标。人文科学成果由于是对价值性、精神性和心态性的人文世界、人文文化的表征和建构，它在本质上是对现实世界的某种批判、拓展和超越，因而人文科学成果无论从内容还是形式上，都应表现民族风格、日常介入、个体体验、价值自觉、主体意向等特点。

第五，研究价值的区别。在价值目标上，社会科学的目标定位在探求社会运动规律，改造社会现实状况和建构合理的社会世界上；而人文科学的价值目标则应是洞悉价值真谛，解释文化意义，提升人生质量和建构理想的人文世界。在价值功能上，社会科学的作用范围是提供决策咨询，调节社会运行，协调社会关系和促进社会发展，其价值功能主要集中定位在改善社会管理和推进制度文明建设方面；人文科学的作用在于关怀人的生存与价值，优化人的心理与人格，增进人的自由与幸福，其价值功能主要定位在促进人的身心发展和指导文化建设方面。在价值评价上，对社会科学的评价应坚持功利和实效标准，即主要以其对经济发展，制度文明，管理效益的作用大小来判断社会科学理论和方法的是非与得失；而对人文科学的评价则应坚持主体和精神标准，即主要以其对人的关切、完善、幸福与发展的作用和对社会的精神文明的影响效应作为评价的根本标准。在价值实现上，社会科学是要采取有效措施促使其向领导决策、方针政策、管理效益和制度文明转化，人文科学是促使人文科学向人的自由幸福，人的人格发展和社会的精神文明转化。同时也应当看到，社会总是人文化的社会，人文也总是社会化的人文，在人文科学与社会科学之间并不存在一条绝对分明的鸿沟。

但是，人文科学与社会科学的密切联系大大超过了它们之间的区别，而其根本原因在于它们的研究对象虽然能够作某种程度的区分，但本质上却是密切联系在一起的。其表现是：

第一，社会归根到底是由人构成的，任何社会现象终究是通过人的社会行为或社会活动来表现的，离开了人就谈不上什么社会，也不可能有什么社会现象。人是一种特殊的自然物，它既不是简单的生物体，也不是没有生命的物理实体，人不仅具有自己的目的和意志，是一个不断追求自己理想和价值的个体，而且在他身上承载着悠久的历史文化传统，承载着人类全部的价值与意义。因此，由这样的"人"所组成的"社会"，以及由这样的人所开展的各种社会活动，我们实际上是无法分清什么是"人文"，什么是"社会"的。正如著名学者让·皮亚杰所说："在人们通常所称的'社会科学'与'人文科学'之间不可能做出任何本质上的区别，因为显而易见，社会现象取决于人的一切特征，其中包括心理生理过程。反过来说，人文科学在这方面或那方面也都是社会性的。只有当人们能够在人的身上分辨出哪些是属于他生活的特定社会的东西，哪些是构成普遍人性的东西时，这种区分才有意义。"因此，尽管把人文社会科学区分为人文科学与社会科学，在理论上是必需的，但在实际操作中却相当困难。因为人文科学与社会科学之间的界限在具体问题上往往是模糊不清的，很多人文社会科学中的界限在具体学科是属于人文科学还是属于社会科学，历来存在着相当大的争议。著名的《大不列颠百科全书》在"社会科学"条目中列举了 8 个学科，即经济学、社会学、政治学、人类学（指社会及文化人类学）、心理学（指社会心理学）、地理学（指社会及经济地理学）、教育学（指学习与社会的关系、学校与社会制度的关系的研究领域）、历史学（介于社会科学与人文科学之间的学科）。而在联合国教科文组织出版的《社会及人文科学研究中的主流》中则列举了 11 个学科：社会学、政治学、心理学、经济学、人口学、语言学、人类学、史学、艺术及艺术科学、法学、哲学。并认为前 5 种学科属于社会科学，后 6 种属于人文科学。这说明，人文科学与社会科学之间确实有某种难以割裂的内在联系。例如，历史学就是一门兼有人文科学与社会科学双重属性的学科，从研究对象看，历史学无疑属于社会科学，但从研究的主旨和研究方法看，历史学更属于人文科学。再如法律学属于人文科学还是社会科学也长期存在着很大的争议，从研究对象看法学同样属于社会科学，但从方法看它更接近人文科学。再如哲学是否属于人文科学，心理学是人文科学还是社会科学或者是自然科学等，都是长期存在争论的问题。正因为人文科学与社会科学之间关系如此难以区分，所以人们更经常的是把两者合在一起，称之为人文社会科学。

第二，人文社会科学研究中的实证研究方法主要来自自然科学。由于自然科学研究方法的确定性，使人们长期以来一直希望在人文社会科学研究中也能运用自然科学的研究方法。20世纪以来，自然科学的方法在社会科学中的运用越来越广泛。数学方法被大量应用于经济学、社会学、政治学；系统论、信息论等新兴学科的方法也被大量运用于社会科学领域。使用数学方法进行定量研究被认为是一门科学具有更为完备形态的重要标志。因为客观世界既包括自然现象，也包括人类社会，它们都有量的规定性。人类社会生活中存在着大量的资料，它们反映了社会现象中复杂的数量关系和结构，掌握了这些资料并运用数学工具加以分析，就可能对社会现象进行更加深入的研究。人文社会科学研究只有以大量数量资料为依据，才能真正从传统的定性研究转向定量研究，使定性研究与定量研究相结合，从而使这门科学获得更加完备的科学形态，使人们对社会现象的认识能够更加精确。20世纪的人文社会科学研究成果表明，在人文社会科学研究中使用定量研究的方法越来越多。大量使用定量研究方法已经成为一种普遍的趋势与潮流。人文社会科学在收集、整理资料以及分析资料工作方面，之所以能够摆脱传统的手工作业方式，转而大量使用数学方法，得益于现代电子计算机的出现和普及运用。计算机使人们从大量简单的重复劳动中解放出来，为人文社会科学研究中大量应用数学方法创造了条件。数学模型在近年来也引起了社会科学家的极大兴趣。人们希望通过对社会有关实际问题的资料进行分析，找出一些社会现象在资料上的关系，建立合适的数学模型，然后求解并对这种数学解做出理论上的解释与评价。数学模型方法应用最多的是经济学。例如，经济学中的投入—产出模型、最优化模型、经济预测模型等。这种数学模型方法在社会学、心理学、政治学中也有相当的应用。甚至在人文科学中，这种数学模型方法也可以在一定程度上进行应用。例如，在史学中，由于史料记载的缺漏、不连贯和真伪混杂难辨，给运用一般的数学方法带来了很大困难，于是，史学工作者引入灰色系统方法，利用分布在历史不同时间点上的白色资料，建立起时间连续的动态模型。即使是在文学研究中，这种自然科学的实证研究方法的渗透也是不可忽视的。例如，在文艺研究中，人们引进统计学的方法，研究作品中的人物关系、作家的语言风格等。当然，对于文艺研究来说，运用自然科学的方法相对来说要困难一些。

第三，学科的深度分化、高度综合与科学一体化。从学科本身来看，学科际沟通与范式转换表现为人文社会科学各学科的深度分化、高度综合和科学一体化发展。学科分化，是指某门学科发展成若干相互联系而又相互独立的分支学科，它既是人类科学认识运动由粗略到细致、由浅入深的体现，又是新分支学科产生的重要形式。学科分化有两种方式：一是"深层局部对象研究的分化"，即对原学科研究对象进行深入一个层次的研究，建立若干分支学科，分别研究深层的不同研究对象；二是"同层侧面研究的分化"，即在同一层次的领域内，各个方面内容分别开来作为不同的独立研究对象，对各个方面进行深入细致的研究而形成若干新的分支学科。人文社会科学之所以出现学科分化，主要是由于人文社会世界的层次和运动具有无限的多样性。每一层次和每一运动形式都各有其独特的性质，这种特殊性为学科分化提供了客观依据。

学科综合，是指两门或两门以上独立的学科，通过相互影响、相互渗透而形成一门具有新的规范的新兴学科。学科综合是从若干方面的局部性认识发展成为某一特定的新的、整体性的认识，是对研究对象的不同特性、不同功能、不同关系进行整体的综合的研究。因此，它不是各专门学科知识的简单的机械的累积和叠加，而是多种学科知识结合的结果，是新的科学规范的创生。现代学科的综合，主要表现为包括边缘学科、横断学科、综合学科在内的交叉学科的不断涌现，它具有多种形式：有相邻学科之间的交叉，也有远缘学科之间的交叉；在同一层次学科之间的交叉，也有数门学科之间的交叉；有传统学科之间的交叉，也有传统学科与交叉学科之间的交叉；有人文社会科学内部学科之间的交叉，也有人文社会科学与自然科学之间的交叉等。学科交叉的方法主要包括移植法、杂交法、提升法、横断法、综合法。移植法是把某一门学科的范畴、原理、方法移植到另一门学科，如将哲学中的矛盾分析法移植到社会学、政治学、军事学等学科。杂交法是由两门学科的研究领域互相融合而产生独立于母学科的学科，如经济学与伦理学的杂交形成经济伦理学。提升法是用高一层次的学科理论研究某一学科而产生的新学科，如用哲学研究科学，产生科学哲学。横断法是通过概括不同领域中一类现象的规律，而产生横跨几个领域的横断学科，如系统论、控制论、信息论等。综合法是运用多种学科的理论和方法研究某一特定对象或领域而产生的综合学科，如环境科学、生态科学等。

学科分化与综合是互为前提、互为基础、相互促进的。在现代，各具体科学愈益呈现出汇流之势，不仅存在着从自然科学奔向人文社会科学的潮流，而且也存在着人文社会科学奔向自然科学的潮流，这两股潮流已经汇合成一股势不可挡的强大潮流。这不仅表现在上文所述及的自然科学与人文社会科学的范畴、原理、方法的相互渗透，而且表现在自然科学与人文社会科学之间涌现出一系列综合学科，已出现的环境科学、能源科学、材料科学、海洋科学、生态科学、空间科学、思维科学、行为科学等都是体现了这种综合的高度综合性的学科。它们以自然界和人文社会世界中一定的客体为对象，利用多种学科的范畴、理论和方法，从各种不同侧面研究某些复杂的课题或某类现象。如环境科学就是以研究如何保护和改善人类环境质量为目的的综合性学科。由于环境本身是一个极为复杂的客体，因此，研究环境不仅涉及物理学、化学、生物学、地质学、医学的知识以及各种工程技术方法，同时，还涉及哲学、经济学、社会学、法学、管理学、人口学、教育学等许多人文社会科学的知识。此外，这种汇流还表现为：技术、生产与管理成为自然科学与人文社会科学汇流的结合点，系统科学成为沟通自然科学与人文社会科学的桥梁等。自然科学与人文社会科学汇流发展的趋势，是具有必然性的：一方面，客观世界运动形式的可微分性，使人们有可能按照研究对象的性质、特征进行分门别类的研究；另一方面，客观世界本身的普遍联系和物质统一性构成了科学知识整体统一的牢固基础。自然现象与人文社会现象虽有差异，但毕竟又具有共同的基础和规律。随着人类认识能力的提高，人们对这种统一性的认识程度将不断加深，人文社会科学与自然科学的关系也将更为密切。我们认为，科学汇流的过程，同时也是学科沟通和科学范式转换的过程；科学的统一性与各门具体科学的愈益显著的汇流趋势，为人们加强学科际沟通、促进范式转换提供了一条可资借鉴而且必须加以重视的合理思路。

人文社会科学与自然科学的综合化、一体化，并不是说两者可以直接等同和差别消失，更不是说各门人文社会科学与自然科学都向某一门具体科学看齐、靠拢乃至归并，而是指人文社会科学和自然科学的整体系统性的增强、互通融合性的递进和协调有序性的提高，在其实质上是一种丰富差异性的协同和复杂多样性的统一。人文社会科学与自然科学的相互交融和渗透，绝不是某些人的主观臆断，而是物质运动规律、社会发展需要和科学研究能力综合作用的必然结果，其发生发展的最为深刻的根源、基础和本体论前提，就在于现实的多样性和世界物质的统一性。所谓自然科学、人文社会科学，其研究对象，一为自然，一为人类社会，它们作为一种精神形态的知识体系，不过是对自然与社会客体的本质及其规律的正确反映。

在古代，自然科学与人文社会科学是统一的，那是在一种很低的水平上的直接统一，那时的哲学包含了所有的科学知识，科学家集自然科学与人文社会科学于一身。亚里士多德既研究哲学以及政治、历史、伦理、逻辑等人文社会科学，也研究物理、天文、气象、生物等自然科学。到了 15 世纪下半叶，随着生产的发展，自然科学也逐渐发达起来。于是，一个又一个独立的学科诞生了，自然科学和人文社会科学也逐渐分离，成了两大门类。到了 19 世纪中叶，自然科学和人文社会科学又出现了相互结合的趋势。而在今天，不仅存在着从自然科学奔向人文社会科学的潮流，同时也存在着从人文社会科学奔向自然科学的潮流，这两股潮流已经汇合成一股势不可挡的强大潮流了。正所谓"万法归宗"，"万法"（指自然科学、人文社会科学方法）既源于"宗"，必将归于"宗"，这个"宗"就是具有精神与物质两态的宇宙。"宗教"就是对宇宙之神的探索和信仰。

　　人文社会科学的源头是"存在"，甚至可以说人类的一切思想和行为都是在探寻"存在的意义"，对于科学家、神学家、哲学家而言，他们探索的是宇宙的本原是什么及其意义，而普通民众则时刻在追寻"人生存的意义"，两者探求的层次差异很大，即"人的存在"永远服从于"宇宙的存在""神的存在"，只有宇宙之神才能赋予人类存在的终极意义，如果人类没有终极意义，那我们的存在，我们追求的一切价值物，都将失去意义。人文社会科学不仅是一种可以实证的知识体系、科学体系、文化体系，而且是一种非物化的思想体系、理想体系、价值体系和道德体系。宇宙主义的世界观、人生观、价值观和科学精神、科学思维、科学方法，是未来人类社会精神文明的建设主体。如果抛开以人类为中心的狭隘思维方式，就会发现人类社会也是一种自然。现代自然科学早已证实，自然界中的蚁群、狮群、猴群都有它们自己的社会结构、长幼尊卑，有明确的社会分工。为什么研究人类社会属于社会科学，而研究蚁类、猴类社会却属于自然科学？

　　第四，人文科学以研究"人脑程序"为主，社会科学以研究"社会程序"为主，当然两者研究领域、内容及适用范围相互交叉，相互作用，密不可分，因为人类社会本质上是由人脑指挥建立的，而建立的各种社会规范又反作用于人脑，两者形成极其复杂的相互作用。在社会科学出现之前，人文科学兼有研究"社会程序"之责。人脑程序、社会程序必须顺应宇宙程序，人文科学、社会科学必须与自然科学紧密融合，采用大量定性定量分析方法，最终得到各种人文社会科学真理。如地球生态环境是运行宇宙程序的结果，人类的经济、社会活动必须与之相协调，不然必将使地球环境恶化，直至地球生态系统崩溃，人类失去生存家园。又如，一群人主观地希望乘坐的一辆大客车能行驶 1000 公里的路程，而实际上汽车油量只够行驶 600 公里。这群人在讨论决策的过程使用了"人脑程序""社会程序"，而汽油燃烧能及其在发动机中的能量转化率却是固定的"宇宙程序"，为当时的科技水平所限定，因此，这群人的"人脑程序""社会程序"没有顺应"宇宙程序"，他们是无法到达目的地的。这群人可以引申为全人类。

众说纷纭就是迷惑的表现。由于方法的不同，自然科学领域的争论就很少，并且最终能找到一个确定的答案。而人文社会科学特别是人文科学中的哲学一直是学派林立，众说纷纭，争论不休，很多问题已争论了几千年，还是没有一个确定的答案，人类社会无所不在的迷茫性可见一斑。因此必须借用自然科学成果及其方法将人文社会科学问题精确定位，然后将它们尽量简化，各个学科最终可以简化成 1~10 个词，并以这些"单词"为模块，综合人类所有人文社会科学和自然科学，将这些模块按主次重轻、远近长短在多维时空中进行组合，就能得到人文社会自然科学的唯一真理体系，这就像大分子结构一样，用周边的原子（相当于学科模块）力场给当中那个原子精确定位。人类社会的秩序就像分子秩序一样，也能精确定位，只要排除偏见和某些人的私欲，以公正、客观态度研究它们。

三、人文社会科学的本质和特点

人文社会科学在本质上是关于人的科学。"人"的概念规定作为人文社会科学研究及其理论建构的基础，其合理性问题尚有待进一步反思和审察。基于宗教神学立场的上帝创造之"人"，近代以来已逐渐退出科学思考的领域，基于自然科学立场的自然生命之"人"，总体上看对人文社会科学影响不是太大。而基于哲学理性神话的抽象概念之"人"，迄今仍是人文社会科学研究所依凭的重要基石。必须走出关于人的自然本性或先验本质的理性神话，重视人的非终极性问题及其意蕴。人不是已经完成或给定的"常量"，而是处在生成或形成过程中的"变量"。人类生活世界的二重化根源于人本身的二重化，即实然之人与应然之人的双重规定及其动态关联。把动态内涵纳入"人"的概念规定，克服"人"的静态概念的缺陷，真正体现人文社会科学研究的基本理念和精神。

人文科学，是以人类的精神世界及其沉淀的精神文化为对象的科学。社会科学则是一种以人类社会为研究对象的科学。如果说人文科学主要研究人的观念、精神、情感和价值，即人的主观精神世界及其所积淀下来的精神文化的话，那么社会科学更多的则是研究客观的人类社会而外在于具体的个人及其主观世界。前者常用意义分析和解释学的方法研究微观领域的精神文化现象，其涵盖的科学包括文、史、哲及其衍生出来的美学、宗教学、伦理学、文化学、艺术学等；后者则侧重于运用实证的方法来研究宏观的社会现象，其所属的科学主要有经济学、社会学、政治学、法学等。概言之，人文科学是以人类的精神世界及其积淀的精神文化为研究对象的科学，它主要运用意义分析和解释的方法来研证人的观念、精神、情感和价值等；社会科学是以人类社会为研究对象的科学，它更多的是引进自然科学的方法来研究人类社会以及人身上所表现出来的"特定社会的东西"，它除了要研究自然世界以外，还要研究社会世界。然而，由于"人"与"社会"在本质上的一致性和不可分割性，也即瑞士学者让·皮亚杰所说的，尽管在理论上可以将人文科学与社会科学区别开来，而在实际中，"不可能对它们做出任何本质上的分别"，所谓的社会现象，主要"取决于人的一切特征"，而人文科学在这方面或那方面又都是社会性的，因而在实际生活中，人们往往是将它们作为一个整体加以讨论的。二者特点：

第一，人文社会科学面对的是有意义关系的事物。它既要研究共同性和普遍性，又要研究特殊性，它不但无法排除而且要研究偶然性、研究意义和价值。同时，它的研究主体与客体之间也并非像自然科学那样是人与物之间不能沟通只能说明的单向度关系，而是人与人之间可以沟通理解的双向互动关系。虽然它们从一开始就与自然科学、理论科学和独立科学有着"扯不断、理还乱"的情意结，甚至有着在"科学"层面上的某种同一性或亲缘关系，但是，这一切都并不否认其应时而生、发展壮大以及其对科学概念演变至今的丰富涵盖所做的特殊贡献。在研究方法上，人文社会科学借鉴和参照了自然科学的一些实证做法，但它又有着完全不同于自然科学的研究对象、研究方法和研究道路。在科学的发展史上，它与自然科学一道，共同支撑起完整的科学"大厦"，从而为人类科学事业的繁荣和昌明发挥着自身独特的无可替代的作用。

第二，人文社会科学具有双重属性和双重功能。双重属性系指科学性和价值性，双重功能系指科学认识功能和意识形态功能。一方面，它必须从客观事实出发，秉持科学的原理和法则，按照科学的逻辑和程序，运用科学的手段和方法，进行科学的认识和实践，从而得出科学的结论，以保持科学的理论品格，实现科学的认识功能。另一方面，它又以人类自身的文化现象和社会现象为研究对象，因而不可避免地要承担意识形态功能。所谓人文社会科学的意识形态功能，是指其在坚持科学性的前提之下，自觉地维护一定的价值观念和社会利益。如果说自然科学研究自然界，研究事物界必然的因果关系，研究普遍性和共性，排除偶然性、意义和价值的话，那么人文社会科学则研究人界、人及其创造和表达，它不仅要寻求普遍的、共同的规律，而且也研究偶然性和特殊性，并具有价值性。概言之，人文社会科学既是事实科学又是价值科学，是客观和主观、真理和价值、事实和规范相汇通相统一的科学。

第三，人文科学具有滞后性或后起性。19世纪，实证主义的科学哲学家孔德，按照研究方法将科学由低级到高级的发展经历描画为神学、形而上学和实证三个阶段，并借以指出，数学称得上是所有科学的皇后，最为严密完整，物理学已达到实证水平，生物学已进入形而上学阶段，而社会学则还处于神学阶段。当今世界虽然早已不是孔德所处的时代，人文社会科学更是获得了空前的发展，但无论研究手段方法还是研究成果水平，都还滞后于自然科学。爱因斯坦在分析物理学与实在的关系时，也曾对科学理论的层次性作过一段精辟的阐述。他指出，科学理论可以分为三级体系，第一级体系是由科学用到的全部原始概念，即那些同感觉经验直接联系的概念以及联系这些概念的命题所组成的经验知识体系，这种体系的组合还带有较大的随便性，属于低等级低水平的体系。第二级体系是由第一级体系中的原始概念和原始关系按照一定的逻辑规则推导出来的数目较少的概念和关系的一般理论知识体系，这一级体系的建构具有较高的逻辑统一性。第三级体系是由第二级体系中的少数基本概念和关系按照严密的逻辑规则推导出来的科学公理体系，它在更深的层次上更加集约和概括地反映了事物的本质和全部，因而离现象世界也更远。任何一门科学，从初建到成熟，大致都要经历这三个阶段，由第一阶段向第二阶段的跃升，沿着归纳的路线，属于粗放型的经验科学形成过程；由第二阶段向第三阶段的跃升，沿着演绎的路线，属于成熟型的理论科学的形成过程。相对而言，现代人文社会科学研究中的绝大多数还大致处于前者水平，而自然科学中的绝大部分研究则已达及后者的高度。

人文社会科学是以人和人类社会为研究对象的科学，与自然科学相比，它具有典型的人文特质和社会品性：既具有客观性又具有主观性，既具有事实性又具有价值性，既具有真理性又具有功利性（或者说既具有认识世界的功能又具有意识形态的功能），既具有普遍性又具有特殊性，既具有必然性又具有偶然性，既具有理论性又具有规范性，既具有基础性又具有应用性，既具有实证性又具有实地性。可以说，综合性是其作为科学之最根本的特性。

人与动物的分野是以意识的出现与主客体的分化为开端的，这也是认识与实践活动展开的前提。不过在漫长的史前时期，由于人类智力提升缓慢，加之社会生产力水平低下，生产与生活规模狭小，先民们对自然、社会以及自身的认识狭隘、肤浅，长期停留在感性经验层次，所积累起来的知识大多直接源于生产与生活经验。如关于日月星辰运行周期、所猎取动物的生活习性、人的生老病死、图腾崇拜与祭祀仪式等方面的知识。这些知识主要是通过血缘氏族公社内部的世代口头传承方式积累起来的，多是零散的、常识性的、经验性的感性认识成果，其中包含着日后众多学科的萌芽。

在原始社会末期，随着社会生产力水平的提高，逐步出现了物质生活资料的剩余，为脑力劳动与体力劳动的分工创造了条件。进入阶级社会以来，脑力劳动者群体的形成加快了人类对客观世界的认识进程，尤其是文字符号的发明使认识活动发生了质变，改变了以往知识的记录与交流方式，使知识流量与总量累积速度明显加快。一般认为："人文学科起源于西塞罗提出的培养雄辩家的教育纲领，而后成为古典教育的基本纲领，而后又转变成中世纪基督教的基础教育。"这一时期产生了许多著述与文艺作品，形成了天文、历法、力学、医学、军事、哲学、历史、文学等较为系统的具体知识体系，出现了近代自然科学与人文社会科学的学科雏形。其中，人文学科与自然科学的个别门类发育相对成熟。作为人类精神表现的组成部分，早期的自然科学也带有浓厚的人文学科色彩。必须指出，这些早期知识与我们今天所理解的知识之间尚有较大差异：一是成熟程度不同。前者在深度与广度上远远落后于后者，知识的系统性、理论性、科学性程度相对较低。二是学科内容与边界不同。前者往往是多门知识浑然一体，尚未完全分化。如古代哲学对客观世界进行一种百科全书式的研究，蕴含着许多学科的萌芽；天文学中既有天象规律的体察，又有占卜吉凶、指导日常生活的神秘规则等。三是研究方法不同。前者多以直观、猜测、思辨为主，后者多以实验、假说、经验归纳、数理演绎为主。

经过以基督教文化为主体的漫长中世纪，资本主义生产方式开始在欧洲萌发。为了推翻封建主义的生产关系，新兴的资产阶级在政治、经济、思想文化等领域向落后的封建贵族势力发起了全面进攻。他们首先在古希腊、古罗马文化中找到了反对宗教神学和封建统治的武器，在思想文化领域掀起了以复兴古典文化为标志的"文艺复兴"运动。文艺复兴运动高扬"人文主义"旗帜，提倡人性，反对神性；崇尚理性，反对神启；鼓吹个性解放和自由平等，反对中世纪的禁欲主义、蒙昧主义。这就极大地促进了以人自身为核心的人文学科的分化发展。与此同时，自然科学各学科相继从自然哲学中分化独立出来，进入了全面快速发展时期，并且为认识人文社会现象提供了新的模式、方法和工具。19世纪中叶以来，研究具体社会运动的经济学、政治学、社会学等社会科学门类相继发育成熟，又从哲学及其他人文学科中分离出来，取得了独立的学科地位。除国家研究院和大学提供的少数职位外，人文学者与社会科学家的职业角色的社会分化逐步加快，人文社会科学研究的社会建制开始形成。至此，人文学科、社会科学、自然科学相互促进、彼此交织的大科学体系开始形成。

中国是世界上最早由奴隶制发展到封建制的国家，长达两千多年的封建社会一直奉行重农抑商、重道轻器、重文轻技、贵德贱艺的基本国策，因而，以农业文明为基础的封建文化的伦理特质明显，蕴涵着丰厚深邃的人文思想。"人文"一词最早见于《易经》："文明以止，人文也。观乎天文，以察时变；观乎人文，以化成天下。"早在春秋时代就形成了文史哲浑然一体的学术传统，人文学科相对发达，带有鲜明的民族特色，处于古代文化的核心地位。然而，作为一门统一性学科的名称，"人文学科"是 20 世纪初才从英文翻译过来的，此后这一称谓才为学术界所认同。这一状况是与古代科学技术的被压抑地位和社会科学发育迟缓密切相关，从而使先哲们难以意识到人文学科与其他知识门类之间的差异。虽然明初以前，我国科学技术一直处于世界领先的地位，形成了农学、医学、天文学、算学等自然科学体系，产生了指南针、造纸术、印刷术、火药为代表的技术发明，为人类文明作出了巨大贡献。但古代科学技术一直处于文化支流地位，近代以来陷于停滞，日渐衰落。严格意义上的近代社会科学与自然科学基本上是从西方移植的。西学东渐始于明末清初欧洲传教士在我国的文化传播活动，后受清朝闭关锁国政策影响和古代人文传统的抑制，中西文化交流受阻。西方社会科学从清末林则徐等人的译介才开始大量引入，加上派往欧、美、日等地留学生的归国传扬，更由于五四新文化运动的推动，现代社会科学逐步在我国发展起来。

人文社会科学具有与自然科学不同的特点。当然，两者都是对客观事物的本质、发展规律的揭示，相互渗透、相互转化，具有内在相关性、相似性和统一性。其发展趋势将如马克思所说："自然科学往后将包括关于人的科学，正像关于人的科学包括自然科学一样：这将是一门科学。"但根源于人类精神活动与社会活动的特殊性，人文社会科学具有与自然科学不同的特点，这也是应该仔细分析的，认识两者之间的差异有助于了解它们的特点。

第四，从研究对象角度看。人文社会现象与自然现象、技术现象的差异是造成人文社会科学与自然科学差异的根源。自然现象具有不依赖于主体而存在和发展的客观性和普遍性，科学研究活动中的主客体界线分明，具有较强的实证性；即使涉及人，也是把人作为没有意志的客体看待的，如医学、心理学、人类学视野中的人。而人文社会科学的研究对象具有主观自为性和个别性，其中充满复杂的随机因素的作用，不具备重复性；研究对象本身又是由有意志、有目的和有学习能力的人的活动构成的，涉及变量众多、关系复杂，贯穿着人的主观因素和自觉目的，认识活动中的主客体界线模糊；即使涉及自然物，也是用以再现社会关系与人类精神，如诗人眼中的玫瑰花表示爱情，经济学家眼中的商品体现着劳动价值、生产关系等。自然科学的研究对象大多与时代背景无直接关系，而人文社会科学的研究对象与时代发展息息相关，多带有强烈的时代背景色彩。只有把研究对象置于具体时代背景之中，才能揭示研究对象的本质。总之，与自然现象和技术现象的自在性、同质性、确定性、价值中立性、客观性等特点相比，人文社会现象具有人为性、异质性、不确定性、价值与事实的统一性、主客相关性等特点，从而形成了人文社会科学的诸多特色。

四、人文社会科学的构成

孔子曾将春秋时代末期的教育科目分为德行、言语、政事、文学四科，开设了礼、乐、射、御、书、数等课程；亚里士多德则将当时的知识分为三类：其一，理论的知识，即研究人类纯认识活动的学问，包括数学、自然科学和被称为形而上学的第一哲学。其二，实践的知识，即研究人类行为的学问，包括伦理学、政治学、经济学、战略学、修辞学等。其三，创造的知识，即研究人类制作活动的学问，如诗学等。逻辑学既不是理论的知识，也不是实践的知识，而是一切知识的工具。此后，随着认识与实践活动的发展，对知识分类的探索就从来没有停止过。

其他人文社会科学领域的众多学科门类相互贯通，联为一体，形成了人文社会科学的体系结构。其中，不同学科以不同的结合方式融入体系结构之中，各学科在体系结构中的地位和作用也各不相同。目前普遍认可的人文社会科学的一级学科有：哲学、历史学、文学、艺术、经济学、社会学、法学、管理学等。对人文社会科学体系结构的探讨，有助于我们从宏观上把握人文社会科学的基本特点。

人文社会科学的体系结构涉及两个层面，一是人文社会科学与其他知识领域的关系；二是人文社会科学体系的内部构成。第一个层面的问题前面已经述及，这里着重探讨第二个层面的问题。

由于人文社会科学是一个门类众多、结构复杂的知识体系，只有从多视角出发，才能比较完整地把握人文社会科学的体系结构。其中一种习见的知识分类以人文社会世界的客观构成为"蓝本"，以主体认识过程为线索，依据关联度强弱与外延归属，把知识纳入不同级别的学科领域。于是，人文社会科学被组织成以人文学科和社会科学为大类，以各一级学科为主干，其他级别学科按隶属关系依次展开的"树状"多级分类结构。这是一种人文社会科学体系的平面静态结构，展示了诸学科间的垂直隶属关系，但人为割断了学科间的横向联系，难以包容综合性学科。事实上，由于人文和社会领域的复杂性，除纵向隶属关系、层次关系外，学科之间还存在着横向的并列、邻接、交织关系。正是这种纵横交错的内在联系，把人文社会科学的各个单元联成一个统一体；同时，人文社会科学体系通过向下因果链，统摄、整合和规范着各学科的发展，促进研究领域的扩展和深化。

规范和指导实践活动是认识活动的终极目的。与生产实践活动相比，修身养性、安顿生命的人文实践与创造社会生活的社会实践，更需要理论支撑和方案、对策设计。因此，与自然科学的学科分化不同，人文社会科学从诞生之初，就是在基础研究、应用研究和开发研究层面同时展开的。人文社会实践是催生人文社会科学的温床，是促进人文社会科学发展的动力源泉，同时也是人文社会科学理论的外化过程。沿着从理论到实践的顺序，人文社会科学体系结构形成了元科学、基础理论学科、应用基础学科、人文社会工程学科四个层次。

与自然科学体系的层次结构相比，元科学层次是人文社会科学体系所特有的。也就是说，即使是对自然科学元理论问题的研究，也已超越自然科学而转化为人文社会科学的内容。元科学运用逻辑学、语言学、数学、哲学等方法，对人文社会科学和自然科学中的各类元理论问题进行研究，是人类知识大厦的基石，保障着人文社会科学体系的逻辑完备性。它们包括科学哲学、科学学、人文社会科学学等。基础理论学科研究人文社会世界所特有的基本活动的规律，是一切人文社会科学知识的理论基础，如逻辑学、美学、法理学等。应用基础学科处于理论向实践转化的中间环节。它们以基础理论为指导，着重探讨有关应用领域中的普遍性问题，大体上相当于文科院系开设的专业基础课，如电影美学、技术经济学、宪法学等。人文社会工程学科以人文社会领域的现实问题为对象，综合运用基础理论、应用基础与科学技术诸领域的成果，直接为提升人类精神境界、改造社会的实践服务。大体上相当于文科院系开设的专业课，如摄影艺术学、股票投资学、审判学、文献检索学等。

人文社会科学的体系结构是千百年来人类认识人文社会现象成果的集成，必将随着认识与实践活动的发展而发展。在新科技革命的推动下，当代人文社会科学体系发生了显著变化。一方面，随着认识的深化，各分支学科按树型结构不断生长，学科分化加快；另一方面，随着认识领域的拓展，学科综合也在加快。人文社会科学与自然科学的各级学科、各类知识单元、各种方法之间相互渗透、相互交叉，产生出大量的边缘学科、横断学科、综合性学科，出现了人文社会科学与自然科学的合流。尤其是自然科学方法与现代技术手段的大量引入，改变了传统的人文社会科学研究方法，加快了人文社会科学的科学化与人类知识的一体化进程。总之，当代人文社会科学已经以元科学、基础理论学科、应用基础学科、工程技术学科为主干，经由各层次、各学科间的边缘学科、横断学科、综合性学科的联系和过渡，而形成一个立体的、网络状的开放大系统。

五、人文社会科学的作用

十八大政治报告指出："文化实力和竞争力是国家富强、民族振兴的重要标志。""营造有利于高素质文化人才大量涌现、健康成长的良好环境，造就一批名家大师和民族文化代表人物，表彰有杰出贡献的文化工作者。"人文社会科学的具体作用包括以下几个方面：

第一，文化作用。首先，人文社会科学是关于人文社会现象及其规律性的系统知识，自觉学习和运用这些知识，可以使人精神充实，心灵净化，视野开阔，提高解决人生问题、社会问题的能力。人文社会科学的思想、价值观念、行为规范等直接影响着人们的思想和行为，促使人们正确处理和驾驭同外部世界的关系，有效地适应时代和社会发展，完成人的社会化过程。其次，人文社会科学具有关怀人生、塑造健全人格的作用。人文社会科学就是在人类精神文化活动的基础上形成和发展起来的，它以创造和阐释人文社会世界的意义与价值为目标，具有社会启蒙作用。人文社会科学可以帮助人们破除迷信，解放思想，滋润心灵，启迪心智，提升精神境界，丰富精神生活。它还为人们提供价值观与理想信念的指导，帮助人们解决人生观问题，给人以终极关怀，抚慰和净化灵魂，安顿生命，为人类守护精神家园。最后，人文社会科学在思想文化建设方面发挥着作用。人文社会科学依靠理论的力量，以潜移默化的形式全方位地提高整个民族的思想道德素质，帮助人们尤其是青少年树立正确的人生观和价值观。人文社会科学能够开阔人们的眼界，提高鉴别是非、善恶、美丑的能力，有助于激发人们追求高尚的道德情操和精神境界，规范人们的行为，形成良好的社会风尚。从另一方面看，人文社会科学是整个文化建设中的重要组成部分。一个民族人文社会科学素质的高低，在一定程度上折射着这个民族的精神风貌、文化水平、发展潜力。人文社会科学研究除揭示人文社会世界的本质与发展规律外，还提升出人文精神与科学精神。作为人文社会科学的最重要产物，人文精神与科学精神是整个人类文化的灵魂，它以追求真善美等价值理想为核心，以人的自由、全面发展为终极目的，在人类社会生活中发挥着不可估量的作用。

第二，政治作用。人文社会科学的政治作用主要是指人文社会科学的理论与方法在社会政治生活、军事斗争中发挥的作用与功效，通过对政治家、政治集团与社会各阶层的影响，服务于社会政治生活、军事斗争，为制定政治路线、方针和政策提供理论基础，指导政治活动，规范日常政治行为。人文社会科学的政治作用突出地表现在社会革命时期，提供革命的指导思想和斗争方略。在社会和平时期，人文社会科学表现出为统治阶级利益服务的政治作用。"统治阶级为着自身的利益，要让他们自己的成员和被统治的人都相信，使他们取得特权的社会秩序是神圣而永远有效的。"人文社会科学各学科，以各自独特的方式为统治阶级的利益服务。它们一方面同反映旧社会制度的落后意识形态做斗争，另一方面又极力抵制为新社会制度呐喊的新意识形态。

第三，社会管理作用。20 世纪 40 年代以来，在科学管理的基础上形成的管理学，逐步实现了管理过程的科学化、技术化、职业化。管理学是人文社会科学与自然科学交叉的综合性学科群，一方面，因为它涉及物质、能量和信息的流动，必须遵循自然科学规律；另一方面，因为它是在社会领域展开的，又涉及人的心理与行为，是人文社会科学的研究对象。管理学这个以管理活动为研究对象的新兴学科门类，目前初步形成了以公共管理、工商管理等具体管理活动为划分依据的多级学科体系。管理学是在概括和总结管理实践经验的基础上形成和发展起来的，是关于管理活动的基本规律和一般方法的专业性理论。把管理理论运用于具体管理实践，必将促进管理工作的科学化，提高管理活动的效率。沿着从理论到实践的顺序，管理学各层次学科的实践指导作用趋于增强。就经济活动领域而言，管理的目的在于实现人、财、物诸生产要素的最佳匹配，生产、分配、交换、消费过程的最佳运行，降低成本，提高经济效益。因此，经济学等相关人文社会科学学科通过上述途径向经济管理领域的渗透，不仅实现了经济管理作用，而且也派生出间接经济效益。正是从这个意义上说，管理是生产力，人文社会科学也是生产力。

第四，决策咨询作用。社会政策的制定与重大决策是一项涉及面宽、影响因素众多、相互关系复杂的系统工程，需要借助人文社会科学的理论和方法，进行周密调研，科学论证，先期试点，反复修改。因此，人文社会科学在社会政策制定、决策、咨询等方面发挥着重要作用。人文社会科学对社会政策制定与决策过程的作用是通过两条途径实现的：一是通过政策制定者和决策人，把所掌握的人文社会科学知识运用于社会政策制定与决策过程之中；二是委托掌握人文社会科学理论与方法的"智囊团"、"政策研究室"或咨询机构，通过各学科专家的协同努力，完成社会政策制定与决策过程。随着社会政策制定与决策的频繁化、快速化、专业化发展，从政府部门、人文社会科学研究机构中逐步分化出了专门从事社会问题研究、提供政策制定与决策咨询的服务部门。应当指出，人文社会科学的决策咨询作用多是潜在的、间接的，无视人文社会科学对社会发展的多重间接作用，在学术上是片面的，在实践上是近视的、急功近利的。还应当强调，人文社会科学对人类生活与社会发展的作用是多方面、多层次的，决策咨询作用远未穷尽它的作用，甚至不一定是它最主要的作用。

第二节　人文社会科学的历史

一、西方人文社会科学发展的主要阶段

西方人文社会科学的发展大体经历了四个阶段：第一阶段，古希腊、古罗马时期。在这一时期形成了哲学、历史学、文学等学科的雏形，出现了许多重要的思想家，如苏格拉底、柏拉图、亚里士多德等。但在这个时期，人们对各门知识的认识基本上还是浑然一体的，没有把自然科学知识与人文社会科学知识完全区分开来。在研究方法上，也多以直观、猜测、思辨为主。第二阶段，文艺复兴时期。在漫长的中世纪，基督教神学统治着西方的精神领域，反对任何独立的关于人和社会的研究，把一切关于人和社会的学问纳入神学的轨道。文艺复兴运动高扬人文主义旗帜，提倡人性、反对神性，崇尚理性、反对神启，极大地促进了以人自身为核心的人文学科的发展，使关于人的知识从神学和哲学中分离出来，成为独立的学科。第三阶段，17—19世纪。在这个时期，一方面，资本主义迅速发展，近代社会分工日渐成熟，为从多侧面、多视角对人类社会进行分门别类的科学研究提供了可能；另一方面，科学技术的迅速发展，为人文社会科学研究提供了新的方法，人文社会科学越来越注重经验概括、实验比较、数量分析和定量统计等各种科学研究的方法。这就推动了研究具体社会运动的政治学、经济学、社会学、法学等从哲学和其他人文学科中分离出来，取得了相对独立的学科地位，并在19世纪下半期至20世纪初形成了现代人文社会科学的学科框架，尤其是在大学扎了根。1857年，一批英国政界人士和学者成立了"全国社会科学促进协会"。"社会科学"一词从此得到广泛运用。第四阶段，20世纪以来。在这一时期，人文社会科学得到了更加全面的发展和更为广泛的运用。进入20世纪，资本主义发展到垄断阶段，西方国家的社会结构发生了深刻变化，由此产生了一系列的社会问题，如劳资冲突激烈，种族矛盾和民族矛盾尖锐，社会两极分化加剧，生态和环境恶化，疾病和犯罪现象严重。同时，国际政治格局也发生深刻变动。两次世界大战，社会主义制度的出现，民族解放运动的兴起，两极对峙到"冷战"结束，世界多极化和经济全球化的趋势在曲折中发展，局部战争此起彼伏，南北贫富矛盾突出等，标志着世界进入了一个"空前大发展"的时期，也进入了一个"社会问题骤然增多"的时期。这使得研究和解决社会问题成为一种巨大的社会需求，也为人文社会科学的发展提供了更加广阔的舞台，并产生了一些对经济社会发展有重大影响的思潮和流

派。比如凯恩斯主义、新自由主义、民主社会主义、实证主义、实用主义、精神分析学、存在主义、西方马克思主义、后现代主义等。其中，凯恩斯主义主导西方国家宏观经济运行长达 40 年之久；新自由主义则以 20 世纪 90 年代初的"华盛顿共识"为标志，由经济学理论嬗变为西方发达国家的意识形态和主流价值观念。

马克思主义的诞生使人文社会科学发生了根本变化。随着资本主义生产方式的发展，资本主义的固有矛盾空前尖锐，无产阶级反对资产阶级的斗争蓬勃发展，迫切需要科学的思想理论武器。马克思、恩格斯批判地继承了德国的古典哲学、英国的古典政治经济学和法国的空想社会主义学说，吸取当时的经济社会发展和科技发展的成果，总结国际工人运动经验，创立了马克思主义的科学理论体系。马克思主义科学地揭示了人类社会的发展规律，为我们认识世界和改造世界提供了强大的思想理论武器。马克思主义的创始人在哲学、政治经济学、科学社会主义以及政治学、社会学、法学、历史学、人类学、文学等多方面形成了系统思想，为马克思主义的人文社会科学的发展开辟了方向。马克思、恩格斯逝世后，列宁继承和发展了马克思主义。他在领导俄国革命和推进社会主义建设过程中，回答和解决了一系列重大的课题，丰富和发展了马克思主义，把马克思主义发展到一个新的阶段，创立了列宁主义。马克思列宁主义为人文社会科学奠定了坚实的理论基础，提供了正确的立场、观点和方法。列宁以后，各国马克思主义者继续丰富和发展马克思主义理论，取得了程度不同的进展。马克思主义对社会发展的影响巨大。马克思主义不仅影响了西方人文社会科学的发展，在许多国家的意识形态中占有重要地位，而且在 20 世纪催生了一批社会主义国家，虽然目前世界范围内的社会主义运动处于低潮，但中国的社会主义事业却充满了勃勃生机，这意味着马克思主义依然具有旺盛的生命力。

当代西方人文社会科学发展的主要趋势。20 世纪特别是第二次世界大战结束以来，西方国家人文社会科学的发展呈现出以下一些趋势：第一，西方各国越来越重视人文社会科学。各国政府都把人文社会科学作为经济发展和社会管理的重要基础。例如，1969 年，美国科学署所属"社会科学特别委员会"，提出了一个题为《化知识为行动：改进国家对社会科学的利用》的报告，认为社会科学要比其他科学更密切地关系到许多最急切的国内政策问题。报告要求美国政府更加重视社会科学的研究，增加资助，在白宫增加社会科学家等。同时，西方国家政党非常重视利用人文社会科学为其提供执政理念、政策咨询。美国有上千个思想库，如兰德公司、企业研究所等，主要为政府的内外政策和重大决策提供形式多样和观点不一的咨询。第二，西方国家进一步加强对人文社会科学的引导和管理。一是通过财政拨款来影响和调控研究的方向。对从事为政府服务的课题研究提供充足的研究经费，否则就不予资助。二是通过巧妙的又有明显倾向性的行政和学术手段，排斥和限制左翼人文社会科学研究。如美国政府就有法律规定，凡是加入共产党的人，一律不准在教育系统和公务员系统任职，从根本上把具有马克思主义立场的人士排除在人文社会科学教学和研究的重要机构之外。第三，人文社会科学在进一步分化的同时，综合化趋势不断加强。当代许多经济问题、社会问题，都需要进行更为深入细致、分门别类的研究，由此产生了一些新的学科。例如，经济学当前已分化为 80 多门学科，社会学已分化为 60 多门学科。据统计，目前西方国家自然科学和人文社会科学共有 2500 个学科（包括一、二、三级学科），人文社会科学约占科学学科总数的 2/5，在人文社会科学学科进一步分化的同时，学科综合化趋势也明显增强。第四，人文社会科学研究方法日益丰富和多样化。随着科学技术的发展，大量引入了现代科学方法。各种方法相互渗透，交叉融汇，数量庞大。据粗略统计，在西方国家人文社会科学主要学科中，正在使用的研究方法 1500 多种。其中哲学、经济学、社会学、语言学和心理学等学科产生的方法最为丰富，向其他学科渗透、移植的方法也最多。

二、中国人文社会科学发展的历史过程

中国人文社会科学的发展大致可以分为三个阶段：第一阶段可称之为古代时期（19 世纪之前）。我国是世界四大文明古国之一，创造了灿烂的古代思想文化。尤其是关于人和社会的知识方面，其深刻和丰富是其他许多民族所不能相比的。春秋战国时期，诸子蜂起、百家争鸣，形成了中国思想文化发展的一个高峰。当时最具影响的学派有：儒、道、墨、名、法、阴阳、农、杂、兵等，它们分别就天道与人道、名实关系、伦理道德、礼法制度、经济政策、军事以及各种治国主张等问题展开了热烈的思想争论和政治实践，留下了丰富的遗产。汉代随着汉武帝实行"罢黜百家，独尊儒术"政策，儒学一枝独秀，经学和理学等得到很大发展，儒、释、道三家也逐渐融合，对中国思想文化产生了深远影响。在这个过程中，古代思想家提出了许多很有价值的关于哲学、经济、政治、法律、科技、军事、教育等方面的思想和学说，这些都是中华民族珍贵的思想文化成果。第二阶段为近现代时期（19 世纪到新中国成立）。我国现代意义的人文社会科学是近代以后随着中国国门的打开而形成和发展起来的。1840 年鸦片战争后，魏源的《海国图志》等著作，介绍世界地理和社会历史知识。19 世纪 60 年代清政府设立"同文馆"，开始大量翻译西方著作。甲午战争之后，有识之士认识到仅学西方的科学技术不能解决中国的问题，所以开始把学习西方的重点转向人文社会科学领域。以

1897 年严复翻译发表《天演论》为标志，中国出现了学习传播西方人文社会科学知识的热潮。亚当·斯密的经济学著作《国民财富的性质和原因的研究》、卢梭的《社会契约论》、孟德斯鸠的《论法的精神》等一大批人文社会科学名著被翻译出版。据统计，京师大学堂从 1898 年到 1911 年翻译、出版了西方教科书约 60 余部 100 多册，其中属于人文社会科学的占 62%。在大量翻译西方著作的同时，中国学者开始撰写自己的有现代意义的人文社会科学著作，如 1902 年梁启超发表的《新史学》等。与此同时，学校开始设立现代人文社会科学课程。1905 年 8 月，清政府下令废止科举考试制度，代之以新式学堂。京师大学堂 1903 年首次开设了"政治科"，政治学进入中国的大学。1912 年，北京大学成立哲学门，这是中国最早的哲学系；同年，设立了最早的经济学系——商学科。1913 年，北京大学又开设了社会学专业。

我国现代意义的人文社会科学体系是从 1915 年新文化运动开始逐渐形成的。其标志有以下几个方面：一是形成了以白话文为表达方式的文字系统，为现代人文社会科学的形成和发展提供了前提和保证。二是爱国、进步、民主、科学的"五四"精神成为现代人文社会科学的强大精神武器。三是引入了现代的人文社会科学方法，如唯物辩证法、科学实证方法等。四是我国人文社会科学的主要学科纷纷兴起，如哲学、经济学、政治学、法学、社会学、史学、文学、美学、心理学等，并出现了一批有影响的力作，如鲁迅的《中国小说史略》、蔡元培的《中国伦理学史》、马寅初的《经济学概论》、冯友兰的《中国哲学史》等。

早在 19 世纪末，马克思、恩格斯的名字及其学说就开始在中国的一些报刊和著作中出现。最早系统介绍马克思主义的，是 1898 年出版的《泰西民法志》一书。俄国十月革命的胜利，使深受帝国主义、封建主义和官僚资本主义压迫的中国人民看到了希望，开始接受马克思主义。"五四"时期，陈独秀、李大钊等人通过《新青年》等刊物，大力宣传介绍马列主义学说，推动了马克思列宁主义的广泛传播。1921 年中国共产党成立以后，研究马克思列宁主义逐渐成为进步知识界的风气。据统计，20 世纪 20 年代到 30 年代初，我国翻译出版的马克思、恩格斯、列宁、斯大林的著作达 150 多种。1930 年中国社会科学家联盟成立，标志着左翼人文社会科学界形成了有组织的力量。一大批学者以马克思主义为指导，围绕中国的社会性质、社会史等问题，撰写了许多重要的人文社会科学著作(如李达的《社会学大纲》，艾思奇的《大众哲学》等)，建立和发展了新的人文社会科学理论。

第三阶段是当代时期(新中国成立后至今)。新中国成立以后，我们党大力促进人文社会科学的发展。1950 年成立了新中国第一所文科大学——中国人民大学，1955 年成立了中国科学院人文社会科学部，各大学和研究机构逐步形成了人文社会科学教学和研究体系。1956 年，毛泽东提出了"百花齐放，百家争鸣"的方针，对指导我国人文社会科学的繁荣发展产生了深远的影响。同年，国务院规划委员会制定了我国人文社会科学研究工作十二年远景规划（1956—1967 年），第一次用规划形式提出了我国人文社会科学发展的主要任务。从 1949—1966 年，中国科学院人文社会科学部先后建立了 15 个研究所，有 22 个省、自治区、直辖市共设立了 37 个人文社会科学研究机构。这期间出版了一批有影响的著作，仅编著出版的大学文科教材就达 100 多种。这些使我国人文社会科学发生了质的飞跃，奠定了我国人文社会科学发展的坚实基础。此后我国人文社会科学的发展一度出现停滞和曲折。

1978 年开始的"实践是检验真理的唯一标准"的大讨论，极大地促进了人文社会科学界的思想解放，极大地调动了人文社会科学界的积极性。党的十一届三中全会以后，我国人文社会科学进入了一个事业快速发展、学术气氛日益活跃、研究队伍不断壮大、研究成果日渐丰硕的新的历史时期。在党中央的重视和关怀下，全国各级人文社会科学研究机构逐步恢复或成立，各文科或综合性高等院校加强和完善了人文社会科学基本学科专业和课程。党中央决定在原中国科学院人文社会科学部的基础上组建中国社会科学院。1983 年，成立了全国人文社会科学规划领导小组，负责制定人文社会科学研究规划。1986 年，设立了国家人文社会科学研究基金。

党的十三届四中全会以来，人文社会科学呈现更加繁荣发展的局面。特别是江泽民同志在 2001 年 8 月和 2002 年 4 月、7 月三次就繁荣发展人文社会科学发表重要讲话。党的十六大以后，以胡锦涛同志为总书记的党中央专门颁发了繁荣发展人文社会科学的文件。这些极大地鼓舞和振奋了广大人文社会科学工作者，为人文社会科学的进一步繁荣发展创造了良好的条件。

我国近现代人文社会科学发展的主要特点：第一，马克思主义在我国人文社会科学的主导地位是通过反复比较、选择实现的。在我国现代人文社会科学开始形成时，马克思主义并不占优势，许多知名学者信奉的是西方其他学说，比如社会达尔文主义、唯意志论等。西化派学者胡适用杜威的实用主义哲学反对马克思主义在中国传播，挑起了中国近代历史上有名的"问题"与"主义"的论战。但马克思主义凭借其客观真理性，最终被我国人文社会科学界所接受，确立起在我国人文社会科学发展中的指导地位。第二，我国人文社会科学发展始终同党的思想理论建设紧密联系在一起。我国现代意义的人文社会科学的形成过程，是马克思主义在中国广泛传播的过程，也是马克思主义与中国实际相结合的过程，是马克思主义不断中国化的过程。毛泽东思想、邓小平理论和"三个代表"重要思想正是在这一过程中产生的。第三，我国人文社会科学的发展过程是中西两种思想文化相互影响和交融的过程。我国现代意义的人文社会科学是从学习引进西方的理论、思想和方法开始起步的。在早期的人文社会科学研究过程中，有的学者对西方人文社会科学采取完全排斥的态度，有些学者则主张"全盘西化"，但实践证明，不论采取简单照搬还是简单排斥的态度，都不利于我国人文社会科学的发展，都是不可取的。所以，越来越多的学者主张立足中国，放眼世界，在积极吸纳古今中外各种学术的合理成分的基础上，创造具有中国特色、中国风格和中国气派的人文社会科学体系。这是发展我国人文社会科学的唯一正确道路。

第三节　人文社会科学的研究方法

一、人文社会科学的方法论与认识论

第一，人文科学与自然科学和社会科学在方法论方面有许多相通之处，在自然科学和社会科学领域广泛运用的一些方法与手段，如借助于逻辑理性思维和数学手段，运用归纳、演绎、比较、发析、综合、类比等方法，或是借助于实证的研究手段，运用调查、统计、实验、观察、测量、检验等方法，也是人文科学各学科中经常使用的。人文科学家可以运用这些方法与手段从事人文科学领域的一些文学、哲学、史学、美学、伦理学、宗教学问题的研究。虽然上述这些在自然科学和社会科学中广泛使用的逻辑、数学与实证方法，在人文科学领域里运用时，其具体表现形态和适用程度是有所不同的。但是，近代以来，还是有种种努力，试图将自然科学的方法移植到人文科学的研究领域中来，就像在社会科学领域出现的那样，有的甚至还试图直接将古老的文学改造成类似于自然科学那样的"实证性的"、"规范性的"、"精确化的"科学，为此还在人文科学领域出现了所谓"科学主义"的研究方法。

第二，人文科学当然可以借鉴或移植在自然科学或社会科学领域中广泛使用的方法，包括实证的、数学的、逻辑的方法，但人文科学毕竟不同于自然科学和社会科学，要对人文科学所涉及的人的精神价值与意义世界有真正的了解把握，就必须形成与人文科学学科特征相适应的特殊方法论与认识论体系，形成独特的人文科学研究方法与研究手段。因此总体上可以这样说，人文科学的研究活动，一方面离不开理性思维，需要运用实证或逻辑的方法，但与自然科学和社会科学相比较而言，人文科学却在更广泛和更普遍的领域中需要借助于研究者个人的主体性内心感受、情感体验和心性直觉的方法，借助于研究者个体生命中直接的体悟过程，以艺术的、诗性的、灵动的方式，在理性与激情、理智与本能、思想与意志的既矛盾又统一的运动中，来把握人的精神、情感、价值意义这个特殊的精神世界。同样的，近代以来，那些特别强调人文科学的学科独特性的人也一直在坚决反对将自然科学的实证方法简单移植到人文科学的研究领域中来，他们不停地在追求着各种独特的人文科学方法论与认识论体系，并形成被称之为"人文主义"或"人本主义"的研究方法与研究手段，以此来抗衡将自然科学方法移植到人文科学领域中来所形成的"科学主义"方法论。人文科学的认识论和方法论的发展史，在某种意义上说也就是一部"科学主义"与"人本主义"两种认识论与方法论模式既矛盾冲突又相互渗透融会的历史。近代以来人文科学发展的历史说明，人文科学要形成自己独特的方法论与认识论体系，必须将科学理性与艺术灵性结合起来，将研究中的客体对象性因素与主体自觉性因素有机地结合起来。在强调这一面时不能完全否定另一面，否则无论强调哪一面，都可能陷入认识论与方法论上的片面与绝对。

第三，绝大多数人文科学家认同这样一个基本的观点，即与自然科学和社会科学相比较而言，人文科学的独特之处，在于它更多的是人类情感世界与意义世界中的一种精神活动。因此，虽然自然科学中的实证理性方法一直被运用于人文研究领域，但从总体上可以说，与自然科学和社会科学相比较而言，人文科学的研究方法具有更明显的向个体性的直觉、灵感、顿悟、体验、想象、幻想、激情等非理性、非逻辑实证方式倾斜的特点。因为这些独特的人文科学研究方法或思维方式，在某种程度上可以更有效地直接把握到人类情感、意志、信念等精神世界中的一些更复杂更微妙的现象与本质。

人文科学在方法论和认识论方面之所以形成这样一些基本特征，一个重要的原因在于它们认识研究的对象的复杂性和独特性，人文世界具有客体性与主体性同构的双重属性。就人文科学的性质来说，它是对自己创造的这个世界的认识，是人认识自我、理解自我的过程。也就是说，在人文科学世界里，人既是认识的对象与客体，又是认识的主体或认识的实施者。人文科学家本身，并不可能完全摆脱自己的情感意志和好恶影响而处于情感零度状态，他也并不完全独立于认识对象之外而作价值中立的纯旁观者，他与认识对象也是可以也必然会发生对话与相互影响的。认识主体与认识客体可以双向沟通并向对方转换的特性，使人文科学与自然科学形成重大区别，它要求人文科学家在从事研究与认识活动时，既要有对象意识，也要有自我意义。他不仅要获得对认识对象相吻合的认识结果，还要时刻反思他自己的观念、思想、情感和价值体系，对于他进行的某种认识产生了某些影响又制约着他的认识结果。人文科学家总是既在认识客体，又在认识自身及与外部的关系。对人文科学世界中的这种主客体相互关系的全面而准确地把握，是文学、哲学、艺术学、美学、历史学等各个人文科学都必须共同面对的，它要求形成更加复杂化和多样性的有别于自然科学及社会科学的认识方法与研究方法。

人文科学从不同的角度上去把握认识人的本质与属性，而人是一个有主体创造性、有情感意识的存在。人的本质和属性、情感与意志与自然物质和动物不同，它不是固定的，由外部条件决定而处于被动状态的，而是由人自己的主体实践来赋予来创造，具有可改变性、可选择性以及由于这种可改变性和可选择性而带来的不确定性和个体性。人是能意识到自己的存在并改变自己的存在状态的。由于人文科学研究世界的这种主体构建性特征，使得在人文科学所研究关注的这个人的精神世界和价值世界里，自然科学、社会科学所采用的那种价值中立的实验方法、数学方法、逻辑方法虽然也还是可以借用的，比如说在文学研究、史学研究和美学研究中也会涉及部分统计与社会观察方面的问题，但总的来说，自然科学中的这些方法在人文科学领域的适用性与有效性是受到了很大限制的，不能简单地搬运。一方面，对于人的内心情感、精神世界而言，用数学统计、逻辑推导等方法并不能真正把握研究对象的本质特征，而人类进程本身却具有不可重现的重复的特点，也难以像物理现象那样对其进行人为的模拟控制和反复的实检测。人们不能用那些用于研究自然物理现象的方法来满意地解答人的观念与精神世界的问题，用自然科学的数学分析、逻辑推导和实验方法来解答关于人的生活意义、生命价值、善恶美丑等的价值与意义问题。精神世界和意义世界的价值问题，是以主观性、个别性、多变性为特征的，要对这些问题进行研究认识，除了借助于自然科学与社会科学中使用的那种理性分析、逻辑分析和实证性分析的方法外，还需要借助于人文科学家自己的个体精神感受和个人心灵体验等一些特殊的方法，这样才能有效地把握一些人文情感与精神观念世界中的非理性的、情绪化的人文现象，获得对人文精神与表感世界的特定本质和独特规律的正确认识。在这个意义上，可以说从自然科学的角度看来是"非科学"的。这种借助于研究者内心体验、直觉把握、非逻辑的顿悟和情绪化感受的研究方法，从人文科学的角度看来，恰恰是与它的特定认识对象相符合的"科学"的研究方法。虽然也有一些人文精神世界的研究者，试图将自然科学的一些分析的、实验的、统计的、解析的方法应用于哲学、文学、美学和历史学的研究，如现代西方文艺理论与文艺批评中的所谓"科学主义"流派，就试图排除研究者的主体价值介入成分，用一些被认为具有普遍性、共同性的规范与概念，如"神话原型"理论、"集体无意识"精神结构等，以纯客观的技术性语言文字分析或结构分析，来解释所有的文学艺术现象。这种对文学艺术作品的研究限定在对作品语言的结构、语法、符号系统的纯客观分析领域，即将文学艺术研究"科学化"、"规范化"的努力，实际上是把文学问题转变成一个语言学问题，而又把语言学当成一种可以脱离主体情感与价值因素的纯粹的符号、形式或结构等客观性问题来看待。这样做，虽然在某些方面有助于深化对文学艺术的认识，但它实际上最终并不能真正"科学地"把握文学艺术的本质。因为人文世界的理解与解释活动，不能不是一种主体性因素与认识对象发生复杂的对话过程。在解释与理解中追求认识主体的价值理想和意义再创造，是人文科学研究的一个基本特点。

事实上，人文科学研究与自然科学研究不同之处还在于，人文科学的研究，无论是哲学的、文学的、还是历史学的，其研究与认识活动都有反思与批判的色彩，总带有对认识对象的现实既存状态的批判性和超越性态度。自然科学与社会科学必须面对现实、实事求是。人文科学不是反映现实的物质世界和客观既存的事实，它主要不是对世界既存状态之"如何"的客观说明，而更多地是以自己持有的理想、情感、价值尺度来对外部世界之"应该如何"的主体构建，更多地追求着理想和自由意志，期盼着对现实的超越，赋予人生和世界以更多的幻想和浪漫色彩。人文科学家总会把自己的理想、价值追求赋予他的研究对象，从而使人文科学带有较强烈的主体构建性和选择性。与自然科学和社会科学主要是对研究对象的真实状态作客观的反映不同，人文科学与现实的关系总带有一层研究者主体的选择性与超越性色彩，而人文作品的读者本身对人文作品的阅读与理解本身，也不可避免地带上读者主体性价值阐释与审美再创造的特点。在人文科学的世界里，人文科学家、人文科学家的成果作品、接受阅读这些成果作品的读者，这三者之间存在着更为复杂的双向渗透关系。人文科学总是力图透过客观事实的世界，去构造一个理想的世界、价值的世界和意义的世界。这个理想世界当然不是随意编造的乌托邦幻想，不是完全离开客观物质世界和经验事实的主观臆想，它立足于现实但却又具有它的超越性和理想性，是一种情感与理性互动的产物。因此，在人文科学研究领域，不仅是运用事实、原因、规律等概念，但更多的是使用意义、价值、理想、意志、情感、人性、人格、尊严、善恶、美丑等概念，去理解体验人类的精神生活、文学情感、历史观念、审美意识、宗教信仰等文化世界，去对人类生存的价值和生命的意义进行探索，构建一个理想的人文精神世界，以满足人类在精神和理想方面的需要。

相比较而言，自然科学们在从事科学认识活动时，主要是借助于对经验事实的陈述方法和运用逻辑思辨的方法来探索关于自然界的真理。自然科学家对自然界客观真理的探索与研究，主要是作真伪的事实判断而不作善恶的价值判断，即主要是通过科学探索活动提供一幅与自然界的客观事实及其本质与规律相吻合的认识图景，而不对这个认识图景做善恶美丑方面的价值评判。尽管自然科学的研究活动所获得的科学真理对人类而言也具有精神文化与价值论方面的意义，自然科学本身也会引发丰富的人文精神与道德伦理方面的内容，满足人类的某种需要，为人类提供关于世界与人生的有益启示，使人类的文化价值与道德体系的建立有理性的依据与合理的根基，关于这方面的问题在以后的章节中来做专门的阐释。自然科学在进行科学探索与科学实践时，首先考虑的是对客观世界的真伪判断问题，以及如何获得与自然物质现象相一致的理论认识。因为只有在获得了关于自然物质世界的正确认识，所提供的科学理论与科学知识只有成为真理，成为与客观事实相一致的正确理论，这些理论与知识才有可能成为促进人类物质与精神生活进步的力量，才有可能成为满足人类需要的手段。因此自然科学本身的基本命题并不是善恶美丑的问题，而是真假错对的问题。

人文科学在这方面却与自然科学有许多不同之处。人文科学中虽然也包括许多真伪方面的知识性问题，文学、哲学、史学和艺术中也存在许多属于事实判断方面的内容，比如关于文学史、哲学史中的许多知识必要的内容，有关的历史事实如何，关于人物、事件、时间、地点等基本的历史事实，对这些问题的辨析和考订对于人文科学研究活动而言是重要的。当人文科学家主要是从事这方面的知识性整理与考订工作时，他们所采用的研究认识方法与自然科学和社会科学是大体一样的。人文科学家也必须运用逻辑与实证的方法，由此去获得关于文学、哲学、史学和艺术方面的确定的、与认识对象相吻合的认识结果。正因为如此，长期以来，一些人文科学家也试图实现"人文科学"的社会科学化甚至将人文科学"自然科学化"，建立实证形态的哲学、文学和历史学。20世纪以来，在人文科学研究领域，各种计量方法、统计方法、实验方法被许多人运用，许多来自自然科学和社会科学领域的研究方法、认识工具、认识手段甚至概念术语，诸如结构、程序、编码、概率等，都出现在文学、艺术学、历史学、哲学、美学的研究过程中。出现了计量史学、计量文艺学，将物理学中的结构主义、功能主义、系统理论等运于文学艺术、历史学和哲学美学的研究。这些，应该说扩展了现代人文科学的研究方法与研究手段，使它们呈现出多元化与多样化，对20世纪现代人文科学的发展变革产生了积极的影响。

由此看来，人文科学在许多方面是与自然科学和社会科学相通的。人文科学并不排斥实证科学和经验分析。但是，人文科学的一大特点，是它不仅是一个知识体系，同时还是一个价值体系，是一个关于人类的道德、宗教、文化、善恶、美丑等方面的意义体系。这使得人文科学不能以事实判断和经验陈述来解决所有的问题，它一定要有主体性的价值判断和价值说明，人文科学本身始终是与善恶美丑等价值判断问题相联系的。尽管这种主体性的价值判断并不是完全主观随意的，它同时受着历史与社会等客观性因素的制约，受着人类科学理性和经验事实方面的调控。但是，由于人文科学与自然科学具有这方面的明显差异，因此在某种程度上可以说，自然科学主要是回答"是什么"的问题，而人文科学则更多的是回答"应该是什么"的问题。

价值判断与事实判断这两种不同类型的研究活动，在认识论和方法论方面有联系相通的一面。虽然说事实判断重在求真，而价值判断重在向善审美，但一般来说，真善美在本质上是可以相通的，这主要表现在求真的向善审美的基础，求真亦可以导向向善审美的结果。向善审美的价值判断不能离开求真的事实判断基础，价值判断活动受着经验事实或客观事实的制约，不能是完全主观的、随心所欲的，社会历史实践构成了价值判断和价值体系的基础。而事实判断也不可能完全不涉及某种价值上的引导或选择问题，纯粹与价值情感无涉的事实判断只有机器人才有可能。这是价值判断与事实判断相统一的一面。但是，事实判断与价值判断尽管可以相通但毕竟不是一回事，求真与向善审美虽然可以统一但也终究是两种不同形式的精神活动。价值判断与事实判断作为两种有差别的认识领域与认识形式，它们在方法论和认识论方面便有着不同的要求和规定性。事实判断倾向于客观性和普遍性，所使用的基本认识方法与研究方法是逻辑与实证的方法。而价值判断却倾向于主体构建性，具有更明显的主体选择性、个体感受性、理想超越性，所使用的认识方法与研究方法却更多的是情感体验与心灵感情的方法。人文科学当然也追求真理，追求关于人的精神世界和情感世界的正确理论与知识。文学、史学、哲学和艺术对于人的价值体系、文化历史、宗教生活、道德体系的研究探索，作为一种科学认识活动，其目标是要获得与认识对象相一致相吻合的正确认识图景。但人的精神与价值世界却与自然物质世界不一样，它并不是由于人之外而存在的纯客体对象，它本身就是一个由人自己创造的主体性世界，是与人的情感与心性直接相联系的观念世界。因此，由这个观念与情感世界所产生的科学认识、科学真理与科学理论，其表现形式与体系结构，与关于自然物质世界的科学认识、科学真理与科学理论，是会有所不同的。

与自然科学相比较而言，人文科学的认识活动带有更为明显的主体选择性和主体构建性，从而使人文科学世界具有更加突出的个体性与多样性色彩。每一个历史学家对于历史的解释与反思，每一个文学家和美学家对于文学艺术世界的表现与感受，每一个哲学家对人生意义和生命价值的探寻与追问，都是具有个体的独特性的。尽管这种个体性要受着外在的社会历史环境的制约而不是随心所欲的，这种制约正是人文科学世界中的理性与客观性存在的依据。但就人文科学的这种个性特征来说，我们每一部历史学著作中，便总可以直接或间接地感受出这个历史学家个人对于历史的一种独特的理解与体验，看出历史学家的个人的身影。在这部历史著作中不能不融进了历史学家的个人情况与价值观念。因此人文学科世界是一个充满个性色彩和个性特征的多样化的世界。而自然科学世界却更多地体现出对普遍性和统一性的追求。自然科学家们总是努力在其研究领域中寻找出尽可能简洁的基本概念和原则，寻求尽可能简单的逻辑基础，去把握复杂的全世界图景，用一些高度综合性、归纳性的理论去统一把握多样性的自然现象。自然科学家总是更重视思维的规则，总是寻求更具有普遍性和共同性的东西，从科学活动中建立起为整个科学家共同体都能认可、接受和遵循的一致性的东西。简约、统一、和谐、对称、严密、严谨，这些都可以说是自然科学在理论上和思维模式上追求的目标与原则，也是自然科学的优美动人之处。甚至，自然科学家们试图将变化万千的自然世界——物理的、化学的、生物的，都导向一个极简单的数学世界，用数字化的极简单符号模型来解释世界的无限多样性。社会科学在很大程度上也有追求这样一种理论与分析方法上的简约化目标，经济学家对人的经济理性、交易选择、行为模式的分析，法律学家对社会的制度形成、利益交换和社会法律运作的"游戏规则"的说明等，也试图做出某种程度上的尽可能统一、完美、严谨、简单的把握。但人文科学却很不一样，人文科学更多的是在个体性与多样化的背景下来把握人的精神与情感世界的。人文科学更多的追求着独特、新异、个别和个性。人文科学家对于人类的历史文化事项、精神生活和宗教艺术的认识研究，可以有更大的个体选择性空间和选择性余地，有显示人文科学家个性特征的更大可能性。虽然无论是自然科学还是社会科学，科学家的认识活动都可能带有某种程度的个体选择性与主体构建性，但人文科学家的这种选择与构建性显得更加明显。在人文科学那里，每一个个体生命都是独特的，是唯一的，它不能像生物学上那样用诸如细胞、分子、基因等几个最基本最简单的共同概念来把握所有人的生理学本质，也不能像社会科学家那样仅从人的社会角度、来理解人的独特性和个体性的。在人文科学看来，人是一种由其主体实践过程而自我创造、自我塑造的实践着、变化着的存在，人的本质不是外在决定的、先验的和固定不变的；相反，他会在自己的实践与创造过程中主动地来加以追求、改变和发展自己的本质。人可以用生物技术"克隆"一个和生物学意义上的人，并规定这个"克隆"人的生物自然特性，但却无法用基因遗传工程规定的人存在的本质与价值意义，因为人的存在本质与价值意义，不是先天遗传规定的，而是由人自己在后天的主体实践中追求、塑造、获得的。在人文科学那里，人不是抽象的、概念化的，也不是一种可随意机械分解与组合的数学变项，而是具体的有情感的精神意志的人。研究对象与研究者不能不发生某种程度上的双向"对话"与双向"构建"关系。所以人文科学家们总会根据自己的观念与标准去选择那些他感兴趣或他认为重要的认识对象来建立他的历史学思想与文学艺术观念。而对被选择的人文事项，他并不是照镜子式地、被动简单地反映其原样，而是会以他的分析框架和理解结构去加以解释，并在解释的基础上做出理解。这一主体性解释与理解的过程，同时也可能是一个主体意义赋予认识对象的过程。因此，人文科学的理论与认识结果会比自然科学和社会科学更趋向不确定性、复杂性、带上更浓厚的认识主体意识与个体色彩。

二、人文社会科学学术论文的选题

第一，选题的原则。根据不同的研究目的选题大致分为：学术性，宣传性，经验体会性论文。根据学术价值来选题分为：理论的原创性；利用已有的理论解决了某一理论或实践问题，进行了一定的理论分析和研究，得出了新成果；利用其他学科的方法，解决了本学科的问题，具有理论意义和实践意义；发掘或整理了新资料，用之充实或修正了本学科的某些内容。根据学科发展趋势来选题，其主要预测学科发展中的问题：如世纪末的反思；全球化问题；文化冲突问题。根据社会需要选题，例如：多元文化背景下的思想政治教育，大学生生命教育，心理健康教育；弘扬和培养民族精神；科学发展观；从现实回到历史。有些热点不是研究对象，但可以启发我们寻找问题。根据自己的研究特长选题（思辨、考证、调查）。根据现有科研条件选题（时间、能力、资料）。

第二，选题的方法。一是从读书和讨论中发现问题。空白性问题，如西学东渐的具体层面，历史上社会发展与环境变迁的关系，马克思世界历史理论。关联性问题，如毛泽东思想与新经济政策，维新思想的关系；邓小平理论与西方现代化理论，东南亚经验，苏东经验的关系；一种社会现象与另一种现象的关系；中国与世界的关联；在理论与实践的结合上，还有一些中间环节，相关问题也需要给予应有的重视。二是从已有的研究成果中寻找薄弱环节。有无不完备，不深入，不妥当的地方；某学科领域中哪些问题尚待解决，在已解决的问题中有哪些需要根据时代的发展进行修正补充或翻案；当前学术界争论较大的重要问题是什么，争论的焦点，有几种代表性的意见。科学分析学科发展前景，正确预测将会遇到的问题。三是通过更新理论来选题。现代化理论：人物，事件的评价。政治学理论：政治动员，政治参与（学生），政治心理，政治社会化，政治发展，政治关系等。社会学理论：50年观念变革，政治运动对社会结构的影响；社会生活的不同层面。心理学理论：现代化过程中各阶层的社会心理变化；社会心理与社会调适。伦理学理论：各个时期的道德观念，道德取向；群己关系；道德生活，道德教育。文化学方法：以文化的视角来研究问题。政党的文化观念，文化思想，乃至政党文化的研究；马克思主义在中国的传播的文化学研究，国共关系中的文化问题思想政治教育的文化方式。四是通过更新研究方法来梳理选题。比较法，注意可比性，即属于同一种类，同一条件，同一关系。有纵向比较，同一事物在不同时间内的具体变化。有横向比较，即不同的具体事物在同一标准下的比较，确定相同或相异。综合法，可分为综述和述评。移植法，借鉴自然科学方法来研究社会科学。假设方法：大胆假设，小心求证。五是结合本地实际来选题。选题要有敏感性，开拓性，前瞻性；问题意识。胡适讲：小题大做，切忌大题小做。要小中见大。

第三，资料的搜集。一是资料种类可分为：理论性，学术性，材料性。搜集资料中运用多种手段，要直接查，间接查，广泛性、全面性搜集材料。特别重视一些特殊史料的价值，例如：政治史——档案材料，经济史——统计资料，社会史——田野调查，人物——日记书信。二是搜集的方法：利用中国期刊网查找法；参考文献查找法；全国报刊资料索引；人大复印资料索引。三是鉴别：可靠性，真实性。例如：档案的伪造；报纸，统计的水分；回忆录的褒贬。

第四，论文的写作。运用新材料，新观点，新视角，新方法。一是资料的选择，以论带史，史论结合；观点与材料的统一。二是观点明确，概念清晰一致，线索清楚，结构严谨。三是论证深入周全。如何深入：有交锋（不同的观点，材料可以引来批判），找矛盾，找关系；多选择，注意大的背景；重行轻言，短小精悍。少描述，多分析，设身处地，从时代条件出发来分析，移情。论文的过程能省则省。四是遵守规范。注释三种方法与要求（夹注，尾注，脚注）；标点符号；摘要，关键词；引用要注明，不能抄袭。平地起家的东西不是学术，学术要站在前人的肩膀上。

思考题

1. 人文社会科学与自然科学的区别与联系有哪些？
2. 人文科学与社会科学的区别与联系有哪些？
3. 当代西方人文社会科学发展的主要趋势有哪些？
4. 我国近现代人文社会科学发展主要特点有哪些？
5. 人文社会科学的研究方法与自然科学的研究方法异同有哪些？
6. 人文社会科学学术论文选题的原则与方法有哪些？

参考文献

1. 朱寿桐：《学术评价问题讨论——试论学术评价的学术性》，载《学术研究》，2006(5)。

2. 邓毅：《建立科学评价机制　改进成果评奖办法——关于人文社会科学研究成果评价的若干思考》，载《华南师范大学学报》(社会科学版)，2004(7)。

3. 李存娜：《人文社会科学评价的问题与反思》，载《学术界》，2004(3)。

4. 肖峰：《学术评价的本体论问题》，载《光明日报》，2004-12-14。

第一章 哲 学

哲学作为时代精神的精华，是爱智之学，是系统化理论化的世界观和方法论，是人类社会、自然和思维知识的概括与总结。学习哲学就要了解哲学的起源、哲学的本质、哲学的特点、哲学的功能及哲学基本问题等一系列基础问题，这对初入哲学领域的人至关重要。

第一节 哲学的意蕴

无论学习哪门学科，都首先要了解它是一门什么性质的学科，它有怎样的形成和发展过程，有着什么样的特点，有着怎样的研究对象，进入哲学领域也是如此。

一、哲学的诞生

哲学作为一门古老的学科，它是一种问题之学，是一种反思之学，是一种世界观之学。那么我们不禁要问：哲学起源于什么，如何诞生？

第一，对普遍性问题的思考是哲学的起点。日常生活中，人们的活动大多围绕着吃穿住用行等具体的、个别的事物和现象展开。例如：我们和人打交道，总是和具体的人打交道，不会同"一般人"打交道；我们吃水果，吃苹果或者吃香蕉，不会吃一个既非苹果又非香蕉的"一般水果"；我们买蔬菜，买黄瓜或者买西红柿，不会买一个既非黄瓜又非西红柿的"一般蔬菜"。"一般"或者称为"普遍"总是带有抽象性的。"普遍性"的问题，特别是把世界（当然是包括人在内）作为一个整体来考虑的这样一种最大、最高的普遍性问题，很少有人会自觉地考虑。而哲学研究的对象正是被人们经常忽略的那些"普遍性问题"，特别是把世界作为一个整体来考虑这样一种最大、最高的普遍性问题。

黑格尔曾说："哲学以思想、普遍者为内容，而内容就是整个的存在。""什么地方普遍者被认为无所不包的存在，则哲学便从那里开始。"黑格尔在这里说的相当明确：哲学是从要求把握"整个的存在"开始的，也就是说，是从把世界作为一个整体来考虑开始的。英国现代哲学家罗素在其《西方的智慧》一书中也说："当有人提出一个普遍问题，哲学就产生了，科学也是如此。""提出普遍性问题就是哲学和科学的开始。"哲学所讲的"普遍性"主要就是指上面所说的最大、最高的普遍性。而科学所讲的规律性则是一个较小范围的普遍性，例如，化学现象范围的普遍性，物理现象范围的普遍性等，但只要是一开始思考普遍性问题，它们就都有着哲学的起点。

第二，对普遍性问题思考的动力源泉是惊讶和好奇。人在现实生活中虽然不会去吃"一般水果"，不会同"一般人"打交道，也不会买"一般蔬菜"。但另一方面，这种关于"整个世界的普遍性"问题又常常渗透到人们的现实生活中，特别是渗透到一些好奇心比较强的人们的现实生活中。比如在那本畅销全球的哲学史通俗读物《苏菲的世界》中，一开始就提出了两个最大、最高的普遍性问题："你是谁？""世界从哪里来？"这就能说明，即使是最大、最高的普遍性问题也是与具体的、个别的事物和现象相联系的，进而也表明哲学是与每个人的现实生活息息相关、紧密相连。在如今这个市场经济繁荣、科学技术日益发达的时代，人们一方面热衷于追求功利，热衷于对具体东西的占有；一方面也常常要追问"人生的意义何在"，追问一些最大的、最高的普遍性问题。无论你多么有钱，在现实生活中多么成功，但当你念起陈子昂的那首："前不见古人，后不见来者，念天地之悠悠，独怆然而涕下。"想到宇宙无限，人生短促，就会明白自己的那点儿财富，那点儿成功在浩瀚的宇宙中真的是不值一提啊！这更能进一步说明即使是生活在最现实生活中的人，也常会作哲学的思考和探索。

那么哲学究竟来源于一种什么样的惊异呢？对芝麻大的一点儿小事、小问题容易惊异、好奇的人，比起对任何事、任何问题都麻木不仁的人来，显然更有哲学头脑、更有哲学的起点，但哲学之为"哲学"，或者说严格意义下的"哲学"却是来源于对世界整体性把握这样一种最大、最高的普遍性问题的惊异。哲学这门学问就是起源于这种对普遍性问题的惊异和好奇之中。

古希腊哲学家柏拉图在《泰阿泰德》中说："哲学始于惊异。"柏拉图指出："thauma"（惊奇）是哲学家的标志，是哲学的开端。柏拉图满含深意地说："iris"（彩虹，虹之女神，宙斯的信使）是"thauma"（惊奇）之女，并无误溯其血统。"Iris"（彩虹）向人传达神的旨意与福音，哲学是由惊奇而发生。在其注目之下，万物脱去了种种俗世的遮蔽，而将本真展现出来。由此，它把自己展现为一种真正解放性的力量。亚里士多德在《形而上学》中也说："由于惊异，人们才开始哲学思考。惊异是从无知到知的'中间状态'。"完全无知，就不会有惊异之感，完全知道明白，也没有惊异可言，只有在人从"无知"到"知"的那种过渡状态中才会产生惊异。求知是所有人的本性。人都是由于惊奇而开始哲学思维的，一开始是对身边不解的东西感到惊奇，继而逐步前进，而对更重大的事情发生疑问。例如，在人类社会发展早期，由于生产力水平的低下，人类对自然界和人类社会中的某些现象认识不清，无法解释，原始人还完全不知道自己身体的构造，更不知道自己的意识或思维的起源和本质。但人确实有意识、能思维，而且还经常受梦中景象的影响，原始人对于这一切解释不清楚，于是就产生了一种观念，认为人们的意识或思维不是他们自己身体器官活动的产物，而是一种独特的、寄寓于人的身体躯壳而在人死亡时就离开身体躯壳的灵魂的活动，这就有了灵魂与肉体的关系。在这个观念的基础上，人们还推人及物，用拟人观来解释自己同样解决不了的自然力、认为自然力是由某种精神力量来支配的，或者直接就是某种精神力量的表现。由此可见，哲学的起源并不是为了某种实用的目的，而只是起源于人对种种事物的迷惑或惊讶，其最终目的是要摆脱愚昧无知，寻求真理。

总之，哲学源于普遍性问题的思考，人类的惊讶和好奇之情更是促使这种普遍性问题产生的不竭动力。在人类社会发展的漫长历史过程中，获得了研究对象和动力源泉的哲学产生一经产生，就将长期致力于自然界、人类社会以及人自身的不断探索中。当然，这种探索活动绝不会是一帆风顺的，必然充满着前进性与曲折性的统一。正如马克思和恩格斯所说：前途是光明的，道路是曲折的。于是，在惊讶目光的引导下，哲学家开始将注意力更多地投入到自然界、人类社会、人自身等方面，探讨世界的本原、探讨人与世界的关系、探讨人生及人的价值等，因而在中西方哲学史上形成了各具特色的哲学形态。西方哲学史发展大体经历了古代哲学、天主教哲学和近现代哲学三个时期，涌现出了亚里士多德、柏拉图、苏格拉底、康德、笛卡尔、卢梭、黑格尔、费尔巴哈、尼采、叔本华等一批批哲学家，形成了百花齐放、百家争鸣的哲学形态。中国哲学发展经历了先秦哲学、秦汉时期的哲学、魏晋南北朝时期的哲学、隋唐时期的哲学、宋元明清时期的哲学、近代和现代哲学几个阶段的发展历程，涌现出了孔子、墨子、孟子、老子、庄子、杨朱、荀子、朱熹、张载等一批批哲学家，形成了具有中国特色的中国哲学形态。

二、哲学的本质

哲学是什么？这是一个众说纷纭的问题。有人说，哲学就是"本体论"——探究的是世界万物的本源和根据；有人说，哲学就是"认识论"——是对认识是否可能、认识的过程、认识的结果等的考察；有人说，哲学就是"人学"——应该把物留给具体科学，而把人留给哲学，人是哲学的永恒关怀；有人说，哲学就是"语言分析"——语言是文化的载体，是文明的水库，通过对语言的分析就能把握整个人类文明；还有人说，哲学就是"人生境界"——他们认为，学习其他学科可以让人成为某种人，某种职业的人，而哲学才能让人获得人生的意义和价值，成为人本身。纵观以上这么多关于哲学的定义，分别是哲学家们从"本、体、用"等方面的描述。可见，要理解哲学的本质，也应从多方面了解，犹如德国哲学家叔本华说的"哲学是一个长着许多头的怪物，每个头都说着不同的话，然而，其头虽多，其身一也。"

1. 哲学是爱智之学，是追求智慧的活动

"哲学"（philosophy）一词，是从古希腊的 philein 和 sophia 这两个词演化来的。Philein 是"爱"的意思，sophia 是"智慧"的意思，这两个词结合起来组成的 philosophy 就是"爱智慧"之意。在中国古代汉语中，哲学的含义也是智慧。《尔雅》释"哲"字说："哲，智也。"19 世纪日本最早传播西方哲学的学者西周（1827—1877 年）首次用汉语的"哲学"来表述源于古希腊的西方哲学学说。约 1896 年，中国学者黄遵宪（1848—1906 年）又将这一表述引入中国，并为中国学术界所接受。因此，从字面的含义讲，哲学可以说是智慧之学。在这点上，中外哲人对哲学与智慧之源还是普遍认同的。马克思也认为，哲学是"现世的智慧"。

哲学爱智慧，难道其他学科不爱智慧？这种疑问表明，一方面，哲学的这一本质可能还不足以完全体现哲学的本质，容易引起误解；另一方面，人们还不大了解哲学的"爱智慧"与具体科学的"爱智慧"、日常生活中的"爱智慧"是不一样的。简单地说，其他学科都是智慧（通常称为知识），也都爱智慧，但哲学要回答的是"智慧是什么"、"为什么会有这样的智慧"、"追求智慧的目的是什么"、"怎样才能获得这样的智慧"等诸如此类的问题，它是对智慧本身的思考。因而，哲学追求的主要不是知识，而是智慧，是"变识为智"；不是求"器"而是悟"道"。一个人不管读了多少哲学书，要是除了理论知识本身一无所能，不明智、不通达、不大度，是不能妄称智者的。另外，知识与智慧也有一定联系。知识是智慧的基础，智慧是知识的综合与升华。荀子在《正名》中曾说："知有所合谓之智。"没有知识的智慧是空论，不包含智慧的知识是假知识。按照哲学的本质而论，哲学甚至不是让人有智慧，而是让人知道自己没有智慧因而去追求和热爱智慧的学问。哲学家们在追求和热爱智慧的过程中，尝试了各种各样的方法，走过了艰难曲折的道路，尽管没有一种方法能够彻底解决问题，但是这些方法和道路作为人类精神文明的最高产物，不仅开拓了人类的视野，锻炼了理论思维，而且深化了思想的维度，提高了人生境界。哲学要求我们，人的一生不应碌碌无为、漫无目的的生活，而应是有目标、有计划、有思想的生活，人应当做自己真正思想的主人，使自己在物质文明的基础上进一步做精神文明的主人，做精神的先行者。因而，哲学作为一种追求智慧的活动应是一种以知识为基础，显于才能，达于彻悟的一种认识能力和精神境界，它具有高、远、深的特点。

哲学作为智慧之学，从一产生就是要给人们以智慧，帮助人们获得知识，从总体上教导人们善于处理和驾驭一切。而智慧和知识从何而来？任何智慧都是人们在处理和驾驭自己同外部世界关系的活动中形成、发展和表现出来的，认识世界和改造世界是人与世界关系展开的基本表现形式，哲学就是从总体上教导人们善于处理和驾驭自己同外部世界的关系的学问。

2. 哲学是系统化、理论化的世界观和方法论

哲学作为智慧之学，其基本内容就是世界观和方法论。世界观，人皆有之。它是人对世界总体的观点和看法。可我们一般认为世界观是把人置身于外，就是人站在世界之外对世界的认识。这是一种误解。人要认识世界很容易，可要认识包括自己在内的世界就不那么容易了，这就好比"不识庐山真面目，只缘身在此山中"、"当局者迷，旁观者清"一样。一个完整的世界观应该是包括观者和所观者在内的全面性的观点，是一种超越有限与无限的统一，是人们对于生活在其中的整个世界以及人和世界关系的根本观点和看法。哲学的世界观与一般人的世界观不同，一般人的世界观是零散的、经验的、不系统的。例如，兽能走，鸟能飞，天上有云才能下雨，种子入土才能发芽。而哲学的世界观则是以理论的形式加以高度的抽象概括，通过一系列特有的概念、范畴和系统的逻辑论证而形成的思想体系，它在高度上就超越了一般人的世界观。例如，哲学不仅认为鸟能飞，兽能走，而且认为整个世界都在运动；不仅认为天上有云才能下雨，种子入土才能发芽，而且认为宇宙间一切事物发展变化都需要条件。因而，哲学的世界观是人们对于包括自然界、社会和人的精神世界在内整个世界的一般看法和根本观点。它不同于一般人的世界观，是经过提升的关于世界最普遍、最一般、最根本的问题。诸如世界的本质是什么，是物质的还是精神的；世界是怎样存在的，是运动变化的还是静止不动的；世界上各种事物和现象之间的关系如何，是相互联系的还是各自孤立的；事物的运动变化是有规律可循还是杂乱无章；人自身的本质是什么，人在世界中处于何种地位，人能不能认识和改造世界以及如何认识和改造世界等都是哲学要研究的问题。因此，要进一步了解哲学本质提高思维层次，就得自觉地学习和艰苦地训练，只有这样，才能深刻把握哲学是系统化、理论化的世界观。

这时又有人会提出疑问：宗教神学也是一种世界观，它也有教义和文本，也是系统化、理论化的世界观，那么哲学和宗教有何区别呢？要说明这一问题，我们借助于我国著名学者王国维(1877—1927年)在《人间词话》中的关于"读书三境界"的说法来阐明其区别。王国维指出，读书的第一个境界是"昨夜西风凋碧树，独上高楼，望尽天涯路"；第二个境界是"衣带渐宽终不

悔，为伊消得人憔悴"；第三个境界是"众里寻他千百度，蓦然回首，那人却在灯火阑珊处"。根据他的理解，第一个境界就是要博览群书，要"望尽天涯路"，如果没有具体科学的支撑，哲学就成为无源之水、无本之木。第二个境界可以理解为要对具体科学进行概括和总结，这是一个更加艰辛的过程，要"为伊消得人憔悴"。只有这样，才能达到对世界的系统化、理论化的认识，形成哲学智慧。这种概括和总结过程是一个不断"否定"、"扬弃"的过程。它不像宗教神学那样树立偶像，提倡盲目。因此，对哲学来说，它可以在每一个认识阶段获得真理性的认识，却不可能获得对世界的终极认识，它总是"敞开的"，这就是哲学的爱智本性。不了解这一点，就容易把哲学与宗教神学混淆起来。总之，作为系统化、理论化的世界观与宗教神学是有本质区别的。二者最根本的区别用斯宾诺莎的话来概括就是："哲学的目的只在于求真，宗教的信仰只在于寻求服从与虔敬。不但如此，哲学是根据原理，这些原理只能求知于自然，宗教的信仰是基于历史与语言，必须求之于《圣经》与启示。"

一般来说，人们对某种事物持何种看法，就具有何种观点；而把这种观点运用于分析问题、解决问题，就是方法。有什么样世界观，就有什么样的观察和处理问题的根本方法。世界观和方法论是统一的。例如，张某和李某都没考上大学，张某认为是自己学业不好，来年一定努力学习，争取高中。李某认为自己是"命运"不佳，整天萎靡不振，囫囵度日。因此哲学是人们关于世界的总的看法或根本观点，是关于世界观的学问，又为人们认识世界和改造世界的一切活动提供一般的、普遍的方法，并且是关于这种一般的、普遍的方法的学问即方法论。哲学就是世界观和方法论的统一。

3. 哲学是自然知识、社会知识和思维知识的概括与总结

物理学、化学、生物学、天文学、地理学、经济学、法学等具体科学的研究对象尽管各不相同，但有一个共同点，就是他们研究的是自然世界或人类社会中某一领域、某一局部的问题，揭示的只是在某个范围内起作用的特殊规律。例如，物理学研究物体的声、光、热、电、磁以及原子内部等方面的物理运动的规律，化学研究元素的性质和转化、分解和化合等化学运动的规律。生物学研究生命运动的规律，经济学研究生产关系运动的规律。哲学则不同，它研究的是整个世界的根本问题，揭示的是整个世界共同存在的最普遍、最一般的规律。它要回答世界的本质是什么，世界是不是变化发展的，人的思想同客观世界是什么关系等这些总的问题。很显然，哲学和各门具体科学研究的对象是不同的，哲学的对象具有一般性、普遍性，具体科学的对象具有个别性、特殊性。

一般人认为，自然科学等具体科学已获得了规律或者终将获得规律。那

么，通过规律寻找更普遍的规律，哲学不成为"科学的科学"了吗？"对自然知识、社会知识和思维知识进行概括和总结"的这种再认识也就没有意义，因而有具体规律，按具体规律办事即可。这种诘难表面上看起来似乎有道理，但从思维方式上看，它是不了解"具体—抽象—具体"的辩证思维方法的表现。马克思指出，思维的逻辑运动中存在着两条方向相反的道路。第一条道路是"完整的表象蒸发为抽象的规定"，第二条道路是"抽象的规定在思维运行中导致具体的再现"。这两条道路首尾相接，形成"具体—抽象—具体"的否定之否定过程，也就是人对事物本质的完整认识过程。抽象后的思维具体与前一个具体有所不同，这个具体既超越了感性的偶然性又超越了思维的抽象性，因此，它是具有丰富内容的、包含众多概念成果的思维具体。黑格尔认为，同一句格言，在一个饱经风霜、备受煎熬的老人嘴里说出来与在一个天真可爱、未谙世事的孩子嘴里说出来，含义是根本不同的，这正是说明这一道理。抽象的规定并不能把握对象各方面本质的内在联系，只有借助综合的方法，把反映事物各方面本质的抽象规定联系起来，形成统一事物整体的认识，使抽象的规定在思维的具体中再现出来，才能真正使主观与客观对象相符合，才算得上是真理性的认识。因而，可以说具体科学不是万能的。哲学与科学相比，更能抓住要害，启发人积极思维、推动人类思想的变革，推动人类社会的进步与发展。

因此，哲学的本质从思维目的上看，哲学是爱智慧；从思维层次上看，哲学是系统化、理论化的世界观；从思维途径看，哲学是对具体科学的概括和总结。哲学虽不是科学，却能够给人以真理；哲学虽不是艺术，却能够给人以美感；哲学虽不是宗教，却能够给人以信仰。因此，哲学看似无用，实则大有所用，它不仅传授给我们知识，而且又超越知识给予人智慧，使人变得通达、博学，看世透彻，更能提高每个人的精神境界。

三、哲学的民族性与时代性

哲学作为一种现世之学，必然有其内在的特征，具体来说，哲学有着两大特征：民族性和时代性。

1. 哲学的民族性

哲学作为智慧之学，以世界整体为研究对象，以人类实践及其具体科学成果为其"源头活水"，力图从总体上把握人与世界的关系，概括世界的普遍本质和一般规律，是一种系统化的理论体系。作为一种理论体系，自然属于社会上层建筑，必然为其经济基础服务，必然服务于地域、文化、制度等各不相同的各个民族。这就是哲学的民族性。

对一个民族来说，哲学的民族性首先在于塑造这个民族的民族精神或培养一种优良的国民性格。民族精神是一个民族大多数成员信奉的价值观念、思维方式和行为准则的综合，它是社会存在的反映，又由民族文化传统孕育而成。中国自古以来就有"舍生取义"、"杀身成仁"、"富贵不能淫、贫贱不能移、威武不能屈"的优良民族气节。美国前国务卿基辛格认为，哲学形态的实用主义是美国的民族精神，美国人的求实精神、开拓精神、进取精神、科学与民主精神是实用主义培养的结果。民族精神能够从思想上引导人们明辨什么是真、善、美，什么是假、恶、丑；什么是新事物，什么是旧事物；什么是社会正义，什么是非正义；能使它的所有成员能够对后者疾恶如仇，为前者努力奋斗。因而民族精神对于一个民族来说，就是一面旗帜，就是凝聚力和向心力的表征。一个国家有了优秀的民族精神，才能激励、引导人民披荆斩棘、勇往直前。

其次，哲学的民族性表现在哲学是民族文化的理论基础和指导思想。如果我们把文化理解为科学技术、知识、信仰、哲学、艺术、法律、道德、风俗习惯和社会成员通过学习而获得的能力和技能的总和，那么，哲学是一种文化的"体"，而文化的其他形式只不过是它的"用"。哲学为其他文化形式提供指导思想、理论基础和方法论。没有发达的哲学就不可能有发达的自然科学、人文科学和社会科学。正因为哲学具有上述作用，所以，它成为塑造民族精神的有效手段和切实途径。诚如恩格斯所说，一个国家或民族要攀登科学文化的高峰，要自立于世界文明先进行列，决不能没有高度的理论思维，而理论思维的培养离开对各种哲学思想的学习和研究，没有别的途径。

2. 哲学的时代性

任何哲学，它都不是站在它的时代以外的，而是对它的时代的实质的认识，每个人都是他那时代的产儿。哲学也是这样，任何哲学都是一定时代的哲学，只有真正触摸到了自己所处的时代的脉搏，映现了自己所处时代的精神，从总体上把握时代的内容，反映时代的本质特征，才是真正的哲学。时代的内容是由时代的人们创造的，是时代的人们积极地处理自己同外部世界的关系的成果。人的智慧是在人们处理自身与外部世界的关系的过程中形成、发展、发挥、表现的。因此，人的智慧也就是人们处理自己同外部世界的关系的活动中的精髓。哲学作为一种智慧之学，作为时代精神的精华，就是人们处理同外部世界的关系的一种升华。但是，哲学要成为现实的智慧学，必须通过一定时代的哲学家的头脑，把人们处理同外部世界的关系的活动中最精致、最珍贵的看不见的智慧、精髓集中到哲学思想里来。这样，哲学也就能以自己得特殊方式把我自己时代的物质文明和精神文明，称为其中活的灵魂。因此可以说，哲学是"一个时代理论上的自我理解"，是"思想中时代"。美国出版的"导师哲学家丛刊"曾以下列标题来表征中世纪以来各个时代的哲学："信仰的时代"（中世纪哲学）、"冒险的时代"（文艺复兴时的哲学）、"理性的时代"（17 世纪的哲学）、"启蒙的时代"（18 世纪哲学）、"思想体系的时代"（19 世纪哲学）、"分析的时代"（20 世纪哲学）。不管这种概括恰当与否，但它确实显示了哲学与时代的重要关联。

从总体来说，哲学与现实、时代的关系体现在三个方面：其一，是哲学诠释现实。它将从哲学的角度对复杂的社会现象给予客观、全面地反映和合理的说明与解释，在错综复杂的关系中梳理出线索，在表面平行的结构中看到等级与次序，在茫无头绪的过程中寻找到问题的症结与结点。其二，哲学审视现实。哲学对现实的关注不是简单、刻板地反映，它总是以一种反思性的态度对现实提出质疑，看出其不足或缺陷。在对现实的这种审视与批判中，蕴涵着它对未来理想的追求与构想。其三，哲学超越现实。哲学将"不得不以超越和反对他们的时代的方式进行思考"，因为"没有这种理智上和道德上的勇气，哲学是不可能完成它在文化和社会中的使命的"哲学超越时代，超越现实，并不意味着它就脱离了现实、脱离了时代；相反，它是从现实出发示范与引导时代。在时代与哲学的关系问题上，不光是时代创造哲学，哲学也创造时代；不光是时代修正哲学，而且哲学也改造时代。

作为时代精神概括的哲学观念，不会是一成不变的，而是随历史的发展不断演进的，一种哲学观念在它形成时往往是先进的，引导历史前进的，而当其所代表的阶级或社会势力成为统治者并逐步保守没落，该哲学观念也成为保守和反动的，并会被代表变革势力的新的哲学观念所取代。曾经新的哲学观念也要随着人生存和发展的社会状况而被更新的哲学观念取代。这就是哲学史——人类思想史和历史的最抽象层次上的概括，而哲学也就存在于哲学观念的更替与矛盾中。只要人类还在生存和发展，只要历史的阶段性还在延续，哲学观念就会存在和发挥作用，并继续演化。而历史上各阶段的哲学观念在演化和更替中，又表现为辩证的否定和发展，有着内在的批判继承关系。

哲学的时代性并不排斥其历史的统一性，正是在时代性的更替中，体现着哲学观念的历史统一性。哲学观念的时代性是其历史阶段主要矛盾的集中体现，其统一性则在于人的生存和发展的基本矛盾，在于以劳动者素质技能提高及其表现的社会生产力为基础的文明发展和社会关系的演进。各历史阶段的社会主要矛盾，是人类生存和发展基本矛盾的阶段性特殊表现，正是在社会主要矛盾及其否定中，体现着人类生存和发展基本矛盾的特殊性和发展性。历史的阶段是发展的阶段，阶段的更替不是历史的终结。社会主要矛盾的否定不是取消社会主要矛盾，而是以新的矛盾取代旧的矛盾，在这个过程中，人类的生存和发展也随之上升到一个新的阶段。相应的，社会主要矛盾所概括的时代精神也会随之而升华，这也就是哲学观念在否定中的发展。

第二节　哲学的功用

了解了哲学的起源、本质和特征外，我们有必要对哲学的功用进行深入探究，哲学这样一门课程，学习它到底有什么作用与功能。

一、哲学是现实变革的观念基础

历史上的每一次大的变革，无不是以其思想文化的变革为先导的。哲学作为一种思想文化，也必然以自己特有的方式表达着对现实社会的审视与思考。

首先，哲学在作为关于各种具体科学知识的总结和概括，与其他各种具体科学知识一起构成人类的知识体系同时，它又是一种社会意识形态，同其他社会意识形态一起构成一定的社会意识形态体系。哲学作为一种社会意识形态，一方面，它反映的内容归根结底来源于社会存在，并随着社会存在的变化而变化，社会存在决定社会意识；另一方面，社会意识具有相对独立性。这种独立性是由它自身所具有的内在本性决定的。社会意识作为社会存在的反映，虽然根源于社会存在并以社会存在为内容，但它确是以自身固有的观念形式、并依自身固有的观念运行的逻辑去反映社会存在的。

作为一种系统化、理论化的世界观和方法论的哲学，在整个社会意识形态体系中，乃至在整个人类精神世界中，都处于核心的地位，起着统摄一切灵魂的作用。人的精神世界是人的社会生活的精神方面、精神过程，既包括作为社会意识形态的政治、法律、道德、艺术、宗教、哲学等的思想、观点，也包括非意识形态的科学知识。精神世界不是在人的头脑中凭空建构起来的，而是在人同外部世界发生关系的过程中通过活动的内化而逐渐形成的。精神世界形成以后，在人同外部世界发生关系的活动过程中，有作为一种先在的内部准备状态而起作用，制约着人与世界的关系的展开。而哲学作为理论化、系统化的世界观和方法论，则能够把精神世界中的各种因素有序地组织起来，并推动它们按照一定的程序、方式和方法协调地发挥作用。在精神世界中，哲学世界观和方法论是联合器、发动器、方向盘。它可以通过对社会弊端、旧制度、旧思想的批判，更新人的观念，解放人的思想；可以预见和指明社会的前进方向，提出社会发展的理想目标，指引人们追求美好的未来；也可以动员和掌握群众，从而转化为变革社会的巨大的物质力量。诚如恩格斯所说："正像在18世纪的法国一样，在19世纪的德国，哲学革命也作了政治崩溃的前导。"

其次，从"具体—抽象—具体"的思维辩证过程来看，哲学作为一种理论产物，它来源于人类的生产、生活实践，它也必须返回到现实中去，指导现实，这也符合"从感性认识到理性认识、再从理性认识回到感性认识"的认识发展规律。哲学作为一种理性思维工具，它不是简单地、刻板地描述人和世界的现实关系，而是以一种反思、批判性态度对这种关系做出评价。对现实关系的审视与批判，对未来理想关系的追求与构思，往往是哲学世界观和方法论内在地蕴含着的积极内容。因此，哲学往往作为信念、理想从而也作为价值观对人们起着导向和激励作用。

二、哲学是生活的学问

自古以来，哲学就与人生、生活紧密相关。在西方哲学发源地的古希腊，"希腊三哲"非常强调哲学追问人生的意义，注重道德践履。苏格拉底就认为，哲学是关于人生知识和道德行为的一种学问，学哲学就是学做人；柏拉图认为哲学是研究理念的一种学问；亚里士多德认为，哲学要研究"形而上学"问题即经验之后的实在问题。现代西方哲学家对哲学的理解莫衷一是，但认为学习哲学对于安身立命、探究生活意义和价值至关重要。新托马斯主义认为，哲学的任务是帮助建立一种基于信仰的真理，对神学的神秘部分进行解释，对坏的信仰的谬论进行驳斥，这是一种精致的神学；法兰克福学派认为，哲学研究的对象是社会，哲学的真正社会作用在于批判现存的不合理社会，探索一个合理社会，社会问题是哲学的中心问题，哲学是批判的社会理论；存在主义者认为，哲学是人学，是一种关于人的本体论和伦理学。中国哲学的发展有自己的特点，但与西方哲学不无相似之处，那就是认为，哲学必须研究人生的意义，关注伦理实践。甚至可以说，从一开始，中国哲学就把伦理学置于哲学的中心，无论是谈天人关系、身心关系、形神关系、知行关系、名实关系，都是为了人生的目的，规范人的行为。《礼记·表记》谈到殷人思想时说："殷人尊神，率民以事神，先思而后礼。"这里的"礼"既有祭祀礼仪又含有伦理规范的含义；孔子提倡"正名"，认为名不正则言不顺，言不顺则事不成，好像是在谈名实相符的逻辑问题，实质是在辩证礼制等级方面的名称和名分。老子著书上下篇，言道德之意五千余言，《道德经》宣扬，"无为而无不为"的思想，实际上是一种伦理思想，美学思想。这样看起来，尽管古今中外哲学家们的哲学观五花八门，各种各样，但对哲学究竟是什么也有共识：那就是哲学与人生密切相关，哲学应洞察人生真谛，关注人的生活世界。

当然，哲学关注人的生活世界，并不是说它能提供物质资料来满足人们的需要，它确实没有这样的能力；但从更深刻的意义上说，哲学的功用在于为人的生活提供终极意义的支撑，是一种植根于现实生活的终极关怀。人类活动形式多种多样，可以归结为经济、政治、文化三大基本领域，它们分别满足人不同方面的需要。经济活动满足人类一定的物质生活资料的需要。政治活动满足人类一定的社会秩序的需要，文化活动满足人类一定的生活意义的需要。哲学当然是一种文化而且是文化的核心，它的首要功能无疑是满足人类生活意义的需要。但哲学又不同于一般的文化，它是满足人们形而上的精神需要。即对于生活的终极意义的追求。在现代市场经济发展的今天，哲学的这种基本功能更加突出了。工业革命以来科技理性的恶性膨胀，市场经济的负面影响等，造成了社会物质欲求与精神追求的分裂，是整个人类文明向物欲倾斜。社会因素的复杂多变，也使得人们很难弄清生活的终极意义，许多人甚至怀疑生活的最终意义，出现"意义失落"、"信仰迷失"是在许多社会成员中存在的普遍现象。这说明，生活在社会大变动时期的人们，特别需要哲学的帮助，需要哲学提供生活意义的支撑。

三、哲学是思维的艺术

哲学是系统化、理论化的世界观和方法论。从这点上，哲学可以为我们提供一种正确的思维方式。思维方式是认识世界、改造世界的工具。没有正确的思维方式我们既不能反映世界，也不能改造世界，相反却要犯主观性、片面性错误。所以，思维方式的变革比任何科学技术的变革更重要、更根本。抛弃旧的过时的思维方式，要比抛弃旧的过时的生产工具更重要。哲学的思维方式主要具有以下四方面特征：

1. 哲学思维的超验性。这主要是相对常识而言，哲学思维以经验常识为基础，又超越经验常识，表现在对常识的追问和反思，追问其合理性，即"根据是否可靠"。"根据"就是"本质规律和必然性问题"，而且是最后的本质、普遍性的规律，对经验持一种居高临下的审视态度。现实的经验、常识有追问和被追问的关系，追问后超验性就体现出来了。因而，经验常识是表象性，哲学是抽象性；经验常识是有限性，哲学是无限性；经验常识是接受性，哲学是批判性；经验常识是熟知而非真知，故不可靠。

2. 哲学思维的抽象性。这主要是相对于艺术而言。哲学要从经验、表象中追问本质、必然的东西，就必须抽象。抽象性就是运用概念去把握、表达对象，而不是形象性地把握、表达。抽象性方式是逻辑性理论而不是情感性方式。抽象性运用的是表述性语言而非表达性语言。表述性语言是实在的客观性的存在。表达是主观性、情感性的，哲学家抒情不是他的本意，其内在的基础是逻辑性的。艺术中蕴含着哲理，而且蕴含哲理愈丰富的艺术越伟大，越值得人们去欣赏和体悟。哲学有着与艺术共同的追求旨趣。郑敏曾在

《哲学与诗歌是近邻》中明确提到，哲学与艺术有共通点，二者都表达了人们的寻根意识，回归愿望，都体现了对人的安身立命之所的追求，都是对生命的本源、宇宙的本体的追求。因而，我们可以这样理解，诗歌是文学中的哲学，音乐是艺术中的哲学；草书是书法中的哲学。

3. 哲学思维的强理论性。这主要是和宗教比较而言。哲学是一种批判性、论理性的观念支柱，具体由论点、论据、论式三要素支撑。宗教是基于一种热烈的信仰，是不用论证的。宗教中也有论理性观念，但不是支柱，是信仰。中国哲学家不重视逻辑性研究，但不能说其不用逻辑，读者学著作，都要注重其中逻辑论证。反驳论点，一看其论据是否真实，二看其论式是否符合逻辑。具体来说，哲学和宗教既有差异又有联系。就差别讲，其一哲学是单纯的观念体系，宗教除此外还有机制、组织等，比哲学复杂；其二哲学有逻辑抽象性；宗教有表象、信仰、仪式等表现形式。就联系讲，哲学脱胎于宗教，也曾经服务于宗教，例如，西方哲学。宗教中包含着哲学，特别是近现代哲学。因而，要正确对待哲学与宗教：弘扬哲学，尊重宗教。

4. 哲学思维的反思性。这是相对于科学而言的。哲学的思维方式是反思性的，科学的思维方式是非反思性的。反思性是科学与哲学区分的重要标志。科学以思维与存在的统一为活动前提、基础；科学运用思维去探索世界各个领域，以求真理性。而哲学以思维与存在关系为问题进行思维，哲学对象包含着思维本身。当一种学科把思维当作对象方式时，其思维就是反思的，哲学对科学的反思是哲学的重要内容，其具体反思内容有：反思科学活动、反思科学成果，反思科学活动方向。人类一切精神活动的领域，都是哲学反思的对象，包括艺术、道德、政治的精神活动和成果。精神反思在哲学活动中就是反思追问，这种追问就精神活动而言，是持续性的；就方式而言，是递进式的；就趋向而言，是穷究性的，最后以致达到对追问者的追问。对追问者的追问就是反问，其实质就是反思。反思具有四个特点：一反思是主体发出，面向主体的思维；二反思总是在思维逻辑之后发生；三反思活动与作为反思对象的那种思维的对象关系是间接的；四反思的目的和意义是要实现思维超越。因此，科学是边走边看，哲学是回头望。在回头望的过程中，不仅超越了边走边看的位置，而且既看到了风景，还看到了赏景的人，哲学是一个普遍性的问题系列。表现在不仅哲学对人类精神活动的一切领域进行普遍反思，而且哲学问题是人类性的，如思维与存在、生活与生存、物质与精神、理想与现实、自由与必然、规范与自由、群与己等。所以，冯契说："哲学用的概念是达名；科学用的是类名；历史用的是私名。"

第三节　哲学的基本问题和派别划分

哲学从总体上研究人与世界的关系，而人与世界的关系的最本质的方面则是思维和存在的关系。因此，思维和存在的关系问题是全部哲学的基本问题。如何回答这个问题，是解决一切哲学问题的前提和基础，并由此而形成了不同的哲学派别与哲学形态。

一、哲学的基本问题

在人类哲学思想数千年的发展过程中，提出并探索了许多涉及整个世界的大问题，其中贯穿始终的便是哲学基本问题，即思维和客观存在的关系问题，也就是精神和物质的关系问题。早在远古时代，这个问题就以某种模糊的方式提了出来，而自近代以来则以更加明确的形式出现，在哲学发展中起着越来越重要的作用。恩格斯总结和概括了哲学发展特别是近代哲学发展的历史事实，并吸取了黑格尔和费尔巴哈的有关论述，以更明确的形式提出了哲学的基本问题。在《路德维希·费尔巴哈和德国古典哲学的终结》这一著作中，他提出了著名论断："全部哲学，特别是近代哲学的重大的基本问题，是思维和存在的关系问题。"恩格斯还指出，这个问题"像一切宗教一样，其根源在于梦寐时代的狭隘而愚昧的观念。但是，这个问题，只是在欧洲人从基督教中世纪的长期冬眠中觉醒以后，才被十分清晰地提了出来，才获得了它的完全的意义"。

思维和客观存在的关系问题之所以是哲学基本问题，这是由哲学本身的性质和任务所决定的。哲学以整个世界的普遍本质和关系为自己的研究对象，精神和物质正是整个世界最一般、最普遍的两大类现象，作为哲学范畴的精神和物质是世界上一切现象的最高概括与抽象，精神和物质的关系无疑是一切关系中最为一般的关系。因此，思维和客观存在的关系问题，特别是何者为第一性的问题，理所当然地成为哲学的基本问题并贯穿于全部哲学问题，也是任何哲学家都无法回避的问题。

思维和客观存在即精神和物质的关系问题包括多方面的内容，其中有两个最突出的方面。哲学基本问题的第一个方面是：世界的本质是精神还是物质，是精神决定物质还是物质决定精神，用哲学的语言表述，就是精神和物质何者为第一性的问题，这一方面的问题涉及世界的本质、本原，是哲学基本问题的最重要方面，哲学史上称之为本体论问题。按照对这一问题的不同回答，全部哲学划分为唯物主义和唯心主义两个根本对立的基本派别；凡主张世界的本质是物质，坚持物质第一性、精神第二性，物质决定精神的，属于唯物主义派别；凡断言精神是世界的本质，坚持精神第一性、物质第二性，精神决定物质的，都属于唯心主义派别。只能在精神和物质何者为第一性这个根本问题上区分唯物主义和唯心主义，此外不能再附加上别的意义，否则就会造成混乱。哲学基本问题的第二个方面是：人的思维有没有能力认识客观世界，或者说，世界时可知的还是不可知的，用哲学的语言表述，就是思维和客观存在、精神和物质之间有没有同一性问题，哲学史上称之为认识论问题。绝大多数哲学家肯定思维和客观存在之间具有同一性，属于可知论；只有少数哲学家否认思维和客观存在的同一性，属于不可知论。

应该指出，虽然绝大多数哲学家对哲学基本问题的第二个方面作了肯定回答，但这种回答的确定性的内容决定于对哲学基本问题的第一个方面的回答。这也就是说，哲学中的认识论必须以本体论为前提和出发点。无论是从逻辑上说，还是从人的认识的实际发生过程来说，都只有在回答了哲学基本问题的第一个方面的问题之后，才能回答第二个方面的问题，并使这种回答具有确定性的内容。即使某些哲学家并不直接正面提出和回答第一个方面的问题，甚至极力否定第一个方面的问题，但在他们解决和回答第二个方面的问题的基本倾向和态度里，已经默默地包含了对第一个问题的回答。认识论总是包含着一定的本体论前提的。离开了一定的本体论前提，认识论的内容就是不确定的。只有从一定的本体论出发，才能确定认识的主体是什么，认识的最终源泉和认识的对象、内容是什么。比如，按照唯心主义的本体论观点，既然思维、精神是本原，而物质自然界只不过是思维、精神的派生物，那么，认识的主体和认识的对象、内容，归根结底都是思维、精神本身，认识就是思维、精神自己认识自己。按照唯物主义的本体论观点，所得出的认识论结果就相反，就会认定认识的主体是有意识思维但又具有物质实体性的人，认识的对象和内容则归根到底都是属于物质世界的事物和现象。对唯物主义认识论来说，整个体系都贯穿了物质第一性、意识第二性的观点。因此，本体论作为认识论的前提，必然渗透、贯穿于整个认识论的体系之中。

在当代，有一种否定本体论的思潮，认为哲学只应该研究认识论，而不应该研究本体论，本体论问题是没有意义的问题。的确，对于世界是否从来就存在、世界存在的本质是什么的问题的回答，本身就是认识的结果。离开了人的认识，当然无所谓本体论。并且人们提出和回答本体论问题，也无非是为解决认识论问题，为人们处理和驾驭自己同外部世界的关系确立前提和出发点。的确没有什么离开人的认识的本体论。然而，本体论与认识论毕竟不是完全等同的。本体论虽然是通过人的认识所达到的关于世界的一般哲学理论结论，但它所涉及的是关于世界本身的存在及其本质的问题，而认识论所涉及的则是在肯定了世界本质是什么的前提下，回答关于我们周围世界的思想同这个世界本身关系是怎样的问题，即我们的思维能不能认识现实世界、能不能正确反映客观存在的问题。认识论所涉及的是关于认识的本质、认识的可能性及其实现的问题。因此，不能把本体论完全归结为认识论，也不用认识论取代、否定本体论。

总之，思维与存在、精神和物质的关系问题，具有本体论的意义和认识论的意义两个方面，并且这两个方面的意义是相互联系、不可分割的。本体论是认识论的前提，本体论的研究目的是为了解决认识论问题；认识论中，也必然渗透、贯穿着本体论的意义。

二、哲学的基本派别

自从哲学产生之后，思维和存在、精神和物质的关系问题，就普遍地成为哲学家们必须加以回答和解决的基本问题。哲学家们正是通过对哲学基本问题的不同回答和解决，才建立了不同的哲学体系，形成了不同的哲学形态。这些不同的哲学体系和哲学形态，基本上可以划分为唯物主义和唯心主义两大派别或两大阵营。什么是本原的，是精神，还是自然界？世界是神创造的呢，还是从来就有的？恩格斯指出："哲学家依照他们如何回答这个问题而形成了两大阵营。凡是断定精神对自然界说来是本原的，从而归根到底以某种方式承认创世说的人组成唯心主义阵营。凡是认为自然界是本原的，则属于唯物主义的各种学派。"如何回答哲学基本问题的第一个方面的问题，是划分唯物主义和唯心主义的唯一标准。所谓唯物主义和唯心主义，就是从对哲学基本问题的第一个方面的回答而获得规定的。"除此之外，唯心主义和唯物主义这两个用语本来没有任何别的意思，它们在这里也不能在别的意义上被使用。"

哲学史上不同的哲学体系和哲学形态，都归根到底只能分属于唯心主义和唯物主义两大阵营，而不能有第三大阵营。这是因为，对思维和存在、精神和物质何者第一性的问题，只能有两种相反的回答，不可能有第三种回答，不存在超越唯物主义和唯心主义至上的所谓"第三派"、"中间派"。哲学中的二元论把精神和物质看作两个互相独立的世界本原，企图以此调和唯物主义和唯心主义，二元论并非唯物主义和唯心主义以外的"第三派"，它不过是一种不彻底的折中主义，最终不得不对思维和客观存在何者为第一性的问题做出回答，设想凌驾于思维和物质这两个平行本体之上还有一个更为根本的本体，即上帝或神，大多数二元论哲学的发展趋势是导向唯心主义。在现代，有些唯心主义的哲学流派力图通过取消或否定思维和存在何者是本原的、第一性的这个根本问题，来取消或否定唯物主义和唯心主义的对立。他们的目的实际上是要反对唯物主义，特别是反对马克思主义的辩证唯物主义，并掩盖他们自己的哲学的唯心主义实质。他们虽然在口头上宣称要取消或否定思维和存在何者是本原的、第一性的这个所谓"没有意义"的"形而上学"问题，但他们在建立自己的哲学体系的时候，实际上又根本不能回避这个问题，只不过是用一些新的或被他们故意歪曲而弄得不确定的术语唯心主义地回答这个问题罢了。无论如何，思维和存在，精神和物质何者是本原的、第一性的这个最高的哲学问题是不可能取消或否定的。由这个问题的不同回答而必然形成唯心主义和唯物主义两条哲学路线、两个哲学派别，也是不能抹杀的事实。列宁说的完全正确："透过许多新奇的诡辩言词和学究气十足的烦琐语句，我们总是毫无例外地看到，在解决哲学问题上又两条基本路线、两个基本派别。""最新的哲学像在两千年前一样，也是有党性的。唯物主义和唯心主义按实质来说，是两个斗争着的党派"。这就是哲学上的党派性。当然，在唯心主义与唯物主义这两个基本哲学派别中，它们各自都有不同的形态。

唯物主义在长期发展中主要经历了三种形态：古代朴素唯物主义、近代形而上学唯物主义和马克思主义的辩证唯物主义和历史唯物主义。古代朴素唯物主义是唯物主义哲学的最初形态，它产生于约公元前 7 世纪的古希腊和周代的中国，近代资本主义形成以前的唯物主义都属于这种形态，其代表在西方是赫拉克利特和德谟克利特，在中国则有王冲、范缜等。其主要特征是，其一，以自然原因去解释自然现象，把万物本原归结为某种物质形态，用某一种或某几种具有固定形态的物质来说明宇宙万物的生灭变化。比如，古希腊泰勒斯认为"水"是万物的本原，赫拉克利特认为"火"是万物的本原；中国古代的五行学说认为金、木、水、火、土是生成万物的五种基本元素以及中国荀子认为"气"是万物的本原，等等。其二，与辩证法天然地结合在一起，确信世界万物都是出于运动变化之中，但只是猜测到了辩证法并没有"真正掌握辩证法"。其三，是依靠笼统的直观，即通过经验观察再加上现象和猜测而形成的理论，缺乏科学论证和严密的逻辑体系，具有明显的自发性和朴素性。

形而上学唯物主义亦称机械唯物主义，萌芽于 14—16 世纪，形成于16—17 世纪，在 18 世纪达到发展的高峰，其主要代表有法国的拉美特利、狄德罗、爱尔维修和霍尔巴赫，以及德国的费尔巴哈。形而上学唯物主义的基本特征是：承认世界的物质性，但却用孤立、静止、片面的观点解释世界，看不到世界上的事物和现象之间的普遍联系与变化发展，或者只是承认机械的联系和机械的运动，因而表现出机械的、形而上学的特征。近代唯物主义以近代实验科学对自然现象的实证研究为基础，以新的实证知识和科学方法论证世界的物质统一性，摆脱了古代唯物主义的朴素性；它自觉地提出和探讨了"思维和存在的关系"，主要研究了认识内容的来源等问题，确认了唯物主义的反映论和可知论原则。但它的局限性也十分明显：其一是机械性。它把自然界中的各种现象和过程统统归结为机械运动，一概用力学规律加以解释；其二，形而上学性。它认为自然界和人类社会实质上是不变的，即使有变化也不过是数量的增减和场所的变更，以及事物的不断重复和循环，否认事物因内部矛盾而引起的发展；其三，超社会性。它离开人的社会性、人的历史发展来研究社会现象，对社会历史的理解是唯心主义的，因此，这种唯物主义是不彻底的。

马克思主义的辩证唯物主义和历史唯物主义，是唯物主义发展中最彻底、最科学的形态。它是马克思和恩格斯在 19 世纪 40 年代总结了无产阶级的阶级斗争和自然科学发展的最新成果，批判地继承了人类文化的优秀遗产，特别是批判地吸取了德国古典哲学的合理因素的基础上建立起来的。辩证唯物主义和历史唯物主义克服了形而上学唯物主义的局限性和不彻底性，把唯物主义和辩证法、唯物主义的自然观和唯物主义的历史观有机地结合起来，构成了十分完整、严密的科学理论体系。它不仅重视理论地解释世界，而且强调实践地改造世界，是实践的唯物主义。这是迄今唯物主义哲学发展的最高形态，是最具有科学性又最具有革命性的哲学形态。

从总的哲学路线来看，唯心主义在回答哲学基本问题的第一方面的问题时，总是这样或那样地认为思维、精神是本原的、第一性的，但它们把思维、精神或者理解为客观的，或者理解为主观的，因而就形成了唯心主义的两种基本形态：客观唯心主义和主观唯心主义。客观唯心主义把世界归结为某种超自然的客观精神和原则所创造，物质世界只不过是这种客观的精神或原则的外化和表现，前者是本原的、第一性的，后者则是派生的、第二性的。中国宋代程朱理学的"理"，古希腊柏拉图的"理念"，德国黑格尔的"绝对观念"，就都是这种作为世界本体的客观精神或原则。客观唯心主义的所谓客观精神或原则，实际上是把人的思维或一般概念加以绝对化的结果，是通过抽象思维把它们升华或蒸馏为不仅脱离人的头脑并且脱离和先于物质世界及具体事物而独立存在的实体，同时还进一步把它们偶像化、神化，以致陷入神秘主义的创世说和宗教信仰主义。因此，客观唯心主义是宗教的一种比较粗俗化的形式。

主观唯心主义把个人的某种主观精神如感觉、经验、心灵、意识、观念、意志等看作是世界上一切事物产生和存在的根源与基础，而世界上的一切事物则是由这些主观精神所派生的，是这些主观精神的体现。因此，在主观唯心主义看来，主观的精神是本原的、第一性的，而客观的事物则是派生的、第二性的。主观唯心主义必然导致荒谬的唯我论，因为它把世界上的一切事物都看作是个人自我的主观精神的现象和产物，实际上就是认为世界上的一切事物只能存在于个人自我的主观精神中，没有个人自我的主观精神，也就没有世界上的事物。中国宋明时期陆王学派的所谓"心即理"、"吾心即宇宙"、"心外无物"、"心外无理"，英国贝克莱"存在即被感知"、"物是观念的集合"、笛卡尔的"我思故我在"等观点，就是有代表性的、典型的主观唯心主义和唯我论的观点。

唯心主义和唯物主义是两条根本对立的哲学路线。从总体上看，唯心主义是错误的，唯物主义路线是正确的。但是，对于唯心主义也不能采取简单否定的态度。唯心主义哲学的产生不仅有其社会阶级的根源，而且有其深刻的认识论根源，它也有其深刻的认识论根源，它也有其现实的生长点，也是人类认识之树生长出来的花朵。列宁曾经精辟地指出："人的认识不是直线（也就是说，不是沿着直线进行的），而是无限地近似于一串圆圈、近似于螺旋的曲线。这一曲线的任何一个片段、碎片、小段都能被变成（被片面地变成）独立的完整的直线，而这条直线能把人们引导泥坑里去，引导僧侣主义那里去（在那里统治阶级的阶级利益就会把它巩固起来）。直线型和片面性，死板和僵化，主观主义和主观盲目主义就是唯心主义的认识论根源。而僧侣主义（哲学唯心主义）当然有认识论的根源，他不是没有根基的，它无疑是一朵不结果实的花，然而却是生长在活生生的、结果实的、真实的、强大的、全能的、客观的、绝对的人类认识这棵活生生的树上的一朵不结果实的花。"唯心主义虽然把人类认识曲线上的某个片段、碎片、小段片面地夸大了，以致陷入了错误，但它终究是从人类认识之树、从人与世界的现实关系之树上生长出来的，也是构成人类认识发展过程的必要环节和阶段，也是以某种方式对于自己时代精神的一种把握，在某些方面必然包含着合理因素甚至是非常深刻的思想。这就说明，对唯心主义必须采取科学的批判分析态度，对其中的合理因素和积极成果要加以吸收和发挥。同时，以往的朴素的唯物主义和形而上学唯物主义在回答思维和存在、精神和物质何者是第一性、何者是第二性的问题时，虽然所持的基本观点是正确的，但由于受着历史条件和科学认识发展水平的局限，因而又具有直观性和不彻底性，对它们也必须作历史的具体的分析。

需要注意的是，辩证法和形而上学是从属于唯物主义和唯心主义的。在哲学史上，辩证法和形而上学既可以分别存在于唯物主义哲学体系中，也可以分别存在于唯心主义哲学体系中。同时，在同一种哲学体系中既可以有辩证法的因素，也可以有形而上学的因素。但不管怎样，辩证法和形而上学总是依附于或包含于唯物主义和唯心主义的体系，而不会有游离于唯物主义和唯心主义的体系之外的辩证法和形而上学。这说明，辩证法和形而上学对唯物主义和唯心主义说来，是处于一种从属的地位。当然，确立辩证法的观点对于确立唯物主义的世界观也是非常重要的。只有达到唯物主义和辩证法的内在统一，才能有科学的彻底的唯物主义和科学的彻底的辩证法。

三、马克思主义哲学

马克思主义哲学是无产阶级和劳动人民争取自身解放的理论武器，是人类认识世界和改造世界的科学世界观和方法论，也是中国共产党的思想行动指南，因此，学习马克思主义的一般理论、方法和原则对当代大学生世界观、人生观和价值观的行程具有重要指导意义。

古往今来，存在着形形色色的哲学形态，有讲求个人道德践履的哲学，有叩问生命体验的哲学，有寻求救赎之途的哲学，有追求"绝对真理"的哲学等。每一种哲学形态的产生都不是凭空产生，都必然有其存在的合理性，马克思主义哲学也一样，相比较而言，马克思主义哲学更是一种现实哲学、实践哲学。

1. 实践性是马克思哲学首要和基本的观点。

在马克思主义哲学看来，哲学不是世界之外的遐想，而是自己时代的产物。"任何真正的哲学都是自己时代的精华，不仅从内部即就其内容来说，而且从外部就其表现来说，都要和自己时代的现实世界接触并相互作用。"哲学虽然是从总体上研究人与世界的关系的，但人与世界的关系最深切的基础是现实、是实践、是时代。因此，真正的哲学无疑应该以实践为基础来研究人与世界的关系，而这种研究的目的归根结底也在于为人实践地处理自己同外部世界的关系服务。马克思主义哲学不仅把实践作为自己整个哲学理论的基础，使自己的哲学具有与时代的实践相适应的内容和形式，而且还特别指出，"哲学家只是用不同的方式解释世界，而问题在于改变世界。"马克思主义哲学区别于其他一切哲学的根本之处，就在于它解决哲学基本问题的独特方式是实践。

实践是人能动地改造世界和实现自我的客观性物质活动。马克思主义哲学以实践作为自己的首要和基本的观点，其意思有两点：其一，马克思主义哲学的来源和活力是实践，目的和归宿也是实践。马克思主义哲学及其基本观点，原理是对实践经验的概括和总结，是实践精神的精华，随实践的发展而发展。马克思主义哲学的目的和归宿指导的实践活动，使人能更自觉地改造世界和实现自我。第二，实践观点是马克思主义哲学的出发点和核心，是贯穿于马克思主义哲学整个理论体系的一条主线。就是说马克思主义哲学理论体系的逻辑出发点是实践范畴，从实践观点看，物质只不过是实践活动的一个对象性要素。马克思主义哲学全部理论是围绕实践这一核心而展开的。马克思主义哲学的本体论、辩证法、认识论和历史观诸理论都以实践观点为基础和核心。

综上所述，实践的观点是马克思主义哲学首要的基本的观点，所谓的实践首先是承认物质第一性，意识第二性的实践，其次，所谓的实践是能动性和受动性的统一。再次，在实践概念的基础上，唯物论和辩证法这两种哲学传统获得了统一。

2. 革命性和批判性是马克思主义哲学的本质特征。

马克思主义哲学从诞生之日起，就毫不避讳自己的阶级属性，它是无产阶级的世界观和方法论，是 19 世纪欧洲政治经济发展的产物，是近代自然科学影响下的产儿。它的全部主旨"归结为这样一条绝对命令：必须推翻那些使人受屈辱、被奴役、被遗弃和被蔑视的东西的一切关系"，无产阶级是随着大工业的发展而形成的，它被彻底的链锁束缚着，由于自己受的普遍痛苦而具有普遍性质，它若不解放整个社会就不能解放自己，它本身表现了人的完全丧失，只有通过人的完全恢复才能恢复自己，它对私有制的否定体现了社会发展的要求。为了实现人类解放，途径就是哲学与无产阶级结合，无产阶级在哲学的统帅下对现实进行武器的批判，马克思恩格斯在标志着他们的新的世界观创立过程的成熟阶段的《德意志意识形态》中曾经宣布：实际上和对实践的唯物主义者，即共产主义者说来，全部问题都在于使现存世界革命化，实际地反对和改变事物的现状。哲学把无产阶级当作自己的物质武器，同样地，无产阶级也把哲学当作自己的精神武器。人类解放没有物质力量，没有无产阶级不行，因为革命需要被动因素，需要物质基础。批判的武器不能代替武器的批判，物质力量只能用物质力量来摧毁。人类解放更不能没有理论，没有哲学。革命是从哲学家的头脑开始的。

马克思主义哲学的本质是革命的、批判的。这种革命性、批判性不仅在于它公开申明自己服务于无产阶级批判旧世界、创造新世界的人类解放事业，而且在于哲学本身就内在地包含着革命性、批判性的规定。这种革命性、批判性的规定在逻辑上内含于作为马克思主义哲学之基石的实践概念之中。实践作为人类的基本存在方式，是人对于外部自然的一种否定性关系。人不是像动物那样肯定自然的直接存在状态，使自己消极地适应自然，而是以自身的活动否定自然的直接存在状态，赋予它以合乎人类目的或需要的形式，使"自在之物"成为合乎人的目的的"为我之物"。这种客观的、实在的否定性活动是人类一切革命性、否定性活动的原初状态。也就是说，物质生产作为人对自然的否定性关系，是人类一切否定性即革命性活动之源。物质生产活动是最基本的实践活动，它构成全部人类活动的基础。因此，物质生产领域的革命性变化必然导致人类活动的所有其他领域的革命性变化，即人对外部自然的关系的革命性变化必然导致人与人之间的经济的、政治的以及精神的交往关系的革命性变化。这也就说明，只有当人与外部自然的否定性关系的进展能够提供人的解放的现实条件时，解放才是可能的。"只有在现实的世界中并使用现实的手段才能实现真正的解放；没有蒸汽机和珍妮纺纱机就不能消灭奴隶制；没有改良的农业就不能消灭农奴制"。马克思主义哲学把人类的自由解放作为自己的宗旨，它也就必然要把革命地改造现实的实践提到首位。可见，马克思主义哲学把内在否定性、革命性规定的实践概念作为自身的基础，便从根本上决定了它的革命的批判的本质。

革命性、批判性作为马克思主义哲学的本质特征，也必然要体现在它的方法论之中。马克思通过对旧唯物主义的批判，指出对于现存事物不能只是从客体的或直观的形式去理解，要从主观方面去理解。这里提出的不仅是一个世界观或存在论的原则，而且也是一个根本的方法论原则。对现存事物从主观方面去理解，也就是要从人与对象的否定性关系上去理解。现存感性世界是人类世世代代实践活动的结果，又是人类实践活动的前提和对象，它在人类实践活动中不断地、永远地经历着革命性的改造和变革。因此，从人与对象的否定性关系去理解，也就是把现存事物作为人类实践活动的历史进程中的一个暂时性环节去理解。马克思说："辩证法在对现存事物的肯定的理解中同时包含对现存事物的否定的理解，即对现存事物的必然灭亡的理解；辩证法对每一种既成的形式都是从不断的运动中，因而也是从它的暂时性方面去理解。"这正是马克思主义哲学的革命性批判的本质在方法论上的体现。

因而，实践作为人对外部世界的否定性活动，既是一种客观的物质性的活动，又是一种有目的、有意识的主动性活动。这种主体活动远远超越于动物的活动。人不仅拥有一个客观世界，还拥有一个主观的世界。人有思想，就可以超出现存事物的思想范围，对现存事物的直接存在状态实行实在的否定之前，可以实行观念的否定。而且，观念的否定是实在的否定的先导。人们以其所选择的的目的为范型而进行实践活动，将目的实现于外部世界，就是对于现存事物的实在的否定。人类的实践活动不断地使观念的东西转化为实在的东西，它充分表现了人的主体性。因此，以内含否定性、革命性规定的实践概念为基础的马克思主义哲学，必然高度重视和弘扬人的主体性。现实的而非抽象的主体性原则，是马克思哲学的一个基本原则。

在现代，我们必须自觉地把马克思主义哲学作为我们精神世界的核心和灵魂。马克思主义哲学是真正具有科学性、批判性的世界观和方法论，因而它能够推动和帮助人们不断发扬和更新自己的精神世界，开拓人们精神世界的空间，强化人们精神世界的功能。在以和平和发展为主题的现代，在科技革命蓬勃发展、社会改革广泛兴起的现时代，我们要在更广泛的范围内和更深刻的程度上正确有效地展开我们同外部世界的关系，进行具有中国特色的社会主义现代化建设，尤其需要马克思主义哲学的指导。

思考题

　　1. 哲学的本质是什么？

　　2. 如何理解哲学的民族性和时代性？

　　3. 哲学的功用都有哪些？

　　4. 哲学的基本问题是什么？

　　5. 唯物主义和唯心主义哲学的区别是什么？

参考文献

　　1. 黑格尔：《哲学史讲演录》，第1卷，93页，北京，商务印书馆，1996。

　　2. 克莱因：《柏拉图的三部曲——泰阿泰德》，155页，上海，华东师范大学出版社，2009。

　　3. 亚里士多德：《形而上学》，苗力田译，第2卷，982页，北京，中国人民大学出版社，2003。

　　4.《马克思恩格斯全集》，第1卷，124页，北京，人民出版社，1956。

　　5. 赵馥洁：《哲苑芸言》，218页，北京，中国政法大学出版社，2002。

　　6. 赵家祥、聂锦芳、张立波：《马克思主义哲学教程》，8～11页，北京，北京大学出版社，2003。

　　7. 卡西尔：《国家的神话》，296页，北京，华夏出版社，1990。

　　8. 肖前、黄楠森：《马克思主义哲学原理》，8页，北京，中国人民大学出版社，1994。

　　9.《马克思恩格斯选集》，第4卷，北京，人民出版社，1956。

　　10. 汪岳华：《新编马克思主义哲学教程》，4页，北京，高等教育出版社，2003。

第二章 宗教学

第一节 宗教是什么

在汉语中，宗教本不为一连缀词。宗教的宗字意为祖先，教字意为教化，合起来就是祖宗之教化的含意。《说文解字》："宗者，尊祖庙也，以宀从示。示者，天垂象见吉凶所以示人也。三垂，日月星也，观乎天文以察时变示神事也。"这表示对神及人类祖先神灵的尊敬和敬拜。教指教育、育化，上施下效，侧重在对神道的信仰，这一点反而与西方的宗教理解较为接近。宗：祖先（常指祖父辈以上的），《说文》：尊祖庙也，《白虎通》：宗者何，宗有"尊"也，为"先祖主也，宗人之所尊也"（《康熙字典》）。"若不获命，而使嗣宗职。"（《左传·成公三年》）。注："嗣其祖宗之职位。"故先祖基之，子孙成之。又如：列祖列宗；宗公（先公）；宗祀（对祖宗的祭祀）；宗绪（祖先的绪业）；宗职（祖宗世袭的职位）；宗灵（祖宗灵位）。教：教化，具体就是把知识和技能传授给别人。"上所施下所效也。"（《说文解字》）"十三教汝织。"（《玉台新咏·古诗为焦仲卿妻作》）"教其不知，而恤其不足。"（《左传》）"以教国子弟。"（《周礼·师氏》。注："教之者，使识旧事也。"）"教也者，长善而救其失者也。"（《礼记·学记》）"教者，民之寒暑也。"（《礼记·乐记》）"教，文之施也。"（《国语·周语》）"精华，教政之本也。"（《春秋繁露》）"君有此教士三万人。"（《管子·小匡》）"修教三年。"（《韩非子·五蠹》）"宁有政教。"（《史记·货殖列传》）"择师而教。"（唐·韩愈《师说》）"以教吾子。"（唐·柳宗元《柳河东集》）"昨日蒙教。"（宋·王安石）"宗"和"教"二字在古代中国很早就有了今天的"宗教"含意。宗教在不同的文化背景中，存在不同的含义。

在英语中，宗教（Religion）一词源自拉丁语的 Religio，意指"连接"。而这一意思的起源与"宇宙万物相互连接"的对宇宙实体的表现有关。从现代物理学观点来看，如果理解分形理论就可以较易理解宗教真正的意思。古罗马哲学家西塞罗（前 106－前 43 年）在其著作《论神之本性》中使用了拉丁文 relegere，意指在敬神行为上的"集中"和"注意"，与现代宗教的含义挂上了钩。同时他还使用动词 religere，指在神灵崇拜上的严肃认真。公元 4 世纪，奥古斯丁也使用 religare 一词，指神人之间、神灵之间的重新结合和联盟。古希腊人虽有表达对神的敬畏、虔诚及与之相关的戒律礼仪，却未形成宗教的特定概念。古罗马哲学家西塞罗在其著作《论神之本性》中使用过 Relegere（意为反复诵读、默想）或 Religere（意为重视、小心考虑），可见他当时认为在神的敬拜上需集中注意，又需严肃认真。另外中世纪神学家奥古斯丁在《论真宗教》及《论灵魂的数量》皆用过 Religare，代表人、神与灵魂间的重新结合，以人神联盟说明人与神之间的密切关系。奥古斯丁又在《订正》及《上帝之城》中使用 Re-eligere 来表示人在信仰上的重新抉择及决断，人需要靠重新考虑和选择与神修好。故 Religio 一词在拉丁语的原意应为人对神圣的信仰、义务和崇拜，以及神人之间的结合修好。由此可见，Religio 与近代西方宗教概念有雷同却不等同。

宗教有着各种各样的定义，多数定义试图在很多极端的解释和无意义表述中找到平衡。有人认为应用形式和理论去定义它，也有人更强调经验、感性、直觉、伦理的因素。社会学家和人类学家倾向于把宗教看作是一个抽象的观念、含义。这种抽象的概念是基于自身文化发展而建立起来的。

宗教是对神明的信仰与崇敬，或者一般而言，宗教就是一套信仰，是对宇宙存在的解释，通常包括信仰与仪式的遵从。费尔巴哈在《宗教的本质》著作中，概述了宗教，尤其是自然宗教即多神教的本质，明确提出神学就是人本学和自然学的论点，弥补了《基督教的本质》漠视自然界的缺陷。费尔巴哈指出，人的依赖感是宗教的基础。自然是人生存的基础和依赖的最初对象，是宗教的原初对象。人依赖的自然对象各不相同，自然宗教因而也就有众多的神。而自然事物、自然现象乃至动物之所以被崇拜为神，是由于人为了实现摆脱依赖的愿望，从人的立场把所依赖的对象想象成为像人那样的东西，把自然看作是具有人性的东西，而后又崇拜它。自然宗教的本质同样是人的本质的异化，不过是用自然被人化的间接方式表现出来。自然宗教的神是人把自己的本质依附于个别的具体的自然对象，具有一定的局限性。当人由物理实体变为政治实体时，当君王的占有、决定统治着、支配着人的时候，自然宗教就为精神宗教即一神教（基督教）所代替。

宗教包括了符号意义、信仰、叙事体的故事，还有应该给予修行者生命体验的宗教实践。无论宗教的中心意义体现在任一神性或众多神灵上，抑或是根本真理，宗教的普遍特征是由修行者的祈祷、仪轨、冥思、音乐和艺术形式所表现，除此以外，宗教还和社会及政治常常相互交织。宗教的特征可以集中表现为特殊的超自然现象、形而上学，出自于宗教法律的道德要求或生活方式。宗教也包括了原始的文化传统、神圣的著作、历史神话，还有个人的宗教信念与经验。宗教的发展可以从不同的文化中提取许多形态，同时伴随着各种文化的差异。

马克思在《黑格尔法哲学批判导言》中指出：宗教是支配人们日常生活的外部力量在人们头脑中的幻想的反映。在他看来，宗教本质上是一种"颠倒的世界观"，是由对神灵的信仰和崇拜来支配人们命运的一种意识形态。他认为，从其产生根源看，宗教是自然压迫和社会压迫的产物：由于生产力水平极端低下和缺乏科学知识，以及人们对自然现象的无知和恐惧，从而产生了各种形式的宗教观念；阶级压迫给劳动人民带来苦难而人们又不能科学地解释这些社会现象，是宗教产生的又一重要根源。马克思相信，宗教最初是被压迫者对现实苦难的叹息和抗议，而后被统治阶级所利用，成为统治被压迫者的思想工具。因此他断言："宗教是精神鸦片。"

《宗教百科全书》中对宗教的定义是这样的："总的来说，每个已知的文化中都包含了或多或少的宗教信仰，它们或明了或令人疑惑得试图完美解释这个世界。当某些行为典范在特定的一个文化中得到确立时，它就将在这个文化中打下深深的历史烙印。即便宗教在形式、完整度、可信度等都因不同文化而不同，但人在社会中还是不可避免要受到宗教影响。"

门辛认为宗教是："人与神圣真实体验深刻的相遇、受神圣存在性影响之人的相应行为。"缪勒则定义为："人对于无限存在物的渴求、信仰和爱慕。"泰勒说："对灵性存在的信仰。"弗雷泽："人对能够指导和控制自然与人生进程的超人力量的迎合、讨好和信奉。"施密特："人对超世而具有人格之力的知或觉。"海勒尔："人与神圣的交往、相通和结合，是对神圣的生动经历。"范·德·列乌："人与神秘力量的独特关系。"奥托："对超自然之神圣的体验，表现为人对神圣既敬畏而向往的感情交织。"施莱尔马赫："宗教是人对神的绝对依赖感。"蒂利希："宗教是人的终极关切。"

还有学者指出：凡入世的思想，方能成其文化；凡出世的思想，才能成其宗教。迷信的信仰、纯粹的宗教信仰和文化信仰是宗教信仰的三种层次，都源于唯心的，对社会科学领域的追求。

有人认为，各种各样的关于宗教的定义，主要是西方亚伯拉罕诸教文化地区学者的定义，其对应的英语为 religion。而在中国看来，西方文化中的宗教，只是神宗教，即是崇拜超自然的神的宗教。西方狭义的宗教概念，和中国广义的宗教概念，有所不同。以中国文化的观念，宗教除了道教、佛教、印度教以及亚伯拉罕诸教等"神宗教"，还有"人宗教"。至圣先师孔子的儒教，便是一种人宗教，或称"圣宗教"。除少数将孔子神化了的儒教流派的教徒外，中国人相信圣人孔子并没有超自然的力量，他也不是先知，而只是先圣先师，因而人宗教是更合乎自然的理性宗教。在以人宗教为基础的儒家社会，科学知识的传播和发展，不仅不会得到宗教徒的抵制，反而因为人们注重文化知识和格物致知的观念，受到大家的推崇，人们乐意开放地探讨任何学问的问题，而不存在科学课题的禁忌。中国人的祖先信仰，则是一种基于人的"神灵信仰"。在儒家文明地区，对祖先神灵的信仰，祖先保佑等概念，也是对超自然的力量的一种信仰。同时，中国民间还存在其他各种类型的神灵信仰。另外，儒家社会往往同时并存着道教和佛教等信仰超自然的神的宗教以及其他各种民间宗教信仰。

第二节　宗教与社会文化

在人类早期一些社会中，宗教承担了对世界的解释、司法审判、道德培养和心理安慰等功能。现代社会中，科学和司法已经从有些宗教分离出来，但是道德培养和心理安慰的功能还继续存在。宗教所构成的信仰体系和社会群组是人类思想文化和社会形态的一个重要组成部分。宗教是一种特殊的文化形式，批评者认为其存在反认识逻辑性、危害性和主观性，但也有学者较为公正地认为它同样具有自身的价值逻辑性、有益性和客观性。宗教有时可以看作是理论化和系统化的伦理道德。有的无神论者认为，宗教是为了维护统治阶级的利益。尽管宗教与科学之间有时存在明显的对立，在历史上也产生过许多矛盾（如神创论与进化论之争），但是许多人认为不应过多地用宗教的观念批评科学或用科学的思想方法抨击宗教，因为二者是截然不同的两种思想体系。广义上的迷信包括宗教，狭义上的迷信则被认为与宗教相悖。

宗教在世界上各个国家和民族中都存在。到目前为止，还没有发现哪个国家没有宗教。而且世界上有宗教信仰者的数量绝对多于无宗教信仰者。

宗教与政治的关系很复杂，宗教信仰会影响法律。宗教也是一种社会意识形态，是上层建筑的一部分。在历史上，宗教常常被统治阶层用来作为统治人民的精神工具。另一方面，宗教也常常被反抗者用来作为反抗压迫的工具。现代在许多国家，公民都有宗教信仰自由，即有信教的自由，也有不信教的自由，有信这种教的自由，也有信那种教的自由，它是公民的基本权利之一。中世纪时，世界上有许多国家都采取政教合一的制度，国家政权与宗教合而为一，宗教首领就是国家首脑，直接掌握国家政权；设立单一的宗教成为国教，教规就是国法，公民必须信奉和遵守，公民没有信仰其他宗教或不信仰宗教的自由，否则会被认为是"异教徒"而遭到迫害。但在古代中国，由于儒家思想的影响，允许公民有信仰其他宗教的自由，但各种其他宗教必须纳入儒家伦理的框架中。中华人民共和国所认定的宗教必须以爱国为思想教条之一。马克思主义的观点认为，当社会发展到共产主义，宗教将会消失。

宗教与文化关系。文化艺术有宗教艺术、宗教文学、宗教绘画、宗教建筑、宗教戏剧、宗教舞蹈、宗教美术、宗教服饰、宗教节日。

宗教对人类文明产生广泛的影响，中共中央《关于我国社会主义时期宗教问题的基本观点和基本政策》(即中发〔1982〕19 号文件)指出："宗教是人类社会发展一定阶段的历史现象……宗教观念的最初产生，反映了在生产力水平极低的情况下，原始人对自然现象的神秘感。"(见《新时期宗教工作文献选编》第 54 页)宗教与人类文明同步，对人类文明的产生与发展有极其巨大的影响，"在人类的文化知识活动领域中，宗教一直是重要的组成部分。它和科学及其他社会意识形态如哲学、文学、艺术、道德等都有着密切的关系"[1]。历史学家吕思勉对世界文化史作了这样的概括："古代之文明在教，后世之文明在学术，学术主智，宗教主情。"[2]钱学森曾指出："宗教是文化。""至少在社会主义初级阶段，文化建设还应包括宗教，宗教是文化事业。"由此可见宗教在人类文明史上占有的重要地位。现以原始宗教为例说明宗教对人类文明的影响。原始宗教是原始人类社会文明的开端，人们对天、地、祖先、神灵的祭礼，作为人们经济和文化生活的重要组成部分，促进了原始人类的思维进步和心理发展。在原始宗教的不断发展过程中，极大地推动了人类语言的发展，促进了思想的丰富与交流，促进了民族的认同性和整合性的形成，上述这一社会意识又反作用于社会，促进了社会生产力长足的发展。可以说，原始宗教作为人们的思想支柱和精神武器，成为强有力的支撑原始社会的框架和创造史前文明的巨大和主要的驱动力量。它作为一种文明和文化载体，保存和发扬了人类原始文化，造就了一批脱离生产的知识分子，并酝酿、筹备和包容着阶级社会的一切物质和精神条件[3]所以，著名思想家梁漱溟说："人类文化都是以宗教开端；且每依宗教为中心。人群秩序及政治，导源于宗教，人的思想知识以至各种学术，亦无不导源于宗教。""我们知道，非有较高文化不能形一大民族；而此一大民族之统一，却每都有赖一个大宗教。"并指出："为了维持社会，发展文化，尤其少不了宗教。"[4]

宗教既是一种特定形态的思想信仰，同时又是人类一种普遍的文化现象，包容丰富的文化内涵。现以世界三大宗教为例说明如下：

佛教同中国传统文化关系极为密切。佛教在东汉时期作为外来文化传入中国后，逐步与中国原有的道教和儒家的文化互相接触、交流、碰撞、包

---

[1]　《中国大百科全书·宗教卷》，5 页。

[2]　《图腾与禁忌》，182 页。

[3]　参见《考古遗迹中原始宗教述评》，载《世界宗教研究》，1911(3)。

[4]　《梁漱溟全集》，第 3 卷，97～99 页。

容、吸收、融合，在哲学、文学、艺术、伦理等社会学领域，乃至医学、化学、天文学、生命科学等自然科学领域，都产生了重大影响，创造了极其丰富的文化遗产，成为中国传统文化的一个重要组成部分，在中国传统文化中具有十分重要的地位和社会历史价值。可以讲中华民族如果离开了佛教，就没有完整的中华民族的传统文化。同时佛教还是我国藏族、蒙古族、傣族等二十多民族的主体文化，如果离开了佛教，也就没有多元一体的中华民族灿烂的历史文化。

阿拉伯半岛，自从穆罕默德创立了伊斯兰教以后，阿拉伯人有了自己共同的文化，阿拉伯人从此成为一个坚强的民族。《古兰经》既是伊斯兰教的经典，又是阿拉伯文化的典范，在阿拉伯语言文学史上占有最高的地位。凭着伊斯兰教文化，阿拉伯人从亚非欧三大洲创造了灿烂辉煌的阿拉伯文化。在传播伊斯兰教经典的过程中，创造了阿拉伯文字学、文法学、修辞学、圣训学、教律学、法理学、教义学等，写出了许多记载穆罕默德的遗训，民间歌谣，传统故事和文学作品。由此可见，阿拉伯文化及语言文学，都是以伊斯兰教为中心、为渊源创造出来的。从这个意义说，没有伊斯兰教，没有《古兰经》，就没有阿拉伯文化，就没有一个坚强的阿拉伯民族。

基督教对欧美文化的形成产生了巨大影响，正如赵朴初指出的，离开了基督教文化，也就没有欧洲文化和西方文明。

西方文化传统是在基督教文化中得以整合的，它上承希腊哲学，下启近、现代哲学，包含了古希腊理性主义传统、犹太宗教的精神以及罗马人的法治观念。中世纪欧洲以基督教文化为主体，在哲学上，对信仰与理性、传统和自主、理智的统一性、灵魂的不朽性、上帝的存在和世界的永恒性、国家的自然律、逻辑和语言、德性和激情、形而上学的观念等进行深入探讨与整合，从而形成了西方的文化传统。从某种意义上说，只有了解基督教文化，才能了解西方的文化传统和文化渊源。在这一文化背景下，经过中世纪数百年的、在无边无际的泥潭中彷徨之后，才逐渐出现了近代科学的萌芽。如果没有准科学时代的愚拙而执拗地反复进行蒸馏和沉淀，大概就不会悟出那些卓越的实验方法的奥秘，也就不能育成坚韧的科学精神。以基督教文化为背景，创造了近现代西方世界高度的物质文明和精神文明。因此，基督教文化与西方文化之间有密不可分的渊源关系。

在中国思想史上，佛教和道教一直是两股重要的思想潮流。魏晋时期，佛教哲学和道家哲学合流，丰富了后期玄学的内容。在神灭神不灭之争中，使中国古代的唯物主义和无神论达到了一个高峰。隋唐以后，佛教各宗派各自对佛典进行了创造性的发挥，如天台宗，华严宗，禅宗等都对成佛的根和途径作了各具特点的阐发，并且相互弥合贯通，形成了有别于印度佛教的中国佛教独有的理论体系。宋明时期，儒家反对佛教，却又从思想上汲取佛教哲学形成了理学，朱熹的"一旦豁然贯通"就是脱胎于禅宗顿悟之说。而在一些唯物主义哲学家则在对佛教的批判之中发展了唯物的本体论学说。在宋明时期，儒释道三者相调和，认为孔子之道与佛教所主张的无上菩提之道无异，"儒以治皮肤之疾，道以治血脉之疾，佛以治骨髓之疾"。近代的资产阶级改良派更有从佛教汲取养料而批判儒家理学的，如谭嗣同所建立的"仁学"体系，思想渊源之一就是禅宗。佛教思想作为中国哲学史的重要部分，对推动中国哲学史的发展起过重要作用。而佛教文化的精华，如敦煌壁画和经卷，龙门、云冈、大足等地的石刻等都是中国文化史上灿烂一页。

从文学方面来说，佛典的翻译，实为中国翻译史之先河，数千卷由梵文翻译过来的经典本身，就是典雅瑰丽的文学作品。佛教还为中国的文学带来了新的意境、新的文体、新的命意遣词方法。《法华经》、《维摩诘经》、《百喻经》等佛教经典对晋唐小说的创作，起了启迪和促进作用。般若学说和禅宗思想开拓了陶渊明、王维、白居易、王安石、苏轼等大文学家诗歌创作的意境。变文和俗讲对后来出现的平话、小说、戏曲等中国俗文学的产生和发展有过很深的影响。

从艺术方面来说，现存佛教寺塔有许多是我国古代建筑艺术的精华，一些宏伟的佛教建筑已成为各地风景名胜的标志，在一片郁郁葱葱之中，掩映着红墙碧瓦、宝殿琼楼，为万里锦绣江山平添了无限景色。敦煌、云岗、龙门石窟，是人类艺术的宝藏。佛教绘画在中国美术史上占有重要地位，有许多稀世珍品一直保存至今。佛教音乐具有"远、虚、淡、静"四个特点，达到了很高的意境。佛教典籍中保存了大量天文、医药等方面的宝贵资料。佛教的流传，促进了中国雕版印刷术的发展。关于藏语系佛教和南传上座部佛教，更是藏、蒙、傣等兄弟民族历史文化的主体。

综上所述，宗教是人类文化的重要渊源和重要组成部分，对人类文化的发展产生了极其重大的影响，宗教不仅促进了文明形成和发展，更对其发展历程产生了重大影响。

宗教有其积极性，但其消极性也不可忽视。在宗教问题上，我们要始终保持严谨、认真的态度。

中共中央〔1982〕19 号文件指出："向人民群众特别是广大青少年进行辩证唯物论和历史唯物论的科学世界观（包括无神论）的教育……是党在宣传战线上的重要任务之一。"但是，"在报刊上公开发表涉及宗教问题的文章，要采取慎重态度，不要违背现行宗教政策，伤害信教群众的宗教感情。"对此，中央曾明确指出，宗教是长期存在的社会文化现象，因此，党的宗教信仰自由政策不是权宜之计，而是长期的，任何时候，只要群众还信仰宗教，就必须贯彻执行宗教信仰自由政策。个人信仰只能自由，不能强迫，只能由他们觉悟以后自由放弃。不能用抽象的有神论和无神论，用信教不信教或者信什么教的问题来分裂人民群众的革命团结，妨害人民群众的解放斗争。因此，我们在用自然科学和社会科学的知识教育人民，帮助他们逐渐地相信科学的时候，不但不废除个人宗教信仰自由，而且要以尊重这种信仰自由为前提。如果取消宗教信仰自由，人们先有了反感，就不能冷静地客观地考虑问题和接受教育。那么，这种科学唯物主义宣传就不能达到预期的效果。所以，在贯彻宗教信仰自由政策的前提下向人民群众进行科学唯物主义宣传教育，是宣传工作中一个极其重要和不容忽视的指导方针。

通常认为宗教与科学是对立的。欧洲中世纪的异端裁判所对教会认为是违背《圣经》言行的人都处以酷刑。许多科学家都受到了迫害。但是宗教在某些方面也促进了科学的发展，有很多伟大的科学家，比如牛顿是有着很强的宗教信仰的。同时也有宗教将科学融入教义的例子：雷尔运动认为造物主其实是另一个星球的科学家，利用基因工程创造人类，而造物主的造物主也是用此种方法造物，并且认为若能解决人类问题，将来也能利用科技创造生命，成为下一个有智慧生命的造物主。世界上有两种类型的客观存在，一是事实关系类客观存在；二是价值关系类客观存在。人分别通过两种方式来认识这两种客观存在：科学与宗教。科学是关于事实关系的学问，其本质是以严谨而精确的逻辑形式把各种社会规律和自然规律系统地联系起来，并使其理论化、现实化、形象化。宗教是关于价值关系的学问，其本质就是以虚幻的逻辑形式把各种社会规律和自然规律系统地联系起来，并使其理论化、现实化、形象化。

在生产力发展水平低下的社会里，人们对于事实关系的认识是零散的、模糊的、直观的、反逻辑的和主观的，此时的科学缺乏理论性、精确性、抽象性、逻辑性和客观性。人们对于价值关系的认识也是如此，宗教就是汇集人类对于价值关系认识的主要成果所产生的理论体系，在其表现形式上具有高度的零散性、模糊性、虚幻性和反逻辑性，但它反映的社会事物的价值关系及其运动变化规律却是相对深刻、相对抽象的，宗教所表现出的零散性、模糊性、虚幻性和反逻辑性与科学所表现出的系统性、精确性和现实性和逻辑性之间的矛盾与冲突是微小的，可以忽略不计的，此时，科学与宗教是相互促进、平行发展的。在人类发展的早期，科学是从宗教理论中分化出来的：首先，从宗教学中分离出哲学，再从哲学中分离出物理和化学，然后再分离出众多的社会科学和自然科学；语言、文字、绘画、舞蹈、诗歌、音乐等，往往通过宗教的形式进行了广泛的传播，有力地促进了科学的发展；许多宗教人员同时也是文学艺术与科学技术的发明者和创造者。到了现代社会，随着科学技术的进一步发展，人们对于事实关系和价值关系的认识越来越趋于系统化、精确化和客观化，宗教所表现出的零散性、模糊性、虚幻性和反逻辑性与科学的系统性、精确性和现实性和逻辑性形成越来越鲜明的对比，形成了越来越巨大的矛盾与冲突，此时的宗教信条已经不能作为人们确定其人生信仰的理论依据，无法适应人的精神需要，否则将会产生越来越巨大的社会危害。总之，在人类的早期宗教孕育和哺育着科学的发展，是科学的母亲。到了现代社会，宗教在一定程度上成了科学的对立力量，又反过来阻碍着科学的发展。

宗教在不同的社会历史条件下分别扮演着不同的角色。具体说，第一，宗教通常发源于下层群众，是他们摆脱苦难、对抗统治、寻求精神寄托的一种"出路"，但到后来逐渐演变为统治阶级用以煽动宗教狂热、奴化下层群众、神化统治政权的工具。第二，宗教最初包容着大量的科学、文化、艺术等内容，并对其发展和传播起了巨大的推动作用，科学的发展史在很大程度上就是一门又一门科学不断从宗教理论中诞生和分化出来的历史。但是，随着科学的进一步发展，宗教对于科学的容纳能力越来越差，宗教的虚假外壳越来越暴露其致命的弱点，宗教逐渐蜕化成为科学技术发展的破坏性力量。第三，宗教在统一社会意志、增强社会凝聚力、协调社会关系、降低社会内耗、稳定社会秩序等方面往往起着其他政治力量所难以替代的作用。

第三节 宗教的历史形态

有的人认为宗教源于准宗教现象，产生于原始宗教以前，为现今已知人类意识活动最早的形态之一，有一定程度的宗教因素，但当无超自然体的概念，他们认为那是人对于客体尚未神化、无敬拜求告之念，一切全靠幻想，认为某些行动可影响某些现象或事物，如法术巫术、巫蛊、佩戴玉石等，而这种说法并没有得到完全的赞同。

旧石器时代洞穴壁画的野兽图像遍布被利器刺伤之痕迹，多认为是行法术以增加狩猎命中率。而尼安德特人、山顶洞人等的墓葬中，都发现尸骨上撒满红粉及砂石，可能是以血色物行法术，以求死者死后安稳或再生。当宗教及神灵观念形成，巫术法术多成为宗教的附属行动。研究宗教起源的学科为宗教人类学，主要理论为万物有灵论、前万物有灵论、巫术论、原始一神论、功能论、神话结构学说及语言疾病学说，前四者属进化论学派，后三者属文化圈学派。

宗教的起源有下列观点：

　　万物有灵论由英国考古学家泰勒（Edward Burnett Tylor）提出，认为原始人在形成宗教前先有"万物有灵"之概念，人在对影子、倒影、回声、呼吸、睡眠中觉得人的物质身体之内有一种非物质的东西，使人具有生命，而当中以梦境的感受影响最大，当这种未知的东西离开身体时，身体便丧失活动能力，呼吸也停止，泰勒称这种未知的东西为 Anima。原始人推衍一切生长或活动之东西，甚如日月皆有 Anima，然而近代宗教学家认为原始人未具这种抽象的推理能力，也未发现任何考古实证。

　　前万物有灵论又称物活论，是马雷特对万物有灵论的修正，他认为原始人在产生"万物有灵"之概念之时，先具备一种概念，就是认为整个世界是活的，故世界每件东西也是活的，并非以各物皆具有自己的独立灵魂为前提，然而也未发现任何考古实证。

　　巫术论由弗雷泽提出，他认为人类精神是由巫术发展到宗教再到科学。巫术是一种准宗教现象。原始人认为巫术可控制自然，原因不外乎是接触律或相似律，即认为取得某东西的一部分作法可影响该物之全部，又或认为对该物之相似物作法可影响该物，但当人类不相信这种虚拟力量时，则转移为对超自然存在物的抚慰和慈悲。

　　原始一神论由施米特提出，他本是天主教教士组织成员会会员，认为在最古老的文化中普遍有最上神的存在，可见于北美极地民族、俾格米人及澳大利亚东南土著，故一神论才是人类最古老的宗教，至上神的形象是来自神的最初启示，往后的宗教发展呈退化趋势，被诸神论及鬼灵精怪所掩盖。

　　功能论最先由英国人类学家马林诺夫斯基所提出，亦为一系列之后的功能学派理论的总称，他认为宗教仪式和巫术行为等是为满足个体的心理需要，减缓生活压力，提供积极的生活态度以面对生死考验，也保护部落的传统和价值观，这些功能主要分为生物性、精神性及规范性三方面。

　　神话结构学说由法国人类学家李维史陀提出，他认为世界上不同的地方的原始人类的心灵皆有共同结构，皆欲解释世界上的事，这种共相是发展出一套又一套神话的原动力。

　　语言疾病学说由德国哲学家马克思·缪勒提出，他认为古代印欧语言抽象词汇少，当中某些概念性词汇必须赋予人格化的联系，否则就无法运用。诸神最初只是自然现象的名字，后来从词汇中人格化，造成实在感，神话由此诞生。这样，引起敬畏的对象逐渐被语言所掩盖，并由于隐喻行为而最终与直接的知觉相分离。

　　马克思主义认为，宗教源于人们对自然界、人类社会不可抗力的恐惧或崇拜，是人们对社会存在的歪曲的反映。

　　一种观点认为，宗教情感是一种特殊的、神圣的、神秘的情感，既没有历史的、社会的源头，也没有现实的价值根源，它的产生完全来自于人的天赋，是一种神秘的、虚幻的情感。另一种观点认为，宗教情感来源于信徒某些特殊地称之为"宗教经验"的心理体验，通常产生于人的幻觉，是信徒经过长期的愿望期待、观念强化、道德修养、行持修炼（如道教的坐忘、止念，佛教的禅定、诵经，印度的瑜伽术等）、药物使用以及接受催眠术后，人的意识长时间、高强度地集中于一点或一个观念时出现精神疲劳和心理混乱的结果，这种观点虽然承认了宗教情感的历史源头，但没有发现其现实的价值根源。

宗教情感来源于客观存在，是对特殊价值事物的主观反映。从表面上看，宗教情感所指向的对象是神灵，而神灵是人间不存在的、纯粹虚构的东西，但这并不表明宗教情感所反映的客观内容也是纯粹虚构的东西。事实上，神灵在本质上就是各种自然力量和社会力量的化身，神灵的意志在本质上就是各种自然规律和社会法则的具体体现，神灵的行为方式在本质上就是各种自然现象和社会现象的表现方式，神灵对于人的行为所要求的禁忌在本质上就是各种自然力量和社会力量对于人的行为所形成的限制，神灵的审判、约束和惩罚在本质上就是自然界和人类社会的审判、约束和惩罚。当人朦胧地感觉到某种自然力量或社会力量的作用而又不知道这种力量产生的内在机理时，只能想象是神灵的力量。由此可见，虽然宗教情感所指的对象（上帝、真主、诸神等）是虚构的，但它所反映的客观内容是社会现实的价值关系，上帝、真主、诸神等只是作为社会利益的替身而存在，只是统治阶级的利益在其中占有较大的比重。

个人利益与社会利益之间的联系是复杂多样的，在此基础上所产生的宗教情感也是复杂多样的，其中最典型的有六类：

第一，对神灵权威的敬畏感。它是自然力量和社会力量的约束性在人的心目中所产生的反映，它使人自觉不自觉为自己或他人设置各种行为禁忌，并使自己和他人严格在自然规律和社会法则所限制的范围内活动。

第二，对神灵万能的惊异感。它是自然力量和社会力量的强大性在人的心目中所产生的反映，它是人对巨大的自然力量、壮观的自然景象、神秘的自然变化、复杂的社会现象所产生的惊奇与迷惑，它使人自觉地、积极地听从服从自然规律和社会法则的安排。

第三，对神灵存在的依赖感。它是人对于自然和社会的依赖性在人的心目中所产生的反映，使人能够积极地维护自然的生态平衡，自觉地、积极地把个人利益与他人利益或公众利益紧密地联系在一起，以增强个人对于社会的凝聚力。

第四，对神灵审判的罪恶感。它是自然法则、社会法律和社会道德规范对于人的行为活动的决定性在人的心目中所产生的反映，使人自觉地用自然法则、社会法律和社会道德规范来检查自己的错误，忏悔自己的恶行，忍受社会的压迫，从而自觉地服从社会利益的需要。

第五，对神灵交往的神秘感和期待感，它是自然力量和社会力量对于人的融合性在人的心目中所产生的反映，它使人自觉不自觉把自己融入大自然、回归大自然，人本身属于自然界的一部分，人的任何行为归根结底是自然物质的复杂运动形式，人的最初出发地是自然界，最终归宿地也必然是自然界。

第六，对宗教理想的虔诚感，它是人生的价值目的性在人的心目中所产生的反映，它使人的一切行为自觉不自觉地服务于人生的最终价值目的，宗教理想的核心是与神灵合一，灵魂得救，永享天国之乐，这些唯心主义的内容实际上蕴含着唯物主义的本质，由于宗教理想集中了宗教的精髓，体现了宗教信徒的根本追求，因而对教徒的诱惑力最大，最能激发他们的强烈情感和牺牲精神，许多宗教狂热往往都是在实现或保卫宗教理想的名义下兴起的。

宗教的"原罪论"有助于预先设置负向情感，从而提高人对于痛苦、挫折与灾难的心理承受能力；"功名虚无论"有助于降低人对于功名的情感强度，从而缓冲人与人之间的利益冲突；"因果报应论"既有助于提高人对于他人恶行的情感忍受能力，还有助于提高人对于自己丑恶事物的情感节制能力；"生死轮回论"有利于降低人对于死亡的恐惧感，使人能够坦然地面对死亡，从而降低人在死亡过程中可能产生的负价值；"天堂地狱论"有助于人树立对死后虚拟正价值的向往和对虚拟负价值的恐惧，从而协调和解决个人利益与社会利益之间的矛盾；"神灵意志论"有利于人平衡功利心态，解释人生痛苦，寻找精神寄托。

第四节　宗教冲突与宗教对话

如何理解以宗教问题为导火索的社会冲突，学术界有不同的分析模式。一种模式认为，作为意识形态的宗教问题，是社会政治经济生活的反映，因此每一所谓的宗教冲突，都有其更深刻的社会根源，宗教不过是其表象而已。依据这一模式，我们会发现，许多以宗教名义出现的冲突，的确有国际秩序和社会秩序不公平的基础。

在研究宗教与社会的关系时，还有一种模式，认为在社会冲突中，宗教自身就是一个独立因素。不必作为其他经济政治问题的反映，宗教问题自身就可以引发重大社会动荡，文明冲突理论就有这一模式的影子。从最近一段时间的国际局势看，这一分析思路有其独到之处。

进入21世纪，全球化和现代化的一个重要表现，就是宗教问题的日益复杂与重要。

宗教对话的提出，源于不同宗教信仰民族间的矛盾冲突。各种宗教面对的共同挑战，使得宗教之间的对话成为可能。尽管各种宗教具有纷繁多样的教义信条、崇拜仪式和种种不同的表现形式，但它们仍然具有起码的共性，这正是对话可能进行的最深层的基础。21世纪的全球性社会历史变动，会激发宗教界内部主张改革和开放的力量的生长，更会迫使各种不同的宗教加强合作以应付共同的难题。

宗教对话的必要性：第一，宗教之间的对话问题的提出，是源于人类生活中的一大难题，即不同民族之间的矛盾冲突。不同民族间的矛盾冲突贯穿于数千年的文明史，造成了数不清的血泪苦难，一直是人类生活中最大的祸害之一。第二，不同民族的冲突当然有多种多样的原因，但是都可以归结为有形的利益分歧和无形的观念分歧两大方面。就第一方面即有形的利益分歧而言，它主要表现在对自然资源的争夺，其目的是为本民族获取更好的生活所需的外部条件。但是，随着科技革命带来的生产力的迅猛增长和全球贸易体制的逐步完善，有形的利益分歧已越来越不足以成为冲突或战争的充分理由，和平已成了冲突各方最大的利益。第三，就第二方面即无形的观念分歧而言，它最集中地表现为各民族自身的民族主义。一个民族的民族主义直接同另一个民族的民族主义相对抗，直接排斥另一个民族的民族主义，所以，一个民族的民族主义必然地反对另一个民族的民族主义。换言之，各民族的民族主义，本身就已经是各民族之间的观念分歧，本身就已经是各民族之间的观念冲突。历史上有无数事实证明，民族主义是不同民族之间矛盾冲突的主要原因。而且，随着前述有形的利益分歧越来越退居次要地位，这种无形的观念分歧也就越来越成为不同民族之间冲突和战争的罪魁祸首。

尽管早在雅斯贝斯所谓"轴心时代"，就有某些贤哲提出了克服民族之间观念分歧的卓越思想，如儒家所谓"四海之内皆兄弟也"，古希腊学者埃拉托色尼则批评"把人类划分为希腊人和蛮人"，主张"根据善与恶来区分人类，因为希腊人中也有许多卑鄙小人，而蛮人中也有不少高度文明的人。"但我们不得不承认，自古至今在多数人群中占据上风的仍然是强调民族之间歧异的思想，即强调本民族不同于甚至优越于其他民族的思想。事情十分明显，这种思想直接扩大了不同民族的观念分歧，而且会使这种分歧演变为矛盾冲突。而在为这种思想所做的形形色色的辩护和论证之中，最有力的和最根本的一种，乃是宗教性的辩护和论证。

　　且不说原始时代的不同部族和文明时代的不同民族往往把自己的血缘追溯到一位超人间或超自然的始祖，也不说各民族的宗教教义常常被用来为本民族之不同于或优越于其他民族作论据，单说各民族具有自己特有的宗教这种事本身，就往往被视为不同民族间观念分歧的最大证据和最大支持。一个民族的文化即其生活方式，包括习俗惯例、社会制度、语言文学、伦理道德以及根本的价值观念等，常常被说成具有某种神圣起源或神圣核心，因而是不可放弃或不可更改的。当与之为邻的另一个民族也这样将自己的文化神圣化时，这两个民族的观念分歧就成为根深蒂固、不可调和的了。由于血缘混杂和移民杂处越来越多，民族之间的分野已经越来越不是血缘的而是文化的；又由于"在每种文化的核心之处，是传统上所称的宗教"。我们可以说，不同民族之间的观念分歧，其深层的核心和神圣的辩护，就是不同民族之间的宗教分歧。

　　正因为如此，解决不同民族之间冲突的重要途径，即不同民族之间的对话或文化对话，必然涉及宗教对话，必须以宗教对话为核心。换言之，在宗教分歧依然故我的情况下，文化对话即使在表面上热热闹闹，也不能触动不同民族之间观念分歧的根本。只有从本源深处认识到本民族与其他民族的一致性，才能从根本上消除民族之间的观念冲突，从而消弭民族之间的灾难性冲突。

　　宗教对话的可能性：第一，各种宗教面对的共同挑战，不同宗教面临的共同问题，使得宗教之间的对话成为可能。这里指的首先是各种传统宗教影响下的传统社会都正在经历日益加速的现代化过程，因此也都在经受着与现代化并生的那些弊病的折磨。例如，环境污染、资源耗竭、都市拥挤、犯罪猖獗等。这些弊病的减轻或消除，需要包括各种传统宗教在内的传统文化发挥力量，这就为各宗教的合作提供了某种基础，从而为宗教之间的对话提供了相当大的可能性。同时，与现代化并生的世俗化过程也对各种宗教的影响和作用提出了挑战，在对之做出应对之时，各种不同宗教也有相当多的利益一致之处，这也为它们的对话合作提供了可能。第二，各种不同宗教内部的有识之士和某些机构，已经表现出愿意进行宗教之间对话的良好愿望，甚至已经开始在这方面采取了一些行动，其中最突出的是 1993 年在芝加哥召开的"世界宗教议会"，有来自世界各宗教的 6500 人参加，并讨论通过了宗教史上第一份《走向全球伦理宣言》。这更为宗教间对话提供了可能。第三，尽管各种宗教具有纷繁多样的教义信条、崇拜仪式和种种不同的表现形式，但它们仍然具有起码的共性，也就是对某种超自然者或超人类者、超越者或神秘者、神圣者或终极者，即不管冠以何名的终极实在的信仰。这种共性正是对话可能进行的最深层的基础。第四，对各种宗教来说，上述信仰的对象是本质的、核心的东西，是决定宗教之为宗教的不变者和必要者。而其余的东西则是非本质的、外在的东西，是不能决定宗教之为宗教的可变者和非必要者。换言之，象征的对象是本质，而象征体系本身只是形式。本质是单一的，形式是多样的。当人们只执着于本质而非执着于形式时，得其"精意"而忘其"字句"时，得其"意"而忘其"言"时，对话就成为可能。第五，学术界在研究宗教和讨论不同宗教关系的问题时，其方法上的客观性和语言上的非宗教性，可以帮助造成一种宗教的信徒对另一种宗教的更不带偏见和更准确客观的理解，可以起一种在不同宗教之间铺路架桥的作用。这也为宗教对话走向成功增添了可能性。

宗教对话的长期性原因在于宗教的长期性和复杂性。尽管宗教之间的对话既有必要又有可能，事实仍然是，这种对话进行的时间还不很长，开展的范围还不很大。鉴于各宗教之间的隔阂历史悠久，范围广泛，又鉴于这个问题牵涉的因素之繁多，面对的难题之复杂，所以任何人都无法预言它会在不久的将来取得巨大的突破或全面的成果；相反，包括学者和宗教领袖在内，任何客观冷静的观察者都只能预期一个漫长的对话过程，即便是最为乐观的观察者，也只能期望这个漫长的过程能够逐步扩大范围。

思考题

1. 马克思主义认为宗教产生根源有哪些？
2. 宗教对社会文化影响有哪些？
3. 宗教情感典型有哪些？
4. 宗教对话的必要性有哪些？
5. 宗教对话的可能性有哪些？

参考文献

1. 休斯顿·史密斯：《人的宗教》，刘安云译，海口，海南出版社，2001。
2. 吕大吉主编：《宗教学通论》，北京，中国社会科学出版社，1989。
3. 吕大吉：《宗教学通论新编》，北京，中国社会科学出版社，1998。
4. 卓新平：《西方宗教学研究导引》，北京，中国社会科学出版社，1990。
5. 池田大作、威尔逊：《社会与宗教》，成都，四川人民出版社，1996。

第三章 文　学

文学是指以语言文字为工具形象化地反映客观现实、表现作家心灵世界的艺术，包括诗歌、散文、小说、剧本、寓言、童话等，是文化的重要表现形式，以不同的形式（称作体裁）表现内心情感，再现一定时期和一定地域的社会生活。

第一节　文学的本体与形态

文学是什么？这个问题看似简单，实则是一个十分复杂和重要的问题，要较为深入而科学地回答这个问题必须深入到文学的本体世界和现象世界之中，必须历史地考查和研究文学的发展演变。文学并不是客观存在的物质状态的事物，它是作家创造性劳动的产物，它的本体又是什么呢？只能是作家的精神世界，也就是先在于作品的思维过程。文学的本体也就是作家从文学特定的精神、审美、文化角度对世界的理解、思考、创造性的把握。这就必然要涉及意识与思维、审美与精神这些重要的范畴。与文学的本体相对应，文学的形态或者现象，则必然要涉及物质形态、言、象、意等重要因素，只有在它的构成的关系网络中，我们才能够相对合理和更为完整地把握文学是什么这个重要问题。文学是作为创作主体的作家的精神创造的产物，它尽管有可以直观的物质形态，但文字不仅是一种物质的存在，更应该是一种精神的、观念的存在，物质存在的外在形态是被作为观念的本体所决定的，形态只是本体的必然体现。对于文学本体的研究，只有深入到人类意识和思维、审美和精神领域才可以完成。

马克思提出了自己的社会结构理论，社会关系的总和构成了社会的经济基础，在一定的经济基础之上建立与之相适的上层建筑，上层建筑中包实体组织和意识形态两大部分。文学艺术属于意识形态，它们是更高地悬浮于空中的东西，它与经济基础的距离最为遥远，因此，关系最为疏远、松散，必然有其特殊性、自主性和独立性。它与上层建筑中的意识形态中的其他构成因素相比，也有自己的特殊性，这就是文学艺术是意识形态中的审美意识的外化，正是人类的审美意识决定了文学艺术之为文学艺术。因此，文学就是一种特殊的意识形态形式——社会审美意识形态形式。

形象思维是人类常用的思维方式，不仅在艺术活动中，还是在日常生活中都经常有形象思维，比如我们对亲人好友的思念、我们的幻想等。形象思维往往是在外物的刺激下，在情感的推动下所展开的一系列的神与物游的联想和想象，并伴随有强烈的情感体验。睹物思人就是这样一种思维活动。所谓形象思维，也就是艺术家在创作过程中始终伴随着形象、情感以及联想和想象，通过事物的个别性去把握一般规律，从而创造出艺术美的思维方式。审美意识和形象思维使文学才成其为文学，才使文学具有了形象性、情感性和审美性。

世界上的万事万物都是本质与现象的统一，本质必须深潜于现象之中，现象为本质所决定，必然体现本质，文学也是这样。文学作为现象，与其他物质现象一样，是一种感性的存在，具有直接诉诸人们感官的状貌、特征，那么，文学作为现象的存在又怎样呢？这必然要涉及文学的特质形态和言、象、意这样一些复杂的构成系统。

文学的物质形态应该包括两个层次，外在于文学的承载物和内在于文学的语言文学。什么是文学话语呢？"话语"是指人与人之间通过语言的某种言说方式达成沟通，包含着从表达到接受这一完整的行为过程。"文学话语"则是指人与人之间通过语言的文学化言说方式达成的沟通。文学作为现象世界，它是通过什么建构起来的呢？这就必然要涉及言、象、意。只有物质形态的语言还不能搭建文学的现象世界，更不可能显示文学的本体世界。必须通过物质形态的语言建立"象"体系，并通过象体系来表达"意"体系，从而搭建文学的现象世界，并通过它使文学的本体世界获得间接而巧妙的展示。

什么是文学语言？广义的文学语言是指在民族共同语基础上经过加工而成的规范化语言，包括文学作品的语言，科学著作，政治理论、报纸杂志等使用的一切书面语言和其他经加工的口头语言，主要是在语言学中使用这一概念；狭义的文学语言是专指文学作品的语言，即诗歌、小说等的语言，也包括人民口头创作中经过提炼加工的语言。主要是在文学理论中使用这一概念。所谓文学语言，就是用生动的感性外观和丰富的理性内蕴体现文学审美意味的意象语言。它的根本特点就是既然唤起人们对具象的直感，同时又能使语文不断拓展的意象性。

那么，如何理解意象呢？意象必须有象有意，同时它是一种心理现象，是尚未物化的艺术形象。这说明意象的基本特点在于以感性形态指涉并统一主客观两极。因此，文学语言作为一种意象语言，其内在机制就是这种一体双向性。

第二节　文学的客体与对象

文学写什么？要回答这个问题就必然进入文学的客体世界。

那么什么是文学的客体呢？要理解这个问题，我们得从文学活动入手来中以分析。所谓文学活动就是作家从生活出发，进行加工创造，生产出文学文本，然后提供给读者，读者充分发挥自己的创造性，对文本进行再创造，把符号化的文本还原为鲜活的艺术世界，从而获得审美享受的这样一个循环往复的动态过程。美国当代文艺理论家艾布拉姆斯基在《镜与灯》中指出：文学活动是由宇宙（生活）、作家、作品、读者构成的动态的过程。从这四个要素构成的文学活动我们得知，宇宙（生活）就是文学的客体，作家和读者就是文学的主体。作为完整的文学活动，必然要涉及客体、主体、文本，缺一不可。童庆炳认为：生活是第一客体，作家是第一主体，文本是第二客体，读者是第二主体。由此，我们可以说，文学的客体就是宇宙、自然世界，从广义上讲，就是为人提供意识和思维的前提和材料的整个物质世界，从狭义上讲，主要是指丰富多彩的人类生活，这是因为文学是把以人为中心的社会生活整体作为自己的书写对象，在这个意义上我们就可以把文学的客体称之为"生活客体"。

文学的对象与文学的客体是关系非常密切的两个问题，客体、对象本来是哲学上的两个重要概念，客体指的是主体（人）之外的外在于人的"世界"，对象是主体（人）认识、反映、表现的客观存在物。客体包含对象，对象来自于客体。那么，什么样的客体才会成为对象呢？那就是只有那些与主体建立了一定关系（诸如认识关系、反映关系、表现关系）的客体因素，这些客体因素就成了主体的认识对象、反映对象、表现对象、审美对象，这些客体从而获得了对象的资格，也必然传递、承载主体的各种精神信息，主体必然对这样的客体有所加工创造。因此，对象就不再是外在于主体的因素，而是与主体发生了密切关系，与主体亲和的因素，对于文学来说更是这样。只有那些被作家纳入其反映与表现视野的客体，并被作家的心灵加工创造，使之产生审美提升的客体才有资格成为文学的对象，从而它必然从纯客观化而墨迹为主观化、心灵化的因素。因此，没有生活客体也就不可能有文学的对象。写入文学文本中的对象只能是以材料和观念存在于文本中的因素，也就是多种具体的人、事、物和思想、情感，我们可以称之为题材和主题。所以，文章就是书写以题材和主题的方式存在于文学文本中的客观现实生活和与此相关的思维情感。

第三节　文学的文本与解读

　　文学文本在整个文学过程中占据了一个特殊的位置。一方面，文学文本的诞生标志着作家原创活动的终止；另一方面，文学文本的诞生又预示着读者再创造活动的开始。所以我们说，文学文本是联系作者和读者的桥梁，离开文学文本，作家与读者的沟通交流就无法实现。可见，文学文本是整个文学活动的焦点，文学是语言艺术，语言是文学最根本的物质形态，作者创造文学作品用的是语言，读者接受文学作品看的是语言，所以谈到文学文本的构成，首先我们不可回避的就是语言。文学语言是一种意象语言，具有语表的具体性和语里的多义性，这是从本体的角度来认识文学语言，了解文学语言与日常生活语言、科学语言之间存在的差别。现在我们从一个更直观、更具体的角度来深入了解文学语言——从表现形态这个角度来看文学语言。

　　从表现形态上看，我们可以把文学语言大致分为两种类型：人物语言和作者助言。所谓人物语言，也就是文本中人物的对话与独白，即可以用引号框定的部分。所谓作者助言，也就是文学文本中直接体现作者姿态的语言，或者说是作者用以叙述事件、写人状物、抒情议论的语言。

　　抒情文学语言是典型的意象语言，所以当我们写作抒情性文学作品的时候，应该在遣词造句的过程中就注意体现语表的陌生化和语里的多义性；当我们写作叙事性文学作品的时候，可以忽视单个词语或者句子的意象性，但是必须营造文学文本的大小语境，利用语境来展示叙事文学语言的意象性。不同的文学样式，对文学语言有不同的要求，我们在创作和阅读过程中要充分认识到这一点，才能更好地创作和鉴赏文学作品。

　　除了表意的朦胧外，汉语还具备以下一些特点，这些特点都与文学创作有关：汉字具有一种诗化形态。汉字虽然分为象形字、指事字、会意字和形声字四种，但是象形是汉字最大的特点。因为指事、会意都有明显的象形构体，形声字的形符（意符）同样保留有一定的象形成分。汉字的象形根基使汉语的字、词、句似乎先天地留下了充满诗意的形态。当我们眼观汉字时候，就会在心中浮现相应的形象，例如，看到"人"字就仿佛看到一个昂首阔步的人；看到"月"字就仿佛看到弯弯的月牙儿；看到"休"字就仿佛看到一个人靠在树旁休息；看到"男"就仿佛看到一个在耕地上劳作的人。汉字的象形特征使汉字构造具有直观性和形象性，形象能够触发人的联想和想象。所以法国语言学家葛兰言说过："汉语是为诗人或怀古家所设计的语言。"美国大诗人庞德也说："用象形构成的中文永远是诗的。"

汉语具有工整精致的"建筑美"与和谐的"音律美"。汉字是以字为书写单位，所以汉语能够巧妙地运用对仗、平仄、押韵、谐音，等等。例如，"鸟宿池边树（仄仄平平仄），僧敲月下门（平平仄仄平）"就体现了工整的对仗和平仄。押韵是诗歌甚至现在流行歌曲常用的形式。谐音在汉语中也能大有用武之地，例如，在《红楼梦》里就大量使用了谐音，"元迎探惜"谐音"原应叹息"，"青梗峰"谐音"情根"，"娇杏"谐音"侥幸"等，谐音的巧妙运用一方面增加了作品的趣味性；另一方面含蓄委婉地表达了作者的思想感情。另外，汉语以字为单位，汉字一字一义，可以轻易做到对仗工整；汉字一字一音，可以轻易做到平仄协调。总的来说，以字为单位的汉语形成了一整套的"建筑美"和"音律美"，这种具有"建筑美"和"音律美"的语言对于文学创作特别是诗歌创作来说是很有优势的，因此中国诗歌天然地形成了西方诗歌无法企及的独特魅力。

汉语中字、词、句、句群的搭配空间开阔，回旋余地巨大。因此往往出现这么一种情况；一个字词的运用就能够提升其他字词句甚至整个文本的境界，开拓出一片全新的艺术天地。例如，"春风又过江南岸"读来平淡无味，但是改动一字"春风又绿江南岸"就能够使读者感受到满眼春色了。"红杏枝头春意浓"显得平淡无奇，但是改为"红杏枝头春意闹"就能"著一闹字而境界全出"，让读者由这"闹"字就看见了蝴蝶、蜜蜂，听到了春天的声响。因为汉语具有"一字化腐朽为神奇"的特点，所以中国作家都特别讲究炼字炼句。因为汉语具有"化腐朽为神奇"的艺术魅力，所以就给汉语文学创作增添了更多的灵性。

以上大致分析了汉字汉语的表意特点、构造形式与文化色彩，通过这些学习和了解，我们发现汉语是一种特别适合于文学创作的语言：汉语表意朦胧，给受众留下广阔的想象余地；汉字直观形象，能够赋予文学丰富鲜活的形象感；汉语具有"建筑美"和"音乐美"，这给汉语文学文本提供了"形式美"的保障；汉字能够"化腐朽为神奇"，增添了文学创作的灵性。汉语的魅力是中华文化魅力的一种表现，汉语的魅力是无穷的，它需要人们去细细品味和深入挖掘。文学是语言的艺术，这就要求中国的作家对我们独特的民族语言有一种理性的掌握和感性的领悟，这样才能够在文学创作中充分展现汉语的魅力、中华文化的魅力，使汉语文学创作在世界文学之林占据一个应有的重要的地位。

修辞是用语言和思维的技巧来建构卓有成效的具有独特表达力的话语方式的技巧，也可以说是增强语言表达效果的主要手段。从定义就可以看出，修辞作为一种语言技巧，它的作用在于增强语言的表达效果。孔子说过："言而无文，行之不远。"文学作为语言艺术，修辞对于文学的重要性是不言而喻的。修辞种类繁多，常见常用的修辞方法有比喻、象征、拟人、夸张、排比、对偶、反复、设问、反问、通感等。在这些常见常用的修辞方法中，比喻和象征是最重要的，

比喻，中国古代称之为"比"或者"比体"，比早在中国古代第一部诗歌总集《诗经》中就已经出现了、赋、比、兴是《诗经》的三种主要表现手法。在中国古代"比"与"兴"常常被人们合而为一，称作"比兴"。但是在最初，比与兴是两种不同的表现手法。

按照朱熹的解释是："比者，以彼物比此物也；兴者，先言他物以引起所咏之辞也。"在《诗经》里"一日不见，如三秋兮"是比；"蒹葭苍苍，白露为霜。所谓伊人，在水一方"是兴。比是以另一物打比方来说明这一物，另一物与这一物之间必须有相似点、可比点，一日与三秋都是时间，有可比点。兴的本意是"起"，也就是以其他事物作为引子，来引出所要吟咏之物，两者之间不求性质的相类，有的只是若隐若现、若有若无的关联，就如芦苇与女人。

比与兴合而为一在《诗经》中就已经出现了："于嗟鸠兮，无食桑葚。于嗟女兮，无与士耽。"(小斑鸠啊小斑鸠，千万不要贪吃会让你昏醉的桑葚。好姑娘啊好姑娘，切莫与男子沉溺于欢情之中。)在这里"于嗟鸠兮，无食桑葚。"既是起兴，又是比喻，兴中有比，比中有兴。后世诗文中把比兴合二为一就更加常见。例如，"孔雀东南飞，十里一徘徊。"(《孔雀东南飞》)"老骥伏枥，志在千里。烈士暮年，壮心不已。"(曹操《龟虽寿》)"寄蜉蝣于天地，渺沧海之一粟。哀吾生之须臾，羡长江之无穷。"(苏轼《前赤壁赋》)"比兴"合一无疑增强了语言的表达能力和情感的抒发效果，因此比兴原则成为中国古典诗学的重要原则。

象征是用单纯暗示繁复，微小暗示巨大，局部暗示整体，形象符号暗示抽象原理的修辞格式。法国文艺评论家爱华德说："象征是一种艺术形式，它既满足我们描写现实的愿望，同时也满足我们超越现实界限的愿望。它给我们具体的东西，同时又给我们抽象的东西。"在许多文学作品中，我们都能感受到象征手法带来的艺术魅力，这种魅力来自于感性形象与理性意蕴的完美融合，来自象征对象的朦胧和发人深思，来自于从与超越现实的高度来呈现现实、揭露现实。

无论是比喻，象征，还是其他各种各样的修辞手法，它们都能够增强文学语言的表达效果，增强文学作品的艺术魅力，或者可以说运用了修辞手法的语言就可以被视为文学语言。

任何文学作品都必须通过语言来塑造文学形象，再通过文学形象来呈现思想感情。关于文学形象，我们在以前的学习中已经了解到它的含义：文学

形象是作家以语言为物质媒介，依据自己的体验和理解，对生活现象加以艺术概括，创造出来的具有情感因素和审美感染力的生活图画和具体情景。叙事文学和抒情文学都具有文学形象，但是叙事文学与抒情文学的文学形象存在很大的差别，人们为了表明和强调两者的区别，因此往往把抒情文学的形象称为"意境"，而用"形象"一词特指叙事文学中的文学形象。

第四节　文学的体裁

所谓文学作品的体裁，是借用了"量体裁衣"的意思，它指的是文学作品的具体种类和样式。文学体裁是文学作品形象塑造、结构安排、语言运用等方面呈现的表现形态，体裁是文学形式的要素之一。

随着文学的发展，在中外文学史上，出现了多种的文学体裁，如神话、寓言、史诗、童话、诗歌、散文、小说、报告文学、戏剧文学、影视文学等。刘勰在《文心雕龙》中用二十篇论述了 35 种文体。本文讨论五种最主要的文学体裁：诗歌、散文、小说、戏剧、影视文学。

1. 诗歌

诗歌是文学史上最早出现的一种文学体裁。诗歌最初诞生的时候是一种集体口头创作，并且是和音乐、舞蹈紧密结合在一起的，这就是人们所谓的"诗乐舞三位一体"。"诗乐舞三位一体"的现象表明，在刚开始的时候，诗歌并不具备独立的形式，后来随着社会的进步文学的发展，诗歌才逐渐分化出来了。在中国古代，习惯把不合乐的称为"诗"，合乐的叫作"歌"，现代一般把它们通称为"诗歌"。

诗歌从内容上看，一般可以分为抒情诗和叙事诗。抒情诗以抒发诗人主观思想感情为主；叙事诗的主要笔墨用于叙事，并且有比较完整的故事情节，荷马史诗和白居易的《长恨歌》等都属于叙事诗。从形式上看，又可以分为格律诗和自由诗，格律诗是一种形式有一定规格、音韵有一定规律的诗体。中国古代格律诗遗产极其丰富，不仅数量多，而且种类丰富，包括古体诗中的五言、七言，齐梁至唐代形成的近体诗中的绝句和律诗，以及唐以后发展起来的词、曲等。自由诗是"五四"以来我国广泛流行的诗歌形式，又叫"新诗"，完全用现代白话写成。自由诗与格律诗是相对而言的，顾名思义，自由诗比较"自由"，没有固定不变的格式和规律，押韵也比较自由——可押可不押，还可以自由换韵，总之，自由诗不受什么限制，比较自由自然地抒发诗人的内在思想感情，但是自由诗也不是绝对自由的，它不是变相的散文分行，在语言上要求有一定的音乐感。

2. 散文

散文这个概念有不同的含义。中国古代所谓的散文，是与韵文相对的，泛指韵文以外的一切作品，既包括文学作品，也包括非文学作品，这是广义的散文概念。现代所谓的散文是指带有文学性的美文，它是与诗歌、小说、剧本并列的一种文学样式，这也就是狭义的散文概念。在这里我们所讲的散文，就是这种狭义的散文。

就表达角度来看，散文的类型可以分为抒情性散文、叙事性散文和议论性散文三类。散文的具体形式是多种多样的，日记、游记、书信、随感、杂文、小品文等都属于散文。

3. 小说

小说在中国经历了：神话传说，六朝志怪，唐代传奇，宋元话本，明清章回小说，五四以来现代小说的发展演变过程。

我们从感性上都知道什么作品可以称之为小说，但是要科学理性地为小说下定义却不是容易的事情。新中国传统的文学理论家认为，小说是通过人物、情节和环境的具体描写来反映现实生活的叙事作品。这样的定义很难用来解释现代主义小说、魔幻现实主义小说和科幻小说等。在西方，巴尔扎克把小说称为"庄严的谎话"，韦勒克、沃伦在《文学理论》里说："想象性的文学就是小说，也就是谎言。"这些观点都在强调小说的虚构性和想象性。因此，有人主张把小说定义为用散文写成的虚构故事。

小说的类型，从不同的角度有不同的分法。按篇幅长短、容量大小来分，可以分为长篇小说、中篇小说、短篇小说。按语言的性质来分，可以分为文言小说和白话小说。按照内容来分，还可以分为武侠小说、谴责小说、侦探小说、爱情小说、科幻小说等。

4. 戏剧

戏剧是一门综合的表演艺术，它运用文学、音乐、舞蹈、美术等多种艺术形式综合塑造舞台艺术形象。戏剧的形成必须以文学剧本作为基础，剧本实际上是对一出戏的总体设计。作家在写作剧本的时候，必须对戏剧艺术的特征作通盘的考虑。剧本一方面要充分发挥戏剧的综合艺术特长，另一方面要符合戏剧的舞台性对戏剧文学的内容和形式所提出的严格要求。

戏剧剧本按矛盾冲突的性质来划分，分为悲剧、喜剧和正剧；按照场次来划分，分为多幕剧和独幕剧；按表演方式来划分，分为话剧、歌剧和舞剧等。

20 世纪五六十年代，西方出现了荒诞派戏剧，贝克特的《等待戈多》、尤奈斯库的《秃头歌女》、萨特的《他人即地狱》都是荒诞派戏剧的代表作。对于荒诞派戏剧，有人称之为"反戏剧"也有人称之为"新戏剧"，无论是称之为

"反戏剧"还是称之为"新戏剧",都说明了在荒诞派戏剧与传统戏剧之间存在明显的差别,荒诞派戏剧在艺术方面,几乎完全地抛弃了传统的戏剧程式和手法,荒诞派戏剧的反传统,突出表现在情节、形象、语言等戏剧的主要成份的处理上。

5. 影视文学

影视文学是指电影电视的文学剧本。它是电影电视拍摄制作的基础,是电影电视作品形成的根据和最初的设计蓝本。因此,影视文学与电影、电视的艺术特征具有同一性。

第五节　文学的价值

1. 游戏价值

游戏是发泄体内剩余精力的一种活动方式。游戏并非人类所特有,动物同样会有游戏行为。动物在发泄体内的剩余精力,并且从这种发泄的过程中获得享受。人类也在游戏,但是人类的游戏相对比动物的游戏具有更明确的精神目的,因此,人类的游戏才是真正意义上的游戏。人类的游戏到底是什么? 人类的游戏就是人受到外在物质世界和内在精神束缚得不到自由时,利用闲暇与剩余精力创造一个自由天地的带想象性的具体活动。

人类进行游戏的前提是:现实的束缚使人感觉不自由,这种不自由感来自于人类无休止的欲望或者说"需要",美国心理学家马斯洛提出了著名的需要层次论,马斯洛认为人类主要具有以下五种需要:第一,生理需要,是个人生存的基本需要。如吃、喝、住所。第二,安全需要,包括心理上与物质上的安全保障,如不受盗窃和威胁,预防危险事故,职业有保障,有社会保险和退休基金等。第三,归属和爱的需要,人是群居动物,人不能完全脱离社会、脱离他人独立生活,人需要亲情、友谊、爱情和群体的归属感。第四,尊重需要,包括要求受到别人的尊重和自己具有内在的自尊心。第五,自我实现需要,马洛斯说:"音乐家必须演奏音乐,画家必须绘画,诗人必须写诗,这样才能使他们感到最大的快乐。是什么样的角色就应该干什么样的事。我们把这种需要叫作自我实现。"自我实现的需要就是希望自己越来越成为所期望的人物,完成与自己的能力相称的一切事情,实现自己对生活的期望,使得自己的生活和工作获得真正的意义。

需要来自缺乏,缺乏会让人感觉痛苦和不自由,人终其一生总是处在缺乏的不自由状态中,因为当一个需要获得满足以后,人立刻就会发现新的缺乏,产生新的需要。不自由是人类注定要经常面对的现实困境,但是人类可以通过一种方式来暂时摆脱这种现实困境，那就是游戏。

人类的游戏与动物的游戏相对比，有其共同之处，都是体内剩余精力的一种宣泄方式。但是人类的游戏充满了想象，这是动物的游戏所不具备的要素。人类在游戏中借助想象力，按照自己的设计创造出一个自由的天地，让游戏者在这个自由的天地中去实现自己的愿望，从而使游戏者暂时忘却了现实的束缚，获得了心灵的自由和精神的满足。

文学从某种意义上来说是成人的游戏，无论是作家在文学创作过程中还是读者在文学接受过程中，都能够在文学作品想象、虚构的世界中摆脱现实生活的种种束缚，感受到心灵的自由。弗洛伊德说文学作品是作家的白日梦，指的就是文学作品能够满足作家的一切幻想，其实文学作品又何尝不是读者的白日梦呢？阅读文学作品的过程中读者也做了一场白日梦。

2. 道德价值

道德是一定的社会为了调整人们之间以及个人和社会之间关系所提倡的行为规范的总和。作为调整人与人之间、个人与社会之间的行为规范，道德在社会舆论、传统教育、信念习惯的帮助下，渗透在人类的一切活动之中，无时无刻不在调节着人们的各种行为。正是由于道德在人类社会中具有这种无所不在的特点，因此，以人为表现对象的文学就不能不涉及人物形象的道德品格，文学也就与道德结下了难以割舍的联系。

从文学本体这个角度来看，文学也不能脱离道德。文学是审美的社会意识形态，文学对美的追求不能背离对真和善的追求，而"善"恰恰是道德的中心范畴，很难想象有一种美是与善的对立面也就是"恶"紧密地站在一起的。真善美与假丑恶是两个互相对立的阵营，只有与真和善结合在一起的才能称之为美，与假和恶结合在一起的只能是丑。雨果小说《巴黎圣母院》中那个敲钟人卡西莫多虽然外貌奇丑但是因为他有一颗金子般善良的心，所以他在读者看来是美的，与卡西莫多相对照的那个骑兵队长，虽然外貌俊俏挺拔但是却因为内心黑暗丑恶，所以他在读者眼里是丑的。一部文学作品只有赞美善良，鞭挞邪恶，才能给予读者审美快感，否则只能给读者纯粹的痛感，就不能达到审美的目的。

文学的道德价值主要表现在：以一定的道德标准来塑造人物形象，在人物网络和思想内涵中体现、颂扬高尚的道德情操，以这种高尚的道德情操来感染读者，使读者受到美德的教育。

3. 终极关怀

所谓的"终极关怀"，就是人们通过各种方式对人类整体目标即精神彼岸的自由王国所展开的向往、扣问与追寻。终极关怀价值的提出，为市场经济条件下人们的精神生活发出了提升的呼唤。在现代社会中，生存竞争十分激烈，人们尤其是青年人往往会面临精神追求与生存竞争的冲突，结果导致现代人精神处境的两个特点，一是虚无主义，表现为信仰失落，心灵空虚；二是物质主义，贪求物欲，追求享受。在此背景下，文学关注和思考终极关怀问题，可以给人一种开阔的眼光，使人不致沉沦于劳作和消费的现代化漩涡，使心灵生活有一个更高的方向和定位。也就是说，在社会层面上，终极关怀有助于抑止虚无主义和实用主义的盛行。

终极关怀问题的提出，对儒家文化重实用而轻精神的倾向是一种必要的反拨。儒家文化在中国社会中长期占据着统治地位，儒家文化的一个明显特征是重实用价值，即使是儒家的人生哲学也主要讨论怎样处世做人，怎样处理人际关系。毋庸讳言，此种理论自有道理，有值得肯定的一面。但其弊病是容易眼光尽落现世，缺乏绝对命令意义上的自律。终极关怀问题的提出，有助于国人提高对精神价值的认识，提高精神生活的深度。

终极关怀问题的提出，有利于提醒作家艺术家多一点终极关怀意识。受上述传统文化倾向的影响，我国作家的注意力一般集中在现实关怀层面上，重视作品的社会政治、思想、伦理、道德作用。这是应该充分肯定的，也可以说是一个优良传统。但不能把这一点绝对化，否则将导致庸俗社会学，导致以政治功利取代文学。这种教训不能不认真记取。终极关怀问题的提出，将弥补上述倾向之不足，提醒作家多一点终极关怀意识，更多地关注一些人的内在精神生活。同时也能增强读者的终极关怀意识，提醒读者把注意力深入到作品更深层的精神意蕴。

"终极"永远存在于人类精神领域的上方或前方，对人的精神始终起着提升或牵引作用，使之不至于向下沉沦或向后倒退。"终极"和"现实"在人的精神空间中形成了上下前后两个张力场，人类就在这两个张力场中展开充分、宏大的社会实践。少了哪一个支点，人类生活都会失去平衡。人类所追寻的精神家园其实就存在于这二者的和谐与平衡中。现代生活使人更多地沉溺于物质和欲望而忽视或失去了终极关怀这一端，所以才导致了现代生活的某些扭曲、异化和灾难。在这种文化背景下提出终极关怀问题，其实质是呼唤重新树立起"终极"这一端，让"精神""灵魂"这些字眼重新恢复其崇高和神圣，企图通过它的存在重新形成一种张力场，让人们的精神生活有一个崇高的目标，让精神文明的构成中多一种重要的元素。

第六节 文学的发生与发展

马克思主义文学理论认为，文学艺术起源于劳动。文艺起源于劳动的理由或者说依据是：劳动为文学艺术的产生提供了必要前提；原始文艺适应劳动需要而在劳动中产生；劳动生活是原始文艺直接描写的对象；劳动创造了美以及审美观念。

文学的内容和形式随着时代的发展而变化。每一时代文学内容的发展变化，各种文学形式、体裁的产生演变，以及历史上各种文学思潮、流派的兴衰更替，究竟是一种偶然的现象呢，还是有其内在的发展规律？这些问题和文学起源问题一样，历来的文艺评论家也曾提出过各种各样的解答。在所有的答案中，明显地反映着两种对立的文艺发展观。一种认为文学艺术的发展是与社会发展无关的孤立的现象；另一种则认为文学艺术的发展过程，是社会发展过程的反映，并为社会的发展所决定。前者是唯心主义的文艺发展观，后者是唯物主义的文艺发展观。

唯心主义的文艺发展观，一般有三种主要的论点：第一，认为文学发展的过程是一种偶然性的过程，文学发展的历史只是少数天才的个人创造的历史。某些资产阶级的文艺史家，就常常用这种观点来解释文学发展的历史。第二，认为文学发展的过程，是某种"绝对精神""绝对理念"自身发展过程的表现。例如，黑格尔在他的《美学》里，把艺术的发展归结为象征艺术、古典艺术、浪漫艺术三个阶段，而这三个阶段是所谓"绝对理念"自身发展的结果。第三，认为文学发展史仅仅是文学的语言、形式、体裁的演变史，在一些资产阶级学者所写的文学史著作中曾表现出这样的观点。例如，胡适在他的《白话文学史》里，就把中国文学史归结为白话文学的发达史。

与前一种观点相反，一些有唯物主义倾向的文艺家，则自觉或不自觉地认识到：文学是随社会生活的发展而发展的。例如，早在一千五百多年前，刘勰在他的《文心雕龙》的《时序》篇里，就考察了自先秦以来至宋齐间文学的演变过程，指出各个时期文学的发展演变，是由社会现实的发展变化所引起的，如"雅好慷慨"的建安文学的形成，是"良由世积乱离，风衰俗怨"之故，而西晋玄言诗的盛行则导源于"因谈余气"（玄谈）。从而，他得出了"歌谣文理，与世推移""文变染乎世情，兴废系乎时序"的结论。

马克思唯物主义文学理论认为，文学发展的过程，是一个复杂的然而也是有规律可循的过程，它同时受到外部的和内部的各种因素的影响，具有一些基本的规律。在这些因素之中，社会生活的发展是文学发展的客观基础，这是我们了解各个时代文学发展历史的一个最基本的关键。第一，文学内容的发展。人类社会的历史，是在新陈代谢的过程中，在生产力与生产关系的矛盾运动中，在阶级矛盾与阶级斗争的过程中不断向前发展的。而每当社会生活发展到一个新的阶段，就给文学提供了新的表现对象，新的社会内容和阶级内容。第二，文学形式的发展。社会生活的发展，不仅给文学提供了新内容，同时也促使文学新形式的产生。历史上每一种文学形式、体裁的演变都不是偶然的，而是随着社会生活的发展，随着文学内容的发展变化而相应地不断发展变化的。总的说来，它经历了一个从简单到复杂、从少样到多样、从粗糙到完美的过程。

思考题

  1. 文学的本体与形态关系有哪些？

  2. 文学的对象与文学的客体关系有哪些？

  3. 文学的体裁有哪些？

  4. 文学的价值有哪些？

  5. 文学的起源有哪些？

参考文献

  1. 王先霈、孙文宪：《文学理论导引》，北京，高等教育出版社，2005。

  2. ［美］雷·韦勒克、奥·沃伦：《文学理论》，北京，生活·读书·新知三联书店，1984。

  3. 童庆炳主编：《文学理论教程》，北京，高等教育出版社，1997。

  4. 刘安海、孙文宪：《文学理论》，北京，华中师范大学出版社，1999。

  5. 吴中杰：《文艺学导论》，南京，江苏文艺出版社，1988。

  6. 陈传才、周文柏：《文学理论新编》，北京，中国人民大学出版社，1999。

  7. 南帆主编：《文学理论新读本》，杭州，浙江文艺出版社，2002。

  8. 王一川：《文学理论》，成都，四川人民出版社，2003。

  9. 韦勒克、沃伦：《文学原理》，北京，生活·读书·新知三联书店，1984。

  10. 卡勒：《文学理论》，辽宁教育出版社、牛津大学出版社，1998。

  11. 蔡仪：《文学概论》，北京，人民文学出版社，1981。

第四章 语言学

语言学是以人类语言为研究对象的学科，探索范围包括语言的性质、功能、结构、运用和历史发展，以及其他与语言有关的问题。语言学被普遍定义为对语言的一种科学化、系统化的理论研究。并且语言是人类最重要的交际工具，是思想的直接现实。

第一节 语言和语言学

一、语言学的学科地位

在国务院学位办和教育部 1997 年版的学科目录中，"语言学"不是一级学科，而只是"中国语言文学"这个一级学科下属的二级学科。语言学是一门领先的科学，这早已是国际语言学界和教育界的共识。发达国家通行的做法是在大学里设置独立的语言学系，相当于在中国将语言学设置为独立的一级学科。但由于种种原因，目前我国学科目录中语言学没有一级学科的学科地位。但国内语言学界和教育界许多有识之士多次召开各种级别和类型的有关语言学发展和学科建设的高层论坛和学术研讨会，呼吁将语言学调整为一级学科。

二、语言和语言学

(一)什么是语言

语言学顾名思义是研究语言的科学。可是，什么是"语言"呢？首先，语言不是一种物质实体，我们看不见也摸不着，没有体积也没有重量。语言只是一种社会现象。它只存在于人类社会中，也只有人类社会才有语言，离开了人，离开了人类社会就没有语言。其次，语言是一种非常复杂的社会现象，尽管我们每个人都在使用语言，可是很少有人说得清楚什么是语言。因此，我们先来看看什么是语言的客观存在形式。

语言的客观存在形式首先是有声的口头语言，也就是口语。但是有了文字之后，语言就有了第二种存在形式，即书面语。任何一种语言都是先有口语，后有书面语，而且大多数语言在其存在的历史上只有口语而没有相应的书面语。口语是第一性的，书面语是第二性的。所以，研究语言应该首先研究口语，并且当口语和书面语在某些问题上出现严重分歧的时候一般应该以口语为准。但是，书面语是经过加工提炼和发展了的口语的书面形式，它克服了口语在空间和时间两方面的局限，积累了更丰富的词汇，更精密复杂的语法结构，更多样化的表达方式，所以常常被人们当作语言的主要研究对象。

各行各业的人们从各个角度，根据不同的需要，去研究客观存在的语言的各个不同方面。哲学家研究语言与客观世界的关系，研究语言和思维的关系；史学家研究语言和文字对历史的作用；医学家研究语言是为了失语症和其他跟脑神经有关的疾病；中文的教师则研究词语和句子的确切意义。这样看来，语言的研究范围非常宽广，但这样的语言研究大多是在为其他专业服务，而对语言本身的研究反倒很少，所以语言学始终没有形成本专业完整的理论体系和方法论体系，跟近代其他的学科相比未免相形见绌。语言科学要成为一门现代意义上的科学就必须像其他现代科学一样要有明确的研究对象。

(二)语言和言语

为了限定语言学的研究对象，使语言学成为一门现代意义上的真正的科学，到 19 世纪末 20 世纪初，不少语言学家开始区分"语言"和"言语"。瑞士语言学家索绪尔于 1916 年出版的《普通语言学教程》开创了 20 世纪现代语言学的新局面。

索绪尔认为，"语言"是言语活动中社会成员约定俗成共同使用的部分，是均质的，是言语活动的社会部分；"言语"则具有个人特色，每个人有不同的嗓音，每个人使用词语和句子有个人的习惯，而且每个人每次说话都可能是不同的，这些都不属于社会约定俗成的"语言"。简单地说，"语言"是言语活动中同一社会群体共同掌握的，有规律可循而又成系统的那一部分。语言学家应该把有内在一致规律并且成系统的"语言"作为研究对象，而把无规律可循的偶然的排除出去。

(三)语言符号

符号是人们共同约定用来指称一定对象的标志物，它可以包括以任何形式通过感觉来显示意义的全部现象。一方面它是意义的载体，是精神外化的呈现；另一方面它具有能被感知的客观形式。简单地说，符号是内容和形式的统一体。它的形式是人们能感知的，例如，颜色、声音、画面、触感等，它的内容是它所代表的意义。

语言是一种符号。语言符号的形式是声音，准确地说是语音，语言符号的内容是其所代表的意义。索绪尔给语言符号的形式创制了一个专门术语，称为"能指"，也就是能够指称某种意义的成分。把语言符号的内容也赋予一个专业术语叫"所指"，即特定的物质实体所指的意义内容。

语言符号具有任意性，即它的音和义的结合是任意的，是由社会约定俗成的。在语言创制阶段，用什么样的音表示什么样的义是任意的，没有道理可讲，也没有理据性的解释。语言符号一旦进入交际，对使用它的人来说，就具有了强制性。语言符号的另一个特点是线条性。语言符号只能一个跟着一个依次出现，在时间的线条上绵延，不能在空间的面上铺开。

(四)语言学

什么是语言学？语言学既是一门现代科学，又是一个拥有古老传统的知识门类。作为现代科学的一支，语言学的历史不算长，可以从 19 世纪初计起。那时，西方学者开始对世界各地的语言进行比较研究，大学里开始建立比较语言学和普通语言学专业，开设相关的语言学课程。

我们中国人自觉地对语言进行研究，虽然已有两千多年的历史了，但是我国古代没有语言学这个名称，只有所谓"小学"。"小学"的内容与我们现在所说的广义语言学大致上相当，主要研究文字、训诂、音韵方面的学问，由于中国古代语言学主要服务于对"经史子集"的解读，所以，也被称为"经学的婢女"，地位低下，研究对象也限于古代书面语，还没有成为一门独立的学科。传统的语言学称为语文学。现代语言学则以当代语言和口语为主，而且研究的范围大大拓宽。

现代语言学是一门独立的学科，有其客观的研究对象、有自己的研究方法、有系统的学科理论，顾名思义语言学是研究语言的本质、结构和发展规律的实证科学。

(五)语言学的分类

语言学首先可以分为理论语言学和应用语言学，一般所说的语言学，主要是指理论语言学。根据研究对象的不同，理论语言学又分普通语言学和专语语言学(具体语言学)。普通语言学的"普通"不是"普普通通"或"低级""初级"的意思，而是"一般"的意思。以人类所有的语言为研究对象，探讨人类语言的共同规律，是在具体语言学基础上建立起来的，下面又分普通语音学、普通语法学、普通词汇学等分支学科。专语语言学以个别的、具体的语言为研究对象。探讨研究某一种语言的规律。从是静态研究还是研究语言的历史看，又分历时语言学和共时语言学：历时语言学研究具体语言的发展历史，是纵向研究，比如汉语史研究，共时语言学研究具体语言在某一时代的状态(相对静止的状态)、规律，对之进行客观的描述，是横向研究。现代汉语就是共时语言学。

(六)语言学流派简介

1. 历史比较语言学

也称"比较语言学"。其特点是运用历史比较法揭示有共同来源的语言或方言的亲属关系，比较亲属语言中的共同成分研究其在不同时期中的状态和演化规律，构拟出基础语。19 世纪 20 年代起葆朴等学者把比较法运用于语言的历史研究，创建了历史比较语言学。

2. 结构语言学

也称"结构主义语言学"。这是 20 世纪 30—50 年代在欧美形成和发展的语言学流派。其特点是：分别语言和言语，语言是一个系统，系统的结构是由声音和意义的关系、语言单位之间的关系构成的，语言学只研究纯粹的语言形式和关系模式，可以采用形式化的方法研究语言系统。它重视关系，忽略实体，注重静态描写。有四个主要流派：布拉格学派、哥本哈根学派、美国描写学派和伦敦学派。

3. 布拉格学派

又称"功能"学派。1926 年成立于捷克，主要成员有雅柯布逊等人。主张从结构和功能的观点研究语言。他们认为，语言是一个互相联系的单位所组成的功能结构系统。研究语言必须从功能和目的着眼。注重语言结构研究，也不忽略意义，语言规律要在交际中发挥作用，就不能没有一定的意义。

4. 哥本哈根学派

又称"语符学派"、"新索绪尔语言学"。1931 年成立。他们认为，语言是由纯粹抽象的关系联结起来的符号系统，语言之间的相互关系是语言研究的主要对象。语言符号可以分为表现和内容。可以用组合和聚合的方法来确定语言中的关系，可以用数学方法来分析语言形式。叶尔姆斯列夫是该学派的代表。

5. 美国描写语言学派

又称"美国结构主义"。主张摆脱传统语言学的概念和方法，强调尊重语言事实，对实际语言作客观的共时描写，依靠形式特征来描写语言结构，排除意义和历时因素。其代表人物是布隆菲尔特和海里斯。

6. 转换—生成学派

以美国语言学家乔姆斯基为代表的学派。所谓"转换"是指按照一定的规则用重新安排结构成分的次序、添加或省略某些成分等手段，把一个语言结构或几个语言结构改编成另一个语言结构的过程或手段。"生成"是指用有限的规则生成无限的句子。乔氏用数理逻辑的递归功能的原理来说明转换生成。他认为，语言是句子的无限集合，创造性是语言的本质属性，它是由语法的生成性决定的。

7. 系统—功能学派

以英国学者韩礼德为代表的学派。他们把语言看成是由许多系统组成的网络，若干个相互对立的类就构成一个系统。以语言的功能观为基础，认为语言首先是为了交际，有实用的目的。可以分为语义、句法、语用三种功能层次。语言具有工具的、控制的、交往的、个人的、启发的、想象的和信息的七大功能。

8. 社会语言学

运用语言学和社会学等学科的理论和方法，联系社会研究语言现象一门新兴边缘学科，建立于 20 世纪 60 年代。主要研究语言的社会本质和差异，揭示社会戒规变异和语言结构变异的关系，研究民族标准语的选择和确定、文字语言政策等的制定。

(七)主要语言学家介绍

1. 德国洪堡特(Wilhelm Freiherr von Humboldt，1767—1835 年)

1809 年创建柏林大学，1819 年后专门从事学术研究，是比较语言学创始人。他研究了巴斯克语、梵文、汉语、日语、埃及语、美洲语言，提出把世界语言分为屈折语、粘着语和综合语三种。

2. 瑞士索绪尔(Ferdinand de Saussure，1857—1913 年)

1876 年入莱比锡大学。1878 年发表《印欧语原始元音系统》被誉为“历史语言学中的杰出篇章”。1881 年任教巴黎高等研究所，教授“历史比较语言学”。1891 年入日内瓦大学，1907 年至 1912 年讲授“普通语言学”。《普通语言学》一书于 1916 年出版，奠定现代语言学基础。其主要理论是：语言和言语，能指和所指，语言的系统性，组合和聚合，共时和历时等。

3. 美国布龙菲尔德(Leonard Bloomfield，1887—1949 年)

1906 年毕业于哈佛学院。1909 年获得芝加哥大学博士。1924 年倡议成立美国语言学会。曾对北美印第安语做过实地调查，多年从事印欧语言学、普通语言学、应用语言学(外语教学)教学和研究工作。1933 年发表《语言论》，用“刺激—反映”论来说明言语行为。提出直接成分分析法，是描写语言学的主要奠基人。

4. 美国乔姆斯基(Noam Chomsky，1928—　　)

乔姆斯基中学毕业后，他进入宾夕法尼亚大学学习语言学、数学和哲学，1951 年获硕士学位，1955 年获博士学位。1957 年出版了根据博士论文缩写的《句法结构》，他的语言思想引起语言学界、哲学界心理学界的重视。随后的一系列著作构筑了他的“转换生成语法”系统，产生很大的影响。现为美国科学院院士，英国科学院通讯院士。

（八）语言学的应用价值

任何一门科学的兴起和发展都是直接间接跟社会的需求分不开的，语言学也不例外。在语言教育方面，借由对于语言本身的了解，编成各种词典、文法书、教科书供人学习语言，也有助于改善应对语言学习过程中遭遇到的困难与错误的能力。在不同语言翻译方面，语言学理论对于笔译和口译有更多具体的指导，也有助于利用科技来进行机器翻译。认知语言学研究语言习得和语言及思维的关系，可以帮助人们更好地去学习语言，然后研究人类大脑的认知过程。语言和方言的关系可以指导制定合理的语言政策，保护语言多样性。另外，新型的语音识别技术也是建立在语言学研究基础上的，现在的语音识别技术的应用包括语音拨号、语音导航、室内设备控制、语音文档检索、简单的听写数据录入等。语音识别技术与其他自然语言处理技术如机器翻译及语音合成技术相结合，可以构建出更加复杂的应用，例如，语音到语音的翻译。

第二节　语言学的研究内容

语音、语法、词汇、语义及文字这些学科都注目于语言的结构本身，是语言学的研究中心。另外还有语言与社会及心理的研究。

（一）语音学

语音学是语言学的一个分支。研究人类语言声音的学科。主要研究语言的发音机制，语音特性和在言谈中的变化规律。由于它的研究内容关系到发音动作（生理现象），语声特性（物理现象）以及听感（心理作用），而人类的不同语言集体各有自己的语音特点，因此现代语音学的研究需同时具备自然科学和社会科学的知识作为基础。早期语音学研究范围比较广泛，除研究语音特性外还包括语言的读音或拼音学、语音系统学等。国际语音学学会所制定的国际音标是语言学界广泛用来标注语音的音标方案。在中国传统音韵学研究中有关语音的描写和分类，也都属于语音学的范畴。但自近代科学的语音学发展以后，分类越来越细，定义也趋于严密，语音学就专指语音本身特点的研究了。具体内容：

1. 人类的发音机制

语音由人的发音器官产生，发出后变成声波，传到对方耳中，被对方接收理解而构成"言语交际"的一套链环，称为"言语链"。语音由发音器官产生，由听觉器官接收，其中，人类如何编制一套语言对方又如何"解码"就是语音学研究的范围。

2. 人类的发音器官

人类的发音器官由三部分组成，动力器官，发声器官以及共鸣器官。肺部的一张一缩产生气流，是人发出声音的动力部分，气流冲击声带产生振动，声带是发声器官，而咽腔喉腔鼻腔是三个共鸣腔。

3. 语音的分类：元音和辅音。

人类的语音可以分为元音和辅音两大类。元音是发音时气流在口腔的通道上不受任何阻碍的音。而发辅音时气流则遇到发音器官的不同形式的阻碍。每个元音可以同时从三个方面来分析：口腔的开闭或舌头的升降，舌头部位的前后，双唇的圆展状态。而辅音的发音不同则取决于它的发音部位和发音方法。

4. 语音的组合

语音的组合包括复合元音、复辅音、音节等。

5. 语音的节律

节律包括汉语普通话的声调，连读变调，轻声，语音轻重音等。

6. 语流音变

一个语音和其他语音组成一串连续的音，就难免互相影响，于是就产生了一定的变化，这叫语流音变。常见的语音变化有同化，异化，弱化，增音，减音，脱落，换位，代替转换等。

7. 音位和音系

音位是一个语言系统中能够区分词义的最小的语音单位，也就是按语音的辨义作用归纳出来的音类，是从语言的社会属性划分出来的语言单位。音位是语言中能表示语义的单位。音系是对语言的语音系统的探索和总结。

(二)语法学

语法学指研究客观存在的语言结构规律的科学，语法学要研究语法范畴，即语法意义的一些种类，包括词类、性、数、格、人称、式、时、体、态等，它们各有不同的语法形式。语法学还要研究语法单位和语法结构。语法分析通常分层次进行，不同的层次有不同的单位。最低层是词素，高一层是由一个或一个以上词素组成的词，再高一层是词组、分句、句子，后三项都由前一个层次的一个或一个以上单位组成。每个单位和层次都处于一定的结构中。由于研究的目的、对象、角度或方法的不同，就有了不同的语法流派。常见的语法流派有：

1. 传统语法

又叫学校语法，规范语法。把语法分为词法和句法，以词法为主，划分词的主要依据是形态变化，注重典范书面语的研究。

2. 描写语法

又叫结构语法，是在对传统语法批判的基础上形成的。它区分语言和言语，语言的共识和历时，认为语言是一个结构系统，强调语言结构的层次性，提出直接成分分析法分析句法结构。采用归纳法，提出依据分布和替换划分词类。

3. 生成语法

又叫转换语法或形式语法。它区分语言能力和语言运用，把语言结构分为深层结构和表层结构，提出语法规则是自足的。强调研究人类语言共有的普遍性特征。

4. 功能语法

致力于澄清形式与功能的关系，以自然语言的功能观为基础，注重语言在交际中的作用，区分语义功能、句法功能和语用功能，重点研究语义层面的概念功能、交际功能、语篇功能三大功能，同时研究词汇语法层面的单位类别结构等范畴。

5. 认知语法

否认语法具有自足性，认为认知和语义是语言形成其句法构造的内在动因、指出人类认知具有共通性和差异性。

(三)词汇学

词汇学是以语言的词汇为研究对象，研究词汇的起源和发展、词的构造、构成及规范，现代词汇学重点研究以下几个方面的问题：

1. 词的定义。现代词汇学倾向于用分解的办法给词下定义，即"词"是形态的、句法的、语义的具体特征的结合。

2. 词义分析。现代词汇学从概念意义、联想意义和社会意义三个方面分析词义。其中，社会意义是现代词汇学与前期词汇学最为不同、也是最能体现它的现代性的地方。

3. 不同语言中词汇结构的共性成分。不同语言中存在着共性成分。凡是语言都有语音和语法的体系。语音和语法是封闭系统，有抽象的法则可循，而词汇则是开放的系统，抽象很不容易。现代词汇学重点是研究不同语言中词汇结构的共性成分。

(四)文字学

语言学分支之一，以文字为研究对象，研究文字的性质、体系、起源、发展、形体与音义的关系、正字法、文字的创制与改革、个别文字的演变等。广义的文字学，全面研究字的音形义，相当于小学，即除文字外，还包括音韵、训诂等的研究。古文字学研究古代的文字，是语言学与历史学、考古学的边缘学科。汉字历史悠久，结构复杂，因此作为研究一切历史文化的先行学科的文字学在中国特别发达。

(五)语义学

若从严格意义上的语言学研究来分类，在现代语言学的语义学中，可以分为结构主义的语义学研究和生成语言学的语义学研究。

结构主义语义学是从20世纪上半叶以美国为主的结构主义语言学发展而来的，研究的内容主要在于词汇的意义和结构，比如说义素分析，语义场，词义之间的结构关系等。这样的语义学研究也可以称为词汇语义学，词和词之间的各种关系是词汇语义学研究的一个方面。例如，同义词、反义词，同音词等，找出词语之间的细微差别。

生成语义学是20世纪六七十年代流行于生成语言学内部的一个语义学分支，是介于早期的结构主义语言学和后来的形式语义学之间的一个理论阵营。生成语义学借鉴了结构语义学对义素的分析方法，比照生成音系学的音位区别特征理论，主张语言的最深层的结构是义素，通过句法变化和词汇化的各种手段而得到表层的句子形式。

(六)语言和社会

语言的产生、发展以及分化和统一都离不开社会，语言是社会的产物。

1. 语言的起源

恩格斯说"语言起源于劳动"，人类社会发展到一定阶段，"已经到了彼此间有些什么非说不可的地步了"，只有具备了这样的社会条件，才有可能产生语言。

2. 语言随社会的发展而发展

语言依存于社会，社会交际活动的需要是语言产生、存在和发展的基本条件。社会的进步推动着语言的发展，社会的分化和统一推动语言的发展演变。因此语言的演变具有渐变性和不平衡性。

3. 语言随社会的分化而分化

社会的地域分化会导致语言的地域分化，在一种语言内部形成不同的"地域方言"，在一定的社会政治历史条件下还可能使一种语言的方言成为不同的"亲属语言"，社会的社群分化会导致语言的社群分化，在一种语言内部形成不同的"社会方言"。

4. 语言随社会的统一而统一

一个国家的通用语就是社会统一的结果。我国在全国范围内推广普通话，形成民族共同语，逐渐缩小方言差别，将是一个长期的任务。我国的通用语是普通话，即现代标准汉语。普通话以北京语音为标准音，以北方话为基础方言，以典范的现代白话文著作作为语法规范，是通行于中国大陆及海外华人华侨间的共通语言。

5. 语言的接触

民族之间的贸易往来，文化交流，移民杂居，战争征服等各种形态的接触，都会引起语言的接触。语言的接触有不同的类型，其中最常见的是词的借用，在某些言语社团还有可能出现双语现象。另外还有语言的转用。语言转用是随着不同民族的接触融合而产生的一种语言现象，指一个民族全体或部分成员放弃使用本民族语言而转用另一民族语言的现象。而语言混合则是来源于不同语言的成分混合在一起，产生一种与这些语言都不相同的新的交际工具，语言混合的形式有"洋泾浜语"和"克里奥尔语"。

第三节　语言学的边缘学科和发展前景

一、语言学的边缘学科

20 世纪以来，现代语言学的发展极为迅速，语言是联系十分广泛的现象，它存在于人的一切活动领域。语言学是科学体系中最接近自然科学的社会科学之一。现代科技的发展提出了许多与语言有关的问题，要求语言学配合研究。语言学在现代科学中的地位越来越重要，他与其他学科相互影响，广泛综合，在发展过程中不断有新的边缘学科涌现，已经出现的边缘学科有社会语言学，心理语言学，神经语言学，工程语言学，人类语言学辅助语言学，文化语言学，地理语言学，生物语言学，计量语言学，病理语言学等。

1. 心理语言学

心理语言学是语言学和心理学的边缘学科，起源于 20 世纪 50 年代，它综合运用心理学和语言学的理论和实验方法来研究语言的习得、学习和使用的过程。心理语言学把语言活动过程作为主要的研究对象，企图揭示人们在习得和使用语言过程中的一些共同规律。

它主要包括两方面的内容：第一，人是怎样习得语言的，第二，人是怎样使用语言的。

2. 社会语言学

社会语言学是语言学和社会学的边缘学科，于 20 世纪 60 年代中期首先兴起于美国。他用社会学的方法从语言和社会关系的角度研究语言，概括地说，社会语言学的研究对象是语言的社会本质和差异，它的研究范围一般被界定为研究语言与社会之间的相互关系，具体的讲，其研究的主要内容包括：

(1)一个国家或地区的语言状况；

(2)各种语言变体，包括地域方言和社会方言；

(3)交谈的情景与选择语码之间的关系，以及语码选择与人际关系的相互作用；

(4)社会及不同的集团对各种语言或语言变体的评价和态度以及由此产生的社会效应；

(5)由于社会的文化经济和政治的种种原因以及语言接触，所以引起的语言变化的方式和规律的。

3. 神经语言学

神经语言学也叫生理语言学，是语言学与神经学、生理学和脑科学的边缘科学，产生于 20 世纪 70 年代，它从生理和神经活动的角度研究语言，对言语的大脑机制，内部言语过程进行分析。其主要研究内容包括：

(1)言语生成的神经机制分析；

(2)言语理解的神经机制分析；

(3)言语交际的神经机制分析；

(4)言语掌握的神经机制分析；

(5)有关言语和语言的其他神经机制分析。

4. 工程语言学

工程语言学是语言学与信息学、控制理论、数学、物理学、电子学、计算机科学、自动化技术相结合的多边缘学科。它用工程的方法重点研究语言的结构体系。20 世纪 50 年代由数学思想和数学方法研究语言形成数理语言学，70 年代语言学又与计算机科学相结合形成了计算语言学。主要研究内容包括：语言信息处理；语言形式化；机器语言。

5. 社会心理语言学

这门学科既是社会心理学语言学的交叉，又是社会语言学与心理学语言学的交叉，是将社会心理学理论和方法，运用于语言学研究领域而形成的一个新兴边缘学科，其具体内容是：语言与社会化、语言与社会知觉、语言与社会态度、语言与人际关系、语言与两性差异、语言与社会文化心理、语言与环境社会心理、语言与社会行为的关系、言语交际中各种社会心理效应等问题。

二、语言学的发展前景

现在许多人类语言正处在濒临灭绝的边缘。以前的七千多种语言骤减到了三千多种，而且现存的语言还在不断的消逝。语言是人类特有的宝贵财产，没有语言就没有人类的文明。语言学是一门复杂的科学。对于其中的许多问题，各种学派的观点很不相同，看法还很不一致。可以说，语言的奥秘至今还没有完全被人类真正认识，许多问题还需要作进一步的探索。现代语言学的发展说明，我们应该多角度、多层次、全方位地研究语言，对语言体系、言语活动、言语机制等各方面进行深入广泛的研究，才能全面深刻地认识语言的奥秘，更好地运用语言和充分发挥语言的作用

电子计算机与语言学相结合，使语言学发生了巨大的变化。计算机的使用是今天语言学研究迅速发展的重要因素。同时，计算机也离不开语言学，因为计算机软件的核心是算法语言，计算机科学的主要理论基础是形式语言学。可以说，没有现代语言学，计算机就无法得到充分的发展和广泛的应用。语言学与计算机是紧密联系，互相促进的。今后还是有很大发展空间的。

美国语言学家乔姆斯基认为人类具有相同的语言能力，人脑中存在着与生俱来的"普遍语法"，他十分赞赏德国语言学家洪堡特把语言看成是"有限手段的无限运用"的思想。正是在这种思想下，生成语言学试图根据人脑中的"普遍语法"以有限的规则系统和原则系统生成无限的句子。以乔姆斯基为代表的生成语言学正试图建立一种"公式化的一般语言结构理论"，以此解释人类的语言能力，寻求语言的共同特性，从而认识和揭示人类语言的本质特点。这个也是现代语言学的主要的发展方向。

纵观语言的发展历史，语言学家们随着视野的不断扩大，对语言的探索亦不断深入，如今还在上下求索。由于语言学方法论的不断创新，静态孤立的语言学的研究正逐步走向动态系统地研究，单一性的研究正逐渐向综合性的研究发展。这促使语言研究的范围越来越广泛，更加能够有效全面系统地阐释语言的本质特征，揭示人类共有的语言规律，从而揭示人类的本质特征，语言学动态的多学科的综合性发展趋势，将使它在当代人类社会文化研究中放出奇异的光彩。

思考题

1. 语言学流派有哪些？

2. 语言学的研究内容有哪些？

3. 语言学的边缘学科有哪些？

参考文献

1. 邵敬敏主编：《现代汉语通论（第二版）》，上海，上海教育出版社，2007。

2. 黄伯荣，廖序东主编：《现代汉语》，北京，高等教育出版社，1997。

3. 王永祥：《英语语言学概论》，南京，南京师范大学出版社，2007。

第五章　美　学

美学是关于审美现象的综合性的人文学科，它把以艺术为典范的审美活动作为研究对象，以人类的生存实践活动为基础，对各种审美现象、审美经验和审美意识以及审美教育等进行历史性、系统性的理论解释、理论论述和理论总结的学科。

第一节　美学学科概论

一、美学学科的形成

美学作为一门独立的学科出现于 1750 年，以德国哲学家鲍姆加登的《美学》一书的问世为标志，因而鲍姆加登被誉为"美学之父"。"美学"一词原意为"感性学"，即美是对人的感性能力进行的考察和研究。感性是相对于理性而言的，感性是人生活感受能力和艺术体验能力的基本方面，是审美的基础，因而成为美学研究的主要对象。

当然，美学学科的形成有其漫长的发展历史。总体来看，这一发展历史在人类实践中是逐渐地从审美意识的萌生到丰富，从不明晰到明晰，直到出现了丰富的美学思想，进而诞生了美学学科体系。美学的这一发展过程历史地看大致可分为审美意识（包括初级审美意识和高级审美意识）、审美思想和美学学科等三个逐渐深化的阶段。美学学科的形成奠基于审美意识和美学思想的逐渐自觉和丰富，一切美学现象包括美学意识和美学思想等都成为美学研究的对象。

总之，美学学科是历史发展的产物，是以丰富的美学现象为基础，在知识学日益发达、学科体系分类意识日益明晰的基础上诞生的。

二、美学现象的存在领域

任何一门学科都有其研究的基本问题，美学学科一样也有自己研究的基本问题，这些基本问题的内在于美学研究的对象即丰富的审美现象之中的。具体而言，美学主要研究下面几方面的问题：

1. 美的本质问题

美学的研究首先需要追问的是美的本质问题，即"什么是美"。美作为人类对世界的一种情感体验和精神观照，既以对象化的世界为基础，又离不开作为主体的人自身的感性体验和心灵观照，因而美本质上是主体和客体之间形成的一种感性的体验性的意义关系，因此研究美的本质问题就是研究人与世界之间、主体与客体之间形成的一种审美关系。从这一意义而言，研究美的本质和研究审美关系是同一问题，因而研究美就是研究审美关系，审美关系就成为美学研究的基本问题之一。

审美关系是人类在生存实践中和世界形成的丰富的意义关系的一个层面，它一方面区别于人与世界之间求"真"的认知关系、求"善"的伦理关系，而体现为人与世界之间求"美"的情感关系；但另一方面它作为求"美"的审美关系又和"真"、"善"等彼此密不可分，审"美"的情感关系是以"真"、"善"等为内蕴，离开了人生实践中对"真"与"善"的追求，"美"的追求也就失去了意义。

美本质上作为在生存实践中主体的人和客体的对象之间形成的审美关系，决定了美学的研究自然要涉及对审美中的客体对象、主体的人以及这二者的关系等的研究，而这些不同层面的问题就形成了美学研究的丰富现象，在此基础上才能展开关于美学的系统性的理论思考。

2. 审美现象

在人的生存实践中发生和发展的审美活动产生了大量的美学现象，这些丰富的美学现象是美学研究的重要资源，成为美学研究的基石。从不同的角度来看，这些美学现象包括自然美、社会美、艺术美、形式美、意蕴美等。

3. 审美形态

在历史的发展过程中，在不同的历史时期和不同的历史境遇下，人类在其生存实践和精神活动中表现为不同的心灵状态和意义诉求，人与世界的情感性关系表现出不同的状态和特点，因而其审美活动创造出丰富多样的美学样态，这些不同的美学样态就是审美形态。换言之，审美形态是对历史中形成的丰富的美学现象进行的分类学研究，对审美形态的分类研究能够进一步引导我们对美学现象进行更为深入的体验和思考。

4. 美感与审美经验

审美活动是人类生存实践中的特有现象，马克思主义美学认为，人与动物的质的区别在于人在其实践活动中"也按照美的规律来建造"，因此，研究作为审美主体的人的审美经验即美感是美学研究的重要课题之一。

5. 艺术

艺术和艺术活动是美学研究的核心内容之一，因为艺术和艺术活动体现了人类审美活动最自由的状态。在审美活动中它们最集中、最典型地体现、凝结了审美活动的诸多方面，是人类审美活动中创造的审美现象的典范。通过对艺术和艺术活动的研究。美学可以更全面地深入把握一般审美活动的本质特点。

6. 审美教育

审美教育即美育是美学研究的重要方面，它体现了美学研究的价值和意义，也体现了美学作为一门学科在人类知识学体系中存在的重要意义。

三、美学学科的基本特点

美学学科的学科特点、美学研究的对象以及美学关注的基本问题决定了这门学科的一些基本特点：

第一，美学是一门人文性的学科，因而人文性是其最主要的特点。现代的知识体系大致分为三类：自然科学、社会科学与人文科学，美学从研究对象、研究方法等方面来看，都区别于用科学的方法以把握自然现象、社会现象的规律为目的的自然科学和社会科学，而表现为人文性的特点。所谓人文性指的是美学以主体对世界的主观体验为基础，在精神性的反思和观照中和世界展开对话、交流，从而在物我两忘的审美境界中领悟人生的意义和生命的价值。这一人文性的审美关系鲜明地区别于逻辑化、概念化和对象化的科学性研究，因而成为美学学科的主要特点。

第二，美学又是一门边缘性的学科。所谓边缘性的学科是指美学的发展又离不开自然科学和社会科学的发展，这一方面表现在自然科学和社会科学的发展改变着我们对世界的理解和体验，打开了我们关于世界的新视界，为美学的发展提供了新的视域和新的领域；另一方面表现为自然科学和社会科学的发展为美学研究提供了丰富的知识学基础和多样的方法论选择，这些使美学在自身的发展中不断地吸收新的知识资源和方法论资源，从而使美学和科学、哲学、心理学、工艺学等多个学科交叉互通，表现出了一种相互区别又相互影响的特点，从而使美学的发展深具活力。

第三，美学学科最鲜明的特点是它的体验性。美学学科的诞生就是以感性为研究对象的，这使它区别于理性的概括和规则的制约，具有自由地去体验世界、体验社会、体验人生、体验艺术等特点，没有心灵敏感、自由、丰富的对人生世界的体验，审美就失去了生命和活力。在当下化的审美体验中，心灵才能在自由地精神超越中反思和把握世界的意义和生存的价值，才能净化心灵、升华人生。

第四，美学学科又是一门实践性的学科。这主要表现在两方面：一方面，审美是以人的生存实践为基础的，是人的生存实践关系中的一个层面，实践创造了美并且推动了美的丰富和发展，离开了人类的实践活动，美就失去了存在的基础；另一方面，美学又能够激发人的想象力，净化人的心灵，愉悦人的精神，培养健全的人格，优化人的生存状态，使人能够自由自觉地去生存，从而使人们在实践活动中能够更自觉地"按照美的规律来建造"。因此，美学是关系到人的生存实践中的大问题，而不是人生之外的问题。

第五，美学学科是一门极具开放性的学科。人类实践活动的自由发展不断创造着新的美学现象、艺术的进步不断创造着新的美学形式、各门知识的发展不断促使着美学观念和美学方法的更新等，这些历史性的发展要求美学必须保持一种自由开放的态度，要以兼容并蓄的态度去面对各种审美创造活动，以感性的体验与理性的思辨面对自由的美的世界。

在对美学学科的形成、美学研究的基本问题和美学学科的主要特点有了基本了解之后，下面围绕美学研究的基本问题对美学学科的主要内容作以简单介绍。

第二节　美学现象

美学研究是以美学现象为基础的，这里我们从不同角度对美学现象作一概述。

一、美学现象的存在领域

从人类审美活动的主要范围来看，美学现象存在的领域主要有自然美、社会美和艺术美。

1. 自然美

一般而言，自然美是指与人类社会生活相联系的自然领域中自然食物和自然现象的美。自然美产生的根源是人类社会实践。是实践把自然和人联系在一起，使自然美得以产生。随着社会实践和社会生活的发展，人类与自然的联系越来越扩大，一方面自然作为人的物质生活对象，范围在不断扩大；另一方面，自然作为精神生活的对象也在不断扩展。自然美的范围也随着人类社会的发展而不断扩大。美的自然对象可分为两种：一种是经过人们直接改造加工、利用的对象（如土地、园林）；另一种是未经直接改造的自然（如星空、大海、山），对象是人也可以。自然美的本质特征，就在于它是人的本质力量在自然事物中的感性显现，是自然性与社会性的统一。其主要特点是：自然美首先具有自然事物本身的质料、色彩、形状等自然特征；自然美偏重于形式；自然美具有联想性；自然美随着社会实践的变化其审美意味具有变易性。

2. 社会美

即人类社会生活的美，它是美的具体表现形态之一。社会美来源于人类的社会实践，是社会实践的直接体现。社会美既体现在人类改造自然和社会的历史过程中，也体现在人类社会实践的成果中。社会美是在实践中人的本质力量对象化的结果，因而人作为社会实践的主体是社会美的核心。在征服自然，改造自然和变革社会的实践中，人的本质力量不断得到发挥，人类主体实践的巨大力量，如人的智慧，品德，意志，性格，创造力等得以充分展现，在此过程中，人们认识到人类实践力量的崇高与伟大，由这种对自身才能与力量的积极肯定而产生了一种愉悦情感，人类的劳动活动本身获得了审美的价值，这就是社会美。

社会美的核心是人的美，它可分为内在美和外在美两个方面：内在美包括人生观、理想、修养等，它通过人的外在行为、语言、风度等形象地表现出来；外在美主要是形式的美，它既是内在美的显现，又具有相当独立性。在人的美中，内在美是更根本、更持久的美。内在美与外在美的和谐统一是社会美的最高形态。

和自然美相比，社会美的显著特点是：在内容和形式的关系上更偏重于内容，社会美总是与那些反映人类历史发展方向的进步的道德观和政治理想直接联结在一起；社会美与善密切相关，但又不等同于善，它不具有直接的功利性，它把善变为个体高度自觉自由的行动，从而引起人们的审美愉悦；社会美也随着人类历史文化的发展而不断地发展变化。

3. 艺术美

是指各种艺术作品所显现的美，作为美的一种形态，艺术美是艺术家创造性劳动的产物。艺术家的创作实践作为一种精神生产活动，从本质上说，也是人的本质力量的对象化活动。因此，艺术美也是人的本质力量在艺术作品中通过艺术形象的感性显现，是艺术家自觉地按照一定的审美目标、审美趣味和审美理想的指引，根据美的规律所创造的一种综合美。马克思主义美学认为，艺术美是美学研究的主要对象，艺术离不开形象，因而艺术美主要的是艺术形象的美。艺术美同艺术形象一样一方面是源于现实生活，同现实生活中的形象一样具有生动性和丰富性等特征，另一方面它又跟艺术形象一样不同于现实生活，它是艺术创造的人类审美活动的结晶，是现实生活的典型概括，因此比现实生活中的美更集中，更典型。和自然美、社会美相比较，艺术美具有艺术性、形象性、主观性、典型性和永恒性等主要特点。

二、审美对象的美

如果对审美关系中的审美对象进行观照，又主要表现为形式美、意蕴美和形而上的美等三个逐层深化的美学层面。

1. 形式美

指构成审美对象的物质材料的自然属性(色彩、形状、线条、声音等)及其组合规律(如整齐一律、节奏与韵律等)所呈现出来的审美特性。形式美的构成因素一般划分为两大部分:一部分是构成形式美的感性质料,一部分是构成形式美的感性质料之间的组合规律,或称构成规律、形式美法则。

形式美虽然具有独立的审美价值,但它并不是纯粹自然的对象,它或多或少、或隐或显地表现出这样或那样的朦胧的意味和人类的情感观念,因为形式美的形成和发展是漫长的社会实践和历史发展过程中审美活动积淀的结果。因而,经过历史积淀的形式美就成为一种植根于人类社会实践的"有意味的形式"。

形式美的特点表现为:具有感性可感性、理性象征性和内涵多义性等。作为相对独立的审美现象,形式美具有自身的总体规律,即多样统一律,具体表现为对称、比例、均衡、整齐、节奏、韵律等形式美的法则。

2. 意蕴美

在审美对象的形式层面之下所内蕴的深层次的审美意味就是审美对象的意蕴美。对于审美对象而言,形式层面的美往往只是浅层次的层面,审美对象不能仅仅只靠形式来打动人,而必须有超越形式的深层意蕴层面,这是审美对象更根本、更深刻的现象。内蕴美本质上是人的本质力量对象化的实践活动的形象体现,是人对自身类本质的自由自觉地反思和体悟的结果。内蕴美既是情韵美,也是思想美,也是伦理的美,在某种意义上体现了人和世界所达到的"真"、"善"、"美"相统一的精神状态和意义状态。意蕴美反映了人的本质力量对象化的实践活动的丰富性、多样性和历史性,诸如优美、悲剧、崇高、丑和荒诞等审美对象所表现出来的审美意蕴,就是人类的实践活动历史性地生成的产物。

意蕴美的特点是:意蕴美以形式层面为基础,没有物态化的形象化的形式,意蕴美就无从展现;意蕴美具有超越性,它是人的精神对生活自由反思的结果;内蕴美具有主体性的特点,没有主体的人的审美创造和审美接受,内蕴美也难以显现;内蕴美具有丰富性和多义性,作为主体的人自由观照和用心体悟的审美对象,因主体审美的个性差异而具有了审美意味的丰富性和多义性;内蕴美也能指向对世界的形而上的体验之美,这一方面体现的是人的自由自觉的实践创造中精神的超越性向往,是对生命、生存和世界的整体性的自由把握和意义观照。

三、审美主体的美感

审美活动是人类社会的一种本质性的现象,使人区别与动物世界的主要特点。马克思主义认为人和动物的区别在于人不仅可以按照任何物种的尺度去生存，而且可以按照自己内在的尺度去生存，尤其懂得按照美的规律来建造。因此审美主体是审美活动中最具创造性的一面，是审美活动的核心。俗话说："生活中不是没有美，而是缺乏发现美的眼睛。"这句话形象地说明了观照美的"眼睛"在审美活动中举足轻重的作用。因此，对"观照美的眼睛"这一审美主体身上体现出的审美现象进行研究就成为美学研究的重要领域，这一领域就是美感，即审美感受。

美感有狭义和广义之分，狭义的美感（审美感受），指客观对象的美引起审美主体的一系列心理活动后所产生的一种愉悦的情感状态；广义的美感（审美意识），指客观对象的美以及人类的审美活动在人的大脑中反映所形成的各种意识形态。它包括审美感受以及在审美感受的基础上所形成的审美观、审美标准、审美趣味、审美理想等。

二者的联系体现在：前者是后者产生和发展的基础，一定的审美意识形成之后，它对人的审美感受起着规划引导作用。二者的区别在于：审美感受只能直接获得，审美意识间接获得；审美感受感性因素突出，审美意识理性因素突出；审美感受是个体性，审美意识是群体性。作为审美现象的美感包括了狭义的美感和广义的美感，因而是一种广泛意义上的主体的审美活动。对于美学学科而言，对于美感的研究成为其最困难也最主要的研究领域。

主体的审美感受的基本特点是：首先，美感是人类独有的精神现象，是人类自由自觉的自意识的体现；其次，美感以生理快感为基础但本质上又区别于生理快感，它是一种历史形成的社会化的精神愉悦；再次，美感与其他功利性的社会化情感不同，它是超功利性的精神体验和意义感受。

在审美活动中，审美主体在其审美感受中与审美对象间形成了多层次的积极而丰富的诸如审美观照、审美对话、审美体悟以及审美共在等精神性的意义关系，从而使审美活动成为体现人的类本质自由自觉的创造活动的重要领域。

总之，无论什么样的审美现象，体现的都是主体的人在其实践性的生存活动中和世界形成的一种精神性的意义关系，是人以自己善感的心灵在对世界进行观照中展开的一场心灵对话和精神性的体验。这就是马克思主义实践美学所认为的"人化自然"和"自然人化"的活动，因而美学现象是人类世界中的本质现象，是"人的本质力量对象化"的实践活动的类本质的重要体现。

第三节 美学形态

审美形态是对历史中形成的丰富的美学现象进行的一种分类学研究，对审美形态的研究能够进一步引导我们对美学现象进行更为深入的情感体验和理论思考。

(一)西方的基本审美形态

1. 悲剧和喜剧

从人类的生存层面看，个体的生存、安全、自尊、爱与被爱以及自我价值的实现等精神性的需要在其现实性的生活中应该得到最大限度的满足，也就是说人的本质力量等普遍性的类本质只有通过个体的实践行为才能够得到体现。但是，社会发展的阶段性特征决定了个体的实践往往是有限的实践，并不能够始终和充分体现人的本质力量，会呈现出不同的现实生存状态和丰富多样的生存特点。这往往表现为两个方面：一方面就是个体的生存实践具有超前性，即在历史、社会与时代尚不具备种种使得个体所进行的实践得以成功的条件的情况下，这种超前性的实践往往以失败告终。这种失败不仅构成了个人的悲剧，而且从本质上说是一种社会悲剧，是不同社会力量相互较量的结果，因而人的类本质被社会现实所否定；另一方面是具有滞后性，即个体性的特殊的实践在现实的人生当中失去了它的存在依据，失去了合理性和严肃性，而实践主体还抱着严肃的执着的态度去行动，从而使得自己的实践行为变成了一场荒诞滑稽的闹剧，变成了人们嘲讽、戏弄的对象，变成了毫无价值的东西。前一类就形成了悲剧和悲剧感；而后一方面就形成了喜剧和喜剧感。正如恩格斯所讲的，悲剧是"历史的必然要求和这个要求不可能实现之间的悲剧性冲突"；而关于喜剧，马克思指出："黑格尔在某个地方说过，一切伟大的世界历史事变和人物，可以说都出现两次。他忘记补充一点，第一次作为悲剧出现。第二次是作为笑（喜）剧出现。"因而，无论悲剧还是喜剧都是人类社会实践活动的历史性产物。

2. 崇高和优美

崇高是西方美学的基本审美形态之一，它的基本内涵是：人的本质力量在经过巨大的异己力量的压抑、排斥、震撼之后，最终通过人生实践尤其是审美实践活动而得到全面的高扬和完整的体现。崇高是一种通过人生实践和审美活动，在真善美与假恶丑的对立冲突中重建起来的具有肯定性价值内涵的审美形态。崇高的对象往往以其粗犷、博大的感性形态，劲健的物质力量和精神力量，雄伟的气势，给人以心灵的震撼，使人惊心动魄、心潮澎湃，进而受到强烈的鼓舞和激越，引起人们产生敬仰之情，从而净化人的灵魂，提升人的精神境界。优美在西方美学中是与崇高既相反又相成的审美形态，它同样具有肯定性的价值内涵。优美又称秀美、纤丽美、阴柔美、典雅美等，具体说来，优美是理性内容与感性形式、理想与现实、个体与社会及自然、自由与自在、主观的合目的性与客观的合规律性的和谐统一。它是人的本质力量克服了异己的力量在审美活动中所达成的高度吻合一致的状态。优美在感性形式上往往体现形式美的原则，表现为单纯、齐一、对称均衡、调和对比以及富有节奏的多样性统一，完整和和谐是优美的总体性特征。

3. 丑与荒诞

丑与荒诞代表了社会人生的负面价值，是对于美好事物的否定性因素，是与美相比较、相对立而存在的生活样态，是人的本质力量的异化、创伤和扭曲。它们的共同特征是表里不一，内外不符，荒唐矛盾。如果说丑是一种不和谐的话，那么，荒诞就是一种虚假的和谐；如果说丑是一种否定性的价值的话，荒诞就是肯定价值与否定价值的混同、错位和失落。

丑与荒诞作为相对于传统美学的反美学出现的审美形态，体现了随着人类社会实践的不断发展，人类审美心胸和审美领域的不断扩大，是人类在审美活动中对自身生存实践活动深刻反思和全面观照的结果，他们的产生有其深刻的社会根源和哲学思想基础，体现了作为审美主体的人对现代社会中丑与荒诞的社会现象以艺术的方式展开的批判、反思、理解和克服，也体现了人类精神所具有的自由自觉的批判意识和超越性追求。

（二）中国古代的基本审美形态

1. 中和

"中"是指对立的两个因素或两个极端的中间。对于"中"的重视反映出中国人最根本的思维模式，首先指的是"人"参赞天地万物的思想；其次是要从喜怒哀乐的对立中求统一的思想。"和"是指感情的发作必须有节制，从而达到和谐、顺遂的境界而不是矛盾和斗争的状态。因此，"中和"之美强调的是适度，是多样性的统一，"中和之美"的其最高境界"天人合一"是中国审美文化之魂。

2. 神妙

"神"第一指文艺创作中灵感勃发，宛若有超自然的力量相助；第二指描写对象的内在精神实质；第三指作者的精神在创作中的专一或自由超越；第四指作者的内在精神实质；第五指艺术创作所达到的最高境界。"妙"指支配宇宙间一切事物发展变化的精微奥妙而又无从究诘的规律。"神妙"作为二者的结合与统一，指的是善于把握各种各样的审美意象，而不拘泥于某种艺术表现方法，达到出神入化的美妙境界。"神妙"作为一种审美境界既表现出审美意味的形而上的超越性又体现出审美主体和审美对象内在的自由性。

3. 气韵

气韵以"气"为基础。"气"的含义有：宇宙之气；进而泛指一切自然生命之气；特指人的生命之气；又进一步指向体现着内在生命的精神之气；引申指体现在文艺作品中的生气。在中国哲学中，气指宇宙中一切生命得以产生的原初动力，是一切生命得以维系的基本条件。"韵"的本意是指和谐的声音，这里主要是指审美对象在直接提供给主体的形象和形式之中，使人感受到类似于音乐的旋律和节奏所激发起来的不可捉摸的心灵脉动和气质情调，是一种超越形式之上的整体性审美体味。而气韵作为一种审美形态，就是指在审美活动中，审美对象洋溢着一股不可抑制的生命的活力，源源不断地流淌出来，而且这种生命的波动又具有一定的节奏和规律性，引人进入一种物我合一的超越性的美的形象和美的感受。这一审美境界在文字、线条、色彩和声音等表现形式之外，给人留下很多联想和回味的余地，体现出审美活动中不断生成的创造性特点。

4. 意境

是指艺术作品中呈现的那种情景交融、虚实相生、活跃着生命律动的韵味无穷的诗意化的想象空间。它是由若干形象构成的形象体系，是以整体形象出现的艺术形象的高级形态，是中国传统美学所追求的至高的审美境界。

意境的审美内涵可以概括为：主客统一；情景交融；时空转换；有无相生；言有尽而意无穷；以及辩证的哲理智慧。在意境化的审美创造中具象与超越、外观与内省、反应与顿悟、自觉与非自觉、器与道、形而下与形而上等既相区别又相互融合的审美因素相反相成，形成物我两忘、物我同化乃至天人合一的气韵生动、浑然一体的审美体验状态。

（三）审美教育

1. 什么是审美教育

审美教育是以艺术和各种审美的形态作为具体的媒介手段，通过审美活动展示审美对象丰富的价值意味，直接作用于受教者的情感世界，从而潜移默化地塑造和优化人的心理结构、铸造完美人性，提升人生境界的一种有组织、有目的的定向教育方式。无论中国和西方，美育的实践以及关于美育的思想和学说都源远流长，形成了丰富的审美教育新思想和多样的审美教育的方式。

从美育的发展历史来看，审美教育有两条基本规律：一是从实施的角度而言，美育总是与艺术、文学教育离不开；二是从美育的功能而言，美育总是以人的道德修养的提升、人的精神境界的提高和人性的完美为主要旨归，因而是一种具有历史文化传承意义的社会性的教化活动。

2. 美育的特点

审美教育作为独立的教育方式，不同于科学知识的传授和道德伦理的教育，它主要具有以下几个特点：

第一，从审美教育的内容来看，它是以自然、社会和艺术中美的事物和美的境界去陶冶人、启迪人，以具体可感、形象生动的美的形象和美的境界去感染人，因而是以情怡人，因而情育是其主要特征。

第二，从审美教育的功能来看，审美教育是以美的内容让欣赏者通过具体情境的感受和体验，产生情感的共鸣、愉悦和净化，从而在非功利化的超越性审美体验中提升人格、陶冶情操，从而使人性在审美的净化中走向完善和和谐。

第三，审美教育是一种以自由的方式进行的教育活动，他和德育、智育教育不同，它要求从人的自由发展和全面发展的需要出发，尊重人的自由选择，开展丰富多彩的审美活动，充分展现人的无限潜能。因而美育又是自由、自愿、自主的潜移默化的他育与自育相统一的活动。

思考题

1. 美学主要研究问题和学科特点有哪些？

2. 美学现象的存在领域有哪些？

3. 中国古代的基本审美形态有哪些？

4. 美育特点有哪些？

参考文献

1. 王朝闻主编：《美学概论》，北京，人民出版社，1981。

2. 朱光潜：《朱光潜美学文集（第一卷）》，上海，上海文艺出版社，1982。

3. 朱光潜：《朱光潜美学文集（第二卷）》，上海，上海文艺出版社，1982。

4. 宗白华：《美学与意境》，北京，人民出版社，1987。

5. 宗白华：《美学散步》，上海，上海人民出版社，1981。

6. 宗白华：《宗白华美学文学译文选》，北京，北京大学出版社，1982。

7. 李泽厚：《美学论集》，上海，上海文艺出版社，1980。

8. 高尔泰：《美是自由的象征》，北京，人民文学出版社，1986。

9. 蔡仪：《美学论著初编（上、下）》，上海，上海文艺出版社，1982。

10. 滕守尧：《审美心理描述》，北京，中国社会科学出版社，1985。

第六章 艺术学

作为一门独立人文学科，艺术学的专业内容富博、学科理论精深。本部分简明扼要地把握艺术学的主要内容和基本理论，以完善学生的知识结构、提升人文素养、拓深展业学习。本部分借鉴美学、文化学视角，以探索发掘各门艺术中潜藏的人文精神；在论述中力求深入浅出、例证丰富，引导学生由感性认识上升到理性认识、将对艺术作品的情感体验升华为理论体悟。最终，为学生传授"艺海捕鱼"的基本方法。

第一节 艺术总论

广义而言，艺术可分为五大部类：实用艺术（建筑、园林、工艺美术及现代设计）、造型艺术（绘画、雕塑、摄影、书法）、表情艺术（音乐、舞蹈）、综合艺术（戏剧、戏曲、电影、电视）、语言艺术（诗歌、散文、小说）。

人类艺术史同人类文化史一样古老，但艺术学直至19世纪末才逐渐成为一门正式学科。此时被誉为"艺术学之父"的德国艺术史家康拉德·费德勒主张将美学与艺术学区分开来，因为它们是相互交叉又各自独立的学科。这标志着艺术学作为独立学科正式形成。之后，德国艺术史家格罗塞《艺术的起源》着重从方法论上建立艺术科学。德国艺术史家狄索瓦、乌提兹更是大力提倡普通艺术学研究，确立了艺术学的学科地位。日本、苏联及欧美学者继续深入探索研究，于是艺术学陆续成为各综合性大学的一门重要课程。

一、艺术的本质

究竟什么是艺术？它具有哪些基本特质？弄清这一理论问题，有助于简明扼要地理解各种艺术现象。

古今很多美学家相继对这一问题进行过多角度探讨。有以下几种理论影响较大：客观精神说、主观精神说、模仿说和再现说。

1. 客观精神说

这种观点认为艺术是"理念"或者"宇宙精神"的感性体现。古希腊哲学家柏拉图基于客观唯心主义的哲学体系对艺术本质展开探讨。他认为，艺术呈现给人的只是假象，不能揭示世界的本质，艺术家应被逐出理想国。但积极地看，他是想从具体艺术作品中探寻出深刻普遍性。德国古典美学家黑格尔从相似的思路来探讨艺术本质。"美是绝对理念的感性显现"的论断，既是其美学理论体系的最高纲领，也是对艺术本质的最高概括。

与之呼应，南朝文论家刘勰《文心雕龙·原道篇》中认为道是文的本源而文是道的表现，提出"道沿圣以垂文，圣因文以明道"的命题。其中"道"特指自然之道与圣人之道的统一。宋明理学家更是提出极端的观点"文以载道""作文害道"。其中蕴含的将艺术本质归结为某种客观精神的倾向就更凸显。

2. 主观精神说

这种观点认为艺术是"自我意识的表现"，是"生命本体的冲动"。德国古典美学家康德，从其主观唯心主义的美学体系出发界定艺术："正当地说来，人们只能把通过自由而产生的成品，这就是通过一意图，把他的诸行为筑基于理性之上，唤作艺术。"即艺术活动是人的有意图的筑基于理性意图之上的自由创造，而艺术作品则是这一创造的结晶。即自由是艺术创造和审美活动的精髓。因此他认为艺术与游戏相通，推崇艺术创造中天才的想象力与独创性。

19、20 世纪之交德国哲学家尼采汲取康德意志自由论的源泉，将人的主观意志提升为世间万物的主宰和历史发展的驱动力。主观意志被看成主宰一切的独立实体，本能欲望也被夸大为具有无限能动性。其美学奠基之作《悲剧的诞生》，把日神冲动和酒神冲动看作艺术的两种根源，把"梦"与"醉"看作审美的两种基本状态。二者都植根于人的深层本能，区别在前者用美的面纱掩盖人生的悲剧面目以使人沉湎于梦幻；后者却使人陷于痛苦狂喜交织的癫狂状态之中并通过放纵情感揭开人生的悲剧真相。

宋代严羽的"妙悟说"、明代袁宏道的"性灵说"，也是把主观精神的表现抒发当作文学艺术的本质特征。

3. 模仿说和再现说

西方文论史上，"模仿说"源远流长。这种观点认为，艺术是对现实的"模仿"，后发展为艺术是"社会生活的再现"。亚里士多德，在其美学体系中首次精辟地阐明艺术是对现实的"模仿"这一命题。而"诗比历史更富于哲学意味"的命题则表明：艺术不仅要模仿现实世界的外形和现象，而且要揭示现实世界的内在本质规律。他将艺术家创造性想象说成"把谎撒得圆"。其"模仿说"深刻揭示文艺创造和现实世界的辩证关系，被后世推尊为现实主义文艺理论的基石。

俄国 19 世纪美学家车尔尼雪夫斯基从"美是生活"论断出发，认为艺术是对客观现实生活的"再现"。他详尽解释道："任何事物，我们在哪里看得见依照我们的理解应当如此的生活，那就是美的；任何东西，凡是显示出生活或使我们想起生活的，那就是美的。"他不仅肯定美离不开人的理想，更离不开现实生活的源泉，因而艺术家在艺术创造中应扎根现实并充分发挥自己的主观能动性。

此外，"形象说""情感说""形式说"等也很有影响。

二、立足科学理论基础解决艺术本质问题

人类社会生产分为两大类：物质生产与精神生产。前者满足人的物质生活需要，构成物质文明；后者满足人的精神生活需要，构成精神文明。而艺术隶属于精神生产，满足着人的审美需要，琳琅满目的艺术品构筑着人类光辉灿烂的艺术宝库。因此，马克思将艺术活动视为一种特殊的精神生产即艺术生产，而形成有助于揭示艺术的特质起源、发展规律及内在体系的艺术生产理论。

第一，艺术生产理论揭出艺术的起源特质。首先，从起源看艺术本身经历漫长历史阶段才从物质生产中分化出来。而这实则是人类实践能力不断提高、实践范围不断扩大的结果。西安半坡猿人遗址出土的"人面鱼形网盆"是红褐质地、敞口浅腹、盆内底部刻画着鱼形人面的陶器，或为先民盛放饮食或日常洗梳所用器具。这件器物应是人类物质生产得到巨大发展催生人们艺术需要艺术生产后的创造产物。其次，艺术生产理论表明，艺术生产的突出特点是创作主体(艺术家)将强烈的主观因素渗透于艺术创作的全过程、融汇到艺术作品的全方位；这样艺术作品就是心与物、主观与客观、再现与表现的结合。可见，艺术的本质是实践基础上审美主客体的统一。即从历史角度看，艺术的价值是人类漫长生产实践的产物；从艺术生产角度看，艺术的价值又是创作主体与创作客体(社会生活)相互作用的结晶。

第二，艺术生产理论阐明物质生产与精神生产之间的"不平衡关系"。艺术作为一种特殊社会意识形态，根本上受物质生产水平制约；但是艺术作为一种特殊的精神生产又有相对独立性。即在历史发展的某些阶段上，艺术繁荣与社会物质生产发展并不同步，如19世纪俄国文艺的全面繁荣就与沙俄社会千疮百孔的衰败状态形成剧烈反差；或某些艺术形式只存在或发展于低级的社会阶段，如古希腊神话、史诗出现发展于公元前8—6世纪的奴隶社会早期阶段。因为，作为社会意识形态分支的艺术，远离作为社会根基的经济基础漂浮在上层建筑顶端。这样在艺术生产与经济基础间横亘着很多中介环节，阻隔延缓两者间的制约作用和反馈作用，造成艺术生产与物质生产之间的"不平衡"状态。但两种生产的不平衡现象，与艺术生产最终受物质生产的根本制约并不矛盾。所以，两种生产间的不平衡实为整体平衡与局部不平

衡的统一，是一种动态的平衡。

第三，艺术生产理论揭出艺术系统的奥秘。该理论把艺术创作、艺术作品、艺术鉴赏三个相互联系的环节作为完整系统来把握，揭出艺术作品与欣赏者、对象与主体、生产与消费间相互依存、相互转化的辩证关系。即生产（艺术创作）作为起点支配着全局，消费作为需要又直接规定着生产。于是，围绕艺术作品形成艺术生产、艺术产品、艺术消费双向互逆、不断延续的艺术活动流程。

总之，只有运用艺术生产理论才能宏观上把握艺术的实践特质、艺术系统的内在规律、两种生产间的辩证关系，彻底理解艺术实践基础上审美主客体统一的本质。

第二节 艺术的特征

艺术的实践本质，决定艺术的外在表现特征。艺术作为一种特殊的精神生产，决定艺术必然具有形象性、主体性、审美性等基本特征。

一、形象性

艺术是以艺术形象的特殊形式来反映生活的。俄文论家普列汉诺夫说："艺术既表现人们的感情，也表现人们的思想，但并非抽象的表现，而是用生动的形象来表现。这就是艺术的最主要特点。"可从三点理解艺术的这一特征。

1. 艺术形象是客观与主观的统一

所有艺术形象都是具体的、感性的，也都体现一定思想情感，都是客观因素与主观因素的有机统一。不同艺术门类的艺术形象，这种统一具有不同的特点。就雕塑绘画等造型艺术而言，是于再现生活的艺术形象中渗透艺术家的思想情感，这种统一表现为主观因素融汇在客观形象中。达·芬奇《蒙娜丽莎》是以佛罗伦萨一位富商妻子为模特创作的。画中蒙娜丽莎在小溪、树丛、雾霭等多重背景凸显下向我们展现出她那眼神炯慧、表情静美、动作雅致、令人销魂的永恒形象，流露出这一时代人们竭力冲决中世纪宗教禁锢和封建统治的藩篱追求世俗生活和现实幸福的巨大热情，闪射出人文主义的思想光华。就音乐、文学等表现艺术而言，这种统一则主要表现为客观因素消融于主观因素之中。民间艺术家华彦钧的二胡独奏《二泉映月》，随着低沉凄怆的旋律荡起，听者不知不觉进入那个战乱频仍、苦难深重的旧时代，主旋律的回环萦绕一瞬间我们与演奏家那颗饱尝忧患、执着不已的襟怀产生强烈共振。于是，一副催人画面浮现在眼前：在清冷月光下一位须发花白、脚步蹒跚的老人，手拄拐杖由偏僻的街巷逶迤而来。这不正是旧社会艺人一生坎坷沧桑的音乐写照吗？这种客观与主观的统一，在不同艺术门类中有所偏重而不可有所偏废。

2. 艺术形象是内容与形式的统一

任何艺术作品都是形式与内容的有机统一。艺术欣赏时，直接作用于欣赏者感官的是艺术形式，但形式能够感动人启悟人，因为形式生动鲜明地体现出深刻的思想内容。西汉刘安《淮南子》论及绘画："画西施之面，美而不可说；规孟贲之目，大而不可畏：君形者亡焉。"就是说，美人西施之面容虽画得姣好但不能让人爱怜，虎将孟贲的眼睛虽画得圆睁但不能使人敬畏；因为画家没有通过外在形象把握住人物内在精神。魏晋画家顾恺之提出"以形写神"论断，谢赫则提出"气韵生动"理论。这些都是在艺术实践发展基础上提倡，绘画艺术形象的艺术形式与艺术内容的有机统一的特质。其他各门艺术也以不同方式媒介实现着艺术作品中形式与内容的高度统一。

3. 艺术形象是个性与共性的统一

无数艺术实践表明，成功艺术形象既具有鲜明独特个性，又具有丰富广泛的社会概括性。这种个性与共性高度统一，为艺术形象赋予永恒的艺术生命力。对此中外论家多有精论。清代批评家金圣叹赞叹《水浒传》人物形象的成功塑造："一百单八人，人有其性情，人有其气质，人有其形状，人有其声口。"就是说，一百单八梁山好汉人人都是独特个性与广泛共性的统一，是富于内涵的艺术典型。

二、主体性

艺术生产作为特殊的精神生产，决定了艺术必然具有主体性特征。即艺术形象反映社会生活的同时，总以各种不同的方式形态融入创作主体、欣赏主体的思想情感，从而体现出鲜明的创新性。而且，这一特性是体现在艺术生产的全过程中。

1. 艺术创作具有主体性的特点

艺术源于生活而高于生活。因为在艺术创作过程中，作为创作主体的艺术家必须发挥其主体能动性，才能创造出比现实生活形象"更集中、更广泛、更深刻、更典型"的艺术作品。所以艺术创作离不开社会生活，更离不开创造主体的主体能动性的发挥。

艺术生产作为特殊的精神生产，比物质生产更加强调生产的主体性。具体而言，主体性集中表现为艺术创作活动具有能动性和独创性。变动不居的宇宙万物、复杂纷纭的社会历史都可成为艺术家的创作素材、激发艺术家的创作激情，从而创造出主观与客观、再现与表现高度统一的艺术作品。西晋文学家陆机《文赋》就积极提倡作家创作活动中应充分发挥其能动性，艺术构思应该"观古今于须臾，抚四海于一瞬"，"笼天地于形内，措万物于笔端"。艺术创作更具有独创性特点，优秀艺术作品总凝聚着艺术家独特审美理想和审美情感，带有艺术家个人的主观体验与艺术追求，体现出艺术家鲜明的创作风格和艺术个性，具有强烈的创造性和创新性特色。刘勰指出，作家只有做到"登山则情满于山，观海则意溢于海"，才能创作出"意翻空而易奇"的文学作品。

实际上，艺术家主体性的发挥是各门艺术创作能够成功进行的内在要求。唐代画家韩干和当代画家徐悲鸿的马均独具特色、风神迥异，体现出不同寻常的主体风采和审美追求。韩干注重观察，唐玄宗命他跟宫中画师学习而他却回答："臣自有师，陛下内厩之马，皆臣之师也"。经过对内厩之马的长期观察揣摩，终于画出名作《照夜白图》。画中"照夜白"（玄宗坐骑）高大健硕、四蹄跃动而志意自足、神态安闲，是"盛唐气象"的生动体现。而徐悲鸿笔下的马焦灼不安、极欲驰骋的动态神情，无疑是艺术家将自己对瓜分豆剖、亡国灭种的家国忧患，艺术地转化为独特深颖的个人艺术体验和审美情绪的结晶。

2. 艺术作品具有主体性的特点

艺术作品是艺术家创造性劳动的结晶，必然打上艺术家创造主体的鲜明烙印。中外艺术珍品，无不凝聚着艺术家对生活的独到发现深刻理解，渗透着独特的审美体验和审美理想，呈现出五彩斑斓的艺术风格，绽放出璀璨迷人的艺术光辉。优秀艺术作品理所当然是独一无二的独创性作品。艺术家不仅不能和别人重复，也不能和自己重复；因为独创性是艺术作品立足优秀艺术之林的必要条件。朱自清、俞平伯曾于 20 世纪 20 年代一天同游秦淮河，写了同题散文《桨声灯影里的秦淮河》，但作品风格迥异：朱作朴实醇厚、清新委婉，而俞著细腻感人、情景交融。西班牙现代绘画艺术家毕加索一生不懈探索先后经历现实主义时期、蓝色时期、粉红色时期和立体主义时期，晚年仍然超越自己壮心不已，因而被誉为"世界上最年轻的艺术家"。其《格尔尼卡》《亚维农的少女》等杰作被视为现代主义艺术的奠基之作。

3. 艺术欣赏具有主体性特点

同一艺术作品面对的是生活经验、个性气质不同且审美能力、艺术素养各异的无数欣赏者。这就为艺术欣赏打下欣赏主体五花八门的烙印。于是形成了艺术欣赏的主体性特点。欣赏的这种个性差异普遍存在于艺术史中。西谚"一千个读者有一千个哈姆雷特"，正揭示出这个特点。鲁迅说，同一部《红楼梦》"经学家看见《易》，道学家看见淫，才子看见缠绵，革命家看见排满，流言家看见宫闱秘事"，也是强调这点。为什么呢？因为在艺术欣赏中，欣赏主体和艺术作品之间形成相互作用的审美主客体关系。一方面欣赏主体总根据自己的生活经验、兴趣爱好、思想情感与审美理想，对作品中的艺术形象进行加工改造，做出再创造和再评价，丰富艺术作品的审美价值。另一方面，艺术作品总在引导着欣赏者向无尽的艺术境界迈进。这就使得艺术鉴赏本质上成为一种审美再创造。

艺术欣赏的主体性特点，不仅形成"仁者见仁，智者见智"差异很大的艺术感受，而且欣赏者个人感受可能和艺术家的原本创作意图迥然不同。同一部名剧《哈姆雷特》，19 世纪俄国作家赫尔岑看后被剧中人物命运深深感动，潸然泪下；而列夫·托尔斯泰看完则表情冷漠，认为戏剧主角哈姆雷特是一个"没有任何性格的人物，是作者的传声筒而已"。由于欣赏者的个性差异使艺术欣赏有截然不同的效果。进而，欣赏者这种个性差异甚至还会与艺术家的原本创作意图全然不同。清代思想家王夫之说："作者之心未必然，读者之心何必不然"，其意在鼓励读者欣赏中主观能动性的充分发挥。贝多芬曾解释《命运交响曲》主题："命运在敲门"；柏辽兹则解释得更生动："这简直就像奥赛罗的愤怒。这不是恐慌不安，这是受了折磨之后的暴怒之下的奥赛罗的形象。"总之，主体性贯穿于艺术生产活动的全过程。因此，主体性是艺术的一个根本特征。

三、审美性

艺术品和非艺术品区别有两点：一是艺术品必须是人类艺术生产的产品；二是它必须具有审美性即艺术价值。就是说，审美性是艺术的基本特征。

1. 艺术的审美性是人类审美意识的集中体现

艺术作为人类精神文化的特殊形态，本身就是审美意识物态化的体现。人类审美意识的产生，正是人类长期社会实践活动的产物和结果。山川日月等自然美，由于人类与自然界审美主客体关系的建立而进入人的审美视野；而音乐绘画等各门艺术，更是在生产生活实践基础上人类自由自觉的审美创造的结晶。因而，艺术美不仅是人类审美意识物化的表现，也是超越自然美、社会美等形态而成为人类审美活动的最高形式。从社会实践观点看，艺术创造是人的本质力量对象化过程，艺术作品则是人的本质力量对象化的审美结晶，是个人乃至全人类审美意识的集中体现。

2. 艺术的审美性是真、善、美的结晶

实践观点认为，和物质生产活动一致，"人也按照美的规律来建造"。即人类艺术创造之所以能够顺利展开，是因为艺术家能够遵循审美创造的内在

规律将真、善、美成功地凝聚和实现于艺术实践和艺术作品中。艺术的审美性是真、善、美的结晶。

艺术之所以高于生活，是因为艺术家运用艺术技法将生活真实艺术锤炼艺术真实、将生活之善艺术锤炼艺术之善，发生"真"化为"美"、"善"化为"美"的质的飞跃，创造出融真、善、美于一体的艺术形象。北宋张择端的巨型风俗长卷《清明上河图》就以化"真"为"美"、化"善"为"美"的艺术创作理念，娴熟运用散点透视技法，将京郊、虹桥及闹市广阔时空的景物事相自然地融汇于长卷之中，成为集真、善、美于一体的绘画精品。

而面对现实生活中的"丑"，艺术家也可通过"以丑衬美"，"化丑为美"等途径，创造出具有审美价值的艺术作品。罗丹的《欧米艾尔》，就是以巴黎街头沦落的大量妓女的不幸遭遇为素材，运用雕塑特有的艺术语言通过凸显现代社会对活生生的人从肉体到灵魂的残酷戕害和惊人异化，实现对西方物欲横流、金钱至上的社会现实的痛切批判。因此，这一作品被誉为"丑的如此美丽"，"丑"的艺术形象反获得不朽的艺术魅力。

3. 艺术的审美性是内容和形式的统一

成功的艺术作品，在展现其独特的形式外观的同时总是巧妙地传达着丰富的内在蕴含，因而是形式与内容的高度统一。

艺术史上形式美问题一直受到艺术家重视。南朝画家谢赫提出"绘画六法"："一气韵生动是也，二骨法用笔是也，三应物象形是也，四随类赋彩是也，五经营位置是也，六传移模写是也"。其中"气韵生动"是对绘画作品内在意韵方面的总体要求，而其他"五法"则是为更好地实现内容和形式的统一而展开的方法探索。而当代艺术理论家为强调形式美在艺术创造中的重要作用，提出很多有影响的理论：克莱夫·贝尔的"有意味的形式"说，苏珊·朗格的"情感形式"说。这些论说都提醒艺术家，在艺术创作只有始终做到内容和形式的高度统一才可能创造出成功的艺术作品。

成功艺术作品其审美性就是内容和形式的完美统一。悉尼歌剧院就利用现代科技与建筑材料将奇异独特、别具匠心的造型美与超越凡俗、合情合理的设计理念自然巧妙地融为一体。设计师强调现代建筑应当从属于自然环境，应与周围环境有机融合在一起，仿佛是自然而然"生长"出来一样。这就是颇具影响的"有机建筑理论"。在受此影响，这座矗立在悉尼市海滩的优雅建筑神奇地呈现出五个"立面"：远看像一堆洁白紧靠的贝壳熠熠生辉，近看又看像一支船队迎风扬帆的，侧视如一群白鹤展翅欲飞，俯瞰是一丛荷花悄然绽放。种种生动形象与周围万顷碧涛营造出诗情画意的无限空间。

第三节　艺术的起源

　　关于艺术起源问题亦即艺术发生美学，是研究探讨艺术产生的原因和过程。自古以来人们就以各种方式试图探讨解答这个问题。有五种学说影响较大。

一、关于艺术起源的五种学说

　　1. 艺术起源于"模仿"

　　这是最古老的艺术起源说。古希腊哲学家德谟克利特认为艺术是对自然的"模仿"，"从蜘蛛的身上我们学会了织布和缝补；从燕子的身上学会了造房子；从天鹅和黄莺等歌唱的鸟的身上学会歌唱。"亚里士多德指出：所有文艺都是"模仿"。各门艺术"实际上是模仿，只是有三点差别，即模仿所用的媒介不同，所取的对象不同，所用方式不同。"从根本上看，所有的艺术都起源于对自然界和社会现实的模仿。他正是以模仿论为基础建立起自己的诗学体系，并以此来解释艺术起源和本质。

　　这种起源理论有一定的合理之处。因为早期人类艺术特别是原始艺术，"模仿"的成分很大。西班牙阿尔塔米拉山洞的史前壁画上，有 20 多个旧石器时代的动物形象，逼真生动神态各异，显然是对现实生活中各种动物姿态的模仿记录。这种说法肯定了艺术源于客观自然界和社会现实，包含朴素合理的唯物主义观点。

　　但是这种说法只触及事物表面而未揭示事物本质。在生产力落后情况下原始艺术的"模仿"更多是一种手段，而不是目的。鲁迅说："画在西班牙阿尔塔米拉山洞的野牛，是有名的原始人的遗迹，许多艺术史家说这正是'为艺术而艺术'，原始人画着玩玩的。但这解释未免过于'摩登'，因为原始人没有 19 世纪的文艺家那么悠闲，他画一只牛，是有缘故的，为的是关于野牛，或者是猎取野牛，禁咒野牛的事。""模仿说"将"模仿"肤浅归于人的本性，未能说明艺术产生的根本原因。

　　2. 艺术起源于"游戏"

　　这种说法由德国哲学家席勒和英国哲学家斯宾塞提出，亦称"席勒—斯宾塞理论"，后来被很多人信奉。席勒认为，艺术活动或审美活动起源于人类所具有的游戏本能：一方面是由于人类的精力过剩；另一方面是人将这种过剩精力运用到没有功利目的的活动中，体现为一种自由的"游戏"。他《审美教育书简》认为，人只有在"游戏"时才能摆脱自然的强迫和理性的强迫，获得真正的自由。即只有通过"游戏"才能实现物质与精神、感性与理性的和谐统一。所以，人总是想利用自己的过剩精力，来创造一个自由天地。而这种自由"游戏"过程类似于艺术创造过程。斯宾塞进一步发挥这种说法。他认为，艺术和游戏都是人过剩精力的发泄。他强调，"游戏"的主要特征是没有实际功利目的，它不是维持生活所必需的活动过程，而是为消耗机体的过剩精力，并在自由的发泄这种过剩精力获得快感和美感。因此人的审美活动实质上是一种"游戏"。

艺术起源于"游戏"的说法，包含不少有价值的成分。首先，这种说法肯定了人们只有在衣食无忧的情况下才可能有剩余精力从事"游戏"，从事艺术活动和审美活动。这正确反映了人类艺术发生在一定的生产力水平前提下，物质生产为艺术生产提供了重要条件。其次，这种说法将艺术和游戏联系起来某种程度上揭示出艺术的部分特性，一定程度上揭示出艺术创造和艺术欣赏过程所必需的超功利的、自由的审美心态。但"游戏"说仅从生物学或心理学角度出发是不能揭示出艺术产生的根本原因。而且人的"游戏"与动物的"游戏"有根本区别，这就是人类的自由自觉的实践活动。只有和人类这一根本特性联系起来，艺术起源问题才能有能到根本解答。

3. 艺术起源于"表现"

艺术起源于"表现"说，在 19 世纪和 20 世纪西方得到广泛传播。列夫·托尔斯泰认为艺术起源于传达感情需要："一个人为了要把自己体验过的感情传达给别人，于是在自己心里重新唤起这种感情，并用某种外在的标志表达出来……这就是艺术的起源"。意大利美学家克罗齐首次系统提出这种理论体系。其美学思想的核心是"艺术即直觉即表现"，即艺术的本质是直觉，直觉的来源是情感，直觉即表现，艺术归根结底是情感的表现。英国史家科林伍德发挥道，只有表现情感的艺术才是所谓"真正的艺术"，艺术就是艺术家的主观想象和感情的表现。美国美学家苏珊·朗格从符号美学出发，认为艺术是人类情感的符号形式的创造，艺术品就是人类情感的表现性形式。艺术是情感的表现，艺术活动的实质就在于创造表现人类情感的符号形式。

显然，艺术起源于"表现"说具有很大的理论深度，但它没有进而论证艺术所表现的情感根源于何处。即不能将艺术起源仅归结为"表现"，深层次上不能脱离人类社会实践的根本制约。

4. 艺术起源于"巫术"

19 世纪末 20 世纪初，艺术起源于"巫术"理论逐渐兴起。其理论基础是由英国两位人类学家奠定的：爱德华泰勒《原始文化》最早提出艺术起源于"巫术"的理论主张；弗雷泽《金枝》认为原始部落的一切风俗、仪式和信仰都起源于交感巫术。不少艺术史家进而研究各门艺术的起源问题。美国美学家托马斯·门罗《艺术的发展及其他文化史理论》指出，原始歌舞源于原始先民的巫术活动。艺术史家希尔恩《艺术的起源》详细介绍了原始舞蹈与交感巫术的联系：原始先民的原始舞蹈常被视为达到实践目的的手段。科林伍德《艺术原理》指出："巫术活动与艺术之间的相似是既强烈又切近的，巫术活动总是包含着舞蹈、歌唱、绘画或造型艺术等活动。"总之，"巫术"理论指如下事实：原始艺术活动具有明显的巫术动机或巫术目的，但归根结底还是离不开人类的实践活动，尤其是物质生产活动。

可见，关于艺术起源的种种理论都有片面的合理性，但要彻底解决这一问题还应归结于人类的实践活动。

5. 艺术起源于"劳动"

19 世纪末叶以来，欧陆民族学家与艺术史家就提出艺术起源于"劳动"的理论。希尔恩曾专门论述艺术与劳动的关系。普列汉诺夫《没有地址的信》系统论述艺术的起源及发展问题，得出艺术发生于"劳动"的观点。他指出："劳动先于艺术，总之人最初是从功利观点来观察事物和现象，只是后来才站到审美的观点上来看待它们。"

恩格斯的劳动促成了从猿到人转变的论断，为这一学说奠定深厚的唯物主义哲学基础。劳动不仅创造了人，而且也为艺术的产生提供前提。人类学会制造工具，显明体现了人类有意识有目的的活动，从工具造型演变可看出人类自由创造的特性，也可看出使用价值先于审美价值、艺术产生于非艺术的漫长历史进程。这既是人猿区别的分水岭，也是人类文化艺术的起点。这种制造工具的活动直接推进实践能力的提高、实践范围的扩大，加速了体脑分工的出现；于是有专门从事艺术活动的人，从中进而分化出职业艺术家。劳动不仅为艺术家的创造提供着较充裕的物质生活条件、创造素材及创造工具等，而且深层次上塑造着人类的五官感觉和人类的文化心理结构和审美心理结构。因此，人类进行艺术创造的条件无不是劳动创造的。

因此，物质生产劳动是艺术发生的根源。但艺术产生发展却不能简单地归结为劳动。因为从劳动到艺术诞生，经过巫术礼仪、图腾歌舞等中间阶段，并且是一个相当漫长的历史阶段，最后才诞生纯粹美学意义的艺术。艺术作为特殊的精神生产和特定的精神文化现象，其起源是复杂得多原因的，应从更加广泛的层面去探究。

二、人类实践与艺术起源的多元决定论

以上五种理论，都是从某一角度或层面探讨艺术的产生，利于揭示艺术起源的奥秘。但这一距今久远的复杂问题，需要从多元的途径方法进行研究；而且在最初阶段，艺术的诞生是由多种多样的因素促成，研究这一问题

不能不带有多元论倾向。

法国结构主义学者阿尔都赛的"多元决定论"对解决这一问题具有深刻启示。他把列维－施特劳斯的结构主义观点用于说明社会的发展，认为社会的发展不是一元决定而是多元决定的，提出多远决定论的辩证法或结构的辩证法。他《矛盾与多元决定》提出"多元决定论"，认为任何文化现象的产生都具有多种多样复杂原因而不是单一原因。

总之，从艺术起源的多元决定论中可见，艺术的产生经历一个由实用到审美、以巫术为中介、以劳动为前提的漫长历史过程，其中也渗透着人类模仿的需要、表现得很冲动和游戏的本能。艺术的产生虽是多元决定的，但"巫术说"与"劳动说"更为重要。从根本上说，艺术的起源应归结为人类的实践活动。

第四节　艺术的功能与艺术教育

一、艺术的社会功能

艺术是以审美价值为基础发挥其多方面的社会功能和作用。艺术主要有三种社会功能：审美认识作用、审美教育作用、审美娱乐作用。

1. 审美认识作用

艺术的审美认识作用，指人们通过艺术鉴赏活动，可以深刻的认识自然、认识社会、认识人生。孔子扼要总结出艺术的社会作用："兴、观、群、怨"。其中包含《诗经》的认识作用：一方面可以观风识人；另一方面可增长鸟兽草木等知识。

艺术确实具有这两方面的审美认识作用。首先，艺术对与社会、历史、人生具有审美认识功能。艺术往往通过创造审美形象来深刻揭示社会、历史、人生的内涵和真谛，不知不觉带给人们丰富真切的社会生活知识。列宁把列夫·托尔斯泰小说看成"俄国革命的镜子"，因为这些作品深刻表现了"俄国千百万农民在俄国资产阶级革命快要到来的时候的思想和情绪。"其次，对于细大不捐的自然现象，艺术同样具有审美认识作用。法国导演雅克·贝汉以自然界的生命活动为题材、以高超拍摄技术制作系列电影《天空》《陆地》《海洋》，将万物丰富美妙的生命奇迹独特鲜活地呈现出来。面对诗一般的画面、聆听自然界的天籁，人们不禁萌生出对大自然的亲近和敬畏。

但艺术的认识作用是以艺术的审美价值为基础的。它在反映对象本质特征时表现出艺术家对社会人生的理解评价，在真实描绘生活细节时揭示出生活的本质规律，在反映世界的同时，也反映人的思想、情感、愿望等主观世界，具有与自然科学社会科学不同的审美认知功能。其特殊性在于，艺术作品是将生活真实升华为艺术真实，通过现象揭示本质，通过偶然揭示必然，通过个别显示一般，通过客观显示主观，从而使欣赏者在形象直观中直觉社会人生的本质和规律。《红楼梦》以宝、黛、钗爱情婚姻悲剧为主线，形象展现封建社会由盛而衰的历史趋势，具有广阔的社会背景和丰富的社会生活的内容。读者在被曲折动人的故事情节、命运多舛的人物命运深深震撼时，不知不觉对其中展示的政治经济、法律道德、文化宗教、艺术创造、民风民俗等纷繁内容有深入了解，从而不得不佩服这部小说作品是一部鲜活的"中国17世纪封建社会的百科全书"。其认识作用被巧妙融入小说深邃美妙的艺术世界。

2. 审美教育作用

艺术的审美教育作用，指人们通过艺术的欣赏活动，受到真善美事物熏陶感染，思想上受到启迪，实践上找到榜样，认识上得到提高，潜移默化中思想情感、理想追求发生深刻变化，从而正确理解认识生活，树立正确人生观世界观。

古今中外教育家、艺术家都很重视艺术的审美教育作用。孔子将"礼、乐、射、御、书、数"作为系统教育内容，其中"乐"就包括诗歌舞演奏在内的艺术教育。他很重视音乐教育，认为音乐处于教育序列的最高阶段："兴于诗、立于礼、成于乐。"即音乐会使人在审美熏陶中走向更高人生境界。亚里士多德认为，理想人格是全面和谐发展的人格，情感、欲望、理智都是其固有内容，同样应得到满足。因而艺术具有三种功能："教育""净化""快感"，就是艺术可使人们获得知识、陶冶性情、得到快感。

艺术具有审美教育作用。因为艺术作品不仅可展示生活的外观，而且能表现生活的本质与规律，包含着艺术家的思想情感，蕴含着艺术家对生活的理解、认识、评价和态度，渗透着艺术家的社会理想审美理想，使欣赏者潜移默化中受到启迪教育。艺术家常采用化"真"为"美"、化"善"为"美"方法，使艺术教育具有鲜明的审美教育特点。具体而言，就是"以情感人"、"潜移默化"、"寓教于乐"。"以情感人"是艺术教育与其他教育间最明显区别。艺术教育是以情感人、以情动人，通过强烈的艺术感染力，使欣赏者自愿自觉地受到教育，而非枯燥干巴的道德说教、板起面孔的道德训诫。1876年列夫·托尔斯泰聆听柴可夫斯基的《D大调弦乐四重奏》第二乐章《如歌的行板》，热泪盈眶地说："我已接触到忍受苦难的人民的灵魂的深处。"这支曲子深沉动荡的旋律使作家感到蕴含其中的鲜明音乐形象、丰厚社会内涵及情感内容，使作家不禁为之落泪。"潜移默化"，是指艺术作品对人的教育，常在毫无强制的情况下使欣赏者自由自愿、不知不觉受到感染得到净化。近现代民族民主革命中被反复传唱岳飞《满江红》和文天祥《正气歌》，我们感受到作者执着强烈的爱国主义激情和诗人忧国忧民的博大胸襟的同时，在不知不觉中以他们为榜样进行斗争、工作生活。"寓教于乐"，指应将思想教育融合到艺术审美娱乐中。

3. 审美娱乐作用

艺术的审美娱乐作用，指通过艺术欣赏使人们的审美需要得到满足，获得精神享受和审美愉悦，赏心悦目、畅智益神，通过阅读作品或观看演出使身心得到愉快休息。与物质产品主要满足人的物质需要相比，艺术主要满足人们审美愉悦和心理快感等精神需要。

中外美学家教育家有深入论述。亚里士多德认为，艺术应当使人的得到本能、情感和欲望方面的正当满足和合理快感。古罗马美学家贺拉斯明确提出艺术应当"寓教于乐，既劝谕读者，又使他喜爱才能符合众望。"荀子《乐论》指出："乐者乐也，人心之所不必免也。其感人也深，其化人也速。"这也是强调音乐教育的"寓教于乐"特点。

艺术的审美娱乐作用可从三方面理解。一是，艺术作品可满足人的精神需要和审美需要，而这种精神需要有时比物质需要更加强烈。"孔子在齐闻韶，三月不知肉味"呈现的，正是这种沉醉于艺术世界中的无上审美愉悦。二是，人们通过艺术欣赏可以得到积极休息从而更好投入新的工作。鲁迅说，艺术有利于休息，有利于休息之后的战斗。三是，"寓教于乐"，通过艺术欣赏还可以受到教育启迪。

总之，应当将艺术的教育作用、认知作用、娱乐作用统一把握，因为其各种社会功能都是建立在审美价值的统一基础上。

二、艺术教育

1. 艺术教育是美育的核心

艺术教育是美育的核心，根本目标是培养全面发展的人。古今中外艺术教育思想和实践源远流长。孔子提出"兴于《诗》，立于礼，成于乐"命题，奠定中国古代教育"礼乐相济"的理论基础。柏拉图也将审美教育视为道德教育的特殊方式或补充手段。

美育理论体系的建立始于近代，这就是德国美学家席勒《美育书简》的发表。其中他不仅首次提出"美育"范畴，而且系统阐述其美育思想。他不限于从道德教育看待美育，而是从自然与人、感性与理性等基本哲学命题出发，从改变近代人存在方式使人重获自由、和谐、全面发展，实现人性复归这一更加广阔领域来论述美育。他倡导通过美育来消除人性分裂（当时主要是因感性冲动与理性冲动的分裂冲突所造成的），实现人性和谐。因此，他极力主张通过美育来培养理想的人、完美的人、全面和谐发展的人。他还对教育不同层面的功能加以区分:"有促进健康的教育,有促进认识的教育,有促进道德的教育,有促鉴赏力和美的教育。这最后一种教育的目的在于,培养我们的感性和精神力量的整体达到尽可能和谐。"他明确把德、智、体、美四项教育并提,使美育具有独立地位和任务。20世纪初,西方美育思想得到我国美学家回应。清末学者王国维将美育与德育、智育并提。民国教育家蔡元培不仅将美育确定为新式教育方针的内容之一,还提出"以美育代宗教"的主张。

由于艺术具有审美认识、审美教育、审美娱乐等独特的功能与作用,具有以情感人、潜移默化、寓教于乐的特点,使得艺术教育成为审美教育的主要内容和主要方式。所以,艺术教育作为美育基本手段和中心内容,在美育中占有非常重要的地位。

2. 艺术教育在当代社会生活中的重要意义

"艺术教育"有广狭两种含义。狭义的艺术教育是专门培养艺术家和专业艺术人才的艺术理论和实践教育。广义的艺术教育作为美育的核心,根本目的是培养全面发展的人,而不仅是专业艺术工作者。广义的艺术教育强调普及艺术的基本知识与原理,通过优秀艺术作品的鉴赏,提高人们的审美修养和鉴赏能力,培养健全的审美心理结构。

当代社会中,广义的艺术教育显得更加迫切。20世纪下叶,科技革命为经济、政治、文化带来发展变革,也使人们的生活方式、行为方式、思维方式发生巨变。一方面,物质财富和物质生活极大充裕使人们有更多闲暇时间和消遣需要。另一方面,科技革命使科技理性成为现实生活的当然逻辑,使社会分工更为专门化职业化,使人们受到物欲横流和科技异化的重重威胁,加剧人的感性冲动与理性冲动的对抗,造成新的人性分裂。因此,工业社会要实现可持续发展,首先应该通过艺术教育实现人的全面和谐发展。

三、艺术教育的任务和目标

总的来说,艺术教育的根本任务和目标就是培养全面发展的人。

艺术教育具体包括以下三方面任务:一是,通过艺术教育普及艺术基本知识,提高人的艺术修养。我国古代"伯牙与钟子期高山流水遇知音"的故事也生动形象的强调这点。二是,艺术教育可以健全审美心理结构,充分发挥人的想象力、创造力。三是,艺术教育可以陶冶人的情感,培养完美的人格。列宁说:"没有'人的情感',就从来没有也不可能有人对真理的追求。"总之,艺术教育既是个人获得全面发展的保证,也是社会实现全面进步的基础。

第五节　艺术种类

　　由于艺术分类的原则角度不同，近现代艺术理论有五种常见的艺术分类方法：一以艺术形象的存在方式为依据，将艺术分为时间艺术、空间艺术和时空艺术；二以艺术形象的审美方式为依据，将艺术分为听觉艺术、视觉艺术和视听艺术；三以艺术作品的内容特征为依据，将艺术分为表现艺术、再现艺术；四以艺术作品的物化形式为依据，将艺术分为动态艺术和静态艺术；五为适应现代艺术的发展趋势，将艺术分为视觉艺术和表演艺术。

　　科学的艺术分类方法应充分吸收上述方法的合理因素，同时考虑艺术分类的美学原则。本质上看，艺术活动是以动态方式传达出人类的审美经验，而艺术作品从根本上讲就是以物态化的方式来传达人类审美经验和审美意识。因此科学的艺术分类应把艺术形态的物质存在方式与审美意识物态化的内容特性作为分类的根本依据。按这原则可将艺术分为五大类：实用艺术（建筑、园林、工艺美术与现代设计）、造型艺术（绘画、雕塑、摄影、书法）、表情艺术（音乐、舞蹈）、综合艺术（戏剧、戏曲、影视艺术）和语言艺术（诗歌、散文、小说）。

　　艺术分类的意义在于，通过揭示各门艺术自身特性和发展规律，及各自不同的物质媒介和艺术语言，深入认识掌握各门门艺术的审美特征和美学实质，推动各门艺术的发展。当然，各门艺术间还存在内在的联系性和一致性。"诗是无形画，画是无声诗"，"音乐是流动的建筑，建筑是凝固的音乐"等说法，都扼要揭示出这种一致性。正确认识艺术种类的多样性和一致性，有助于掌握各类艺术的基本规律和美学特征，也有助于提高艺术鉴赏能力和艺术修养水平。

一、实用艺术的主要种类

　　实用艺术，指实用与审美相结合的表现性空间艺术，主要包括建筑艺术、园林艺术、工艺美术与现代设计等。与其他艺术相区别，实用艺术既有实用价值又有审美价值。它是通过具有实体性的物质材料，创造出具有实用性和审美性的静态产品。实用艺术是人类文化史上最古老的艺术种类之一。

　　1. 建筑艺术

　　建筑艺术，指按照美的规律，运用建筑艺术独特的艺术语言，使建筑形象具有文化价值和审美价值，具有象征性和形式美，体现出民族性和时代感。古罗马建筑师维特鲁威提出建筑三原则："实用、坚固、美观。"总体而言，任何建筑都应当是物质功能与审美功能、实用性与审美性、技术性与艺术性的统一。

现代建筑仍然遵循"实用、坚固、美观"三原则，但是"美观"被提到愈加重要的地位。华人建筑师贝聿铭指出："建筑就是空间的感觉。建筑不在于屋檐瓦片等技术方面的东西，而在于内部空间。建筑是一种创造空间的艺术。"可见，建筑艺术是一种立体作品，属于空间造型艺术，其审美特点主要表现为造型美。

建筑的艺术语言和表现手段包括空间、形体、比例、均衡、节奏、色彩及装饰等因素，这些共同构成建筑艺术的造型美。空间是建筑的基本形式要素。例如，北京天坛就巧妙运用有形的建筑实体（整体平面的正方形与中央圜丘三层圆台统一，附会"天圆地方"宇宙观念），以具象造型体现象征意蕴。形体指建筑物的总体轮廓，通过线条和形体、空间和实体的不同组合，以及建筑与环境的和谐统一，突出建筑物独特个性色彩和感染力。澳大利亚的悉尼歌剧院就是这方面典范。比例指巧妙处理建筑物各部分间的比例关系，建筑物长宽高的比例、凹凸虚实的比例，都直接影响到建筑美。至今犹存的雅典巴特农神殿，外围立柱的高度与直径、立柱之间的距离都符合一定比例关系，从而创造了和谐恢宏的建筑艺术风格。均衡指建筑在构图上的对称，包括建筑前后左右上下各部分间关系，均衡对称常给人严肃庄重的感觉。北京故宫就是运用均衡艺术语言的杰作，每座建筑都在以太和殿为中心的南北向中轴线上错落有致地展开。

建筑艺术作为民族文化体现和时代精神的镜子，以直观形象的方式反映出一定的社会意识形态和深刻的历史文化内涵。建筑又被称为"石头的史书"。最能体现中世纪文化气氛的建筑就是作为"哥特式建筑"的典范巴黎圣母院，它尖塔拱顶、柱子细高，都垂直向上、直刺苍天，给整个教堂制造出一种上升凌空、缥缈神秘的艺术效果，以便把深陷现世苦难信徒的目光引向天堂。

随着环境设计与环境艺术的日益发展，现代建筑设计注重将自然因素与人工因素有机统一起来。美国建筑设计师赖特的"有机建筑"理论就体现了这一趋势。

2. 园林艺术

园林指"在一定的地域运用工程技术和艺术手段，通过改造地形（筑山、叠石、理水）、种植花草、营造建筑及布置园路等途径创作而成的美的自然环境和游憩境域。"园林艺术也是广义的建筑艺术。但园林艺术更重观赏性，并撷取自然美的精华，将自然美与建筑美融为一体，这是园林艺术的特点。世界园林有三大类型：东方园林（以中国园林为代表），重视人与自然的亲和，属自然式；欧洲园林（以法国园林为代表），强调几何图案，崇尚人工美，属几何式；阿拉伯式园林源于古代巴比伦和波斯，主要以十字形道路交叉处的水池为中心的格局。

园林的实用功能主要是供人游憩玩赏，这要求园林侧重于审美性与艺术性。中国传统的园林艺术充分体现这点。

中国古典园林分为北方大型皇家园林和江南小型私家园林。前者以北京颐和园、承德避暑山庄为代表，气魄宏大、富丽堂皇。后者以苏州园林、上海豫园为代表，精巧别致，饶有趣味。总体看，中国园林的突出特点是追求诗情画意的审美境界。欣赏中国园林不但要注意欣赏其自然美、建筑美，尤要注意其文化美。文化美是中国园林的精华与核心。

中国园林十分重视营造自然美和建筑美。一方面中国园林充分利用与创造自然美，通过筑山、叠石和理水，营造出一种小桥流水、荷花飘香的自然美，达到"虽由人工，宛自天成"的艺术效果。一方面中国园林又很重视建筑美，运用中华民族的建筑艺术形式，讲究亭台楼阁、厅堂廊榭等建筑美感，并将这些建筑物同周围环境环境融为一体。但中国园林的精华是文化美。中国园林艺术植根民族文化沃土，具有浓郁的民族风格、民族色彩。中国园林中大量采用楹联、匾额、碑刻、书画题记等，与传说典故密切相连，将自然风景美、建筑艺术美、历史文化知识融为一体，使人感到浓郁的民族文化气息。中国传统文化强调情景交融借景抒情，以创造诗情画意的意境，古典园林有许多范例。承德避暑山庄水心榭北的临湖建筑原为清帝书斋，以北方四合院手法布局。康熙御题"月色江声"，取意《赤壁赋》，每当月上东山、万籁俱寂时，满湖清光、波涛拍岸，诗情画意油然而生。避暑山庄正门乾隆御题"丽正门"，取意《易经》"日月丽乎于天"。这就将自然美、建筑美、文化美融为一体，将诗情画意的艺术意境成功实现在山水之间。

3. 工艺美术与现代设计

工艺美术又称实用工艺，指在造型外观上具有审美价值，与日常生活相关的一类美术品的总称。工艺美术品包括三类：一是经艺术处理的日常生活实用品，如漂亮的绣花枕套、美观的玻璃器皿，在实用基础上兼有观赏功能；二是民间工艺美术品，如竹编器件、木雕剪纸，采用原料普通、工艺简单，既可供实用又可供观赏；三是特种工艺美术品，如景泰蓝器皿、象牙雕刻，用料昂贵、工艺精细，主要供观赏珍藏之用。工艺美术品的审美特性体现为造型美，强调"材美工巧"。

现代设计又称工业设计，是在现代大工业生产基础上产生的工业产品创新的社会实践形态。现代设计包括三方面内容：一是产品设计，突出特点是将造型艺术与工业产品结合起来。工业产品艺术化，其本质是追求功效与审美、功能与形式、技术与艺术完美统一。产品设计包括家用物品设计、办公用品设计、工业产品设计等。二是环境设计，指人类对各种自然环境和人工环境因素加以改造组织，对物质环境进行空间设计，使之符合人的行为需要和审美需要。三是视觉设计又称平面设计，指传递信息或使用标记所进行的视觉形象设计。

现代设计的本质，是必须通过设计才能在工业产品中体现出技术与艺术的完美统一，既满足人的物质需要（使用功能），又满足人的精神需要（审美功能）。这是现代设计与传统工艺美术的根本区别。

实用艺术有三大审美特征：实用性与审美性的统一，表现性与形式美的统一，民族性与时代性的统一。

1. 实用性与审美性的统一

实用艺术应当是实用性与审美性的有机统一。实用性是审美性前提和基础，审美性反过来也可以增强实用性，二者相互促进共同构成实用艺术最基本特征。

2. 表现性与形式美的统一

实用艺术作为表现性空间艺术，不重模仿客观事物的再现性，而是注重表现某种朦胧抽象的情调意味。这种表现性使它比其他艺术更偏重于形式美。在实用艺术中，形式美是表现性的外部体现，表现性是形式美的内在灵魂。

3. 民族性与时代性的统一

实用艺术还是民族性与时代性的有机统一。这就使它既有浓郁的民族气息和民族特色，又有鲜明时代特征和时代风格。北京故宫、北京颐和园、苏州园林，与悉尼歌剧院所体现的文化背景、美学思想及建造风格就有巨大差异。

二、造型艺术的主要种类

造型艺术指运用一定的物质材料（颜料、纸张、泥石、木材），通过塑造静态视觉形象来反映社会生活、表现艺术家思想感情的艺术。包括绘画、雕塑、摄影、书法等。

绘画艺术

绘画是一种重要的造型艺术形式。它运用线条色彩形体等艺术语言，通过构图造型设色等艺术手段，在二度空间（平面）塑造出静态的视觉形象的艺术。从体系看，绘画分为以中国画为代表的东方绘画和以油画为代表的西方绘画，两者都独具特色历史悠久，有不同的表现形式和审美特点。

中国画有四大特点：一是工具材料上，常采用中国特制的笔墨纸砚。

"笔墨"遂成为中国画技法理论的重要术语，重视运笔设墨，追求"墨分五彩"的色彩效果。二是在构图方法上不受焦点透视束缚，多采用散点透视法，视野宽广辽阔、构图灵活自由，画中物象可随意布列，冲破时空局限。中国画有三种营造空间的方式："全景式空间"是由低转高、由远转近回环往复式的流动空间，五代荆浩的《匡庐图》就是一幅全景式绢本水墨画；"分段式空间"突破时空局限，将不同时空的事物安排在一个画面中，五代顾闳中《韩熙载夜宴图》就是五段连续的画面构成的一幅长卷；"分层式空间"，长沙马王堆汉墓出土的 T 形帛画分三层展现天界人间地狱的不同景况。中国画构图方式的特点，植根于情景交融的美学追求和高度概括的表现手法。三是诗画书刻有机结合，画意诗情书法互补辉映，形成中国画独特内容美和形式美。四是中国画特点源于中华民族的传统文化和美学思想。中国画重视"形神兼备"、追求"气韵生动"、讲究"虚实相生"，充分体现出中国艺术精神："道"（中国传统艺术的精神性）、"气"（生命性）、"心"（主体性）、"舞"（乐舞精神）、"悟"（直觉思维）、"和"（辩证思维）。

中国绘画历史悠久、成果丰硕、技艺高超。战国帛画、汉代画像砖石，水平很高；魏晋六朝是中国画的飞跃时期，出现顾恺之、陆探微、张僧繇三大家；唐宋是我国绘画的高峰时代，人物画、山水画、花鸟画、动物画独立成科，名家辈出；元明清是中国绘画承前启后的时代，"元代四家""吴门四家""四大名僧""扬州八怪"令人目不暇接；近现代画坛更是人才辈出，涌现出任伯年、吴昌硕、齐白石、黄宾虹、徐悲鸿、张大千等名家。

油画是西方绘画主要画种，用油质颜料在布、木板或厚纸板上画成，特点是色彩丰富鲜艳，能充分表现物体质感，使描绘对象生动逼真。西方绘画的审美趣味在于真和美，追求对象和环境的真实，讲究比例、明暗、透视、解剖、色度、色性等科学法则，运用光学、几何学、解剖学、色彩学等作为科学依据。与中国画的重表现和写意相比，西方绘画更重视再现与写实。西方绘画也走过异彩纷呈、名家辈出的漫长历程。文艺复兴时"画坛三杰"的巨著至今仍启悟人心，伦勃朗的"光与影的旋律"依然让人着迷，梵·高的《向日葵》依然烈火熊熊，现代主义美术思潮更让人眼花缭乱。西方绘画与中国绘画一同绘制着绘画艺术的伟大画卷。

书法艺术

书法艺术是中国一种传统的艺术形式，主要通过汉字的用笔用墨、点画结构、行次章法等造型美，来表现人的气质、品格和情操，从而达到美学境界。形式上它刻意追求线条美，内容上它体现着中国艺术精神。

书法艺术同汉字发展密不可分。汉字字形变化分为：甲骨文、金文、小篆、隶书、楷书、行书、草书。隶书之后，书法的实用性和审美性都得到加强，书法愈成为一门应用很广的造型艺术。汉代雄放的隶书、飞扬的草书；魏晋楷书、行书、草书各体齐备，涌现出王羲之、钟繇等书法名家；唐代楷书成就极高，柳体、颜体模范至今；宋人书法"尚意"，追求个性表现；元明清承古开新。书法艺术至今仍有巨大艺术生命力。

书法艺术的基本技法和表现形式，是用笔用墨、结构章法、韵律风格等。只有很好地将这些形式技法和创作主体的气韵情怀出神入化的交融为一，才能创作出笔力遒劲、内涵风骨的书法作品。宗白华说："中国的书法，是节奏化了的自然，表达着对生命形象的构思，成为反映生命的艺术。因此，中国的书法，不像其他民族的文字，停留在作为符号的阶段，而是走向艺术美的方向，而成为表达民族美感的工具。"书法独特形式美中有着深刻的意蕴美，抽象的"点、线、笔、画"腾挪出一个个饱含"筋、骨、血、肉"的艺术形象。王羲之《兰亭集序》通过气韵超绝的线的旋律与舞蹈，将晋人眷恋人生的深情、超迈世表的智慧淋漓尽致的绽放出来。

通过以上介绍，总结得出造型艺术有三方面审美特征：一是造型性与直观性的统一；二是瞬间性与永固性的统一；三是再现性与表现性的统一。

1. 造型性与直观性的统一

造型艺术作为空间艺术和视觉艺术，其审美特征首先体现为造型性与直观性的统一。造型性是指，艺术家运用一定的物质材料（线条、色彩、砖瓦、木石等），塑造出通过感官直接感受到的艺术形象。不仅展现其形而且透露其神，追求"以形写神"，能够激发欣赏者的联想想象。其直观性是由造型性派生的。造型艺术的形象需要欣赏者亲眼看见才能从直观的视觉形象中获得丰富隽永的审美感受，这形成造型艺术的直观性。

2. 瞬间性与永固性的统一

本质上讲，造型艺术是空间的静态艺术，不适于表现客观世界事物的运动和过程。造型艺术要反映客观现实生活，就必须找到恰当的表现方式，即在动静交叉点上，抓住客观事物发展变化的瞬间形象，将其用物质材料和艺术语言固定下来。这就是造型艺术的瞬间性特点。启蒙美学家莱辛认为古希腊雕塑《拉奥孔》的动人之处就在于雕塑家准确地抓住"最富包孕意义的顷刻"，将拉奥孔父子与巨蟒生死搏斗的惨烈过程凝聚在最后挣扎和绝望叹息的瞬间。古希腊米隆的雕塑《掷铁饼者》也准确地抓住运动员将铁饼将要抛出还未抛出的刹那神情，使之具有"蓄势待发"的力量。永固性，指造型艺术的瞬间形象一旦被创作出来，就被物质材料固定下来，可多次观赏、千年流传。

3. 再现性与表现性的统一

造型艺术是再现性空间艺术，再现性是其最重要的审美特征。但造型艺术同样要表现形象的内在意蕴、表现艺术家情感，表现性成为其最重要的审美特征。造型艺术的表现性有三点：第一，造型艺术要表现出对象的内在精神气质。中国画提倡"以形写神""形神兼具"，即花鸟虫鱼传精神。第二，造型艺术的表现性更在于它传达艺术家的思想感情和审美理想。《兰亭集序》就通过变化多端的字迹形体，生动展现晋人"智慧兼深情"的魏晋风度。第三，造型艺术的表现性还在于，艺术家自觉运用形式美法则进行艺术创造。后期印象派画家梵·高、高更都喜欢使用黄色，但梵·高的黄色是明朗的柠檬黄，其《向日葵》如一堆熊熊燃烧的烈火，有力表现出他对忧患人生的眷恋热爱。而高更的黄色多是土黄，其《我们从哪里来？》整幅画面充满郁闷色彩和神秘气息，是画家本人苦闷心灵的鲜明反映。

三、表情艺术的种类

表情艺术，指通过一定物质媒介（音响、人体）来直接表现人的情感，间接反映社会生活的艺术总称，包括音乐、舞蹈这两门表现性和表演性艺术。表情艺术自古及今一直有强大的艺术生命力。它是历史悠久又普及广泛的艺术门类。

表情艺术最基本的美学特征就是抒情性和表现性。乐舞能够最直接、最强烈的抒发人的情绪情感，荀子说"其感人也深，其化人也速"。乐舞总是需要通过表演这个二度创作过程才能创造出可供欣赏的音乐形象或艺术形象。表演性就构成表情艺术另一重要美学特征。

音乐艺术，音乐是通过有组织的乐音在时间上的流动来创造艺术形象、传达思想感情、表现生活感受的一种表现性时间艺术。某种意义而言，音乐是声音的艺术、时间的艺术，也是表现的艺术、再创造的艺术。

音乐有两大类：声乐和器乐。声乐指以人声歌唱为主的音乐，又可分为民族唱法、美声唱法及通俗唱法三类。民族唱法在演唱方法上自然质朴，具有浓郁民族风格和地方特色；美声唱法，源于意大利，追求声音效果，讲究发声方法，多用华彩和装饰；通俗唱法是现代电子传媒广泛运用后出现的歌曲演唱方法，演唱者常手持话筒演唱。欧洲声乐一般又分多种体裁，声乐套曲、艺术歌曲、清唱剧及歌剧等。器乐可分为弦乐、管乐、弹拨乐及打击乐四大类。

音乐的艺术语言和表现手段，主要有旋律、节奏、和声、复调、曲式、调性等。最主要的有三种：旋律是音乐的灵魂，节奏体现出音乐的时间感，和声体现出音乐的空间感。旋律把高低长短不同的乐音按一定节奏节拍及调式、调性关系组织起来，塑造音乐形象、表现情感内容。节奏指音响的长短、强弱、轻重等有规律组合，使乐曲体现出情感的动荡起伏增强音乐表现力。和声指多声部音乐按一定关系构成重叠复合的音响现象，使音乐具有结构感、色彩感、立体感。

交响乐，是用管弦乐队演奏的奏鸣曲。交响乐（Symphony）源于古希腊词语意为"一齐响"。现代交响乐概念形成于18、19世纪之交，海顿、莫扎特、贝多芬三位音乐巨匠为首的维也纳古典乐派，使交响乐真正进入黄金时代。交响乐曲是由大型管弦乐队演奏的，它包含四个独立乐章的器乐套曲。交响曲创作的基本原则是对比、展开原则。

中西音乐都有漫长发展史和传唱不绝的经典作品。西方音乐发展尤为充分。中世纪教皇精选出的《格列高利圣咏》是欧洲音乐史上有记载的最早音乐作品。西方音乐重要时期始于16世纪末叶，这时世俗音乐逐渐占据主导地位，特别是诞生歌剧这一综合音乐、戏剧、美术、舞蹈等的新艺术形式。近代欧洲音乐史上最重要的音乐流派主要有：古典乐派、浪漫乐派、民族乐派等。古典乐派形成于18、19世纪之交，以海顿、莫扎特、贝多芬三位音乐巨匠为代表，推崇理性与感情统一，追求严谨完美的艺术形式，注重戏剧的对比、冲突和发展等。浪漫乐派，兴起于19世纪，最大特点是强调激情、强调抒发主观感情、强调表现个性，前期代表人物是舒伯特、舒曼、肖邦，后期代表人物是瓦格纳、勃拉姆斯、柴可夫斯基等。民族乐派兴起于19世纪中后期，主张音乐应具有民族风格和民族特色，采用本国民间音乐的创作素材，将传统音乐成果与本民族音乐结合起来，主要代表人物捷克的德沃夏克、俄国的"强力集团"。20世纪西方音乐流派繁多，难以尽述。

舞蹈艺术，舞蹈是以经过提炼加工的人体动作为主要表现手段，运用舞蹈语言、节奏、表情、构图等要素，塑造具有直观性和动态性的舞蹈形象，表达人们思想感情的一种艺术样式。舞蹈可分生活舞蹈、艺术舞蹈两大类。生活舞蹈是指与日常生活密切联系的一种舞蹈，简单易学，为自娱或社交，有广泛地群众性和普及性。生活舞蹈最为流行的交际舞蹈、习俗舞蹈、教育舞蹈等。

艺术舞蹈，指专业或业余舞蹈家通过艺术创作在舞台上表演的艺术作品。这类舞蹈需要较高的技艺水平、完整的艺术构思、鲜明的主题思想和栩栩如生的艺术形象。艺术舞蹈可分为古典舞与现代舞、民间舞与宫廷舞。尤引人注目的是我国各民族的民间舞和西方的芭蕾舞。我国民间舞可分为汉族民间舞和少数民族民间舞。西方芭蕾舞起源于意大利、形成于法国。古典芭蕾舞有严格的规范程式，舞蹈动作注意稳定性和外开性，脚尖鞋的运用、脚尖舞的技巧是与其他舞蹈的明显区别。芭蕾舞剧是以舞蹈为主要表现手段，将舞蹈、音乐、戏剧、美术等融合在一起，刻画人物性格，表现故事情节传达情感氛围。芭蕾舞剧有《天鹅湖》《睡美人》《罗密欧与朱丽叶》等。

表情艺术有三方面审美特征：抒情性与表现性统一，表演性与形象性统一，节奏性与韵律美统一。

1. 抒情性与表现性统一

抒情性是音乐、舞蹈的基本属性。中外论家多有精论。黑格尔认为："音乐是心情的艺术，它直接针对着心情。"音乐、舞蹈的抒情性来源于其内在的本质属性和特殊的表现手段，音乐中的有组织乐音、舞蹈中的人体动作都可以通过力度强弱、节奏快慢、幅度大小等形式，表现人反复多变、深刻细腻的内心情感。因此，我们才可感受到《二泉映月》的凄怆哀怨，《春江花月夜》的恬静纯美，《天鹅之死》的奋力拼搏，《罗密欧与朱丽叶》的无限深情。

音乐、舞蹈也具有表现性的审美特征，它们难于模拟再现客观对象，长于表现传达创作主体的情感情绪具有强烈的感染力和表现力。音乐更是擅长表现情感的艺术。李斯特认为，音乐是最崇高的艺术，"因为音乐是不假任何外力，直接沁人心脾的最纯的感情火焰；它是从口吸入的空气，它是生命血管中流淌着的血液。感情在音乐中独立存在，放射光芒"。贝多芬《英雄交响曲》正是通过果敢激昂的第一乐章、沉重缓慢的第二乐章、充满活力的第三乐章和辉煌崇高的第四乐章，通过同形同构的心理体验，使听众直觉联想到英雄的业绩、英雄葬礼、英雄精神和英雄凯旋。

2. 表演性与形象性统一

音乐、舞蹈都属于表演艺术。表演艺术是指通过演员舞台表演来完成的艺术形式，戏剧、戏曲、曲艺也属于表演艺术。表演艺术都应包括一度创作和二度创作两个过程，而且二度创作可以多次进行。因此，音乐形象、舞蹈形象的存在，都必然依赖于二度创作的表演。

形象性也是音乐艺术、舞蹈艺术的重要审美特征，但音乐形象、舞蹈形象又有各自特点。舞蹈形象主要是指以舞蹈动作、姿态、表情和造型所塑造的人物形象。民族舞剧《红楼梦》中陈爱莲成功塑造出林黛玉舞台形象，她运用古典舞的造型美、韵律感，吸收戏曲中圆场、水袖、碎步、指法、身段等表演技巧，表现林黛玉多愁善感的性格和痛哭悲愤的内心，成功展现宝黛这一对叛逆者的爱情悲剧。舞蹈形象都需要依靠动作姿态来实现，因此舞蹈形象总具有直观性、动态性和表情性等美学特征。

音乐形象的塑造同样需要演员的演奏演唱完成，因而音乐形象有很大的特殊性：它要求欣赏者充分调动审美感受力，用全部身心去体验、想象、和联想，在内心唤起情感形象，从而完成音乐形象的塑造。这也就形成几种关于音乐欣赏的理论：戏剧性欣赏理论、技术性欣赏理论、情感性欣赏理论。

3. 节奏性与韵律美统一

对于乐、舞而言，节奏可看作是表情艺术的生命。作为时间艺术的音乐，是靠乐音有规律的运动变化来构成艺术形象的。所以，音乐必须以节奏作为最核心的艺术表现手段。贝多芬钢琴奏鸣曲《黎明》，以明朗的曲调、清澈的音色，体现出音乐家对大自然的热爱、对生活的赞美、对光明幸福的向往。

舞蹈的节奏表现为人体的律动，即人体动作的力度强弱、速度快慢，动作幅度能量大小等，因而舞蹈节奏常体现为人体动作的韵律美。有舞蹈理论家认为，构成舞蹈的三要素的就是表情、节奏和构图。而"舞蹈节奏运动的进行是表现音乐内在灵魂的形象，舞蹈动作的延续、重复、变化始终伴随着节奏。"正是节奏将舞蹈音乐与舞蹈动作紧密联系起来，使之成为一个完美的舞蹈作品。

第六节　综合艺术

综合艺术是戏剧、戏曲、电影、电视等艺术的总称。它吸收其他各门艺术之长，获得多种艺术手段和表现方式，而形成独特的审美特征。它将时间艺术与空间艺术、视觉艺术与听觉艺术、再现艺术与表现艺术、造型艺术与表演艺术融汇统一，具有更强烈的艺术感染力。无疑综合艺术最基本的审美特征便是综合性，这种综合性体现为各种艺术元素一旦进入综合艺术，就具有自己崭新的意义，产生出一种新质。此外，紧张激烈的戏剧性冲突、真切感人的情感冲击力，也是综合艺术的共同特征。

一、综合艺术的分类

1. 戏剧艺术

广义的戏剧，包括话剧、戏曲、歌剧、舞剧及音乐剧；狭义的戏剧主要指话剧，此处着重讲话剧，在欧美普遍被称为戏剧。戏剧是在舞台上由演员以对话动作等表现手段，为观众当场表演的一门综合艺术。戏剧艺术作为二度创作的艺术，包括两个重要部分：作为舞台演出基础的戏剧文学和演员创造舞台形象的表演艺术。

戏剧艺术历史悠久种类繁多。按作品样式类型，戏剧艺术可分悲剧、喜剧、正剧三大类。悲剧常通过正义力量的毁灭、英雄的牺牲或主人公的苦难命运，显示出人的巨大精神力量和伟大人格，鲁迅说："悲剧将人生有价值的东西毁灭给人看。"黑格尔认为，悲剧的根源和基础是两种有片面合理性的伦理力量的不可调和的冲突。古希腊的"命运悲剧"（《俄狄浦斯王》）、文艺复兴时期的"性格悲剧"（《哈姆雷特》）、近现代的"社会悲剧"（《玩偶之家》），都可用这种理论解释。总之，以上各种悲剧，可以说都是人在与命运、性格、环境冲突中的挣扎，可谓挣扎的悲剧。

此外，戏剧还有自身独具的特征：戏剧性和剧场性。戏剧性就是，戏剧艺术通过演员扮演的角色之间的冲突来展开剧情、刻画人物，以吸引观众，实现其艺术效果和审美作用的特性。构成戏剧性的中心环节是戏剧动作和戏剧冲突，或行动中的人物的冲突。曹禺的《雷雨》以周朴园一家错综复杂的人物关系和人物之间的矛盾来揭开戏剧冲突，戏剧情节曲折、矛盾冲突剧烈，有很强的戏剧性。剧场性是指戏剧艺术效果的实现离不开演员的舞台表演、观众的剧场欣赏等发生在剧场的多向审美活动。一定程度上演员的舞台表演决定着戏剧艺术的成败。

2. 电影艺术

电影是现代科技与艺术相结合的产物。电影艺术是通过画面、声音和蒙太奇等电影语言，在银幕上创造出感性直观的形象，再现和表现生活的一门艺术。1895年12月28日法国卢米埃尔兄弟播出短片《火车进站》《水浇园丁》，标志电影艺术的诞生。1905年我国拍出第一部影片《定军山》。电影的样式可分为故事片、纪录片、科教片、美术片四大类。

电影始终是一门与现代科技紧密接合的艺术。电影艺术的三次变革都与科技发展密切相关。第一次变革是从无声到有声；1927年美国《爵士歌王》拍成，标志有声电影的诞生；我国第一部有声影片是1931年的《歌女红牡丹》。第二次变革是从黑白到彩色；1935年美国影片《浮华世界》是第一部彩色电影，1948年中国第一部彩色电影《生死恨》诞生。第三次变革发生在20世纪末至今，电影正大踏步进入高科技时代，计算机三维动画、数字技术、多媒体技术和虚拟现实技术大量应用于电影领域，极大增强电影的想象力和逼真性。

电影艺术的综合性分为三层次：一是各门艺术的综合；二是科学与艺术的综合；三是美学层次上的综合。简而言之，电影艺术将视觉艺术与听觉艺术、时间艺术与空间艺术、纪实艺术与表演艺术、再现艺术与表现艺术有机综合在一起。特别是电影艺术综合吸收各门艺术的长处和特点，极大地丰富了自己的艺术表现力。

电影艺术的特性，体现在运动着的画面声音及完成画面声音组合的蒙太奇之中。这样，电影艺术的语言主要是画面、声音和蒙太奇。蒙太奇原为建筑学术语意为装配、组合、构成，电影艺术中主要指画面镜头和声音的组织结构方式。蒙太奇的完整概念包括三层含义：一是，技术层面是指剪辑；二是，艺术层面是指电影的基本结构手段和叙事方式；三是，美学层面是指电影艺术的思维方式和创作方法。

二、综合艺术的审美特征

综合艺术的审美特征主要表现在以下几点：一是，综合性与独特性；二是，情节性与主人公；三是，文学性与表演性。

1. 综合性与独特性

综合艺术的综合性体现在两个层次上。首先，从艺术学层次讲，戏剧、戏曲、电影等综合艺术，吸收各门艺术中的多种元素，将它们有机融入自己的表现手段中，大大丰富自己的艺术表现力。其次，从美学层次上看，各门综合艺术在前一层次的基础上实现了美学层次的高度综合，使之能将视听、时空、动静、再现表现集于一身，而具有巨大的综合表现能力。

综合艺术的独特性是各种艺术之间更深刻的差异和区别。如同样是戏剧，因为文化背景的巨大差异，中西方戏剧的内涵与特征明显不同。话剧注重写实，戏曲注重写意；因而二者在表演艺术上也有巨大区别，话剧重视体验，戏曲重视表现。总体二者可借鉴互补。

2. 情节性与主人公

戏剧、戏曲、电影等综合艺术基本属于叙事艺术，都需要具有故事情节，并以矛盾冲突为情节发展的主要线索，塑造出具有典型意义的人物形象。

叙事艺术都离不开情节。而情节核心是事件和人物。总体而言，综合艺术的情节结构方式大致分戏剧性情节和非戏剧性情节。戏剧性情节是指按戏剧冲突律法结构情节，常具有激烈冲突、曲折的故事，运用巧合悬念等艺术技巧，情节结构上有开端、发展、高潮、结局。而非戏剧性情节，则更多采用心理结构、情绪结构等方式，注重发掘人物内心的情感冲突，故事情节更接近生活事件本身。主人公，指戏剧、戏曲、电影中的主要人物，他是戏剧、电影作品中国集中刻画的人物形象，是作品内容的中心，是矛盾冲突主体，是情节展开的依据。

3. 文学性与表演性

戏剧、戏曲、电影等综合艺术，都必须经过二度创作，才能产生舞台形象或荧幕形象，而为广大观众接受。这些综合艺术一度创作的核心是文学剧本，二度创作的核心是表演艺术。因此，戏剧、戏曲、电影等综合艺术还具有文学性与表演性的审美特质。

文学性是综合艺术的基础。戏剧、戏曲、电影作品的创作，首先是从编写文学剧本开始的，进而导演演员等才能进行二度创作，将其展现在舞台或银幕上。表演性是综合艺术的中心环节。戏剧、戏曲、电影都属于表演艺术，表演性是它们的最突出的审美特质。表演艺术的核心是解决演员与角色之间的矛盾，表演艺术的关键是掌握好"体验角色"与"体现角色"这对矛盾。总之，文学性作为综合艺术的基础，表演性作为综合艺术的中心环节，二者都具有重要的地位作用。

第七节　艺术系统

马克思的艺术生产理论认为，应把艺术创作、艺术作品、艺术鉴赏作为艺术生产的动态过程来整体研究，把这三个独立环节作为完整的艺术系统进行综合研究。这样，才能深入理解复杂纷纭的艺术实践过程的本质规律。

艺术生产理论认为，艺术价值的产生实现，须经艺术生产的全过程：艺术创作、艺术作品、艺术鉴赏这三个环节。艺术创作过程是艺术价值的生产阶段，是创作主客体相互作用的产物；艺术作品是艺术生产的成果或产品，其价值在于满足人们的审美需要；艺术鉴赏则是艺术价值的消费阶段，是鉴赏主客体相互作用的结果。总之，艺术作品的审美价值只有经过这两个过程（艺术创作和艺术鉴赏）或两个阶段（"生产"与"消费"），才能最终产生和实现。

因此，艺术生产作为一种特殊精神生产，应包括艺术创作、艺术作品、艺术鉴赏三个彼此独立又相互联系的环节，而共同组成一个完整有机的艺术系统。艺术学的核心内容，就是研究三者各自规律和其间的辩证关系。本节从整体系统的角度来分析艺术生产全过程。

一、艺术创作

（一）艺术创作主体——艺术家

在艺术生产中，艺术家是艺术品的生产者和创造者，是艺术生产中最首要、最活跃的因素。

艺术家是艺术生产中的创造者，应当具备艺术天赋和艺术才能，掌握专门的艺术技能，具有丰富情感和艺术修养，通过自己的创造性劳动来满足人们特殊精神需要即审美需要。

作为艺术创作的主体，艺术家还与社会生活有着紧密联系。大体而言，一方面社会生活是艺术创作的源泉和基础，因而艺术家对社会生活的观察和体验就非常重要。这就是王国维的"诗人创作须入乎其内"的意思。另一方面，艺术家作为艺术创作主体，总属于一定民族和时代，而与社会生活有着千丝万缕地联系。他不仅要深入生活体验生活，而且要思考生活、评价生活，表明自己爱憎分明的立场态度，从主观方面折射、体现社会生活。列夫·托尔斯泰对《安娜·卡列尼娜》中人物形象、作品主题的揣摩锤炼，正是作家深入生活、思考生活、评价生活的艰辛过程；最终，他将安娜形象由一个"浪荡女子"升华为一个疾伪如仇、追求真爱的富于个性解放色彩的新女性。

（二）艺术创作过程

艺术创作活动是人类特有的一种高级复杂的精神活动与实践活动。它是指艺术家在创作欲望驱动下，运用一定艺术语言和艺术技法，通过艺术创造加工，将自己的生活体验、思想感情转化为具体、生动、可感的艺术形象，将自己的审美意识物态化为艺术作品。总上，艺术创作过程可分为艺术体验活动、艺术构思活动、艺术传达活动三个阶段。这与郑板桥的"眼中之竹""胸中之竹""手中之竹"的画竹三进阶是内在一致的。

这里着重把握艺术构思活动。艺术构思是十分复杂的精神活动，也是一项艰苦的脑力劳动，是艺术家在深入观察体验生活基础上，加以选择加工提炼组合，并融入艺术家的想象、情感多种心理因素，形成主体与客体统一、现象与本质统一、感性与理性统一的审美意象。简言之，艺术构思活动就是在艺术家头脑中形成主客体统一的审美意象。在艺术构思过程中，形象思维贯穿始终，而灵感思维和抽象思维也起很大作用。

艺术构思中多种审美心理因素都发挥着积极作用。其中，想象和情感具有特别重要的地位作用。中外美学家理论家一贯重视这点。黑格尔强调说："最杰出的艺术本领就是想象"；别林斯基认为，形象思维的中心环节就是艺术家的想象活动。因为，想象是在原来生活基础上创造新形象的能力。艺术家可凭借想象创造出源于生活而高于生活的艺术世界，创造出艺术家未曾亲历过的事件、未曾接触过的人物。从原创性来说，想象就是无中生有、从无到有的审美形象的创造过程。此外，情感也是十分重要、贯穿始终的心理因素。若说想象是艺术构思的核心，情感则是艺术构思的动力。在艺术构思活动中，尽管有感知、理解、联想等多种心理因素，但它们都是在情感渗透和影响下发挥作用，只有在艺术家炽烈情感浇灌下，才能形成审美意象完成艺术构思。苏联舞剧编导扎哈罗敷说："舞蹈从何而来，这是思想和所产生的感情，通过富有表现力的特定动作、手势和姿态的表现。"

（三）形象思维、抽象思维和灵感思维

从心理学角度看，艺术创作是艺术家在创造审美意象总体目标引导下，充分调动其多种心理因素的复杂紧张的心理活动过程。其中有三种思维形态：形象思维、抽象思维和灵感思维。

形象思维与抽象思维有很大不同。抽象思维是运用一定的概念进行判

断、推理和论证的思维形式；主要用于社会科学、自然科学等领域，侧重于理论研究与逻辑推理；在艺术创作与艺术欣赏的形象思维中也伴随着抽象思维。形象思维则是运用一定形象来感知、把握、认识事物，也就是通过具体感性的形象来达到对事物本质规律认识的思维形式。形象思维有三个基本特点：一是形象思维过程中始终离不开感性形象；二是形象思维过程不依靠逻辑推理，而始终依靠想象、情感等多种心理活动；三是形象思维具有整体性特点。

灵感思维，是指在创造活动中，人大脑皮层高度兴奋时的一种特殊心理状态和思维形式，它是在一定的抽象思维或形象思维基础上，突如其来的产生出新概念或新意象的顿悟式思维形式。其实质是"长期思索，偶然得之。"在科学、艺术等创造性活动中，都客观存在着这种灵感思维。西晋文学家陆机《文赋》就形象论述过灵感思维："方天机之骏利，夫何纷而不理？思风发于胸臆，言泉流于唇齿。纷葳蕤以馺遝，唯毫素之所拟。文徽徽以溢目，音泠泠而盈耳。"这就是说，文学创作中灵感思维能帮助作家创造出生动鲜活的崭新审美意象。

二、艺术作品

艺术作品是艺术生产的成果或产品，它是艺术家运用一定的物质媒介和艺术语言，通过艺术构思艺术创作，将头脑中形成的审美意象物态化，创造出审美鉴赏对象。

任何艺术作品都是一个有机整体，可分为不同的结构层次。借鉴现象学家英加登的文学作品结构理论，可将艺术作品理解为三个层面：第一层艺术语言，第二层艺术形象，第三层艺术意蕴。

（一）艺术语言

艺术语言，是指任何艺术都有自己独特的表现方式和手段，运用独特的物质媒介进行艺术创作，从而使得这门艺术具有独特的美学特性和艺术特征。这种独特的表现方式和手段，就是艺术语言。各门艺术语言不但是创造艺术形象的表现手段，而且本身就有审美价值。当面对印象派画家莫奈《青蛙塘》时，首先注意的是作品独特的线条、色彩、构图。莫奈使用富有节奏感的笔触表现水面的光纹，从而表现出波光特有的浮光跃金、动荡闪烁的美感。构图上，画家把水中游艇精心设计成放射状，加上小桥向画外延伸的线条，像拓宽水上乐园的面积。这种独特的线条、色彩、构图等艺术语言，为这幅画作独增魅力。而艺术语言更重要的作用是创造艺术形象。中国画常运用笔墨语言创造含蓄别致的艺术形象。齐白石的名画《虾》，主要运用淡墨，层次多变，清丽透明，生动表现出虾在水中浮游的动势，以及虾外硬内柔、透明如玉的灵秀身躯。

(二)艺术形象

艺术形象是艺术作品的第二个层次，也是艺术作品的核心层次。艺术形象可分为视觉形象、听觉形象、综合形象与文学形象。它们既有共性又有各自特性。

视觉形象，指由人的眼睛直接感受到艺术形象，视觉形象的构成材料是空间性的。五代画家顾闳中《韩熙载夜宴图》共分五段："听乐""赏舞""休息""清吹""散宴"，主人韩熙载出现五次但始终闷闷不乐，巧妙传达出韩熙载面对南唐朝廷江河日下、朝政日非现状的悲观绝望。这可谓是一幅以形传神的绘画杰作。

听觉形象，指由人的耳朵直接感受到的艺术形象，听觉形象的构成材料是时间性的。听觉形象主要指音乐作品中的艺术形象。肖邦钢琴曲《一分钟圆舞曲》据说，描写一只爱咬自己尾巴急速打转玩耍的小狗，但包含的音乐形象十分丰富，不仅具有小狗嬉戏的外在形象，还包含温文尔雅的内在表情。圆舞曲旋律清新爽朗、沁人心脾，通过这独妙旋律将音乐中活泼美好的艺术形象极其丰富细腻的情感内涵自然呈现出来。

(三)艺术意蕴

优秀艺术作品还有第三个层次，即艺术意蕴。艺术意蕴，是深藏于艺术作品中的内在含义或意味，具有多义性、模糊性和朦胧性，体现为一种哲理、诗情和神韵，只可意会不可言传，需要欣赏者全身心灵反复深入地探究体悟，它是文艺作品具有不朽魅力的根本原因。

艺术意蕴的具体内涵可从以下方面来把握。第一，艺术意蕴，一定意义上指，艺术作品蕴藏的文化含义和人文精神。中国画的梅兰竹菊被称为"四君子"，就因为梅的冰肌玉骨、兰的清雅幽香、竹的虚心坚毅、菊的傲霜斗雪，具有深刻的约定俗成的文化寓意。第二，艺术意蕴，指艺术作品应在有限中体现出无限，在偶然中蕴含着必然，在个别中包含着普遍。优秀艺术作品总通过生动感人的艺术形象传达深刻的人生哲理和思想内涵。徐悲鸿作于抗日战争期间的画作《风雨鸡鸣》，通过成功刻画渲染一只公鸡形象，有力表达了对亿万身处民族危难中仍然脚踏实地、执着奋斗的民族英雄们的崇高礼赞和由衷敬意。作品深层意蕴具有多义性和模糊性。意大利米开朗琪罗的雕塑组曲《晨》《昏》《昼》《夜》，人们对其艺术意蕴至今众说纷纭。有人联系到他的一首诗："睡眠是甜蜜的，成为顽石是幸福的。只要世上还有罪恶与耻辱，不见不闻，无知无觉，于我是最大的满足。不要惊醒我。"可见，这组群雕蕴含着艺术家对人生历史社会的无限深思。第三，艺术意蕴，有时超越由艺术形象体现的主题思想，昭示着一种形而上学意味。人们对歌德诗剧《浮士德》的丰富内蕴把握不一、见仁见智，但最后都以不同方式与作品蕴含的形而上学意味联系起来。

三、艺术鉴赏

（一）艺术鉴赏的一般规律

艺术鉴赏，是指读者、观众、听众凭借艺术作品展开的一种积极、主动的审美再创造活动。艺术鉴赏是艺术生产一轮循环的完成，也是艺术价值的必要且重要实现途径。这审美再创造特性体现在三方面：一艺术家创作的艺术作品，必须通过鉴赏主体的审美再创造活动才能实现其社会意义和审美价值。二鉴赏主体在这一过程中并非被动消极接受，而是积极主动地进行审美再创造。这就是"一千个读者就有一千个哈姆雷特"谚语的主要含义。三从美学意义看，艺术鉴赏也是人类主体本质力量在审美活动的自我实现和自我肯定。如果说成功的艺术创作是艺术家的本质力量在艺术创造过程中的高度对象化，那么成功的艺术鉴赏是欣赏者的本质力量在艺术欣赏过程中的高度对象化。可见，成功的艺术鉴赏给欣赏者带来的不仅有情感愉悦，还有深层次的价值肯定和精神实现。

要成功进行艺术鉴赏，欣赏者必须自觉提高自己艺术修养和艺术鉴赏力。其具体方法体现在以下方面：第一，艺术鉴赏力的培养提高，离不开大量鉴赏优秀作品的实践经验。刘勰说："凡操千曲而后晓声，观千剑而后识器，"就是强调这一点。第二，艺术鉴赏力的培养提高，离不开熟悉掌握艺术的基本知识和规律。朱光潜说："不通一艺莫谈艺。"第三，艺术鉴赏力的培养提高，离不开一定历史文化知识。若要对王羲之的书法作品独得心解，就必须全面具体了解魏晋时代的政治状况、历史面目、思想潮流等，对"智慧兼深情"的魏晋风度产生同情，进而体贴艺术家独特的个人精神情怀，才能真切领悟其"矫若惊龙，飘若浮云"书法作品的深层意蕴。第四，艺术鉴赏力的培养提高，离不开相应的生活经验与人生阅历。鲁迅直到亲历了亲友屡遭残害的悲痛后，才恍然大悟西晋向秀《闻笛赋》为何刚开头就煞尾的无奈与悲愤。第五，美育与艺术教育在培养提高艺术鉴赏力方面，具有特别重要的地位作用。因为美育对于健全人的审美心理结构具有重要作用，从而在深层次上利于提高艺术鉴赏力。

（二）艺术鉴赏的审美过程

由于艺术鉴赏的审美心理活动是一个动态的完整的过程。这使得艺术鉴赏的审美过程一定程度上具有阶段性与层次性。一艺术鉴赏中的审美直觉；

二艺术鉴赏中的审美体验；三艺术鉴赏中的审美升华。

1. 艺术鉴赏中的审美直觉

审美直觉，是指人们在审美活动或艺术鉴赏中，对审美对象的一种不假思索而即刻把握与领悟的能力。审美直觉使人刹那暂时忘却一切，聚精会神的观赏她，全身心沉浸在愉悦中。中国艺术家将这种审美与艺术活动中的直觉性，称为"即目会心""目击道存"。

这种直觉性的具体含义，就是直观性和直接性。直观性要求鉴赏主体必须亲身参与、直接感受，亲身去看、去听才会感受到震撼心灵的艺术魅力。画家德拉克洛瓦说："当席里柯画他的《梅杜萨之筏》时，允许我去看他工作，它给我这样强大的印象，当我走出画室后，我像疯人一样的跑回家，一步不停直到我到家为止。"德拉克洛瓦正是从亲身参观他人作画中汲取了创作激情。

在审美直觉中，还存在一种特殊现象：通感。通感指在审美活动或艺术鉴赏中，各种感觉相互渗透挪移，从而大大丰富扩展审美感受。苏轼评论王维的诗画说："味摩诘之诗，诗中有画；味摩诘之画，画中有诗。"这就是从其诗中看到生动的形象和如画的意境，从画中感到诗歌的节奏和浓郁的诗情。这种通感深化拓展了苏轼对王维诗画的内蕴意境的理解体悟。

2. 艺术鉴赏中的审美体验

审美体验，作为整个审美活动的中心环节，是指鉴赏主体在审美直觉基础上，到达艺术审美活动的高潮阶段，调动再创造的想象与联想，激起丰富的情感，设身处地生活到艺术作品中，获得心灵的审美愉悦，把外在的作品中的艺术形象转化为鉴赏者本身的生命活动。若说审美直觉阶段主要是艺术作品作用于鉴赏主体，整个心理活动处于被动状态，体现为感性直观的审美感受，那么审美体验阶段则主要是鉴赏主体反作用于艺术作品，整个心理活动处于主动状态，体现为积极的审美再创造活动。美国心理学家马斯洛认为，"高峰体验"是人在自我实现的过程中产生的最激荡人心的时刻，它使人如痴如醉、销魂落魄，"这些美好的瞬间体验来自爱情，和异性结合，来自审美感受（特别是音乐），来自创造冲动和创造激情（伟大的灵感），来自意义重大的领悟和发现……"。马斯洛指出这种"高峰体验"最容易发生在艺术和审美领域。艺术鉴赏活动中，审美体验越丰富深刻，心灵受到的震撼越强烈深沉，鉴赏者就越能获得更高级的审美愉悦。

在艺术鉴赏的审美体验阶段，想象、联想、情感等多种心理因素异常活跃，整个心理活动始终处于积极主动状态。但这还不是艺术鉴赏的最高阶段。艺术鉴赏的最高阶段是审美境界的升华阶段。

3. 艺术鉴赏中的审美升华

审美升华是指，鉴赏主体在审美直觉和审美体验的基础上达到一种精神的自由境界，通过艺术鉴赏的审美再创造活动，在艺术作品和艺术形象中直观自身，实现本质力量的对象化。宗白华论艺术境界时说："从直观感相的摹写，活跃生命的传达，到最高灵境的启示，可以有三层次。"

在艺术鉴赏时，审美直觉和审美体验常集中欣赏作品的艺术语言和艺术形象，而到了审美升华才更加集中欣赏作品的内在意蕴，使艺术鉴赏的感性直观达到理性升华。这种审美升华主要体现为顿悟、共鸣两种心理形态。顿悟，是审美升华阶段时常发生的现象。鉴赏主体在这刻将自己心灵完全沉浸在艺术境界中，在一刹那获得顿悟，从艺术的体验世界上升到艺术的超验世界，对作品达到形而上的理解，审美感受得到理性升华。共鸣是指在艺术鉴赏过程中，鉴赏主体在审美直觉和审美体验的基础上，深深被艺术作品所感动、所吸引，以至于达到忘我境界，进而鉴赏主体与艺术形象的契合一致、身与物化。《琵琶行》中抒情主人公从琵琶女的哀婉幽怨的琵琶演奏中找到寄托、受到感染，不觉中"江州司马青衫湿"，不觉中与琵琶女产生"同是天涯沦落人，相逢何必曾相识"的共鸣与感慨。

总之，艺术鉴赏活动是一个动荡纷纭的审美过程。审美过程中产生的实际问题，远比这粗疏的三阶段划分更复杂多变。我们只有全身心投入到艺术世界中，充分打开五官感觉和心灵之窗与艺术形象对话，与蕴含在艺术作品中的蓬勃世界对话，与艺术作品背后的艺术家对话，才能获得最深沉丰厚的审美愉悦和璀璨壮丽的精神升华。

思考题

1. 关于艺术的本质观点有哪些？
2. 艺术的特征有哪些？
3. 艺术种类有哪些？
4. 艺术鉴赏的一般规律有哪些？

参考文献

1.《美学讲演集》，北京，北京师范大学出版社，1981。

2.《今道友信.关于"美"》，哈尔滨，黑龙江人民出版社，1983。

3. 托马斯·门罗：《走向科学的美学》，北京，中国文联出版公司，1984。

4. 阿恩海姆：《艺术心理学新论》，北京，商务印书馆，1994。

5. 苏珊·朗格：《情感与形式》，北京，中国社会科学出版社，1986。

6. 苏珊·朗格：《艺术问题》，北京，中国社会科学出版社，1983。

7. 桑塔耶纳：《美感》，北京，中国社会科学出版社，1982。

8. 杜夫海纳：《美学与哲学》，北京，中国社会科学出版社，1985。

9. 阿恩海姆：《艺术与视知觉》，北京，中国社会科学出版社，1984。

10. 斯托洛维奇：《审美价值的本质》，北京，中国社会科学出版社，1984。

11. 李泽厚：《美学四讲》，北京，生活·读书·新知三联书店，1989。

12. 王朝闻：《审美谈》，北京，人民出版社，1984。

13. 黑格尔：《美学》(全三卷)，北京，商务印书馆，2008。

14. 康德：《判断力批判(上、下)》，北京，商务印书馆，1985。

第七章　历史学

　　史，这个词汇早在甲骨文时代就已经产生了，象形的是判事的巫师或者判事的吏员，《说文》诠释道："史，记事者也，从又，执中，中正也。"。所以，在中国古代，"史"与"事、吏"的词义是相通的，带有伦理学（含自然伦理原则和社会伦理原则）的价值判断含义。在马克思主义历史学诞生之前，一般从广义上来界定历史学，即对史学的定义与对历史的定义往往是同一的，很少有人对两者进行严格的概念上的区分。英语中"历史学"和"历史"是同一个词：History。根据第四版《牛津高阶英汉双解词典》，History 第一义项即指"历史学"，即对过去事件的研究；第二义项才是"历史"，即过去的事件，尤指从整体意义上来认识的过去事件；第三义项实际上是从第一义项中引申出来的，即对过去事件的系统叙述。可见，"历史学"和"历史"是其本义。在西方历史学家对历史学的定义或解说中，History 具体所指为何，一般应视具体的文本语境而定。

　　历史学是人类对自己的历史材料进行筛选和组合的知识形式。历史学是个静态时间中的动态空间概念。历史学是由历史、科学、哲学、人性学及其时间空间五部分有机组合而成。

第一节　历史学的意蕴和研究对象

一、历史认识的发展

　　中西方对史学的认识所经历的过程基本相同。中国古代的"史学"概念亦从对"史"的认识发展而来，或者说它最初也包含在"史"中。据瞿林东先生的研究，中国古代"史"的含义经历了史官、史书、史事、史学的发展过程。

　　古代史学形成概况：历史学最早产生于春秋战国，孔子就已经开始历史学教育，创作《春秋》著作。到汉朝司马迁父子建立更加完善的历史学体系和创作形式，历史学已经开始成为官方研究重点。东汉的班固就是在专门保存书籍的兰台（御史台）修史，开始官方对史学的控制，禁止私人修史。随着封建民主制度发展，到晋朝不仅设立官方专业的著作省，也有了专门负责著作、修史的高级官员，同时允许民间修史。官史和私史并存，体现官方立场和人民立场的史学观也逐渐形成。后世通常把官方和民间都认可的相对客观、准确的历史著作作为正史，代表官方史学。

史学名词可能始出于东晋十六国时期的后赵石勒称王之年——东晋大兴二年（319 年）。在当时和其后一个半世纪间，并未对它的内涵做出明确的解说。但是，史学摆脱对经学的依附地位，并与传统的经、律两学鼎足而立，成为官学中一个完全独立的部门，这在中国古代史学发展上还是极具重要意义的。后来它有了编纂学、文献学的内容；至清代乾嘉时期，人们又赋予了史学以历史叙述技巧和历史认识方法等内容。

要而言之，在中国古代，人们对史学概念的解说所达到的最高认识水平是：史学是一门关于如何认识、叙述或编纂过去的事件的专门性、技艺性的学问。这种认识与西方近代历史学家"历史学是艺术"的界说有异曲同工之妙。在中国古代史学发展史上，作为人类过往社会客观存在的"历史"与作为一种专门性学问的人们对它进行认识、描述的活动及其结果的"史学"，最后实现了初步的分离。这是古代历史学家经过数千年探索的结果，亦是他们在史学认识上的最大成就之一。

近代以来正因"史学"从"史"的硬壳中脱胎而来，所以，尽管在当代历史学家看来，"历史"与"历史学"是两个内涵和本质均不相同的概念，对于它们各自是什么的回答分属于不同的本体论范畴，但是当人们定义它们时，它们就像是一个双面怪——两者交互使用、互相纠结在一起。正如"易"因背出分训、并行分训和同时合训而"一名而含三义"——"所谓易（简易）也，变易也，不易也"——"史"因一字多意同时合用亦总有二义，这种情况在近代依然顽固地维持着。

因此，近人对史学的定义，并不比古人高明多少，亦往往不能彻底分割克丽欧女神的双面性。当定义"史者何"或"历史何谓"的时候，实际上不是在确定"历史"的定义，而是在确定"史学"的定义；有时则同时合训而兼具两义。如果从历史本体论角度来分析，难免会把他们的定义当作是从观念形态上来界说"历史"概念，从而得出他们的历史观本质上属于唯心主义历史观的结论。如果从他们解说的实际内容和文本的整体语境来分析，则不难看出，他们正是从狭义上确定了史学的内涵。例如，近代国学大师、"新史学"革命首倡者梁启超，在《中国历史研究法》一书中，就开宗明义地写道："史者何？记述人类社会赓续活动之体相，校其总成绩，求得其因果关系，以为现代一般人活动之资鉴者也。"这里的"史"，很明显是指"史学"；而且，《中国历史研究法》一书所阐述的内容，亦是如何研究历史的方法问题，而不是论述历史是什么的问题。当然，多数史家则采用传统的同时合训的方法。例如，杜维运说："一般来讲，所谓历史，不外是以往实际发生的事件（简言之为往事），或者是以往实际发生的事件的记录（往事的记录）"。

二、现代"历史学"的定义

广义的"历史学"是对"史"进行同时合训而产生的"史有二义"的统一体，包括：完全独立于人们的意识之外的人类过往社会的客观存在及其发展过程；历史学家对这种客观存在和过程及其规律的描述和探索的精神生产实践及其创造出来的产品。狭义上的史学专指后者。历史狭义上的史学是一种精神生产实践及其创造的属于观念形态的东西的统一体。历史学就其性质而言，因历史学家们考察的角度和出发点的不同，解释也有所不同。主要有"活动"说、"学问"或"学术"说、"知识体系"说、"科学"说、"艺术"说和"一半是科学，一半是艺术"说、"整合"说等不同的界定。

1. "活动"说

瞿林东先生在《中国史学史纲》一书中说："关于人类社会历史的认识、记载与撰述的综合活动，这便是史学"。瞿先生的定义，与他这本书的内容是相适应的。因为史学在中国古代，主要是以附属于政治活动的一种文化积累活动的形式存在的，史官和史馆制度充分证明了这一点。史学虽然在东晋十六国时期开始成为一门专门的学问，中国古代史学发展过程中虽然亦不乏私人撰史行为，但兼具文化活动和政治活动而主要作为政治活动的一种表现形式的"综合活动"特性，并没有改变。

2. "学问"说

吴泽先生在其主编的《史学概论》一书"绪论"中，给史学确定的定义是："史学是研究人类社会的发展过程及其规律的学问"。

3. "半科学，半艺术"说

这种说法的由来比较复杂。历史学究竟是一门科学还是一门艺术，或是两者兼而有之，在西方史学史上，这一争论可以追溯到 2 世纪古罗马帝国。第一个对这个问题进行辨析的，是当时的修辞学家、讽刺散文作家希腊裔罗马人卢基阿努斯。卢基阿努斯以传统对话体写过约 80 篇杂论，内容涉及文学艺术、哲学、修辞学、宗教等命题，其中有一篇史学评论专论《论撰史》，"可以定位为西方史学史上第一篇史学理论专论"。

卢基阿努斯关于"诗与史"、"实用的历史"与"欣赏的历史"之间异同关系的辨析，开启了后世历史学家关于历史学是一门科学还是一门艺术的论争之门。近代西方无论是客观主义历史学家提出的历史学是一门"如实直书"的实证科学，"历史学是科学，不多也不少"，还是相对主义历史学家提出的历史学是一门艺术，"历史学一半是科学，一半是艺术"等表述形式不尽相同的史学本体认识，就其关于治史原则、史学本质的认识，以及讨论的题域、思考的路径而言，其实均未超出卢基阿努斯所达到的认识水平和划定的疆界。

在当代中国史学理论界，史学理论工作者们接过了卢基阿努斯的问题。坚持历史学是一门科学的历史学家，一方面沿着卢基阿努斯开辟的认识路径，从历史学与文学的区别中把真实性确定为历史学的本质特性之一；另一方面，沿着马克思和恩格斯开辟的辩证的、历史的和唯物的认识路径，从历史本体论和史学本体论的高度，深刻阐述了历史学研究对象的客观实在性，从而为历史学打下了坚实的基础。另一些持相对主义甚至折中主义史学观的历史学家，同样延续了卢基阿努斯的认识路径，所不同的只是把已经被卢氏排除在外的"无疑是外加的东西"又偷运到历史学本质特性的内容之中，使之成为内涵于历史学本质的东西，然后以此为据，重弹了实质上是"一半……一半"的老调。何兆武先生的历史学是一门"既是科学又非科学的超科学"人文学科之说，可以看作是"一半……一半"说的当代中国版。

20世纪80年代末，何兆武先生提出了著名的"历史研究中的假问题"命题，认为"要使历史科学现代化"，"历史学界应该对过去一切似是而非的假问题进行重新批判并做出一番澄清"。此论在中国历史学界产生了相当的影响。第一个被他当作"假问题"来澄清的，是中国封建社会长期停滞性问题。

90年代，这种澄清工作很快就溯源到了历史学本体论和历史本体论的范畴领域，把"历史学是科学吗？"作为一个准"假问题"——何先生没有直接认定它是一个"假问题"，而只是认为它是"唯科学观点"的一种表现，故用准"假问题"来称之——来清理。从他发表的一些文章中，如《对历史学的若干反思》《历史学两重性片论》《历史两重性片论》《历史学家、历史学和历史》，以及被他收入自己的"学术文化随笔"集中的《〈历史与历史学〉自序》，等等，不难发现他的历史学作为一门人文学科是"超科学"之说："人们对历史的研究和认识则构成为历史学。"

综观何先生的有关论述，不妨概括为：历史学是以思想史为其中最本质、最核心的部分，由人们对历史的研究、认识和体验所构成，一门兼具科学、哲学、艺术而又非科学、非哲学、非艺术，不是实证的人文学科。

这种史学解说，实际上是新卢基阿努斯之辨，不同于卢氏的是，何先生把卢氏的"实用的历史"和"欣赏的历史"用折中主义的手法捏合在了一起，使历史学改性成了一个两性人。或者说，通过变性手术，历史学从20世纪末的科学时代又返回到了它的素朴的不定性的童真时代。

按照何兆武先生的相关论述，历史学的这种既是又非的两重性，根源于历史的两重性。所谓"历史具有其两重性的论点，即作为自然人，人的历史是服从自然和必然的规律的，但作为自由和自律的人，他又是自己历史的主人，是由他自己来决定自己的取向的。"

这样，通常所理解的历史定义的一般内涵——人类社会的客观进程——就被大大化约为人的历史，不仅"类"没有了，而且"社会"的内涵也被抽掉了。无论是所谓历史的两重性，还是所谓历史学的两重性，其实都根源于个体属性意义上的"人"的两重性。在解说历史学是什么时，何先生又过于强调已经被他完全个体化了的"人"的"自由和自律"性；在探讨历史学的特性时，则把人文学科所具有的一般特性等同于历史学的特性。"原来这就是痛哭流涕的原因！"

4. "科学"说

1902 年，英国实证主义历史学家、剑桥历史学派重要代表人物柏里（John Bagnell Bury，1861—1927 年。又译柏雷、布瑞）继阿克顿爵士（Sir John Emerich Edward Dalberg Acton，1834—1902 年）任剑桥大学近代史讲座钦定教授，在就职演说《历史科学》中，以如下一句话语作为结束："历史学是一门科学，不多也不少。"这是历史学家们探讨历史学是什么的问题时引证得较多的一句名言。在当代中国历史学界，"科学"大致有三种代表性意见：一般"科学"说；"具有特殊性、综合性、整体性、真实性的具体的和实证的科学"说；"整合学"说。

一般"科学"说是最普遍的对史学的定义的确定。例如，1999 年出版的新版《辞海》"史学"条："亦称'历史学'。社会科学的一个部门。研究和阐述人类社会发展的具体过程及其规律性的科学。"又如，吴著《史学概论》一书"前言"中确定的史学的定义："史学是一门反思的科学，是对各种具体历史研究及其内在规律的探索的科学。"

李振宏先生在《历史学的理论与方法》一书中辟专章，从"历史学是科学的根据"、"历史科学的特性和任务"以及历史科学的研究对象等方面，探讨科学的历史学是什么及其与一般历史学的根本区别问题。根据他的论述，历史学可区分为两种：一是马克思主义历史学产生之前的一般历史学，它还不成其为科学，充其量不过是描述和研究人类过往社会客观存在及其过程的一种专门的知识体系；二是马克思主义历史学，它是迄今为止唯一科学的历史学，一门具有特殊性、综合性、整体性和真实性等显著且重要特征的具体的和实证的科学。

与以往大多数历史学家不同的是，李振宏从研究的对象、任务和特性三个方面，正确地区分了历史科学与哲学特别是马克思主义的历史唯物主义哲学、一般社会科学、文学等学科之间的不同，从而为历史科学确定了客观实在的特殊研究对象，规定出了其所应承担的特殊任务。大多数历史学家给出的关于史学或历史科学的定义，总是混淆历史科学与历史唯物主义哲学研究的对象和任务。例如，后于李著出版的、比较全面系统地反映新时期中国史学理论研究成果的《史学理论大辞典》"历史科学"条目。该辞条吸收了李著"历史学是科学的依据"、"历史科学的特性和任务"两章中的有关历史科学概念的内涵。但是，与此同时，它依然把历史唯物主义哲学的研究对象——"人类社会发展史"，——完全等同于且当作是马克思主义历史科学唯一的研究对象。李著中的历史科学的研究对象和任务，——"在马克思主义哲学所提供的一般规律指导下，通过[对]世界各民族、国家的无数历史现象，历史事件和历史人物的分析研究，以理解它们的历史发展的特殊规律和特点"，——在表述方式上略事变动后，被当做马克思主义历史科学的主要任务之一；本应属于历史唯物主义哲学的研究任务，——"揭示人类社会从原始社会经过各种阶级社会到社会主义社会历史发展的普遍规律"，"指明历史前进的社会主义和共产主义方向，为无产阶级认识世界、改造世界提供科学的理论和历史根据"，等等，——也被统统归入马克思主义历史科学的主要任务之中。

这个辞条的内容，其实是以《辞海》中"历史科学"辞条的内容为基础、糅合了李著中的有关内容的"混血儿"。科学的历史学在承担自己特殊的任务和进行特殊性范畴研究的同时，完全越俎代庖地包揽、包办了历史唯物主义哲学的全部任务和研究对象。

5. "整合学"说

新时期史学界关于究竟什么是历史学问题的讨论中，一种最新的且颇具特色的定义，是蒋大椿先生确定的。在《当代中国史学思潮与马克思主义历史观的发展》一文中，有鉴于"通常人们认为历史学就是历史论著，或者更确切地说是这些历史论著中所表达出来的历史知识"这种对史学的直观的"却是有欠全面和深刻的"认识现状，他从"广义理解的"角度，为历史学确定了一个全新的、"全面和深刻的"、明晰的定义："历史学乃是作为研究主体的历史学家通过一定的思维认识方式、手段与历史客体发生互动作用的历史研究这种精神生产实践及其创造出来的产品，即历史知识。"

在这一表述中，蒋先生没有涉及"历史存在"概念，但从蒋先生的全文来看，他是从"历史存在"的意义上来使用作为进入历史学家认识对象范畴的历史存在的"历史客体"这个概念的。因此，根据他在文章中的相关阐述，我们就可以得出："历史学家"和"历史存在"，是构成作为精神生产实践的历史研究活动的两个前提性要素；"历史思维认识方式""历史认识手段""历史客体""历史研究精神生产实践"（"历史研究活动"）和"历史知识"，是构成历史学的五大基本要素。蒋先生确定的史学的定义，的确比现有的关于史学的定义都要全面。蒋先生把它称为"新马克思主义史学"，并根据它在历史认识方式上的整合性及其对象领域上的综合性特征，在性质上把它规定为"一门以科学性为基础的内在地融合了实证性、抽象性、价值性、艺术性的整合学"。

关于史学的定义或解说，虽然在文献史上大多是近人或今人确定的，但是从逻辑序列上讲，它们其实与历史学自身演进的自然历史过程和人们对它加以认识的思想史过程是基本相符的。

"史有二义"和今人的"活动"说、"学问"或"学术"说与"知识体系"说、"超科学"或"一半是科学，一半是艺术"说、"科学"说，可以看作是分别对应于历史学在其发展历程中的第一、第二、第三、第四个时代的客观存在事实在历史学家思想上或理论上的表现形式。其中，"科学"说中的一般"科学"说和其他两种史学解说，分别反映了历史学第四个发展时代中的前后两个不同时期；至于后者，更确切地说，是当代史学实践的客观存在状态在历史学家理论形式上的一种表现，也就是说，是史学理论工作者对当代史学实践进行抽象性认识的理论结果。而当今中国历史学界史学界说纷纭，不过是史学实践日趋复杂多元的纷乱现实在史学工作者思想上造成认识混乱的切实反映；而且，各自对史学定义的确定，在很大程度上受到了定义者学术背景和研究对象的具体内容的影响。

在几种史学的定义中，就中国未来史学的发展而言，比较有意义的是：何兆武先生的"超科学"说、李振宏先生的"具有特殊性、综合性、整体性、真实性的具体的和实证的科学"说和蒋大椿先生的"整合学"说。其中，李、蒋二说虽各自从不同的分析角度和相同的角度而以不同的表述方式得出，但在对历史学的特性的认识上，实基本一致，因此可作进一步的融合而成为一派之说。就研究状况而言，未来中国史学本体论研究，如果说有可能形成具有中国特色的理论学派的话，那么，它们无疑是值得援用为学派建立和发展的理论基础的解说。本书的史学定义，将以李、蒋二说为基础来确定。因为，历史学不仅仅是一种活动，不仅仅是专门的学问或学术，也不仅仅是一种知识体系，它更是一门在研究对象和任务方面都具有科学性的特殊学科。对于中国马克思主义历史学来说，它不仅仅是一门一般意义上的科学，它更是一门完成的科学知识形态意义上的科学。

作为中国马克思主义历史学家，由于马克思主义历史学的既存事实，对历史学是什么的回答，就不应该再继续停留在一般历史学的认识阶段，而必须把它当作一门完成的知识形态意义上的科学来看待。中国历史学理应归属于迄今为止唯一科学的马克思主义历史学范畴，而不是也不应该是任何别的什么历史学。与此同时，我们今天确定历史学的定义，不能满足于马克思主义创始人时代的马克思恩格斯的史学认识水平，必须结合后马克思恩格斯时代，特别是当代中国和世界的史学实践的现实存在状况，从而做出我们时代的关于史学的确切定义。史学定义的重新确定，必须符合并反映这个时代要求。

历史学对于个体历史学家来说，它可以成为他赖以谋生的一种技巧性或技能性的职业手段，也不妨成为他从历史中汲取必要的文化素质或从历史中认识人类自身的一种方式，或是作为他提高其文化艺术体验和鉴赏能力的一种有益的精神活动；个体历史学家当然亦可以是非马克思主义历史学家，运用马克思主义唯物史观之外的其他历史观来指导其历史研究；而且，并非每一个体历史学家、每一次具体的史学实践，都必须承担起揭示某一或每一民族、国家的历史运动特殊规律的任务。但是，诸如此类产生于历史认识和历史学发挥其功能与作用过程中，仅仅来自史学主体的主观认识和这种认识形式、认识手段的特殊性和历史学利用方式的特殊性，或发生在个体史学主体身上的特殊现象，来自历史学发展过程中某一阶段所产生的特性，而不是产生于历史学确定的研究对象和任务本身，更非结合今天历史学发展现实状况的东西，是不能成为否定历史学是一门科学的根据的。

从特性方面讲，尽管历史学或多或少地具有其他社会科学甚至人文学科（如文学、艺术）的某些一般特性，但它之成为一门独立的科学，不在于这些一般特性，而在于它根源于自己的研究对象和任务，把自己区别于其他社会科学、人文学科的特性，其中较显著且重要者有：它与哲学相比的特殊性特征，与一般社会科学相比的综合性、整体性特征，与文学相比的真实性特征。在历史学身上所表现出的某些人文学科一般性特性的东西，同样不能成为否定它是一门科学的根据。因此，任何关于历史学不是科学的史学的定义或解说，都不能拿来作为重新确定史学的定义的基础性材料。

历史学是科学。它的科学性的一般根据有二：一是它的研究对象的客观实在性和真实性。历史学研究的对象——世界各民族、国家的历史现象、历史事件和历史人物等，以及由它们所构成的历史运动事实和过程——作为历史存在，是客观实在的东西，它不以历史认识者的主观意志而改变，具有客观实在性和真实性。二是它所承担的任务。历史学的任务在于揭示世界各民族、国家的历史发展的特殊规律和特点，历史研究是一种旨在探讨人类社会历史发展特殊规律的认识活动。

这样一种完成的科学知识形态意义上的真正科学的历史学，迄今为止，只有马克思主义历史学。"马克思主义历史学的产生，是以马克思主义的唯物主义历史观的创立为前提的。这种历史观为历史学提供了一种科学的理论指导，使它显示出区别于以往其他史学的顽强特征，显示出它的鲜明的科学性。"马克思主义历史学在思想方法上的重要特征，是它仅仅从历史本身去认识历史，而不是从天上的云雾中或是从人们的心灵、头脑中去认识历史。换言之，马克思主义历史学，首先，确定了史学研究对象的客观性质，把人类社会的一切历史都当成一个自然历史过程去研究，从而在历史研究的出发点上实现了深刻的变革。"它坚信，只要从顽强的事实出发，才能如实地揭示历史的真相。"其次，"马克思主义史学对唯物主义历史观的实际应用，获得了研究历史现象之间必然联系的方法论指导，从而使历史学真正成为研究事物规律性并依其规律描述真实历史过程的实证科学。""使历史学成为科学的最重要的根据，是对人类社会历史运动规律的探讨。然而，至今的哲学发展史表明，到目前为止，还只有马克思主义哲学（具体说是唯物主义历史观）真正揭示了人类历史运动的基本规律。于是，问题就简化成这样，只有用马克思主义的唯物主义历史观作指导，历史学才能成为真正的科学。"

据此，中国历史学的科学性，除它具备了一门学科的科学性所必须符合的一般性要求以外，根本的依据就在于它是归属于马克思主义历史学范畴的一门学科。换言之，马克思主义历史学的科学性，根本地决定了中国历史学的科学性。

历史学是一门整合型的社会科学，是历史研究主体在马克思主义哲学所提供的一般规律指导下，运用一定的思维认识方式和手段，在与历史客体发生互动作用的过程中，通过对历史客体的分析研究，以理解其特殊规律和特点的一种精神生产实践及其创造出来的产品——历史知识。

在这一史学定义中"整合型的社会科学"的含义是，历史学是一门以科学性和真实性为基础，内在的或是以"外加的"方式融合了特殊性、综合性（或整体性）、实证性、抽象性（或哲学性）、价值性、艺术性的整合型社会科学，因此它不同于一般的哲学、其他社会科学或人文学科；"历史研究主体"即历史学家，而不是一般民众或其他社群；"马克思主义哲学"，具体来说，是历史唯物主义，主要是指马克思和恩格斯"特别强调的"、"特别坚持的"辩证的、历史的、唯物的观察事物的思想方法，而不是它的具体历史结论；"历史客体"，是指首先作为一种历史客观实在而存在（"自在之物"）、然后才进入历史学家认识视野而转化成为认识客体而存在（"为我之物"）的世界各民族、国家的无数历史现象、历史事件和历史人物，以及由它们所构成的世界各民族、国家的客观历史事实和过程，是历史学的对象领域，因而它不是哲学研究对象之一的一般人类社会的客观历史过程；"特殊规律和特点"，是指世界各民族、国家的历史发展的特殊规律和特点，而非人类社会历史发展的一般规律和特点。历史学在它的发展过程中经历了政治性的记事活动、附属于政治而以文化积累为主的综合活动、学问或学术、知识体系、哲学、科学等不同的表现形式和发展环节，在认识方式上经历了价值的、考实的、艺术的、科学的、哲学的等不同形式的认识方式。

历史学发展到了今天，虽然它必然地要包含先前出现过的一切表现形式或发展环节，并把它们当作自己的不可或缺的构成因素或部分；就个别的或特殊的史学现象而言，今天的历史学亦可以其先前曾经拥有过的某种表现形式而存在。

可是，在一般意义上，历史学绝不可以归结为其中的任何一种形式或环节，或者依据其中的某一种表现形式或发展环节来确定历史学的一般定义。历史学，只能是一门整合型的社会科学。如果否认这一点，那么在认识论、方法论和哲学倾向上，就要么表现为历史观念的缺失，要么表现为对唯物主义辩证法的庸俗化和作为这种庸俗化的必然归宿的相对主义、怀疑论或折中主义。

列宁在阐述"唯物主义辩证法无疑地包含着相对主义，可是它并不归结为相对主义"的原理时说："辩证法，正如黑格尔早已说明的那样，包含着相对主义、否定、怀疑论的因素，可是它并不归结为相对主义。马克思和恩格斯的唯物主义辩证法无疑地包含着相对主义，可是它并不归结为相对主义，这就是说，它不是在否定客观真理的意义上，而是在我们的知识向客观真理接近的界限受历史条件制约的意义上，承认我们一切知识的相对性。"列宁关于马克思主义的唯物主义辩证法与相对主义之间的关系原理，对于我们今天确定历史学的定义、分析现有关于历史学的定义的价值、理解"历史学是一门整合型的社会科学"，乃至考察其他观念形态的事物，都具有极为重要的方法论指导意义。

第二节　历史科学在认识上的主要特点以及研究方法

一、历史科学在认识上的主要特点

(一)认识对象的特点

历史科学所要认识的是人类社会已往的运动发展过程，这给历史科学在认识上带来了许多特点，需要从认识论的角度加以研究。

历史是客观存在的，是今天的人们无法改变的。历史不同于现实。现实能够将人类社会生活直接展现在我们面前，使我们在与之相接触的社会实践中，对它进行认识。历史却不是这样，历史既然是指已经过去的人类社会的运动发展过程，因此它不可能以其本来面目原封不动地直接呈现在我们面前。作为认识对象，我们只能通过它所留下的各种残骸——考古发现的残骸或某些在现今生活中依然不同程度存在的残骸，以及带有各种主观烙印的文献记录，去研究它、认识它。例如，我们研究战国时期的商鞅变法，总希望能够如实地反映这场轰轰烈烈的改革活动，能够栩栩如生地向人们描述商鞅的才干、志向、性格，尤其是他的作为、功绩，还希望揭示出这场变法赖以发生的原因，已经达到的成就，以及它在历史上的地位，等等。但是，我们和那个时代毕竟已经相距两千余年了。我们见不到商鞅，见不到当时的秦国，见不到处在大变革中的当时的中国社会。我们希望反映的是活的运动的历史，但却不能见到活的运动的历史本身。我们在研究这段历史时，凭借的是诸如《商君书》、《史记》、《战国策》以及诸子等文献资料，也包括秦简等重要的考古文物。我们就是通过这些资料，去认识商鞅、商鞅变法的。这是由历史科学认识对象本身的特点决定的，舍此无法认识历史。

可是，历史资料对于历史实际的反映，总要表现出一定程度的局限性。中国的古代史籍是十分丰富的，任何一个别的国家也比不得。许多人喜欢用"浩如烟海"、"汗牛充栋"去形容它。可是，真正研究历史时，还是常常感到资料缺乏，难于据此有限资料，窥见历史的全部本来面目。这是史学工作者和自己的认识对象之间的一种特殊矛盾。历史活动已经成为过去，无数曾经存在过的历史人物与历史事件，并没有留下足够的可供考察的痕迹，随着岁月的一次又一次冲刷，有些已经变得几乎无影无踪了。例如，关于夏代，从《史记》对殷代记载的可靠性来看，估计它对夏代的记载该是有根据的，可是，资料不够，史家们觅寻至今，还是说不准、说不清。别说现在，两千多年前的孔老夫子早就感觉到困难了："夏礼吾能言之，杞不足征也；殷礼吾能言之，宋不足征也，文献不足故也，足则吾能征之矣。"足见，作为历史科学的研究对象，历史地形成了它比较难于认识的特殊困难。

历史活动是由有思维的人的活动构成的，表现出强烈的个性、偶然性。尽管在这种个别性、偶然性的背后也隐藏着一般性、必然性，但比较其他科学研究的对象，要发现历史活动的一般性、必然性，有其特殊的困难。况且，历史科学并不是脱离具体历史事实，抽象地理论地阐述一般规律，作为它的一项任务，就是要记述历史，反映历史活动中确曾真实存在过的个别性、偶然性，抽掉了这些东西，等于抽掉了历史的血肉，历史也就不成其为历史了。有的资产阶级史学家认为："自然科学与史学虽同以实质为根据，然研究时之观察，绝不相同。自然科学家之于实质，抱一种通概之眼光研究而组织之，以求得因果定律为止境。吾人之应用普通名词，即为此种概念之见端，如男女也，草木也，衣服也，凡所表示，皆具有共同之特点者也。通概所包愈广，则其所含之实质愈少。至物理学中之相对论，几可统括万象，故其中所有之实质，排除殆尽。其为物也，弥漫于宇宙万有之中，不复有古今中外之别，此即用自然科学方法，研究实质所得之结果也。至于历史之实质，则纯以求异之眼光，研究而组织之。人类之始有专名，即为此种概念之发轫。如尧舜，如禹汤，凡此诸名，非表诸名之所同，乃表诸人之互异。史家对于已往之事迹。亦复如斯。如召陵之盟，城濮之战。其所致意者乃召陵城濮二役也。非古今所有之盟与战也。此自然科学之观察点与史学不同之大概也。"①这种意见不承认史学可以"通概"当然不对，但它又包含一定的合理性，因为历史是以无数个别性、偶然性构成其具体过程的，取消了个别性、偶然性，等于取消了历史、取消了历史科学。历史科学既要反映个性，又要揭示共性，这样处理个性与共性的关系，是历史科学的任务规定的，也是历史科学的认识对象的特点规定的。

历史过程川流不息，不会停止，也不会重演，不能人为地复制，也不能搬进实验室。这一点又不同于其他科学研究的对象。自然科学家可以一次又一次重复地观察、研究自己的研究对象。例如，动物学家为了了解某种动物，既可以找来一定数量的这种动物，进行观察，进行比较；又可以一只只地解剖、试验，反复研究，反复认识。社会科学虽然一般都不能将自己的研究对象搬进实验室，但却一般都能从大量的反复出现的事实中考察自己的研究对象。例如，经济学家总是从反复展开的经济运动现象中把握经济规律，法学家总是从反复出现的犯罪现象中提出法学理论。可是，历史学家面对的认识对象却与此不完全相同。要记述秦始皇的活动，评价秦始皇的地位，只有研究秦始皇。秦始皇的历史活动曾经是活生生的，可是现在已不复存在，并且无法复制，无法再造。当然，中国古代皇帝并非只有秦始皇一人，封建皇帝之间有其共性，可是作为历史科学的研究对象，谁也不能简单地把以后那些有作为的皇帝都概括为秦始皇的再版。这就可以看出，作为历史科学的认识对象，历史过程既意味着过去，又意味着任何历史现象都有强烈的个性，这就要求历史科学应该有把握自己对象的处理方法。

(二)认识过程的特点

历史科学对于自己研究对象的认识过程，既不等同于自然科学，也不等同于其他社会科学，有着自己的特点。

当然，历史科学对于历史的认识，从本质上看，是贯彻马克思主义的认识论的，这一点和任何科学并无区别，就其运用唯物史观来说，又和其他社会科学相同。但是，作为一门特定的具体的学科，由于自己的认识对象有许多特点，因而对于这一对象的认识过程也会有许多特点。

历史科学要反映历史发展过程。这有两方面的意思，一方面要反映出历

---

① 《马克思恩格斯全集》，第3卷，20页。

史发展过程的规律性；另一方面又要反映出历史发展过程的具体的真实的景象。作为前者，它像其他社会科学一样，要运用唯物史观，对大量的、个别的、偶然的历史现象进行综合分析、科学抽象。作为后者，它却不能像其他社会科学，可以撇开各种个别的、偶然的或者例外的现象，只进行逻辑概括。为了恢复历史的本来面目，历史科学工作者不能舍弃特定的历史时代、历史空间以及历史人物等，不能忽略那些个别的、偶然的或者例外的历史现象。相反，倒是常常需要凭借有限的、片断的、反映个别的、偶然的或者例外的历史现象的资料，复原出繁纷复杂、波澜壮阔的历史活动场面，描绘出有声有色、跃然纸上的各种历史人物形象。这是其他社会科学所不具备的特点，而历史科学舍此便会落入苍白无力、干瘪空洞。

因此，在欧洲近代史学史上，曾发生过长期的史学是不是艺术的争论。史学当然不能等同于文学艺术。但是，这绝不排斥历史科学在其认识过程中包含着形象思维的若干特征，不然是难于将历史过程描述得真切动人的。中国史学很重视这个问题，像伟大的史学家司马迁即是善于运用形象思维记述历史事件、刻画历史人物的巨匠。在著名的《项羽本纪》中有这样一段：

> 项羽已杀卿子冠军，威震楚国，名闻诸侯。乃遣当阳君、蒲将军将卒二万渡河，救巨鹿。战少利，陈余复请兵。项羽乃悉引兵渡河，皆沉船，破釜甑，烧庐舍，持三日粮，以示士卒必死，无一还心。于是至则围王离，与秦军遇。九战，绝其甬道，大破之，杀苏角，虏王离。涉间不降楚，自烧杀。当是时，楚兵冠诸侯。诸侯军救巨鹿下者十余壁，莫敢纵兵。及楚击秦，诸将皆从壁上观。楚战士无不一以当十，楚兵呼声动天，诸侯军无不人人惴恐。于是已破秦军，项羽召见诸侯将，入辕门，无不膝行而前，莫敢仰视。项羽由是始为诸侯上将军，诸侯皆属焉。

这段文字将楚兵的奋勇、项羽的气魄以及诸侯归附的过程，既生动又清晰地反映了出来。这是不能单靠逻辑思维完成的，一定要通过形象思维进行具体地描绘。

当然，历史科学运用形象思维与文学艺术是不同的。历史科学必须以事实为依据，以恢复历史的真相为目的，它不允许在历史材料的基础上，将许多历史人物糅合在一起，加以典型化，塑造出一个经过加工的文学形象，更不允许在叙事描写中运用夸张、虚构等文学手段。现代思维科学认为，人类主要有三种思维方式：逻辑思维、形象思维、直觉。历史科学的思维，实际上是兼有这三者特点的综合的思维过程。

历史科学要总结历史经验，探求历史规律，阐明历史趋向，主要依靠逻辑思维。这种思维过程，大体说来，也包括感性认识和理性认识两个阶段。

对于各种口头的、文字的、实物的等历史资料进行发掘、搜集、整理、辨伪、考订，以求复原具体的个别的历史事实，这可谓之历史认识的感性阶段。不过，这不是从实践中直接接触认识对象获得的感知。这一点也是由认识对象的特点决定的，因为除了考古所提供的部分资料或某些方面的历史遗骸的残存外，大量的历史现象、历史活动无法直接感知。这种间接获得的认识，当着主要反映历史运动的表象时，它还处在认识的初级阶段，还没有达到认识历史运动的本质，因而应该称之为感性认识阶段。这一认识阶段对于历史科学工作者来说，是十分重要的，它是理性认识的前提和基础。只有依赖大量的比较全面、完整的对于认识对象的感知，才有可能正确反映认识对象的本质。在研究历史时，我们强调大量占有资料，实际就是为了获得更多的感性认识，从而为下一步飞跃为理性认识作准备。我们重视考据，也是基于这一道理。考据可以帮助我们弄清间接获得的感性认识是否符合历史现象的实际，订正记述中可能发生的各种误差。

但是，历史的认识不能停留在感性认识阶段。以往有些史家把历史认识限制在感性认识阶段或者满足于感性认识阶段，这是一种误解。历史认识不能到此完结。例如，我们研究汉高祖刘邦，先是尽量搜集整理有关这一课题的材料，逐步地就能大致搞清刘邦的身世、性格、才干、一生的作为以及反映那个时代的各种现象，等等。但是，到了这一步，是否就已达到历史科学认识的要求了呢？恐怕还不能说。因为，这时的认识还是零散的、缺乏内部联系的感性认识，还仅只接触到刘邦历史活动的种种现象。要正确分析刘邦的历史作为，正确评价刘邦的历史作用和历史局限，只有依赖理性认识。经过理性认识阶段，我们将有关刘邦的各种材料进行去粗取精，去伪存真，由此及彼，由表及里的改造制作，才能获得关于评价刘邦的科学认识，才初步符合历史科学的要求。可见，要想从一大堆枯燥的故纸中，恢复历史上的辉煌灿烂的琼楼玉宇，感性知识提供的是砖石瓦块，只有理性认识才是砌墙架梁的建筑师。理性认识是历史科学认识自己对象的高级阶段。理性认识不是搬弄空洞的词句或套用现成的公式，它是以大量的经过严格清理的感性材料为基础，并经过对这些材料的分析、综合、归纳、演绎，从而揭示历史过程运动的规律性。有了理性认识，就能分清错综复杂的历史现象中的主要现象与次要现象，就能找出历史现象的重复性与常规性，科学说明历史是一个充满矛盾而又互相联系的统一过程。

感性认识和理性认识的区分不是绝对的，而是相对的。一般地说，感性认识较多地运用于微观研究，观察与考察历史的局部、细部；理性认识较多地运用于宏观研究，从大的角度，从全局和整体上探索历史发展的固有规律。所以，正确处理感性认识和理性认识的关系，既注意微观研究，更注意宏观研究，对于推进历史科学的认识是至关紧要的。把科学的抽象，理解为"空论"，是一种误解。言而无实为之空，但科学的抽象，不仅以事实为依据，而且反映出事实的内在的必然联系，因而是更深刻地反映事实。理性认识对于感性认识来说，是一次飞跃，在历史研究中，抽象思维的过程较之考实性认识的过程，显然更长远、更困难一些，在考实性认识中尚难避免七嘴八舌，在抽象思维中发生歧义更不足怪，所以，斥责抽象思维为"空论"，或者以为考实性的认识高于理论性的认识，实在是一种偏见，是不对的。就目前史学界的状况而论，忽视、贬低理论思维能力的倾向更值得注意。

历史科学的认识过程不是经过一次飞跃就可完成的，也是一个不断认识、不断发展的过程。历史科学在占有资料方面，有一点和其他学科不同，它更多地受客观条件的制约，不单单靠主观努力就能解决。要了解现实，我们不仅可以借助别人调查的资料，而且可以迈开双脚，直接去调查，越是勤奋，越能得到较丰富的资料，研究历史却不完全是这样。不仅对于远古的历史，我们常感资料缺乏，就是对于有些近代史的课题，我们竟也苦于资料不足。例如，研究中国近代史上的太平天国运动，为着正确评价杨秀清，正确分析洪杨矛盾，弄清"逼封万岁"一事是必要的，可是细考起来，尚有疑问，而现在资料又不足以解疑，这就带来了认识的困难。看到这一点，即应注意历史认识要想达到真理是颇不容易的，除了其他原因，历史资料存留的情况，就直接影响到历史认识的水平。至于企及历史认识可以一次完成，不需要修正，不需要发展，更是不切实际的幻想。正因为历史资料得之不易，因此，在历史认识的过程中，应以极大的力量尽可能广泛地搜集各种历史资料，特别是极为珍贵的第一手资料，借以为历史认识打下较为坚实的基础。不仅如此，随着时间的变化，研究手段的发展，还会发现许多新资料，这时，就要重新检验以往的认识，发展以往的认识，修正以往的认识，必要时还要有勇气推翻以往的认识。这样一次又一次地推进，历史认识才会渐渐符合历史实际。

在这里，要特别注意，历史资料固然不可能完整无缺地反映历史实际，但是，对历史资料范围和内涵的看法也并不是一成不变的。尽管有许多历史资料被无情的岁月吞没，不能不使我们在认识历史时感到困惑，但是，随着人们一代代认识能力的提高、视野的扩大、先进技术手段的发明，许多原先为人们忽略的东西也会进入历史资料的范围，许多尚未被发现的资料得以重见天日，这样，就使历史资料日益丰富、日益全面。历史认识应该适应自己认识对象的这种不断变化的情况。事实上，历史科学涉及的时间、空间都在不断扩大。从数千年有文字记载的历史，扩展到百万年以上的整个人类史；从狭小的国别史扩展到世界史；从单纯的个别门类的历史，扩展到人类社会生活各个领域的历史……认识的深度和广度在变化，作为认识材料的范围和结构必然发生相应的变化。

历史科学的认识过程，还与社会实践的发展密切相关，还有一个对于历史进行再认识的问题。因为，人的认识能力从来不是凭空产生的，它是历史的产物，是随着社会实践的进步而进步的，这种情况当然会影响到人们对于历史的认识。可以说，历史认识过程中主观与客观的矛盾以及这一矛盾解决的程度与方式，归根结底，还是取决于社会实践。社会实践在发展，历史观就会随之发展，历史研究的方法也会随之发展，这不仅引起认识对象方面的变化，而且引起认识结论方面的变化。具体说，就是对于历史现象的内在本质看得比过去更清楚了，对于各种历史事件之间的内在联系考察得更深入了，科学性越来越强，历史认识和历史实际愈加符合。有时，历史资料并没有多少发展，但在社会实践推动下，认识的角度、认识的高度都发展了，于是，一个看起来陈旧的课题，获得了新鲜的解释。这就是通常说的再认识。例如，我们考察巴黎公社。当着经历了艰苦卓绝的武装斗争实践后，我们就会对巴黎公社运用暴力的得失成败，提出一些比较中肯的见解；可是，当我们经历了执掌政权、建设无产阶级国家的反复实践后，我们自然又会对巴黎公社的无产阶级专政的经验教训，提出一些新鲜的看法。在这一认识过程中，过去不被重视的材料，现在看到了它的价值，过去未曾提出的问题，现在从理论上重新做出了估价。这就是实践提高了人们认识能力的结果。

那种以为在一定的历史资料的基础上获得的历史认识应该永远一成不变的想法，是不符合认识规律的。对于历史现象的再认识，不是反复易变，不是不严肃，更不是历史无真理可言，这是一种合乎规律的认识过程。一部史学史告诉我们，历史认识的每一次重大进步或变革，总是以社会实践的重大进步或变革为基础的。从对于历史认识的神学体系，到注重人事的研究，直到唯物史观科学理论的诞生，都表现了社会实践对于历史认识的决定性影响。马克思主义的历史科学产生后，这一认识规律并没有改变。对于中国历史上许多问题的反复认识证明，历史科学同样不能穷尽真理，社会实践不断发展，历史科学的认识过程也必然永无止境。

纯客观的历史认识是不存在的。这可以从两方面来理解。首先，历史科学是通过前人留下的历史资料认识历史的，而大量的主要的历史资料是文献记录，它本身就不是纯客观的，不是历史实际的简单映照或复写，而是人们对于历史实际所做的主观描绘或映写。它不能不受到认识者主观因素的制约与影响。就最为原始的历史档案与历史记录而言，无论是记述一个重大的历史事件，还是回忆某一历史人物的生平，都不能不处处表现出记述者所处的地位、接触历史事件的范围、观察事态发展时的角度以及知识水平、思想倾向、个人经验、观察和理解事物的能力等。因而，这种历史记录，往往或者比较忠实地或者蓄意歪曲地反映历史实际的一个侧面，都不会是纯客观的。其次，历史学家考察先前的历史遗迹或历史记录，除去必然受到这些资料自身的局限外，还会不可避免地受到历史学家自身时代、环境、教育、思潮、知识及个人性格等条件的制约。不承认这种制约是不符合实际的。历史科学工作者只是站在特定的历史环境中运用一定历史观认识、研究历史，认识能力不是无限的，而是有限的；得到的真理不是绝对的，而是相对的。在一定的思想理论指导下，根据一定阶级的利益要求，运用一定的研究方法，这样获得的历史认识当然不可能没有局限性。历史认识是主观与客观既相矛盾又相统一的产物。人们在进行历史认识时，不仅通过自己的大脑与外界的各种历史资料交换信息，而且还要通过大脑进行具有创造性的逻辑思维、形象思维，把所接受的各种信息升华为有机的信息系统，这是一种发挥主观因素实行改造制作的工夫。那种标榜纯客观的研究，宣称不要任何理论指导，抹杀主观因素在认识过程中的作用，否认自己认识能力和研究方法有一定局限，都是欺人之谈，那只会被最平庸的流行观点牵着鼻子走。

马克思主义历史科学率直地宣布站在无产阶级立场上，把唯物主义历史观作为自己认识历史的理论和方法，决不意味着要用主观意志去改铸历史，也不是用一般理论原则代替历史、剪裁历史，它正是要求严格地从客观历史事实出发，始终不渝地坚持科学态度，摆脱历来的各种剥削阶级的偏见和旧的历史观、方法论的局限，力求使主观认识最大限度地、不断地接近真实地反映客观实在。马克思主义经典作家都非常重视历史，他们研究过许多历史问题，作过许多历史结论，这是运用唯物史观研究历史的范例。但是，这些至今仍放光辉的具体结论，不可能绝对地与历史上的客观存在相统一。因此，今天的历史科学，在坚持运用唯物史观认识历史时，并不一定完全拘泥于他们当时基于特定的具体环境、有限的历史资料而做出的某些具体历史结论。反之，抛弃马克思主义这种反映现代人类智力发展最高水平的世界观、方法论，取消它在历史科学认识过程中的指导地位，那只能将人们的认识引向倒退。这是对人类智力进步的嘲弄，也是对历史自身的嘲弄。

历史实际是客观存在的，历史科学反映这一客观存在有其自己的特点。了解这些特点，自觉地运用科学的认识方法，从现象到本质，从局部到整体，从知之不多到知之较多，循环往复、永不止息地认识人类社会历史，这是历史科学工作者的重要任务，是发展历史科学的关键所在。

（三）认识检验的特点

历史认识一经获得，能否检验其是否正确？如何检验其是否正确？

历史认识正确与否能够得到检验，只是，这种检验也有其自己的特点。

大家知道，在生产斗争、科学实验中获得的认识，通常可以得到比较直接的检验。例如，每一个工厂都有产品检验机构，产品质量是否合格，用仪器测一测、量一量，立即有了答案。自然科学提出某种新的见解，也大都可以在实验室或生产实践中以及依靠各种科学设备进行计算或重复试验而得到检验。社会科学获得的认识，不能这样检验，它主要依靠社会实践进行检验。不过，像社会学、经济学、政治学、法学等学科，它的结论正确与否，比较容易直接在社会实践中得到检验，历史科学的情况就复杂得多。

历史科学认识的是过去。过去的历史不再重复出现。因而不能倒回到往昔的社会实践去检验，也无法用试验的方法去检验或证实当条件改变时历史事件将会发生怎样的变化。但是，既然历史科学揭示的是历史运动的规律、历史发展的趋势，那么，这种认识虽然不能被已经过去的社会实践所检验，却能在现实的社会实践中得到检验。例如，我们总结的历史经验，它是否靠得住，是否具有真理性，虽然不能拿到原来的历史环境中重新验证一次，但是，通过在现实生活中对于这种历史经验的运用，仍然可以找到答案。历史长河是不能割断的，过去并不是绝对的过去。尤其是近现代史，它直接和现实的社会实践相联系，它的规律还在继续起作用，还在继续展开，因而对它的认识显然可以在今天的社会实践中得到检验。就是古代史，也不会和今天的生活没有一丝一毫的联系。今天的社会总是在以往社会所创造的物质的、精神的资料之基础上建立起来的。旧社会的许多东西，或者以发展的形态，或者以萎缩的形态，或多或少地存留着。因而，我们对古代历史的认识，依然能在一定程度上为现实实践所检验。例如，对于远古时代的氏族公社、农村公社的认识，人们起初是经过文献资料逐步形成认识的，这种认识虽然不能为已经逝去的远古历史所检验，但它却被对于直至近代尚存的各种公社残迹的研究所检验，从而得到证实，得到修正，得到发展。可见，今天的社会实践在检验历史认识方面并非无能为力，只是具有自己的特点罢了。

今天的社会生活远较古代纷繁复杂。对于现实生活的认识，不仅能推动对于古代历史的认识，而且能间接检验对于古代历史的认识。在历史研究中常有这样的情形。当着我们在今天的社会实践中得到了某种新的认识时，不仅意味着对于现实生活的认识发展了，而且常常以此去检验我们对历史上问题的认识。例如，对于党史上"左"倾错误的严重危害、社会根源及其教训，我们曾经做过分析、总结，取得了历史经验。这种认识对不对呢？在我们经历了新中国成立后的新的社会实践，尤其是又犯了"左"倾错误后，我们对于这一问题的认识大大前进了，这时，对于党史上的"左"倾错误不仅会有新的体会，而且必然会检验过去的认识，修正或发展过去的认识。

承认社会实践在检验历史认识中的作用，既不能简单化，也不能排斥其他的方法。史料的检验，就是一种被广泛采用，行之有效的方法。随着人们认识能力的进步，在已经发现的历史资料的基础上，常常要反复认识、反复检验。因为，资料的多少虽无变化，但人的认识能力有了变化。过去不被重视的资料被重视了，过去未曾理解的资料现在理解了，因而结论必须重新验证，或补充，或修正，或推翻。新材料的发现对于历史认识的检验作用，更是不言而喻的。《史记》写了《殷本纪》，排出了殷代的世系。对不对呢？两千年过去了，一直未得到验证。甲骨文一出土，有了新的资料，经过史家考证，《史记》的说法得到了验证。再如关于《孙子兵法》的争论，作者是孙武，还是孙膑？是一部书，还是两部书？长期争执不下。因为检验的根据不足。银雀山《孙膑兵法》出土后，以往认识的正确与否立即有了不可动摇的结论。这充分证明了历史资料对于检验历史认识的重要作用。

由于历史的发展是不平衡的，因而不同地区、不同国度的历史还有相互检验的作用。当然这主要表现在探讨历史规律方面，而不包括订正具体的历史事实。众所周知的例子是民族学对于研究古代历史的意义。摩尔根对于印第安人社会状况的多年调查研究，终于揭开了原始社会氏族组织的秘密，这曾使得原先对于许多民族远古时代历史的理解，经历了一次全面的检验和再认识。这说明，某些落后民族正在经历的社会实践，具有再现历史，检验历史认识的意义。所谓"活化石"，也正是从这个意义上说的。

我们从总体上认为历史认识可以得到检验，并不等于说每一项历史见解都立即可以得出正确与否的判断。不同意见的长期争论，限于资料和认识能力而暂时无法找到定论，都是经常发生的。例如，关于中国封建社会中资本主义萌芽发生于何时的争论，已经持续多年，但至今各家的意见还相距甚远，并且一时也难于统一。这是一种合乎规律的现象。人们对于历史的认识只能达到相对真理，它可以向绝对真理迈进，但绝不会穷尽绝对真理。历史认识同样是从相对到绝对，从片面到全面的无限发展过程。

历史是可以认识的。历史认识可以用社会实践加以检验，但是这种检验几乎是无止境的，通过一代一代的实践而产生的历史再认识，使历史认识愈来愈深刻。历史科学否定了历史的不可知论，它找到了一条通向历史真理的正确的认识路线，沿着这条路线，靠着艰辛的劳动，就一定能换来前人所未曾开掘的崭新的科学认识，并且不断从一个高峰登上另一个高峰。

二、历史学的研究方法

史学是社会科学的一个部门。研究和阐述人类社会展的具体过程及其规律性的科学。是一门反思的科学，是对各种具体历史研究及其内在规律的探索的科学。其也是一门具有特殊性、综合性、整体性、真实性的具体的和实证的科学。

中国经济史研究以各个历史时期社会经济形态的发生、发展、演变过程为自己的研究对象，探讨传统经济的现代化过程与建立中国特色市场经济之间历史的连续性，力图揭示社会经济发展的特点及规律。中国经济史学从创立至今，经历了近百年的发展，取得了辉煌的成果。

经济史只是历史学的一部分，其由于它的特殊性而被人们提出来单独研究。史学研究必须以历史资料为基础，同时又要使用正确的研究方法，因此"方法论应当占有与历史资料同等重要的地位"。由于经济史的特殊性，历史学和经济学的方法是经济史研究的两大基本方法。

(一)历史学方法

熊彼特明白地说经济史"只是通史的一部分，只是为了说明而把它从其余的部分分离出来"。由于经济史是史学的一部分，因此史学方法当然也是经济史研究的基本方法。具体而言，是由于以下原因：

首先，传统的史学长于现象描述，因此也被视为"艺术"而非"科学"。而将过去的经济实践清楚地描绘出来并展示给世人，乃是经济史研究的主要目标之一。在此方面，没有其他方法可取代传统的史学方法。

其次，经济制度、经济事件等是经济史研究的重要内容。在这些研究中，定性分析是主要的方法，而这恰恰又正是史学方法之所长。对经济制度、经济事件等的研究是了解过去经济实践的基础，因此离开了史学方法就谈不上经济史研究。

再次，历史学的基本方法——史料学和考据学的方法，对经济史研究也具有极为重要的意义。胡适曾批评中国的传统史学说："中国人作史，最不讲究史料。神话、官书都可以作史料，全不问这些材料是否可靠。却不知道史料若不可靠，所做的历史便无信史的价值。"[1]傅斯年更加强调史料学的重要性，甚至认为"史学便是史料学"，原因是"史学的对象是史料……史学的工作是整理史料，不是作艺术的建设，不是做疏通的事业，不是去扶持或推倒这个运动或那个主义"[2]。吴承明则指出：史料是史学的根本，绝对尊重史料，言必有证，论从史出，这是我国史学的优良传统。治史者必须从治史料开始，不治史料而径谈历史者，非史学家。由于史料并非史实，必须经过考

---

① 胡适：《中国哲学史大纲》上卷，19 页，台北，里仁书局，1982。

② 傅斯年：《史学方法导论》，收于《傅斯年全集》，第 2 册，5、6 页，台北，联经出版事业公司，1980。

据、整理，庶几接近史实，方能使用，因此史料学和考据学的方法可以说是历史学的基本方法。从乾嘉学派到兰克学派，中外史家都力图通过考证分析，弄清历史记载的真伪和可靠程度①。经济史研究只能以历史资料为依据，因此史料学和考据学的方法也是经济史研究的基本方法。无论何人研究经济史，都必须掌握历史学的基本方法。例如，赵冈估计南宋中国城市人口在总人口中所占比重高达 1/5，而该估计的基础主要是霍林斯沃斯（T. H. Hollingsworth）根据《马可·波罗游记》中所说的杭州胡椒消费量对南宋杭州城市人口作出的一个推测（即杭州城市人口多达五百万甚六七百万）。麦迪森借助于史学家谢和耐（Jacques Gernet）和巴拉兹（Etienne Balaz）对南宋杭州人口数量所做的考证，指出霍氏之说严重不符史实，因而赵氏据此所得出的结论也"证据极其不足"。

　　运用以上方法进行研究，并不涉及社会科学和自然科学的理论。这种不重理论的做法，是传统史学方法的基本特征之一。这种不重理论的做法，也具有其特殊的价值，因为是否需要理论，乃是由研究的对象与目的所决定的。希克斯指出：在史学研究中，是否使用理论，在于我们到底是对一般现象还是对具体经过感兴趣。"如果我们感兴趣的是一般现象，那么就与理论（经济学理论或其他社会理论）有关。否则，通常就与理论无关"；而"历史学家的本行，不是以理论术语来进行思考，或者至多承认他可以利用某些不连贯的理论作为前途来解释某些特定的历史过程"（注：John Hicks，A Theory of Economic History，p. 2.）。因此对于任何一个经济史学家来说，传统的史学方法都是必须掌握的基本方法。

　　但不容否认的是，传统史学方法也有其先天不足。巴勒克拉夫总结 20 世纪上半叶国际史学的发展时，把当时占主导地位的历史主义学派的不足作了归纳②。吴承明对此作了进一步讨论，总结为以下五个方面：第一，史学是叙述式的，缺乏分析；又常是事件和史例的罗列，或用单线因果关系将它们联系起来，而缺乏整体性、结构性的研究；第二，强调历史事件、人物和国家的特殊性和个性，而不去研究一般模式和存在于过去的普遍规律；第三，在考察史料时采用归纳法和实证论，这种经验主义的方法不能在逻辑上肯定认识的真实性；在解释史料和做判断时，由于缺乏公理原则和强调个性，就主要凭史学家的主观推理和直觉；第四，或是根据伦理、道德取向来评议是非、臧否人物，或是认为一切是受时间、地点和历史环境决定，无绝

---

　　①　吴承明：《论历史主义》，载《中国经济史研究》，1993(2)。

　　②　杰弗里·巴勒克拉夫：《当代史学主要趋势》，15～25 页，上海，上海译文出版社，1987。

对的善恶；第五，脱离自然科学和社会科学来研究历史，认为历史学的唯一目的是真实地再现和理解过去①。

由于传统史学方法存在上述问题，只依靠它们是难以深入研究经济史的。如吴承明所指出的那样，即使做到所用史料都正确无误，仍然不能保证就可得出正确的结论。传统史学所使用的基本方法是归纳法，而归纳法本身有缺陷，其中最突出的是：除非规定范围，所得结论都是单称命题，难以概括全体；虽然可以用概率论方法作些补救，但难用于历史。因此不求助于其他学科的方法，是无法深入研究经济史的。

（二）经济学方法

从对《检讨》的反应来看，在一些学者心目中，经济学的方法主要就是统计学的方法。这种想法不足为奇。希克斯说："凡是一种历史理论可能适用的历史现象，从我们对其兴趣而言，都可认为其具有统计学特征。经济史上的大多数现象（无论我们如何广泛地看），都确实具有这些特征。我们要问的经济史的问题，大都涉及那些可以具有此特征的类别。"但是希氏接着指出："从本质上来说，这并非经济史与其他历史之间的差别"，因为"在史学的任何分支中，我们都会发现自己在寻求统计学上的一致性。区别在于我们是对一般现象还是对具体经过感兴趣"。因此把经济学方法等同于统计学方法的看法是很不全面的。对于那些可以获得大量数据的研究对象②，只有依靠统计学方法，才能进行研究。但是对于那些数据不丰的研究对象，统计学方法就难以奏效了，因此有的学者认为经济学方法对于古代经济史研究并无多大用处。但是我们要强调：经济学方法决不仅只是统计学方法，而经济史研究中可以利用的经济学方法也有多种。在许多情况下，其他一些方法可能比统计学方法更为重要。

首先，经济学方法之所以重要，是因为经济学为经济史研究提供了主要的理论框架。凯恩斯说："经济学与其说是一种学说，不如说是一种方法，一种思维工具，一种构想技术。"如果没有经济学提供的思维方法和构想技术，是无法进行经济史研究的。一些经济史学者拒绝经济学理论，但实际上他们也在不自觉地使用某种理论。至于这些理论是否正确，他们却并不去考虑。正因如此，他们往往在无意之中会得出一些错误的结论。典型的例子如亩产量与劳动生产率之间的关系。在我国人口稠密的东部地区，自清代中期以来，由于可耕地开垦殆尽，增加农业产量只好主要依靠提高亩产量。不少

---

① 吴承明：《论历史主义》，载《中国经济史研究》，1993(2)。
② 例如，王业键所收集的清代的米价数据、李中清所收集的清代人口数据，都数以十万计。

学者囿于这种习以为常的观念，把提高亩产量作为提高劳动生产率的唯一手段。而从经济学观点来看，亩产量与劳动生产率并非同一事。劳动生产率的提高取决于劳动、资源、技术等要素相互关系的变化。在耕地资源丰富的情况下，劳动生产率的提高也可以通过"广种薄收"的方法达到。相反，在劳动力供给过多的情况下，亩产量虽然达到很高的水平，但却可能恰恰表现了"内卷化"（或"过密化"）下劳动生产率的下降。

其次，从经济学的一般原理出发，我们可以对经济史上的一些问题做出更为合理的判断。例如，在宋代江南，是否由于有了"最好的耕犁"（江东犁）和因"人多地少"导致的充足的劳动力，就会导致"精耕细作的发展到了一个新的高度"呢？[1] 从经济学的一般原理出发来看，"精耕细作"指的是劳动密集的耕作方式，而江东犁则代表了一种节省劳动的技术。劳动力的供给与劳动密集型的耕作之间通常是一种相辅相成的关系，而与节省劳动的生产工具之间则通常是相互排斥的关系[2]。一般而言，在"人多地少"的情况下，农民通常采用的是节省土地的技术，而非使用节省劳动的技术（白馥兰也指出："技艺趋向型"技术和"机械型"技术都能增加单位农田的产量，但前者可视为土地的替代物，后者则可视为劳动的替代物。要在二者之间做出合理的选择，必须考虑在一种具体的情况下，何种投入能够最大地提高产量）。农民在使用江东犁时，首先会计算使用的成本与收益，并与被使用这种耕犁而被节省下来的劳动的收益进行比较。如果比较的结果是不合算，那么就不会使用之（注：这一点，明末宋应星已说得非常明白。他指出：牛耕的效率大大高于人耕，但是在苏州一带，"会计牛值与水草之资，窃盗死病之变，不若人力亦便"）。此外，如果没有发达的农村工业，使用江东犁节省下来的劳力也就没有了出路。在此情况下，农民为什么要使用江东犁呢？

再次，对于比较具体的问题来说，经济学方法也非常重要，舍此即难以进行研究。亩产量问题是许多学者在读了《检讨》之后谈论最多的话题之一。这里我们就以此为例来讨论一下使用经济学方法进行研究的问题。

按照范赞登（Jan Luten von Zanden）的总结，近年来欧洲经济史学界研究近代以前亩产量所使用的主要方法有以下几种：第一，在意大利和东欧，

---

① 漆侠：《宋代经济史》，110、178 页，上海，上海人民出版社，1987。在分析精耕细作的发展问题时他还指出："这种耕作方法除犁需要改进和增加耙刀这个垦田利器外，还必须有充足的劳动力，这两条缺少任何一条都是不能成功的。"

② 大卫·勒旺（David Levine）对此作了明确的说明："由于劳动便宜而且供给充分，人们不愿进行资本投资以提高劳动生产率。因为工资低，原始的生产技术仍是最有利可图的；低水平的技术，导致劳动集约化。"见 David Levine, *Family Formation in an Age of Nascent Capitalism*, Academic Press, 1977, p. 14。

主要是使用种子与产量之比的材料进行分析；第二，在法国、西班牙、瑞士、匈牙利等国，主要是使用什一税作为农业生产率的指标；第三，在英国以及法兰德斯，越来越集中于从遗嘱中获得的有关资料来估计作物亩产量和作物布局；第四，也有一些研究一直把地租资料作为农业生产率的一个指标。简言之，主要的差别在于资料类型的不同。至于所采用的研究方法，主要仍是统计学方法。事实上，研究近代以前中国的亩产量的基本资料（田税、地租、家谱、分家文书、农书等），大体也属于上述类型。因此在中国亩产量研究中，统计学方法也是一种重要方法，但适用范围十分有限，原因是有关数字不够丰富，而且许多数字自身存在着各种问题。宋代亩产量记载不多，更难使用统计学方法研究亩产量，因此必须求助于其他的经济学方法。

柏金斯（Dwight Perkins）研究中国粮食亩产量时，使用了一种宏观分析方法：首先对一个地区人口和耕地的数量、种植制度以及人均粮食消费水平、用作交纳赋税的粮食的数量以及输出入的粮食的数量等一一进行研究，然后以所得结果为据，求出一个平均亩产量。很明显，只要人口等各种数据没有大错，那么这个平均亩产量也不会离开实际情况太远。同时，又从各种史料中大量收集亩产量数字并加以考证，选出其中比较可靠者，与上面得到的结果进行比较，并根据具体情况加以调整和修正，从而得出一个最接近实际情况的数字。[1] 其曾用这种方法对明后期（1620 年左右）和清中期（1850 年前后）江南的水稻亩产量进行了研究，得出的结果是：明后期（17 世纪初期）江南的水稻亩产量大约为 1.6 石米，清中期（19 世纪中期）则约为 2.3 石米；亦即后者较前者增加了 0.7 石，增长幅度大致为 44%[2]。这个结论与许多学者得出的结论差别颇大。虽然这个数字也不可能绝对准确，但是比起用其他方法得出的结果来说，应当是更接近实际情况。这种方法对于研究宋代江南粮食亩产量肯定也会很有帮助。宋代江南是一个以自然经济为主的社会，而在这种社会中，人们主要追求的是产品的使用价值而非价值，即使剥削也有一定限度。农民生产出来的产品不可能大大低于和超过社会对这些产品的使用价值的总需求。这就为宋代江南亩产量的估计确定了一个可能的范围。倘若我们的估计超出了这个可能的范围，那么肯定是有问题的。

最后，我还要指出：经济学方法也有自身的适用范围，不能用它去完成其不能胜任的工作。例如，计量分析是经济学的优势，但并非任何经济现象

---

[1] Dwight Perkins，*Agricultural Development in China*，1368—1968，Aldine Publishing Company，1969，pp. 14—23.

[2] 参阅李伯重：*Agricultural Development in Jiangnan*，1620—1850，pp：125—127、130—132。

都可以"量化"的。有的学者读了《检讨》之后问：为什么你不为"什么是经济革命"提出一个明确的"量化"标准呢？我的回答是：为"经济革命"提出一个"量化"的标准很困难，因为"经济革命"的主要内容之一是重大技术进步的出现，而重大技术进步本身并非一种可以"量化"的现象。此外，宋代江南有关史料匮缺，也使得计量分析非常困难。因此要对宋代江南的经济进行"量化"研究，可能已经超出经济学力所能及的范围。

第三节　历史学的功用

历史科学是无产阶级的社会科学，它以唯物主义历史观为指导，全面地、深刻地揭示了人类社会发展变化的规律，具体地、生动地反映了各个国家、各个民族历史发展的进程和特点，因而从一个重要方面为无产阶级和广大人民群众认识世界、改造世界提供了革命的、科学的思想武器。无产阶级在反对资产阶级和一切剥削阶级的斗争中，在进行社会主义建设并争取共产主义未来的征途中，是不能没有历史科学的，发展历史科学对于推进无产阶级革命事业有着极其重要的作用。

一、认识现在必须了解过去

马克思、恩格斯非常重视历史科学。在他们还很年轻，刚刚创立唯物史观的时候，就曾在著名的《德意志意识形态》一书中这样表示过："我们仅仅知道一门唯一的科学，即历史科学。历史可以从两方面来考察，可以把它划分为自然史和人类史。……我们所需要研究的是人类史，因为几乎整个意识形态不是曲解人类史，就是完全撇开人类史。"马克思、恩格斯的学说就是对人类社会的历史做了深刻研究而提出的。马克思主义的每一步发展，它的列宁主义阶段，它在中国革命中形成的毛泽东思想，都是对于新的历史情况进行科学研究的结果。斯大林说："无产阶级党要想成为真正的党，首先应当掌握生产发展规律的知识，社会经济发展规律的知识。这就是说，要在政治上不犯错误，无产阶级党在制定自己的党纲以及进行实际活动的时候，首先应当从生产发展的规律出发，从社会经济发展的规律出发。"社会实践在发展，马克思主义在发展，历史科学也必将随之向前发展。

我们重视历史科学不是偶然的，我们是从辩证唯物主义认识论的高度看待历史科学的作用的。人世间像自然界一样，一切事物都是作为一定的具体的历史过程而存在的。没有无历史的事物，也没有无事物的历史。我们要想认识世界，除了必须在马克思主义指导下研究现状外，又必须在马克思主义指导下研究历史。只有这样做，才是尊重客观世界发展的辩证法，也是尊重人们对于客观世界认识过程的辩证法。在这方面，革命导师为我们树立了光辉的榜样。他们在指导无产阶级革命斗争的过程中，不仅亲自参加革命实践，对现状进行细密的调查研究，而且在探讨任何问题时，从不忘记历史的联系，从不忘记把探讨对象作为一个历史过程来考察，并且，从不忘记汲取有关的历史经验。因此，他们得出的结论完备而严整，经得起实践的反复检验。恩格斯就曾多次称道过，由于马克思谙熟法国的历史，因而能够对于法国所发生的一切重大政治事件，做出透辟的分析。在《马克思〈路易·波拿巴的雾月十八日〉德文第三版序言》中，恩格斯讲过这样一番道理：

的确，这是一部天才的著作。紧接着一个事变之后，——这一事变像晴天霹雳一样震惊了整个政治界……马克思发表一篇简练的讽刺作品，叙述了二月事变以来法国历史的全部进程的内在联系，揭示了12月2日的奇迹就是这种联系的自然和必然的结果，而他在这样做的时候对政变的英雄除了给予完全应得的蔑视以外，根本不需要采取别的态度。这幅图画描绘得如此精妙，以致后来每一次新的揭露，都只是提供出新的证据，证明这幅图画是多么忠实地反映了现实。他对当前的活的历史的这种卓越的理解，他在事变刚刚发生时就对事变有这种透彻的洞察，的确是无与伦比。

但是要做到这一点，就需要像马克思那样深知法国历史……马克思不仅特别偏好地研究了法国过去的历史，而且还考察了法国当前历史的一切细节，搜集材料以备将来使用。因此，事变从来也没有使他感到意外。

恩格斯的这段评论，令人信服地说明了掌握历史知识对于认识现实有极大的帮助。正因为这样，毛泽东同志在领导中国革命的进程中，也一再告诫全党，要重视研究历史，特别是要重视研究中国的历史。在整风运动中，毛泽东同志把是否注重研究历史，作为学风是否端正、党性是否完全的严肃问题提了出来。他尖锐批评了那种忘记祖宗，不注重研究历史的极坏作风，指出：“不要割断历史。不单是懂得希腊就行了，还要懂得中国；不但要懂得外国革命史，还要懂得中国革命史；不但要懂得中国的今天，还要懂得中国的昨天和前天。”毛泽东同志的这些意见至今仍有重要的指导意义。我们在现实中遇到的每一个重大问题，都迫使我们要从历史上寻求脉络。例如，当我们苦于封建主义的残余还存在于今天的现实生活之中时，不是迫使我们重新加深对于中国古代封建社会历史的研究吗？所以，历史是无法割断的。现实的问题常常包含历史的问题，历史的问题常常仍是现实的问题。认识现在必须了解过去，创造历史必须研究历史。客观事物的发展过程不会完结，反映客观事物发展过程的认识过程也不会完结。历史科学决非可有可无，作为认识世界的一个环节，它的作用是至关紧要的。

二、历史经验可供借鉴

英国伟大的唯物主义思想家培根说过："读史使人明智。"历史科学为我们提供了历史的经验和教训，使我们不仅能够避免重走前人已走的弯路，重犯前人已犯的错误，而且能够在运动的现在看到运动的未来，在艰苦卓绝、错综复杂的困难环境之中清醒地预见到光辉灿烂的胜利前景，使我们在创造历史的活动中变得更加聪明、更加自由、更加坚定。

人类从自己的童年就十分注意和尊重前人留下的历史经验。例如，在著名的大禹治水传说中，鲧用湮法治水失败的教训和禹用疏导法治水成功的经验，实际包含着千百年间人类辛勤劳动、艰苦斗争而获得的知识结晶，这个故事流传下来，就使人们多了一份和洪水斗争的经验。跨入文明社会后，历代统治者都想把史学作为"鉴往知来"的工具。他们设史官，修正史，力图寻求维护本阶级统治的历史经验。虽然从根本上说，由于他们受统治阶级立场的限制，不可能完全正确总结历史经验，但也不排除他们可以从某些历史现象中获得有益的认识，从而采取一些顺应历史要求的步骤，尤其在他们处于历史上升时期时，能够较多地做到这一点。汉初统治者把秦二世而亡作为自己的殷鉴，唐初统治者把隋二世而亡作为自己的殷鉴，都比较注意调整统治政策，比较注意爱惜民力，因而对汉唐盛世的出现起了促进作用。应该承认，历史经验在这当中是起了作用的。史学到了无产阶级手中，情况发生了根本的变化，历史研究成为真正的科学。有了历史科学，无产阶级和广大人民群众借鉴历史经验，便成了一件经常的事情。例如，在抗日战争时期，当时统一战线建立，党内又出现王明右倾机会主义错误时，毛泽东同志就拿第一次国内革命战争失败的经验教训告诫全党："一九二七年陈独秀的投降主义，引导了那时的革命归于失败。每个共产党员都不应忘记这个历史上的血的教训。"在抗日战争即将获得胜利，我们的工作重心将要从农村转入城市并争取全国胜利时，为了防止党在胜利面前骄傲自满，毛泽东同志又拿李自成起义失败的教训告诫全党："我党历史上曾经有过几次表现了大的骄傲，都是吃了亏的。……全党同志对于这几次骄傲，几次错误，都要引为鉴戒。近日我们印了郭沫若论李自成的文章，也是叫同志们引为鉴戒，不要重犯胜利时骄傲的错误。"今天，当人们谈论中国的希望所在时，也很自然要翻翻我们的历史，看看我们的历史经验。原来，正如鲁迅在《中国人失掉自信力了吗》一文中所说："我们从古以来，就有埋头苦干的人，有拼命硬干的人，有为民请命的人，有舍身求法的人，……虽是等于为帝王将相作家谱的所谓'正史'，也往往掩不住他们的光耀，这就是中国的脊梁。……要论中国人，必须不被搽在表面的自欺欺人的脂粉所诳骗，却看看他的筋骨和脊梁。自信力的有无，状元宰相的文章是不足为据的，要自己去看地底下。"

历史的经验是宝贵的，是值得注意的。无论哪个时代的人们，都不能事事直接经验，总要借助前人已经得到的间接经验，即历史的经验。幻想一切认识取自本身的实践，排斥历史上人们实践活动的意义，是愚蠢的，是不符合马克思主义认识论的。当然，历史的经验毕竟是以往实践活动的经验，它可以作为借鉴，但不能代替对于现实的认识。在某种程度上，历史会以不同的形式重演、再现，因而历史经验有极大的现实意义。但是，历史是发展的，是不可能简单重复的，因而对待历史经验不能采取生搬硬套、形而上学的绝对化的态度。

三、历史是生活教科书

历史科学对于进行思想教育，陶冶一代新人，起着重要作用。可以说，历史是一部真实动人的生活教科书。

历史科学能够帮助人们树立共产主义世界观。历史科学正确说明了人类社会发展的规律性，揭示了共产主义一定会实现的历史必然性，它告诉我们，在这个历史时代，要想做一个时代的促进派，要想做一个有益于人民的人，就必须树立共产主义远大理想。科学的信念，才是坚定的信念。历史科学能以令人信服的历史事实，驳倒各种腐朽没落的世界观，帮助一代新人毫不动摇地踏上历史必由之路。不仅如此，历史科学还向我们展现了许多光彩夺目的英雄形象，留下了许多可歌可泣的英雄业绩，使我们学有所依，做有所本，并且时时激励着我们的感情，增添着我们的力量。不用从遥远时代的斯巴达克或者陈胜、吴广讲起了，单就一百多年来的共产主义运动史来说，我们所能受到的教益、所能汲取的力量，不是无穷无尽吗？在这段历史中，从《共产党宣言》发出"全世界无产者，联合起来！"的伟大号召，到巴黎公社升起第一面无产阶级专政的红旗；从阿芙乐尔巡洋舰冲破西方黑暗的隆隆炮声，到工农红军迎接东方黎明的二万五千里长征，无产阶级为着争取共产主义的胜利，不惜用自己优秀儿女的鲜血和生命书写了人类历史上最为悲壮、最为光辉的一页。崇高的理想，高大的形象，将使一切反动小丑无地自容，将使一切碌碌无为的庸人感到羞愧，同时，也定将给无产阶级的后代子孙带来激情、勇气、信心和力量。

历史科学又是进行爱国主义教育的极好教材。在我们古老悠久的历史上，曾经产生过许多反对阶级压迫、反对异族统治的革命英雄、民族英雄，曾经涌现过许多杰出的思想家、政治家、军事家、科学家、文学家、艺术家……由劳动人民的智慧和血汗浇灌的具有民族特色的中国古代文化是举世闻名的。学习这部历史，将会增强我们的民族自豪感，鼓舞起振兴中华的勇气。近百年中国落后了，受欺侮了，因而有"百年痛史"的说法，但这部历史留给我们的教益并不比辉煌的古代史留给我们的教益少。我们为什么会落后？我们为什么会挨打？为什么我们经历了一次又一次失败？为什么我们最终又能踏倒一切民族敌人而屹立在世界东方？……这些问题都能在我们的历史中寻到答案。了解祖国，将会更加热爱祖国。年轻的新中国大学生，面对祖国的历史不能不发出这样的感慨：中国近代史充满了中华民族的血和泪，使人感伤、悲愤；但它同时也是一部充满了中国人民抵抗外来侵略的火和剑的历史，使人振奋、激昂……作为一个中国人，我们要奋发图强，拿出我们前辈与敌人浴血奋战的气概，为振兴中华做出新的贡献！为国家的富强，尽最大的努力！可见，历史科学在爱国主义教育上是很有力量的，它能粉碎那种低贱的崇洋媚外的蛊惑，它能帮助年轻一代真正懂得"没有共产党就没有新中国"、"只有社会主义才能救中国"的真理，使他们愈加坚信中华民族有自立于世界民族之林的能力，有把祖国建成社会主义强国的历史根据。

四、传播马克思主义清除历史唯心论

历史科学作为无产阶级意识形态的组成部分，对于传播马列主义的科学理论，清除史学领域中的唯心史观等错误观点起着重要作用。毛泽东同志指出："马克思列宁主义是马克思、恩格斯、列宁、斯大林他们根据实际创造出来的理论，从历史实际和革命实际中抽出来的总结论。"很显然，要想学习和掌握马克思列宁主义、毛泽东思想，不参加革命实际，不了解革命实际是不行的，同时，不研究历史实际，不了解历史实际也是不行的。试想，不了解人类社会发展的历史，怎么能弄清历史唯物主义的道理？不了解资本主义社会产生、发展并走向灭亡的历史，怎么能弄清科学社会主义的道理？不了解一百多年来共产主义运动的历史，怎么能弄清马克思主义在无产阶级革命斗争中不断发展的道理？……可见，为着使马克思列宁主义、毛泽东思想不致变成僵死的教条或宗教式的神明，为着全面地、准确地领会马克思列宁主义、毛泽东思想的精神实质，掌握马克思列宁主义、毛泽东思想的立场、观点、方法，就必须重视历史科学，认真研究历史实际，弄清马克思列宁主义、毛泽东思想赖以产生并深刻反映的历史内容，这是学习马克思列宁主义、毛泽东思想的正确途径。不仅如此，马克思列宁主义、毛泽东思想传播的程度，整个社会思想革命化的程度，还与思想领域里唯物论和唯心论、科学和反科学的思想斗争密切相关。几千年来，剥削阶级史学思想体系治着史学领域，诸如天命观、神学宗教观、英雄史观……各式各色的历史唯心主义观点，歪曲历史，欺蒙人民，构成维护剥削制度的精神支柱。这是一堆影响巨大的沉重的精神垃圾，而现代各式各色的资产阶级学者又借用新的包装、甚至借用马克思主义词句的包装，继续向人民兜售这些精神垃圾。因此，史学领域里的斗争是长期的，从丰富的人类文化遗产中区分精华和糟粕，清除精神垃圾，任务是艰巨的，努力完成这个任务是马克思主义史学工作者义不容辞的职责。

思考题

1. 历史学定义有哪些？

2. 历史学认识论上的特点有哪些？

3. 历史学研究方法有哪些？

4. 历史学作用有哪些？

参考文献

1. 朱绍侯：《中国古代史》，福州，福建人民出版社，2008。

2. 李侃：《中国近代史》，北京，中华书局，2006。

3. 王绘林：《中国现代史》，北京，北京师范大学出版社，2008。

4. 何沁：《中华人民共和国国史》，北京，高等教育出版社，2006。

5. 齐世荣：《世界史（六卷本）》，北京，高等教育出版社，2008。

第八章　考古学

考古学(Archaeology)属于人文科学的领域，在中国是历史科学的重要组成部分，世界其他国家多从属于人类学，也有划归艺术史的。其任务在于根据古代人类通过各种活动遗留下来的物质资料，以研究人类古代社会的历史。实物资料包括各种遗迹和遗物，它们多埋没在地下，必须经过科学的调查发掘，才能被系统地、完整地揭示和收集。因此，考古学研究的基础在于田野调查发掘工作。

第一节　考古学及其研究对象

考古学这一名词主要有三种含义：第一种含义是指考古研究所得的历史知识，有时还可引伸为记述这种知识的书籍。第二种含义是指借以获得这种知识的考古方法和技术，包括搜集和保存资料、审定和考证资料、编排和整理资料的方法和技术。第三种含义则是指理论性的研究和解释，用以阐明包含在各种考古资料中的因果关系，论证存在于古代社会历史发展过程中的规律。作为一门近代的科学，考古学已有它的充实的内容，周密的方法，系统的理论和明确的目标。虽然还没有一个被普遍确认的定义，但在全世界范围内，学术界对考古学一词的理解是大致相同的。因此，可以从共同的理解出发，考虑到上述的三种含义，给考古学下定义说：考古学是根据古代人类通过各种活动遗留下来的实物以研究人类古代社会历史的一门科学。

考古学的产生有长远的渊源，但到近代才发展成为一门科学。近代考古学发祥于欧洲，以后普及到世界各国。北宋以来的金石学是中国考古学的前身，但直到 20 世纪 20 年代，以田野调查发掘工作为基础的近代考古学才在中国出现。作为一门近代的科学，考古学有一套完整、严密的方法论。它包含史前考古学、历史考古学和田野考古学等分支，并与自然科学、技术科学领域内的许多学科以及人文、社会科学领域内的其他学科有着密切的关系。

考古学是通过发掘和调查古代人类的遗迹遗物和文献来研究古代社会的一门人文科学。传统上，考古学是文化人类学的一门分支学科，但是它越来越独立，成为一门独立的学科。

考古学家与只研究历史记载的历史学家不同，他们通过研究远古人类的遗留物，对没有历史记载的史前文化也进行研究。考古学家致力于探索人类文化的起源。

汉语的考古学来自于欧洲，而欧洲各国文字中的考古学都源于希腊文的 αρχαολγ。这个词是由 αρχαο(意为古代事物或古代)和 λγο(意为科学)组成，在古希腊泛指古代史的研究。在 4 世纪的时候，柏拉图就使用这个希腊文的单词来指古代史的研究。这个词在一段时间内很少使用，在 17 世纪时又被重新使用，用以表示古物和古迹的研究。17、18 世纪的主要指的是古物中的美术品。到了 19 世纪才泛指一切古物和古迹。

中国在东汉时期已有"古学"这个名词，来泛指研究古代的学问。到了北宋中叶(11 世纪)时，诞生了一门研究青铜彝器和石刻的学问——金石学，即考古学的前身。这时"考""古"二字也开始被连用。1092 年成书的《考古图》就已经率先使用了"考古"这一名词，不过此时指的是考证古文字与古文章。

一、考古学研究的对象是实物

"实物"主要是物质的遗存，或者说是遗物与遗迹。而这些遗存应该是古代人类的活动遗留下来的。考古学的研究集中在对过去的研究上，包括过去文化所遗留下来的各种资料。

作为实物资料的遗迹和遗物，考古学的研究对象是实物资料。有些人望文生义，只看重一个"古"字，以为只要是考证古代的事物，不管是根据文献资料，还是根据实物资料，都可算是考古学。其实，考古学研究的对象是物质的遗存，即古代的遗迹和遗物。这就是它与依靠文献记载以研究人类历史的狭义历史学的最重要的不同点。考古学和历史学，是历史科学(广义历史学)的两个主要的组成部分，犹如车的两轮，不可偏废。但是，两者的关系虽很密切，却是各自独立的。它们都属"时间"的科学，都以研究人类古代社会历史为目标，但所用的资料大不相同，因而所用的方法也不相同。有人把依靠文献资料以研究人类古代历史的狭义历史学也称为考古学，这是不符合近代考古学的基本含义的。

作为考古学研究对象的实物，应该是古代人类通过各种活动遗留下来的，是经过人类有意识地加工的。如果是未经人类加工的自然物，则必须是与人类的活动有关，或是能够反映人类的活动的。这就说明，考古学是属于人文科学中的历史科学，而不属于自然科学，尽管在考古学的研究过程中必须充分利用各种自然科学的技术和方法。

二、研究年代

考古学是历史科学的一个组成部分。但各国考古学研究的范围都是有人类活动以来的古代历史时期，所以它的上限是人类出现，各国考古学都有它们的年代下限。例如，英国考古学的年代下限为诺曼人的入侵(1066 年)，法国考古学的年代下限为加洛林王朝的覆灭(987 年)，美洲各国考古学的年代下限为 C. 哥伦布(约 1451—1506 年)发现新大陆(1492 年)。一般说来，中国考古学的年代下限可以定在明朝的灭亡(1644 年)。考古学与远古的恐龙时代、近代史、现代史是无关的。

近一时期以来，英国有"中世纪考古学"，其年代下限延伸到资产阶级革命的开始(1640 年)；又有所谓"工业考古学"，其年代下限更延伸到 18 世纪和 19 世纪的工业革命初期。在美洲，则有所谓"历史考古学"或"殖民地时代考古学"，它们的年代范围在哥伦布发现美洲之后，直到 18 世纪末或 19 世纪初美洲各国在政治上获得独立。但是，英国的所谓"工业考古学"、美洲的所谓"历史考古学"或"殖民地时代考古学"，实际上是利用考古学的方法以研究近代史，所以不能算作真正的考古学。

相反，也有人把考古学的年代范围局限于史前时代，即没有文字记载的古代。这样，便把许多文明古国的历史时代也都排除在考古学研究的年代范围之外，这也是不妥当的。考古学不研究近代和现代，而是研究古代，这是必须肯定的。但是，考古学所研究的"古代"，除了史前时代以外，还应该包括原始时代和历史时代。就中国考古学而言，历史时代不仅指商代和周代，而且还包括秦汉及其以后各代；所谓"古不考'三代'以下"是不对的。当然，历史越古老，文字记载越少，考古学研究的重要性也越显著。要究明人类没有文字记载的史前时代的社会历史，就必须在极大程度上依靠考古学，因而史前考古学与史前史就等同起来了。

第二节　学科分支

一、学科分支

按照研究的年代范围、具体对象、所用手段和方法等的不同，考古学可以划分为史前考古学、历史考古学、田野考古学及各种特殊考古学等分支。

1. 史前考古学和历史考古学

从研究的年代范围上划分，考古学可分为史前考古学和历史考古学两大分支。也有人主张在两者之间加入原史考古学而成为三大分支，但从实际意义来说，原史考古学的重要性不如前两者。史前考古学的研究范围是未有文字之前的人类历史，历史考古学的研究范围则限于有了文献记载以后的人类历史，两者的界线在于文字的发明。世界各地，文字的发明有早有晚，所以各地区史前考古学的年代下限和历史考古学的年代上限各有不同。史前考古学和历史考古学都以遗迹和遗物为研究对象，这是它们之间的共同性。但由于历史考古学必须参证文献记载，而史前考古学则没有任何文献记载可供依据，所以两者的研究任务也有所不同。史前考古学承担了究明史前时代人类历史的全部责任，而历史考古学则可以与历史学分工合作，相辅相成，共同究明历史时代人类社会的历史。由于史前考古学主要是研究旧石器时代和新石器时代(有时也包括青铜时代和早期铁器时代)，历史考古学主要是研究青铜时代尤其是铁器时代，两者所研究的遗迹和遗物在性质上有一定的差异，所以它们的研究方法也有所不同。从与其他学科的关系来说，史前考古学要充分与地质学、古生物学、古人类学和民族学等学科相结合，历史考古学则必须与历史学相配合，同时还要依靠古文字学、铭刻学、古钱学和古建筑学等分支。从断定绝对年代的手段来说，史前考古学在很大程度上要依靠物理学、化学等自然科学的技术，而历史考古学则主要依靠文献记载和年历学的研究。

2. 田野考古学

"田野考古学"的名称是 20 世纪初正式提出来的。但当时的田野考古学主要是勘察地面上的遗迹和遗物，依靠地图进行调查，有时则要根据调查结果，测绘地图，作为记录的附件。以后，世界各地的田野考古转入以发掘为中心，并扩大调查的对象和范围，方法逐渐完善，技术快速进步。各种自然科学的手段相继被采用，许多机械设备被用作调查发掘的工具。利用航空照相和卫星照相、磁力探察和地抗力探察等方法以发现遗迹和遗物，用红外线摄影和用其他各种特殊的摄影技术测量和制图，为进行花粉分析和各种物理化学断代而取样，以及将发掘出来的遗迹保存于现场等，都使得田野考古学的工作面扩大，技术性加强。调查发掘的对象也由一般的居住址和墓葬等扩大到道路、桥梁、沟渠、运河、农田、都市、港口、窑群和矿场等各种大面积的遗址，从而使得考古工作者必须与各有关学科的专家协作，才能完成全面的、综合性的研究任务。考古学研究是一个整体，田野调查发掘和室内整理研究有着密切的联系，不能截然分割。但是，由于调查发掘工作有一套完整的方法论，而且还使用许多特殊的器材和设备，又要广泛采用自然科学的手段，这就使得田野考古学有其相对的独立性。把它作为考古学的一个重要的分支，也是理所当然的。

3. 特殊考古学

作为考古学的分支，使用特殊考古学这一名称，是为了与史前考古学、历史考古学、田野考古学等考古学的主要分支相区别。它包括上述三大分支以外的其他各种分支。有的是按研究对象不同而分的，如美术考古学、宗教考古学、古钱学、古文字学和铭刻学等；有的是按所用手段和方法不同而分的，如航空考古学、水下考古学等。

考古学和古代美术史，往往有共同的资料。古代美术史的许多研究对象，从旧石器时代的洞穴壁画、岩画到各个时代的绘画、雕刻、造像、各种工艺品及神殿、寺庙和石窟寺等，都属遗迹和遗物。考古学上的类型学和年代学等方法，也适用于古代美术史的研究。但是，作为考古学的一个分支，美术考古学是从历史科学的立场出发，把各种美术品作为实物标本，研究的目标在于复原古代的社会文化。这与美术史学者从作为意识形态的审美观念出发以研究各种美术品相比，则有原则性的差别。由于美术考古学的研究对象在年代上上起旧石器时代，下迄各历史时代，所以它既属于史前考古学的范围，也属于历史考古学的范围。又由于作为遗迹和遗物的各种美术品多是从田野调查发掘工作中发现的，所以美术考古学与田野考古学的关系也相当密切。

宗教考古学。是以有关宗教的遗迹和遗物为研究对象的考古学分支。在古代，宗教信仰普遍存在于人类社会。因此，在研究人类社会的历史时，必须把宗教活动也作为一个重要的方面。各个时代的神殿、寺庙、祭坛、祭具、造像、壁画、经卷和符录之类，都是宗教考古学的具体研究对象，有的具有一定的美术价值，所以宗教考古学与美术考古学的关系也比较密切。在宗教考古学中，欧洲的基督教考古学、北非及西亚和中亚的伊斯兰教考古学、南亚和东亚的佛教考古学是最为重要的，它们都属历史考古学的领域。但是，早在旧石器时代和新石器时代，人类已有宗教性的活动，并有一定的遗迹和遗物。因此，宗教考古学这一分支，也应被包含在史前考古学的领域内。

以古钱为研究对象的考古学，称为古钱学。由于古钱的铸造年代明确，它便成为考古学断代的最通常的依据之一。但是，作为考古学的一个分支，古钱学的研究有着更为广泛和重要的意义。古钱学的目标，不仅要判别各种古钱的铸造年代，而且还要通过对钱的形状、质料、重量、铭文、图纹和铸造技术的考察，辨别它们的发行者和发行地点，确定它们的价值，研究铭文、图纹的意义和风格，从而为经济史、文化史乃至美术史的研究提供材料。通过对出土古钱在地域上的分布情形的考察，还可以研究世界各个地区在经济贸易和文化交流方面的情况，并为判断当时的交通路线提供线索。由于古钱是历史时代的产物，古钱学属于历史考古学的范围。

作为考古学的分支，古文字学和铭刻学的研究对象必须是铸、刻或书写于遗迹和遗物上的文辞，与一般的书籍文献不同。含有文辞的遗迹和遗物，大体上可分两类。一类如墓志、碑碣、印章、甲骨、简牍、泥板、帛书和纸书等，文辞是器物的主要内容；另一类如纪念性建筑物、雕刻品、绘画、货币、度量衡器、镜鉴、工具、武器和各种容器等，铭文处于附属的地位。古文字学和铭刻学的任务在于识别铭辞的文字，判读辞句的意义，区别不同时代、不同地区的字体，后者在使用拼音字母的国家里称为"古字体学"。就已经发现的古文字而言，古印度文字、契丹文字和玛雅文字等，虽然已有不少单字能够识别，但还不能顺利判读文辞。但是，埃及古文字、苏美尔文字、迈锡尼文字(线型文字B)和商周甲骨文字等，则已能详细解读，从而对究明古埃及文明、苏美尔文明、迈锡尼时代的希腊文明和中国的殷商文明起了很大的作用。此外，对铭文的研究还可以判明遗迹和遗物的年代、制作者、所有主、所在地、用途和制造目的等。由于铭辞存在于遗迹和遗物上，其可靠程度大大超过文献的记载，不仅可补文献记载的不足，有时还可纠正其错误。因此古文字学和铭刻学对原史考古学和历史考古学的研究有着很重要的意义。

航空考古学是指使用飞机从空中向地面摄影，通过对所得照片的观察、分析，判定遗迹和遗物的形状、种类及它们的分布情形。航空考古学开始于第一次世界大战的末期。当时英国、法国和德国的考古学者利用空军侦察地形时所摄的航空照片，探寻地面上的古迹。战争结束后，此项工作进一步开展，尤以英国考古学者的工作为出色，奠定了航空考古学的基础。数十年来，航空考古学的技术不断改进，特别是人造卫星的发明和摄影技术的发展，使得航空考古学的效果大大提高。通过航空摄影和航天摄影显示和判别出来的遗迹，大体上可分三类。①由阳光斜射时产生的阴影显示出来的，如堤坝、城墙和坟丘等遗迹；②利用因土质不同而产生的土色明暗判别出来的，如坑穴、壕沟和道路等遗迹；③从谷物、野草等植物的绿色深浅差异而判明的，如村落、都市、农田、道路、运河等遗址。此外，没入海中的遗迹有时也可通过空中摄影而发现；腓尼基的两个海港——推罗和西顿延续到罗马时期的港市之被发现，便是著名的例子。航空考古学成效甚大，可以看成是田野考古学中的一支生力军。

水下考古学的萌芽可上溯到16世纪意大利人在海底探寻沉船。到了20世纪初期，水下的考古调查在世界各地进行，最有名的是在墨西哥奇琴伊察玛雅文化遗址的"圣池"中寻找牺牲人和祭品，在突尼斯马赫迪耶港的海上探寻满载古希腊美术品的罗马沉船。但由于潜水条件的限制，调查时不能做精细的操作和记录。1943年发明了潜水肺，第二次世界大战后又改进了各方面的设备和条件，这才使真正的水底考古学得以成立。从60年代起，先是法国人在马赛附近海底发掘沉船，接着美国考古队在土耳其附近海底发掘希腊罗马时代和青铜时代晚期的沉船，不仅获得船中许多古物，而且还为研究古代造船术、航海术、海上交通和贸易提供了重要的新资料。水底考古学的对象从沉没物、沉船扩大到淹没于湖底、海中的都市和港市等的遗址，而勘察、发掘及摄影记录等的手段和方法也大为改善，使水底考古学以显著的速度不断取得成果。可以认为，水下考古学是田野考古学在水域的延伸。

除了以上所述各种主要的分支以外，考古学还可以按地区的不同而分为"欧洲考古学"、"埃及考古学"、"中国考古学"和"日本考古学"等各分支，而各地区的考古学则又可按时代等的不同而分为"古典考古学"（希腊罗马考古学）、"商周考古学"等等许多分支。

考古学是一门涉及面极广的科学，与其他许多学科都有关系，必须得到这些学科的支持和协助，才能完成各项研究任务。

4. 有关学科

有关学科的种类与考古学有关的学科，大体上可以分为自然科学、工程技术科学和人文社会科学等三大方面。在自然科学方面，自然地理学、地质学、气象学和生态学等学科，主要是协助研究遗址所在地区的地史和天然资源，从各个方面复原当时的自然环境。生物学（动物学和植物学）和体质人类学，主要是用以鉴定发掘出土的植物遗存、动物和人类的骨骸，并判定它们的年代。物理学和化学则应用于对遗迹的勘探，对遗物成分和性质的分析，并测定它们的年代。在工程技术科学方面，建筑学和土木工程学应用于对遗址的发掘、测量、制图，对发掘出来的遗迹进行复原或在现场加以保存等。采矿冶金学、陶瓷学和染织学应用于对工场址、矿址、窑址等遗迹的考察，对铜器、铁器、陶瓷器、玻璃器、纺织品等遗物的分析和研究。造船学则专门应用于对发掘出来的造船工场遗址和船舶的遗物进行考察和研究。在人文、社会科学方面，民族学、民俗学、语言学、人文地理学、社会学、宗教学、经济学、政治学和法学等，都是分别就遗迹和遗物所提供的有关各该学科的资料，进行研究和解释。美术史学和建筑史学主要是研究发掘出来的美术品和各种建筑物遗存，就其样式、风格、年代、建筑技术以及保存方面的问题，作出判断和说明。历史学除了为发掘出来的种种遗迹和遗物提供文献上的解释并帮助判断它们的年代以外，还广泛地就古代的政治组织、社会结构、经济制度以及涉及精神文化方面的各种问题提供文献上的资料，做出详细的说明，以补考古学在这些方面的欠缺和不足。

5. 考古目的

假使没有考古学的话，我们无从了解人类演化。考古学目的在于了解更多关于过去社会以及人类发展的事实。人类有超过 99％ 的历史是在史前史，当时的人类并未使用文字，因此并未留下关于他们自身的文字记录，以供我们研究。在欠缺这种书写文字的资源下，了解史前社会的唯一途径就是考古学。许多关于人类历史的重大发展发生在史前史，包括在旧石器时代发生的人类演化，当时在非洲，人族从南方猿人发展而来，最终成为当代的智人。考古学也找出许多人类技术演进的讯息，例如，使用火的能力、石器的发展、炼铁术的发明、宗教的源头，以及农业的创造。假使没有考古学的话，我们无从了解在人类在没有书写文字的年代，所发生的演化与技术变迁。

二、学科目标

学科目标：①发现、发掘记录和保护过去人类物质遗存，揭示它们在时间和空间上的定位和相互关系，包括他们存在的物质性背景。②重建特定时间、特定地点、特定的古代遗存所代表的人类的行为和生活方式。③建立古代遗存的编年序列，进而建立一个特定地区的文化史。④解释由古代遗存所体现的人类行为和文化过程所具备的规律性。

三、研究取向

价值取向：考古学家并不全部服膺同一套考古学理论取向。当考古学于19 世纪晚期开始发展，第一个考古学理论取向是文化史考古学，它所具有的目标是解释文化为何改变和调整，而不是仅仅强调这些文化曾经产生的事实，因此强调历史特殊论。在 20 世纪初期，许多考古学家研究的是与现存社会(例如美洲原住民、西伯利亚人、中美洲人的社会) 有所关联的过去社会，他们依循直接历史取向，比较在过去与当代族群及文化群体之间的连续性。在 19 世纪 60 年代，由宾佛与傅能瑞等美国考古学家所领导的一场考古学运动，反对当时已经建置完备的文化史考古学。他们提议一种更具科学与人类学性质的"新考古学"，具有假设测试与科学方法，这在后来称为过程考古学。在 19 世纪 80 年代，兴起了一个崭新的后现代运动，由英国考古学家所领导，包括 Michael Shanks、Christopher Tilley、Daniel Miller 以及 Ian Hodder，这后来称为后过程主义考古学。它质疑过程主义对科学实证论与公正性的诉求，并强调自我批判的理论反思性。然而，后过程主义遭到过程主义批评为欠缺科学热情，而且学者依然争辩着过程主义与后过程主义的有效性。同时，另一个理论"历史过程论"(historical processualism)兴起，寻求整合出一个焦点，放在过程与后过程考古学所强调的反思性及历史。现今的考古学理论采借了来自很大范围的理论思想，包括演化、现象学、后现代、结构与能动、认知考古学、功能学派、性别考古学与女性主义考古学以及考古学系统理论等。

思考题

    1. 考古学分支有哪些?

    2. 考古目的有哪些?

    3. 考古目标有哪些?

参考文献

    1. 阿尔斯霍夫斯基:《考古学通论》,北京,科学出版社,1958。

    2. 宋百川:《考古学通论》,济南,山东大学出版社,1988。

    3. 孙英民:《中国考古学通论》,开封,河南大学出版社,1990。

    4. 张之恒:《中国考古学通论》,南京,南京大学出版社,2009。

    5. 杜斗成、段小强:《考古学通论》,兰州,兰州大学出版社,2007。

    6. 易漫白:《考古学概论》,长沙,湖南教育出版社,1985。

    7. 饭岛武次:《中国考古学通论》,东京,同成社,2003。

    8. 马利清:《考古学概论》,北京,中国人民大学出版社,2010。

    9. 钱耀鹏:《考古学概论》,北京,高等教育出版社,2011。

第九章　政治学

政治学是一门以研究政治行为、政治体制以及政治相关领域为主的社会科学学科。政治学是一门独立的学科，它要求人们以客观政治关系为研究对象，以科学态度和科学方法从事研究，其研究的科学成果和结论对于人们认识政治现象，掌握政治规律起着巨大的指导作用。

第一节　什么是政治学

政治学是一门以研究政治行为、政治体制以及政治相关领域为主的社会科学学科。狭义的政治学研究国家的活动、形式和关系及其发展规律；广义的政治学研究在一定经济基础之上的社会公共权力的活动、形式和关系及其发展规律。政治学界对政治学研究对象的看法还不尽一致，提出了许多不同的见解，归纳起来，可分为两类：一类主张政治学的研究对象是政治现象或政治关系。认为政治学是研究社会中各种政治关系的科学，是研究关于社会政治及其发展规律的科学，或者是研究社会各种政治势力关系发展规律的科学。另一类主张，政治学的研究对象是国家，或以国家为中心的各种政治现象和政治关系。

政治学研究方法按层次可划分为：哲学层面的方法、范式层面的方法和技术层面的方法。哲学层面的方法起到整体性的指导作用。范式层面的方法可分为规范研究与实证研究。哲学层面说，每一门学科的研究都是将具体问题抽象化、系统化的一个过程，这就离不开一定的哲学知识，特别是逻辑学的知识。虽然行为主义政治学一再强调价值中立，但是实践证明，政治学研究是无法做到真正的"价值中立"的。政治学研究离不开学者的主观意识，这就需要学者具有哲学思辨、逻辑推理的分析能力。古代以及近代的政治学者大部分自身也是哲学家。诸如《理想国》、《政治学》之类的古典政治学名著同时也是哲学名著。当代许多优秀的政治学者也同样具有深厚哲学功底。因此无论采取何种现代化的先进方法，政治学者都应具有一定的哲学基础。无论哲学分析是否能产生终极价值，学者们对于哲学的推理和分析功能是予以承认的。

范式层面"范式"一词是美国著名科学哲学家库恩在《科学革命的结构》中提出的。政治科学中的范式是为了组织相关概念、理论和实践模型而建构的。理论范式指的是理论逻辑模式，它是由理论的构成要素、要素的结构方式等方面组成的。范式简单地理解为研究问题、观察问题、分析问题、解决问题所使用的一套概念、方法及原则的总称，它是对某种社会科学研究方法的总体综合或抽象，反映学者整体的研究思路。在范式层面，我们可以将政治学研究方法分为规范研究与实证研究两种类型。

传统政治学是指行为主义和后行为主义兴起之前的政治学。传统政治学注重对国家机构、权力、制度等方面的研究。传统政治学注重政治哲理和政治历史分析，尚无事实分析要脱离价值分析的观点，政治学者研究政治现象的目的就是要对现实提出批评或为其辩护。传统政治学多采用思辨式语言和演绎推理的方法。相对于行为主义政治学，传统政治学往往是一种静态研究。主要的研究范式有：历史—比较研究法、阶级分析法、机构研究法、制度研究法、法律研究法等。

现代政治学主要指行为主义政治学，以及后行为主义政治学等。它不局限于对正式机构、法律、文献、制度的研究，而是将政治人的行为、心理及其背景文化等纳入自己的研究范围。它主张政治学研究要价值中立，以不偏不倚的态度得出结论。它注重经验方法，强调运用技术手段和借用其他学科的方法和成果来解释政治现象。相对于传统政治学，它是一种动态研究。主要的研究范式有：心理学分析法（它是现代政治学研究的基础）、经济学分析法（如理性选择理论）、社会学分析法（如精英分析，政治团体分析，政治角色分析，政治文化分析）、系统分析法、结构—功能分析法等。

技术层面的方法主要是指对资料的采集分类，对数据的整理加工，以及形成研究成果等工具性、程序化的方法。目的是使研究更加科学化、规范化。工具性方法在第二次世界大战后，随着行为主义的兴起日益受到重视。这些方法适应了实证主义的研究，在计算机广泛应用于政治学研究中，技术层面的方法因其自身的重大作用越来越受到学者的关注。根据陈振明主编的《政治学——概念、理论和方法》一书，技术层面的方法主要有：课题选择与研究设计、资料的搜集与整理、定量分析与定性分析、理论阐释。

政治学是一门独立的学科，它要求人们以客观政治关系为研究对象，以科学态度和科学方法从事研究，其研究的科学成果和结论对于人们认识政治现象，掌握政治规律起着巨大的指导作用。政治学是以人类的政治行为和政治现象作为研究对象。由于政治活动对于所有人类的其他行为具有最终的组织效果，因而具有特殊的重要性。当代人类是以国家作为最高的组织，对内聚合并拘束成员的行为，对外则以国家的名义相互对待。虽然终结民族国家之说曾经甚嚣尘上，但是在当前和可预见的将来都难以想象其实现。而即使国家消亡，取代其地位的恐怕也将是另一种形式的政治组织，因而也脱不出政治学的研究范畴。政治之所以如此重要，是因为任何人类活动都必须遵循特定的规律，而规律的制定和维持，最终要倚靠政治上的强制力。任何经济活动或科技活动都必须在这个脉络之下进行，连学术活动也不例外。政治因而是任何人类活动的制高点，不论是在国家之内或国家之外都是如此，因此政治学是社会科学当中极为重要的一支。

第二节　中西政治思想的发展

西方政治思想的发展经历了四个阶段。

第一，古典政治学。政治学的前身能追溯至柏拉图和亚里士多德之前的年代希罗多德、荷马、赫西俄德、修昔底德、和欧里庇得斯等人的著作里。后来柏拉图开始分析希腊城邦的政治制度，将原本以文学和历史为方向的研究分析抽取出来，应用至哲学上。同样地，亚里士多德在柏拉图的分析上又建立了以历史经验为根据的研究，发展了以比较方式研究政治，萌生了日后的比较政治理论，被誉为政治学之父。所以柏拉图的《理想国》和亚里士多德的《政治学》被认为是政治学的创始作。在当时对政治的研究主要是以对历史的学习、政府治理的手段、和描述政府运作的情况为方向。而西塞罗更是对国家(Respublica)概念进行了界定，设计出了权力制衡的运作模式，并发展了自然法思想。

第二，神学政治学。中世纪时期，欧洲奉行政教合一，政治学尚未成为一独立学科，对于政治问题都倾向由宗教教义来解释，当时的政治学，隶属于神学。但教会和朝廷间对政治的研究仍相当广泛，以希波的奥古斯丁的教父神学和托马斯·阿奎那的经院哲学为当时的政治研究代表。奥古斯丁所著的《上帝之城》一书综合了当时基督教的哲学和政治传统，重新定义了宗教与政治间的领域界线。托马斯·阿奎那将希腊哲学和基督教神学进行了有机结合，并且论证了信仰、理性、道德和政治界分的可能性。在中东和其他的伊斯兰地区，欧玛尔·海亚姆所著的《鲁拜诗集》以及菲尔多西所著的《国王的史诗》里都提供了对政治的分析，而其他亚里士多德派的伊斯兰学者如阿维森纳也继续研究亚里士多德的分析和经验主义，写下许多针对亚里士多德作品的评论。而在古代中国，对政治的研究主要是制定礼乐、兵刑、职官等典章制度，与现代的政治研究存在相当大的差异。

第三，理性主义政治学。文艺复兴是西方政治学研究的重要转折点，政治学开始摆脱神学的束缚，人们以理性和经验的眼光来观察和解释政治现象。意大利的尼可罗·马基亚维利树立了现代政治学的研究重点，针对政治机构和政治参与者做直接的观察，其著作《君主论》，教导君主其只顾后果不顾过程的政治手段，内容与基督教教义冲突甚大。《君主论》的完成，被视为政治学由基督教中完全分离的一个里程碑。后来在启蒙时代里，学术领域的扩张进一步的拓广政治学的研究范围，超过了原本只是针对决策基准的研究。法国政治思想家让·布丹则对主权问题进行了系统地探讨。他在《共和六书》中认为主权是国家的基本属性，是至上和不可分割的。并且认为为了避免社会动荡，有必要加强君主的绝对权威。他的政治理论仍未摆脱中世纪的影响，但是他的主权理论促进了现代民族国家的形成，也是理性主义政治学的先驱。18世纪，工业革命兴起，自由竞争的进一步扩大以及科学技术的进一步发展，开辟了新的时代，以边沁和约翰·密尔为代表的功利主义和自由主义理论成为这一时期政治研究的重要成果。在政治实践中，民主政治逐渐成为发展的主流，而托克维尔成为揭示这一历史趋势的最伟大的思想家。

文艺复兴是西方政治学发生历史性转折的时期。包括三阶段，第一阶段，15世纪至16世纪，是西方近代政治学的形成时期。马基雅维里被马克思称为新时代第一个政治思想家。布丹的代表作《共和六论》创立了近代资产阶级国家的主权学说。以莫尔和康帕内拉为代表的早期空想社会主义政治思想，各自代表作《乌托邦》、《太阳城》，揭开了近代无产阶级政治学说史的第一页。第二阶段，17世纪至18世纪，是西方近代政治学的繁荣时期，自然权利与自然法理论及其天赋人权学说、社会契约理论、分权制衡学说贯穿始终。第三阶段，18世纪至19世纪末，是西方近代政治学的发展和变革阶段。以孔斯坦、边沁为代表的自由主义政治思想家，他们强调个人自由，反对国家对私人经济活动的干预。孔德、斯宾塞为代表的实证主义思想家，则企图用自然科学的方法来论证资本主义制度下阶级"合作"和社会"团结"的必然性，用资本主义的和平发展观念同无产阶级日益成熟的革命思想相抗衡。以圣西门、傅立叶和欧文为代表的空想社会主义。

第四，科学主义政治学。19世纪的思想家在一定程度上继承了启蒙运动的思想传统，包括了历史主义者黑格尔、孔德和马克思，以及进化论社会学的斯宾塞、梅因、滕尼斯等。随着政治研究日益成为一门科学，研究者更加注重于对历史事实的归纳和分析来解释政治现象。约翰·密尔、罗伯特·米歇尔斯、马克斯·韦伯等人是其典型代表。

在20世纪五六十年代间大卫·伊斯顿、加布里埃尔·阿尔蒙德等倡导行为主义革命，促使学术领域里针对个人和团体的科学研究从原本有系统而严厉地学科里逐渐游离。同时政治学的分析领域也朝向更深层和复杂的部分，也使政治学与其他不同的学科的研究关系更加紧密，尤其是社会学、经济学、历史、人类学、和统计学。政治行为的研究者也越来越倚赖以科学的方法做学术研究，如量化研究、方法学等，根基在对政治走向的经验证实和推断的假设前提下，并归纳针对人类与团体的政治行为解释。

20世纪，当代西方政治学大体上沿着两个方向发展：一是政治理论方向，在17—19世纪西方政治理论延续发展的基础上，出现了各种不同的理论和方案；另一个方向是行为主义政治学。第一次世界大战前后，美国政治学家主张采用社会学、心理学和统计学方法来研究政治，发起了"新政治科学运动"，为行为主义政治学的发展奠定了基础。第二次世界大战后，行为主义政治学在美国得到了迅速发展，并一度成为西方政治学的主流。

近代西方政治学被介绍到中国来，是从19世纪末叶开始的。19世纪中叶洋务运动兴起时，中国人通过洋务派的鼓吹、宣传，开始对西方的政治思想和政治制度有些了解。但是通过译书、著书、杂志、报刊大规模把西方的国家学说、契约论、三权分立、民主、自由、天赋人权等理念和议会、政党等国家制度介绍到中国来的，则是清末维新运动时期。当时维新运动的代表人物康有为、梁启超、严复等，都在这方面做过不少工作。严复因曾留学英国，故译、著尤多。戊戌变法，虽以六君子遇难而告终，但兴学堂、开书局、办报纸的维新风气，却不可遏止。这时，政治学在西方也开始成为一门独立的科学。以《政治学》、《政治学史》命名的著作，在欧美及日本均陆续出版。中国维新之士，也就及时地翻译过来在中国传播。据统计，从1901年到1904年间，中国翻印出版西方政治学的专著就有66本之多。其中，美国伯盖斯所著《政治学》就有"译书汇编"社（1900年）和上海作新社（1902年）两种中译本；德国那特硁所著《政治学》，也有上海广智书局（1902年）和上海商务印书馆（1904年）两种中译本。此外，还有英国赖烈的《政治原论》，美国威尔逊的《政治泛论》，日本小野冢喜平次的《政治学大纲》，以及日本浮田和民的《政治学史》等。

1898年（光绪二十四年），也就是戊戌政变这一年的12月，在北京成立了京师大学堂，它就是北京大学的前身（1912年改名为北京大学）。到1903年，京师大学堂的课程共分八科，其中就包括"政治科"。这是中国在大学中开设的第一门政治学课。随后，陆续兴办起来的大学都设立了政治学系。到1948年为止，据不完全统计，在当时全国100余所大学中已有40余所大学设立了政治学系，培养政治学专业人才。在这些大学政治学系中教书的著名教授有：张慰慈、高一涵、钱端升、张忠绂、浦薛风、张奚若、张汇文、萧公权、蒋延黻、周鲠生、李亚农、萨孟武、邓初民、楼邦彦、吴恩裕、王铁崖等。

这时期出版的政治学专著，比较著名的有：张慰慈的《政治学大纲》，高一涵的《政治学纲要》、邓初民的《新政治学大纲》、钱端升的《中国政府》、萧公权的《中国政治思想史》和浦薛凤的《西洋近代政治思潮》等。其中如邓初民的《新政治学大纲》，是较早运用马克思主义理论来研究政治学问题的较有影响的著作。此外，中国的政治学者们还于 1932 年在南京成立了中国政治学会。并分别在 1935 年、1936 年和 1942 年召开过三届年会，至 1946 年，拥有会员 140 人。当时积极发起建立或参与活动的中国政治学会的老一代政治学家有王世杰、钱端升、浦薛凤、周鲠生、萧公权、张汇文、张奚若、钱昌照、许德珩等。

总起来说，1949 年以前，中国政治学的教学与研究曾经取得了一定成绩，出现了一批著名学者，出版了一些有价值的著作，也培养了一些政治学方面的专业人才。但是当时在政治学的教学与研究中，存在着两个问题：第一，介绍西方的研究成果多，对中国问题研究得少，特别是研究中国现实政治问题的就更少。第二，培养出来的学生，除去极少数幸运者毕业后有机会出国深造，回来在大学找个教职教政治学外，其余大部分在政治学的教学与研究方面找工作非常困难。

前面提到，早在 20 世纪三四十年代，中国已有一些政治学者运用马克思主义理论来研究政治学。关于马克思主义政治学问题，存在着一些不同认识。有的学者用西方政治学教科书为标准来衡量马克思主义理论著作，从而得出马克思主义没有政治学的结论；与此相反，另外一些学者却认为马克思主义理论中同样有一个完整的政治学体系。以上两种看法，都未免有失偏颇。

马克思主义理论，从根本上说是政治学的理论。它要解决的主要是政治实践问题。人所共知，马克思主义有三个组成部分：哲学、政治经济学和科学社会主义。其中，马克思主义哲学是指导思想问题，是世界观和方法论；马克思主义政治经济学是解决政治问题的基础理论，因为经济是政治的基础；只有科学社会主义，才是马克思主义理论的重点，是马克思主义的根本目的所在，即建立一个没有人剥削人的公平的、富裕的、民主的、适宜人性发展的社会主义、共产主义社会。科学社会主义是关于未来理想社会的研究，它涉及面虽然很广，但关键问题却是政权问题，而政权问题正是政治学研究的核心问题。在这个意义上说，科学社会主义主要的就是政治学的问题。

关于政治学的定义，是一个老话题。近一个世纪以来，各国学者见仁见智，他们对政治学的概念各有不同的解说。但其中也有共识，即都认为政治学研究的核心问题是国家政权问题。但从国家政权角度来说，它有两个方面，即夺取国家政权和巩固发展国家政权。前者是如何革命的问题，后者是如何建设的问题。在西方的政治学著作中，着重研究的是如何建设国家、管理国家的问题，例如，研究比较宪法、行政学、行政法、政党、决策过程、政府机制运作等问题。但马克思主义经典著作中着重研究的却是如何进行革命的问题，例如，革命理论、革命战略与策略、革命方式与手段等问题。这两个方面都是政治学的内容，但各有侧重。这是客观需要所决定的。马克思主义经典作家原都是革命者，他们当时着重解决的是无产阶级和劳动人民如何组织起来，从反动统治者手中夺取政权的问题。列宁领导苏联十月革命取得了胜利，但共产党掌握政权只有 7 年，列宁就逝世了。而且那 7 年确实是内忧外患的 7 年，因此，列宁来不及总结社会主义建设的经验。斯大林领导苏联社会主义建设和反抗德国法西斯战争中的功劳不可一笔抹杀，但他犯有许多严重的错误。特别是在晚年，他深深陷入历史唯心主义的泥坑中不能自拔，因此他也不可能正确总结建设社会主义的经验和教训。毛泽东在领导中国共产党和中国人民进行民主革命的 28 年斗争中，在理论和革命实践上取得了突出的业绩，对马克思主义政治学也做出了重要的贡献。但是，他此时的贡献，也都属于发动革命、夺取政权的前一半。

由此可见，在 1949 年，当中国共产党领导新民主主义革命取得胜利，准备在全国范围内进行社会主义建设时，当时的马克思主义政治学，不能直接给予任何帮助。因为马克思主义经典著作中的政治学，虽然在夺取政权、发动革命方面有很重要的成就，但作为一门科学，它还缺少巩固政权、发展政权的重要一半，它还远不完整。这是客观的革命实践使然。这个任务理所当然地落到后人肩上。

1949 年，中华人民共和国建立之初，夺取政权的任务已经完成。当时国家面临的迫切问题，首先是如何建设一个稳定的、高效能的社会主义政权体制。既然中国有着自己的历史、社会和文化传统等方面的特殊条件，显然，只是照搬苏联的一套现成模式并非善策，而且当时已经可以看出"苏联模式"本身也存在着不少弊端。

1952 年取消政治学系科。这时，在国内正需要大力开展政治学的研究。政治学借此时机，理应大有用武之地。然而众所周知，当时的高等教育体制以苏联的高教体制为蓝本，于 1952 年取消了大学中的政治学系科。与此同时，政治学在新中国，也不再作为一门独立学科而存在了。苏联当时没有政治学系，并不是所谓社会主义国家的独创。有些欧洲大陆国家也是如此。许多政治学问题在苏联不是不研究，而是他们把国家问题都放到法学中去了。因此，苏联大学的法律系，实际上包括了政治系的内容。例如，他们法律系有"国家与法的理论"、"国家与法的历史"等课程，把国家与法律放在一起讲。此外，他们的国际法、政治思想史等课程也都在法律系中开设。

1960 年重新建立政治学学科。当时我国几十所大学的政治系都是在 1952 年一起取消的。到了 1960 年，中苏两党的争论公之于世，中国感觉到需要大量对马列主义有较好的理解，并能宣传马列主义的理论家，因此全国不少大学，包括北京大学在内，又重新建立了政治学系。但这时建立的政治学系，主要是讲授马列主义基本理论，并不涉及政治学广阔领域的其他方面问题。

1964 年政治学进一步发展。到了 1964 年春天，根据中央一个关于加强外国问题研究的决定，又把北京大学、复旦大学和中国人民大学的政治学系改成了国际政治系，任务是培养关于外国政治问题的教学和研究人才。

简单说来，中国大学里的政治学系是在 1952 年高等教育院系调整时被取消了。当然，和苏联一样，关于国家问题、中国宪法、比较宪法、西方议会政府、中国政治思想史、西方政治思想史以及国际法等课程，都放在大学法律系里讲授，这些课程并没有取消。尽管如此，政治学却不再作为一门独立科学而存在了。

这里有一个十分不合逻辑的现象。那就是多年来，中国反复强调"政治挂帅"、"突出政治"，却为什么不要政治学呢？原因在于当时中国过分强调政治的"斗争性"，而不讲政治的"科学性"。因此不重视学者们对政治问题进行认真的研究。

政治科学被否定，30 年来，在政治科学领域内的许多问题，诸如关于中国政治制度如何进一步完善，关于立法、行政与司法的权限及其相互关系、政府结构与体制、党政关系、国家行政管理、人事制度、决策程序、人民民主权利的保障等重大问题，均缺乏科学研究，从而长期陷入一定程度的盲目性之中。许多政治行为不能真正按客观规律办事，而是往往被主观随意性所左右。主观唯心主义得到发展后，在政治实践中碰钉子、犯错误，自然在所难免。

1957 年以后，政治学学科受到"左"倾思想的干扰陷入停滞。直至改革开放后，学科建设重新走上了正常道路。

1983 年 3 月，邓小平在党的理论工作务虚会上的讲话中提出了："我并不认为政治方面已经没有问题需要研究，政治学、法学、社会学以及世界政治的研究，我们过去多年忽视了，现在也需要赶快补课。"这样，上下结合，中国政治学才得以恢复。

中国恢复政治学研究，是从重建中国政治学会开始的。前面已经提出，中国老一代政治学家早在 1932 年就在南京建立了中国政治学会，并于 1935 年、1936 年和 1942 年分别召开过三届年会。1952 年，高等学校院系调整，把政治学与法学合并在一起，因此，1953 年 4 月 22 日，在北京成立了"中国政治法律学会"，而 1932 年参加建立中国政治学会后仍留在大陆的老一代政治学家如钱端升、张奚若、钱昌照、周鲠生、许德珩、王铁崖、楼邦彦等都参加了这个中国政法学会。中国政法学会的第一任会长，是曾经在 1945 年 4 月作为中国代表团成员之一到旧金山参加联合国成立大会的董必武，副会长是沈钧儒、谢觉哉、王昆仑、柯柏年、钱端升。1980 年 12 月，在北京召开了中国政治学会成立（重建）大会，全国除一些边远省市外，有 24 个省市自治区的 150 多名代表参加了会议。中共中央书记处、国务院、全国政协、中国社会科学院等部门领导到会祝贺。

中国著名老政治学家，当时已满 80 高龄的钱端升教授在会上的发言颇为引人注目。他认为，苏联社会科学的落后与其过分集中而又僵化的政治制度、压制民主有关。他强调研究政治学应提倡"首创精神"，要"采取一些新的想法，写出一些新的论著，使得我们的政治学能够满足在新的历史阶段所提出的要求，能够在我们前进的道路上对所出现的政治问题做出正确的解答，从而推动我们国家的繁荣昌盛"。他同时提出要发展政治学，创立新的政治学，还必须借鉴古今中外一些优良的制度和有效率的管理方法。他还举例说，西方某些国家中央与地方分权问题，就值得中国借鉴。

会议还通过了《中国政治学会章程》，选举产生了中国政治学会理事、名誉会长、顾问、会长、副会长、常务理事，并任命了秘书长和副秘书长等。名誉会长为钱端升教授及当时已 92 高龄的邓初民教授。会长为当时的全国人大常委、中国社会科学院副院长张友渔教授。

中国政治学会的重建，是中国政治学发展史上一个重要的里程碑。全国性政治学会成立后，各省市相继成立了地区性的政治学会。此后，不断召开各种政治学专题研讨会，开展国内外学术交流。接着，中国社会科学院和若干地方社会科学院也相继建立了政治学研究所。

中国政治学会重建后，北京大学、复旦大学和吉林大学等近 20 个高等院校相继建立了政治学系，培养政治学专业的本科生和研究生。其中，政治学理论的国家重点学科北京大学、复旦大学、吉林大学、南开大学、天津师范大学、厦门大学、武汉大学等高校设立了政治学理论的博士点。

第三节　政治学的主要内容与基本问题

政治学顾名思义，就是研究政治的科学。而政治在本质上是人们在一定经济基础上，围绕特定利益，借助于社会公共权力来规定和实现特定权利的一种社会关系，因此，政治学就是研究这种特定的社会关系即政治关系及其发展规律的科学。

政治学以政治关系作为研究对象。在实际生活中，政治关系具有多种外延形态，如政治行为、政治体系、政治文化等，这些都是政治学研究的对象。

政治学同时又是以探求政治关系的发展规律作为研究的目标和任务的。它要求对于政治现象的描述和对于政治表征的把握，更要求深入研究政治关系的本质联系及其发展运动。

政治学是一门独立的学科，它要求人们以客观政治关系为研究对象，以科学态度和科学方法从事研究，其研究的科学成果和结论对于人们认识政治现象，掌握政治规律起着巨大的指导作用。

我国的政治学目前大体上是按照政治学基本理论、政治思想、政治制度、行政管理和国际政治五大类来划分其基本内容的：

政治学基本理论主要包括政治学原理、马克思主义政治学经典著作研究、毛泽东政治学经典著作研究、政治管理学、政治心理学、政治社会学、比较政治学等。

政治思想包括中外政治思想史、中国现代政治思想、西方当代政治思潮、社会主义思想发展史等。

政治制度主要包括中国政治制度史、外国政治制度史、当代中国政治制度、资本主义国家政治制度、中国政府与政治、中国地方政府、中国共产党领导的多党合作、中国共产党的建设论及监察与监督理论、中国监察和监督制度史、中国选举制度、外国选举制度、一国两制理论等。

行政管理包括行政管理学原理、组织理论、人事行政学、行政领导学、公共政策分析、市政学、比例行政学、行政法学、行政学研究方法、组织行为学、中国公务员制度、秘书学与秘书工作、行政公文写作、办公自动化管理等。

国际政治主要包括国际政治理论、国际组织、国际法、国际战略研究、外交学、区域政治和各国政治研究、世界政党研究、国际关系史、中国对外政策等。

第二次世界大战前，政治学的研究范围主要包括政治学原理、本国政治、比较政治和国际政治四个领域，战后则众说纷纭。当代中国学者对政治学研究范围的认识虽不完全相同，但有基本的共识，认为应包括以下几个主要方面：第一，政治理论。包括马克思主义政治学说、中国和外国政治思想史、当代政治学理论和政治哲学、政治学的基本概念和范畴、社会的意识形态体系等。第二，中国政治。包括中国政治史、社会主义中国的政治结构、政治制度、政府体制、党的领导和建设、干部与人事、地方政府、民族问题、统一战线问题、人民与政治家问题、政治心理、政治参与、政治过程、政治文化、政治发展等。第三，比较政治。包括各国政治制度的模式、政治形式，一些主要国家的政治制度史和现行政府体制、政党制度、政治过程、政治文化、精英人物，其他一些国家特别是第三世界国家的政治发展、政治稳定、政治变迁及其各种模型以及地区研究和国家研究等。第四，公共政策。包括公共政策理论、决策科学、政策分析、决策的模型研究，以及福利政策、就业政策、教育政策、科学政策、种族政策、都市政策、外交政策、军事政策的研究等。第五，公共行政。包括行政管理、市政学、行政法学、官员体制、比较行政、组织和管理分析、组织理论和行为、人事行政等。第六，国际政治。包括国际法、世界性和地区性冲突与战争研究、国际战略研究等。第七，政治学方法论。包括政治学研究的基本方法和具体方法，如调查研究、定量分析、经验设计、个案研究以及政治系统分析、结构功能分析、政治行为分析、政治沟通分析、政治精英分析、政治团体分析、政治决策分析等。

思考题

1. 什么是政治学？
2. 西方政治思想的发展阶段有哪些？
3. 中国近现代政治思想的发展阶段有哪些？
4. 政治学的主要内容有哪些？
5. 政治学的基本问题有哪些？

参考文献

1. 杨光斌：《政治学导论》，北京，中国人民大学出版社，2004。
2. 景跃进：《政治学原理》，北京，中国人民大学出版社，2004。
3. 曹德本：《中国政治思想史》，北京，高等教育出版社，1999。
4. 彭明、程歗：《近代中国的思想历程》，北京，中国人民大学出版社，1999。
5. 徐大同：《西方政治思想史》，天津，天津教育出版社，2000。
6. 张鸣：《中国政治制度史》，北京，中国人民大学出版社，2004。
7. 唐晓：《当代西方国家政治制度》，北京，世界知识出版社，2004。
8. 宋玉波：《民主政制比较研究》，北京，法律出版社社，2004。
9. 张小劲、景跃进：《比较政治学导论》，北京，中国人民大学出版社，2004。

第十章　经济学

经济学是研究价值的生产、流通、分配、消费的规律的理论。经济发展的规律，就是社会经济有机体的发展规律；社会经济有机体的发展规律，就是社会有机体的发展规律；社会有机体的发展规律，就是社会发展的规律。所以经济学的研究对象和自然科学、社会科学的研究对象是同一的——客观规律。

第一节　经济学及其历史

经济学是一个有机整体。经济学只有以价值机制还是以价格机制为核心之分，没有宏观、微观之别。以价值机制为核心，微观经济学也是宏观经济学；以价格机制为核心，宏观经济学也是微观经济学。以价格机制为核心的经济学只是对经济过程的近似描述；不管其形式多精密，都不可能做到对经济现实的精确反映。经济学是研究人类社会在各个发展阶段上的各种经济活动和各种相应的经济关系及其运行、发展的规律的学科。

经济学核心思想是物质稀缺性和有效利用资源，可分为两大主要分支，微观经济学和宏观经济学。

经济学起源希腊色诺芬、亚里士多德为代表的早期经济学，经过亚当·斯密、马克思、凯恩斯等经济学家的发展，经济学衍生出了演化证券学、行为经济学等交叉边缘学科。随着国民经济的高速发展，经济学研究和应用受到国家和民众的关注越来越高，理论体系和应用不断完善和发展。

经济学家曾经给出定义：经济学研究的是一个社会如何利用稀缺的资源生产有价值的商品，并将它们在不同的个体之间进行分配。（保罗·萨缪尔森《经济学》）经济学是一门研究财富的学问，同时也是一门研究人的学问。（马歇尔《经济学原理》）

一般学者会把研究范围归纳入"微观"或"宏观"层面。"微观经济学"研究的是个体或个体与其他个体间的决策问题，这些问题包括了经济物品的消费、生产过程中稀缺资源的投入、资源的分配、分配机制上的选择等。"宏观经济学"则以地区、国家层面作为研究对象，常见的分析包括收入与生产、货币、物价、就业、国际贸易等问题。

一般情况下，经济学理论建基在理性的"极大化"这假设之上，每个人都会在局限下选取对自己最有利的选择。在经济学理论中的假设真假并不重要，只要假设推论出来的可被验证含义，能够解释及推测现实世界，我们就接受这个理论。但是奥地利经济学的理论是建立在人是有目的的行动的行动公理基础之上。其学派旗帜鲜明的反对把理性状态和极大化作为经济学的逻辑前提。

凡是有解释能力的理论，都一定有被事实推翻的可能性（refutable by facts），但未被事实推翻。我们永远不能证明一个理论，因为下一次的事件总会有机会推翻该理论。

日常中经济问题主要分为两点：第一，研究人预期在不同的选择下"将会怎样"；第二，探讨人在选择下"该要怎样"。前者称为"实证经济学"，后者称为"规范经济学"，而日常在学校教授的经济学课程属于"实证经济学"。

经济活动是人们在一定的经济关系的前提下，进行是生产、交换、分配、消费以及与之有密切关联的活动。在经济活动中，存在以较少耗费取得较大效益的问题。经济关系是人们在经济活动中结成的相互关系，在各种经济关系中，占主导地位的是生产关系。经济一词，在西方源于希腊文，原意是家计管理。古希腊哲学家色诺芬的著作《经济论》中论述了以家庭为单位的奴隶制经济的管理，这和当时的经济发展状况是适应的。

在中国古汉语中，"经济"一词是"经邦"和"济民"、"经国"和"济世"，以及"经世济民"等词的综合和简化，含有"治国平天下"的意思。内容不仅包括国家如何理财、如何管理其他各种经济活动，而且包括国家如何处理政治、法律、教育、军事等方面的问题。包括在"经世济民"内的"经济"一词，很早就从中国传到日本。西方经济学在19世纪传入中、日两国。日本的神田孝平最先把economics译为"经济学"，中国的严复则译为"生计学"。20世纪80年代以来，经济学已逐渐成为各门类经济学科的总称，具有经济科学的含义。

现代经济学在研究方法上大量运用现代数学方法和现代计算机技术，进行经济数量关系的分析，这是由于现代经济发展日益错综复杂，在此过程中出现的新情况、新问题需要运用这些新的方法进行精确的描述和解释。经济学各门学科依据本身的特点，适当运用现代数学和计算机技术的新方法和新成果，对于增强经济科学的精确性，具有重要的意义。

经济学作为一门独立的科学，是在资本主义产生和发展的过程中形成的。在资本主义社会出现以前，对当时的一些经济现象和经济问题形成了某种经济思想，但是并没有形成系统。在以历史和文明悠久著称的民族和国家中，以中国、古希腊、古罗马及西欧中世纪保存的历史文献最为丰富。它们是两个独立发展的文化系统，在经济思想方面都有重要的贡献。

一、古希腊、古罗马及西欧中世纪的经济思想

古希腊在经济思想方面的主要贡献中，有色诺芬的《经济论》，柏拉图的社会分工论和亚里士多德关于商品交换与货币的学说。色诺芬的《经济论》论述了奴隶主如何管理家庭农庄，如何使具有实用价值的财富得以增加。色诺芬十分重视农业，认为农业是希腊自由民的最好职业，这对古罗马的经济思想和以后法国中重农学派都有影响。柏拉图在《理想国》一书中从人性论、国家组织原理以及使用价值的生产三个方面，考察社会分工的必要性，认为分工是出于人性和经济生活所必需的一种自然现象。这种分析与中国古代管仲的"四民分业"论和孟子的农耕与百业、劳心与劳力的"通功易事，以羡补不足"的理论，基本上是一致的。亚里士多德在《政治学》与《伦理学》两书中指出，每种物品都有两种用途：一是供直接使用，一是供与其他物品相交换，而且说明了商品交换的历史发展和货币作为交换媒介的职能，指出货币对一切商品起着一种等同关系的作用，从而成为最早分析商品价值形态和货币性质的学者。

古罗马的经济思想部分见于几位著名思想家如大加图、瓦罗等人的著作中。古罗马对经济思想的贡献，主要是罗马法中关于财产、契约和自然法则的思想。古罗马早期有十二铜表法，以后在帝国时期有适用于罗马公民的民事法律—市民法，和适用于帝国境内的各族人的万民法。在这些法律中，对于财产权、契约关系以及与此相联系的买卖、借贷、债务等关系都有明确的解释。万民法所依据的普遍性原则和自然合理性，以后逐渐形成自然法则思想，成为资本主义初期的自然法、自然秩序思想的重要来源。

西欧中世纪虽然经历了千年之久，但封建制度是在 11 世纪才真正建立起来。中世纪的学术思想为教会所垄断，形成所谓经院学派。经院学派主要用哲学形式为宗教的神学作论证，但也包含某些经济思想，用来论证某些经济关系或行为是否合法或是否公平。后来由于商品经济的发展和城市的兴起，教会不得不回答当时社会上出现的两个重要问题：一是贷款利息的正当性问题，二是交换价格的公正性问题。贷款取息与教义抵触，教会曾一再明令禁止。但后来迫于大量流行的贷款取息的现实，经院学派不得不采取调和态度。在中世纪神学家中较早论述公平价格的是大阿尔伯特，他认为公平价格是和成本相等的价格，市场价格不能长期低于成本。对这两个问题，在中世纪并未形成有说服力的观点，但为以后的经济学家提出了研究的课题。

二、中国古代的经济思想

由于中国封建社会的经济和政治制度有着自己的特点。与西方古代的经济思想比较，除在重视农业生产、社会分工思想等方面有些共同之处外，也有它自己的特点。这方面主要有"道法自然"的思想、义利思想、富国思想、赋税思想、平价思想、奢俭思想等。道法自然是道家的经济思想。道家从自然哲学出发，主张经济活动应顺从自然法则运行，主张清静无为和"小国寡民"，反对当时儒家所提倡的礼制和法家所主张的刑政。道家这种经济思想后来传到西欧，对17—18世纪在西欧盛行的自然法和自然秩序思想有一定影响。义利思想是关于人们求利活动与道德规范之间相互关系的理论。"利"主要指物质利益，"义"是指人们行动应遵循的道德规范。儒家贵义贱利，成为长期束缚人们思想的僵化教条，妨碍了人们对求利、求富问题的探讨和论证，也在一定程度上影响了商品经济在中国的发展。

中国古代思想家为使中央集权的封建制国家富强，提出了各种见解或政策。孔子的学生有若就提出"百姓足，君孰与不足"，这是儒家早期的富国思想。以后商鞅在秦国变法，提出了富国强兵和"重本抑末"政策。商鞅和以后的韩非，认为农业是衣食之本、战士之源，发展农业生产是国家富强的唯一途径。同时，他们认为工商业是末业，易于牟利，如不加限制，就会使人人避农，危害农业生产，因而主张"禁末"。富国思想在中国的政治经济思想史上具有独特地位，这与中国长期是一个中央集权的封建专制主义国家这一特点有着密切关系。

对土地课征赋税是中国封建社会农产品的主要分配形式，是中国思想家经常论述的问题之一。自西周的"公田"制消亡后，对农业生产改为按所有田亩课征赋税。因此，中国古代的经书、史籍如《尚书》、《周礼》、《国语》等，常有关于田地分级和贡赋分等的论述。平价思想，即关于稳定物价的思想。战国时代，李悝、范蠡鉴于谷价大起大落对农民和工商业者都不利，提出国家在丰年购进粮食，在歉年出售粮食的"平籴"、"平粜"政策，使粮价只在一定范围内涨落。这一平价思想也被用于国家储备粮食的常平仓制度，和救济贫民的义仓制度中。古代王公贵族生活的奢侈或节俭，关系到财用的匮乏或富足，税敛的苛繁和薄简，因此，对待消费应提倡"俭"还是"奢"，这也是中国古代思想家经常论述的一个问题。一般来说，黜奢崇俭是中国封建时期占支配地位的经济思想。但在中国漫长的封建社会里，也出现过一些相反的观点。如《管子》一书的《侈靡》篇，就论述过富有者衣食、宫室、墓葬等方面的侈靡性开支，可以使女工、太工、瓦工、农夫有工作可做。既有利于贫民得到就业和生活的门路，也可使商业活跃起来。这在当时确是一个颇不寻常的观点，它从经济活动各方面的相互联系来考察消费问题，提出了消费对生产的反作用的卓越见解。除上述几种主要经济思想外，中国古代思想家还有其他的经济观点，如欲求思想、功利思想、理财思想、田制思想、富民思想、人口思想，以及地尽其利、民尽其力的思想等。一般来说，中国古代的经济思想，大都是为维护中央集权的封建专制统治服务的，但也有些思想是为扩大商品生产与交换、发展社会生产力开辟道路而提出来的。

三、资产阶级经济学的发展和演变

随着资本主义生产方式的产生和发展，在西欧各国逐渐形成了资产阶级经济学。

重商主义 16—17 世纪是西欧资本原始积累时期。这一时期商业资本的兴起和发展，促使封建自然经济瓦解，国内市场统一，并通过对殖民地的掠夺和对外贸易的扩张积累了大量资金，推动了工场手工业的发展，产生了代表商业资本利益和要求的重商主义思想。重商主义原指国家为获取货币财富而采取的政策。16 世纪末以后，在英、法两国出现了不少宣扬重商主义思想的著作。重商主义重视金银货币的积累，把金银看作是财富的唯一形式，认为对外贸易是财富的真正源泉，只有通过出超才能获取更多的金银财富。因此，主张在国家的支持下发展对外贸易。

古典经济学 17 世纪中叶以后，首先在英国，然后在法国，工场手工业逐渐发展成为工业生产的主要形式，重商主义已经不适应日益壮大的产业资本的利益和要求。资产阶级面临的任务是对封建势力做斗争，这种斗争要求从理论上说明资本主义生产方式怎样使财富迅速增长，探讨财富生产和分配的规律，论证资本主义生产的优越性。由此，产生了由流通过程进入生产过程研究的古典经济学。

古典经济学的先驱是英国的配第和法国的布阿吉尔贝尔。配第的主要贡献在于提出了劳动价值论的一些基本观点，并在此基础上初步考察了工资、地租、利息等范畴。布阿吉尔贝尔认为流通过程不创造财富，只有农业和畜牧业才是财富的源泉。

出现于 18 世纪 50—70 年代初的以魁奈和杜尔戈为主要代表的法国重农学派理论，是对资本主义生产的第一个系统理解。他们提出自然秩序的概念，用按资本主义方式经营的农业来概括资本主义，用的生产经营活动来分析资本的流通和再生产。

斯密是英国古典经济学的杰出代表和理论体系的创立者。他所著《国富论》一书把资产阶级经济学发展成一个完整的体系。他批判了重商主义只把对外贸易作为财富源泉的错误观点，并把经济研究从流通领域转到生产领域。

他克服了重农学派认为只有农业才创造财富的片面观点，指出一切物质生产部门都创造财富。他分析了国民财富增长的条件以及促进或阻碍国民财富增长的原因，分析了自由竞争的市场机制，把它看作是一只"看不见的手"支配着社会经济活动，他反对国家干预经济生活，提出自由放任原则。

李嘉图是英国古典经济学的完成者。他在 1817 年提出了以劳动价值论为基础、以分配论为中心的严谨的理论体系。他强调经济学的主要任务是阐明财富在社会各阶级间分配的规律，认为全部价值都是由劳动生产的，工资由工人的必要生活资料的价值决定，利润是工资以上的余额，地租是工资和利润以上的余额。由此，他阐明了工资和利润的对立，工资、利润和地租的对立。此外，李嘉图还论述了货币流通量的规律、对外贸易的比较成本学说等。古典经济学到李嘉图时达到了顶峰，对后来的经济学发展有着深远的影响。

古典经济学产生于西欧资本主义生产方式处于上升发展的时期，在这种条件下，古典经济学还能对资本主义生产方式的内在联系和矛盾进行较为客观的探索，因而具有一定的科学成分。古典经济学员主要的贡献是奠定了劳动价值论的基础，从而成为马克思的经济学说的一个重要来源，但由于阶级和历史的局限性，他们的理论不可避免地包含一些庸俗因素。

历史学派 19 世纪上半叶德国资本主义的发展还远远落后于英法。在这个特殊的历史条件下，出现了以国家主义为先驱的德国历史学派。

历史学派分为旧历史学派和新历史学派两个阶段。以罗雪尔为创始人的旧历史学派活动于 19 世纪 40—70 年代。他们反对 19 世纪中叶以前的英法传统经济学，以历史归纳法反对抽象演绎法；以历史反对理论，否认经济规律的客观存在；以国家主义反对世界主义；以生产力的培植反对交换价值的追求；以国家干预经济反对自由放任。

随着 19 世纪 70 年代德国资本主义经济的迅速发展和工人运动的蓬勃兴起，出现了以施穆勒、瓦格纳、布伦塔诺等为主要代表的新历史学派，他们在上述基本观点的基础上，提出改良主义的"社会经济政策"，因而被称为"讲坛社会主义者"。

边际效用学派，这是 19 世纪 70 年代初出现在西欧几个国家的一个庸俗学派，以倡导边际效用价值论和边际分析为共同特点，在其发展过程中形成两大支派：一是以心理分析为基础的心理学派，其主要代表为奥地利的门格尔、维塞尔和帕姆·巴维克等；一是以数学为分析工具的数理学派或称洛桑学派，其主要代表有英国的杰文斯、法国的瓦尔拉斯和帕雷托。

边际效用学派在美国的主要代表是克拉克，他在边际效用论的基础上提出边际生产力分配论。当代经济学家把边际效用价值论的出现称为"边际主义革命"，即对古典经济学的革命。这个学派运用的边际分析方法，后来成为资产阶级经济学发展的重要基础。

新古典经济学，主要代表人物是英国剑桥大学的马歇尔，他在 1890 年出版的《经济学原理》一书中，继承 19 世纪以来英国庸俗经济学的传统，兼收并蓄，以折中主义手法把供求论、生产费用论、边际效用论、边际生产力论等融合在一起，建立了一个以完全竞争为前提、以"均衡价格论"为核心的相当完整的经济学体系，这是继密尔之后庸俗经济学观点的第二次大调和、大综合。

马歇尔用均衡价格论代替价值论，并在这个核心的基础上建立各生产要素均衡价格决定其在国民收入中所占份额的分配论。他颂扬自由竞争，主张自由放任，认为资本主义制度可以通过市场机制的自动调节达到充分就业的均衡。新古典经济学从 19 世纪末起至 20 世纪 30 年代，一直被西方经济学界奉为典范。

制度学派，是 19 世纪末 20 世纪初在美国出现的历史学派变种。它的主要代表有范勃伦、康蒙斯、米切尔等。他们把历史学派的方法具体化为制度演进的研究，否认经济理论的意义，以批判资本主义的姿态出现，提倡改良主义政策。

此外，在北欧出现了以维克塞尔为代表的瑞典学派，提出与马歇尔不同的理论体系，强调投资与储蓄的均衡，提出自己的利息理论，在这一时期的资产阶级经济学说中，占有特殊地位。

四、当代资本主义经济学

这里主要指经过所谓"凯恩斯革命"迄至今日的资产阶级经济学。

凯恩斯主义与后凯恩斯主义 1929 年爆发空前规模的世界经济危机后，资本主义经济陷入长期萧条状态，失业问题严重。经济学关于资本主义社会可以借助市场自动调节机制，达到充分就业的传统说教彻底破产，垄断资产阶级迫切需要一套"医治"失业和危机，以加强垄断资本统治的新理论和政策措施。正是适应这个需要，凯恩斯于 1936 年发表了《就业、利息和货币通论》一书。

《通论》的出现引起了西方经济学界的震动，把它说成是经济学经历了一场"凯恩斯革命"。凯恩斯抨击"供给创造自己的需求"的萨伊定律和新古典经济学的一些观点，对资本主义经济进行总量分析，提出了有效需求决定就业量的理论。

有效需求包括消费需求和投资需求，它主要由三个基本心理因素即消费倾向、收益预期、流动偏好和货币供应量决定的。他认为现代资本主义社会之所以存在失业和萧条，就是由于这些因素交相作用而造成的有效需求不足。据此，他提出加强国家对经济的干预，采取财政金融政策，增加公共开支，降低利率刺激投资和消费，以提高有效需求，实现充分就业。

第二次世界大战后，以凯恩斯这一理论为根据而形成的凯恩斯主义，不仅成为当代资产阶级经济学界占统治地位的一个流派，而且对主要资本主义国家的经济政策具有重大的影响。

新经济自由主义，第二次世界大战后，国家垄断资本主义的发展和20世纪五六十年代相对稳定的经济增长，促成了凯恩斯主义的盛行。但是随着垄断资本主义固有矛盾的激化，国家干预经济不断引起一系列的新问题，特别是70年代以来出现了经济停滞和通货膨胀同时并存的"滞胀"局面，使凯恩斯主义的理论和政策陷于困境，受到各式新经济自由主义流派的挑战。

各种色彩的新经济自由主义具有各自的论点和论证方法，但是，反对国家干预经济，鼓吹恢复和加强自由市场机制的自动调节作用，是他们的共同立场。

随着现代经济的发展，资产阶级经济学家所面临的问题愈来愈复杂，所研究的范围也愈来愈广泛。不同的流派出于维护资本主义制度的存在及其有效运行的共同目的，既有一致性，又有差别性，既相互交叉地研究同一课题，又各有侧重地研究不同的经济领域。因而，不仅在理论上彼此有争论，而且出现了门类繁多的"经济学科"。

五、马克思主义经济学说

马克思和恩格斯的经济学说的主要内容，是研究资本主义经济制度的产生、发展和灭亡的规律。马克思从分析商品开始，分析了资本主义生产方式，批判地继承并发展了资产阶级古典经济学派奠立的劳动价值理论，指出商品的使用价值和价值的二重性是由生产商品的劳动具有劳动的二重性决定的。

剩余价值学说是马克思主义政治经济学的基石。马克思把社会总生产分为生产资料生产和消费资料生产两大部类，并把每一部类产品的价值，分解为由不变资本、可变资本和剩余价值所构成。马克思还考察了资本的各种具体形式，以及相应的剩余价值的各种具体形式。

第二节　经济学学科分类

随着商品经济的发展和社会分工的深化，人类经济活动的内容愈来愈复杂、丰富，专业化程度愈来愈细密；同时，各种经济活动之间、经济活动与其他社会活动之间相互依存、相互渗透的联系，也愈来愈紧密。

为了适应这种情况，经济学的研究范围也愈来愈扩展。一方面，从带有高度概括性的理论经济学中，不断分化出带有应用性和独立的部门经济学、专业经济学等分支学科；另一方面，也出现了经济学科内部各个分支相互交叉的学科，以及经济学科与其他社会科学，以至自然科学学科之间彼此联结的边缘学科。

与此同时，随着经济学研究的深化，对分析的精确性的要求愈来愈高，出现了研究经济数量的分析和计量方法的学科；为了总结历史经验，为理论研究和政策制定提供系统的历史依据，出现了各种经济史的学科。这样，就在社会科学中逐步形成了一个庞大的、门类分支繁多的经济学科体系。

关于现代经济学的学科分类，大体上可以分为如下几个门类：

一、理论经济学

论述经济学的基本概念、基本原理，以及经济运行和发展的一般规律，为各个经济学科提供基础理论。理论经济学通常称为一般经济理论，它分为宏观经济学与微观经济学两个分支。

宏观经济学以整个国民经济为视野，以经济活动总过程为对象，考察国民收入、物价水平等总量的决定和波动。其中经济增长理论和经济波动（经济周期）理论又是宏观经济学的两个独立分支。

微观经济学研究市场经济中单个经济单位即生产者（厂商）、消费者（居民）的经济行为，包括供求价格平衡理论、消费者行为理论，在不同市场类型下厂商成本分析与产量、价格决定理论、生产要素收入决定即分配理论等。

二、经济发展学

经济发展学是研究人类社会各个历史时期、不同国家或地区的经济活动和经济关系发展演变的具体过程及其特殊规律的学科。它为总结历史经验和预见未来社会经济发展趋势提供依据，也为研究各个历史时期形成的经济思想、学说、政策提供历史背景。

经济史按地域范围划分，有国别经济史（如中国经济史、英国经济史等），地区经济史（如欧洲经济史、拉丁美洲经济史等），世界经济史（以世界为整体，研究世界经济的形成和发展）；按部门或专业来区分，有农业发展史、工业发展史、银行发展史等；按历史分期，有古代经济史、近代经济史、现代经济史之分。关于世界经济现状及其发展趋势的研究，实际上属于现代经济史范围。经济史如同理论经济学一样，要受研究者的阶级立场、观点、方法的影响。

经济思想史或称经济学说史。它研究各个历史时期出现的经济观点、经济思想、经济学说及其产生的经济政治背景、所起的影响、所占的历史地位，以及各个人物、各个学派之间的承袭、更替、对立的关系等方面的学科。

三、数理经济学

经济数量的分析、计量方法包括数理经济学、经济数学、经济统计学、经济计量学等学科。

经济学家比较注重各种经济现象之间数量关系的分析。自 19 世纪 70 年代起，就有一些经济学家应用数学推导经济理论，建立数理经济学。第二次世界大战后，数理经济学得到进一步发展，广泛应用现代数学方法建立了各种静态的、动态的、微观的宏观的经济模型。与之相联系的一个分支是经济数学，它侧重阐述现代经济分析中运用的各种数学方法，这实际上属于应用数学范围。

四、应用经济学

主要指应用理论经济学的基本原理，研究国民经济各个部门、各个专业领域的经济活动和经济关系的规律性，或对非经济活动领域进行经济效益、社会效益的分析而建立的经济学科。应用经济学大体上可分为：以国民经济个别部门的经济活动为研究对象的学科，如农业经济学、建筑经济学、运输经济学、商业经济学等；以涉及国民经济各个部门而带有一定综合性的专业经济活动为研究对象的学科，如计划经济学、劳动经济学、财政学、货币学、银行学等；以地区性经济活动为研究对象的学科，如城市经济学、农村经济学、区域经济学(经济地区规划、生产力布局)等；以国际的经济活动为研究对象的学科，如国际经济学及其分支：国际贸易学、国际金融学、国际投资学等；以企业经营管理活动为研究对象的学科，如企业管理、企业财务、会计学、市场(销售)学等；

与非经济学科交叉联结的边缘经济学科，如与人口学相交叉的人口经济学；与教育学相交叉的教育经济学；与法学相交叉的经济法学；与生态学相交叉的生态经济学或环境经济学；与社会学相交叉的社会经济学；与自然地理学相交叉的经济地理学、国土经济学、资源经济学等。这些边缘经济学科主要研究这些非经济领域发展变化的经济含义、经济效益、社会效益，从中找出它们的规律性。

应用经济学的分支学科，是适应社会经济发展的需要而不断扩展、不断充实的。应用经济学的发展，离不开社会经济实践，离不开理论经济学的指导，但它们的发展反过来又丰富了理论经济学的内容，起着指导实践的作用。

第三节　经济学的基本理论

一、产权理论

1991年诺贝尔经济学奖得主科斯是现代产权理论的奠基者和主要代表，被西方经济学家认为是产权理论的创始人，他一生所致力考察的不是经济运行过程本身(这是正统微观经济学所研究的核心问题)，而是经济运行背后的财产权利结构，即运行的制度基础。他的产权理论发端于对制度含义的界定，通过对产权的定义，对由此产生的成本及收益的论述，从法律和经济的双重角度阐明了产权理论的基本内涵。以马克思对产权的定义为指导，全面深刻地从正反两个方面分析研究科斯产权理论(主要是"科斯第二定理")的实质和特点。

没有产权的社会是一个效率绝对低下、资源配置绝对无效的社会。能够保证经济高效率的产权应该具有以下的特征：第一，明确性，即它是一个包括财产所有者的各种权利及对限制和破坏这些权利时的处罚的完整体系；第二，专有性，它使因一种行为而产生的所有报酬和损失都可以直接与有权采取这一行动的人相联系；第三，可转让性，这些权利可以被引到最有价值的用途上去；第四，可操作性。

清晰的产权同样可以很好地解决外部不经济(指某项活动使得社会成本高于个体成本的情形，即某项事务或活动对周围环境造成不良影响，而行为人并未因此而付出任何补偿)。美国芝加哥大学教授科斯提出的"确定产权法"认为在协议成本较小的情况下，无论最初的权利如何界定，都可以通过市场交易达到资源的最佳配置，因而在解决外部侵害问题时可以采用市场交易形式。科斯产权理论的核心是：一切经济交往活动的前提是制度安排，这种制度实质上是一种人们之间行使一定行为的权力。因此，经济分析的首要任务界定产权，明确规定当事人可以做什么，然后通过权利的交易达到社会总产品的最大化。因此完善产权制度，对人口、资源、环境和经济和协调与持续发展具有极其重要的意义，对水资源开发利用和保护具有重大的作用。市场经济需要完善水资源产权，在保证国家对水资源宏观调控、统筹规划的前提下，应尽可能扩大产权的流转范围，因此建立产权交易市场是产权制度的客观要求，产权交易的结果最终将引导水资源流向最有效率的地区或部门，流向能为社会创造更多财富的用户。

对正统微观经济学和标准福利经济学的这种基本观点，西方部分学者很早就开始了批判性考察，现代产权理论就是在这种批判性考察中形成的。从20世纪30年代以来的半个多世纪，现代西方产权理论的全部思考和研究是沿着下述思路展开的：即指出资本主义市场机制并非如标准福利经济学和传统微观经济学所描述的完美，实际的市场运行是有缺陷的，这一缺陷集中表现在外在性上。而外在性产生的根源在于企业产权界限含混，由此建成交易过程存在摩擦和障碍，这种摩擦和障碍又会严重影响企业行为和企业资源配置的结果。因此，考察市场行为者的利润最大化行为时，必须把产权列入考察范围，而不能简单地作为既定前提排除在分析视野之外。对由于产权不清晰导致的市场缺陷的研究主要归功于科斯与威廉姆森、G. 斯蒂格勒、G. 布坎南、C. 舒尔茨和张五常等人。

科斯产权理论的形成与发展大致可分为两个阶段：

第一个阶段是在20世纪30年代对正统微观经济学进行批判性思考，指出市场机制运行中存在摩擦，克服这种摩擦的关键在于制度创新，这一阶段的代表作是科斯在1937年发表于伦敦经济学院学报《经济学家》上的著名论文《企业的性质》。

第二个阶段是在20世纪50年代末至60年代中期，科斯正面论述了产权的经济作用，指出产权的经济功能在于克服外在性，降低社会成本，从而在制度上保证资源配置的有效性。这一阶段的代表作是科斯在1960年发表的《社会成本问题》。

从科斯产权理论的形成来看，产权问题的考察从一开始就是与企业制度的分析相联系的。

《企业的性质》——文的本意在于分析企业在市场机制中的地位，力图说明为什么企业成为市场活动中的基本组织单位？为什么每种要素所有者不是以自己的产品直接参与市场交换，而是把各自的要素组合为企业，然后以企业作为产品的出售者参与市场交易？于是科斯重新提出了一个简单的问题：为什么企业会出现？按教科书答案是：没有企业时，纯消费者都会饿死的。另一个为什么企业会出现的答案是：社会上不同的人对风险有不同的喜好，那些不喜欢冒险的人会成为企业的雇员，而不怕风险的人会成为雇主。雇员拿没有风险的工资，雇主承担所有风险。但科斯反驳道，这只是说明我们需要一个买卖风险的市场，并不说明我们需要企业，保险的买卖完全可以满足对风险态度的人们的需要。有学者提出了一个好像可以接受的答案，由于有劳动分工，所以需要企业。科斯在他1937年的经典文章中争辩道，这个答案是错的，因为市场的功能就是组织分工，既然市场可以组织分工，为什么我们还要企业——这个问题才是真正企业理论的起点。科斯答道，市场和企业是两种不同的组织劳动分工的办法，企业的出现一定是企业的交易费用低于市场的交易费用，所以交易费用的差别是企业出现的原因。企业的边界是由企业内行政管理费用与市场费用相比较而决定的。当企业的规模扩大时，内部行政费用会上升，这增加的费用接近节省下来的市场费用时，企业的规模就不会扩大了。

20 世纪 30 年代科斯之所以提出交易成本范畴，直接的目的是论证企业存在的必要性。这种必要性在于：如果没有企业制度，每一个要素所有者都用自己的要素来生产产品并直接参加交易，那么市场交易者的数目将非常之大，交易摩擦将极为剧烈，从而交易成本也会惊人的高，甚至使交易中止。企业作为一种参与交易的组织单位，其经济作用正在于把若干要素所有者组织成一个单位参加市场交换，从而减少市场当事者数目、减轻交易摩擦、降低交易成本。

科斯的上述分析隐含了一个更深刻的思想，即交易背后的产权界区问题，他实际上已经注意到在企业产权界区清晰的条件下，运用价格机制去实现企业间联系的摩擦就小，交易成本就低，反之，交易成本就高。正是在这个意义上，交易成本范畴成为现代产权理论的一个基本范畴。

50 年代末，60 年代初科斯产权思想的一个显著特点是将交易成本概念进一步拓展为社会成本范畴，而社会成本范畴研究的核心又在于外在性问题：恰恰在外在性问题上，产权界区含混所造成的混乱和对资源配置有效性的损害表现得最为充分。

所谓外在性是指某个人的效用函数的自变量中包含别人的行为。这是一个很抽象的定义，但这种外在性在现实生活中却是极为普遍的。通俗地说，外在性是指经济当事人之间在利益关系上存在这样的情况，一方对另一方或其他诸方的利益造成的损害或者提供的便利都不能通过市场加以确定，也难以通过市场价格进行补偿或支付。

1958 年科斯写了一篇名为《联邦通讯协议》的论文（*The Federal Communications Commission*，《法学经济学》创刊号）。他在这篇文章中明确指出，只要产权不明确，由外在性带来的公害是不可避免的，只有明确产权，才能消除或降低这种外在性所带来的伤害。在明确产权的基础上，引入市场价格机制，就能有效地确认相互影响的程度以及相互负担的责任。他举了一个著名的案例（后来产权学派的三个分支就是由于对这一案例做出了三种不同的解释，从而表现出他们对科斯定理的独特的理解）：当火车驶过一片种有树木和庄稼的土地时，机车排出的烟火经常引起周围的树木、庄稼着火，这是一种外在性。如何克服它呢？科斯认为关键在于明确产权。如果这块土地是属于有树木、庄稼的农场主的，农场主就有权禁止火车排放烟火，火车若要排烟，火车的所有者就必须向土地的主人赔偿一定的费用，反之，如果赋予火车主人具有自由释放烟火而又不负责任的权力，那么农场主若想避免由于火车释放烟火所导致的火灾造成的损害，进而要求火车不放烟火，就必须向火车主人支付一笔费用，以使火车主人愿意并能够不排烟火，甚至停止运行。科斯由此认为，更有效地消除外在性，用市场交易的方式实现赔偿，前提就在于明确产权。

两年之后，科斯发表了著名的《论社会成本问题》，将 1958 年形成的思想进一步理论化，在这篇文章中，科斯认为，只要交易界区清晰，交易成本就不存在，如果交易成本为零，那么传统微观经济学和标准福利经济学所描述的市场机制就是充分有效的，经济当事人相互间的纠纷便可以通过一般的市场交易得到有效解决，外在性也就根治了。这里隐含着这样一个思想：只要产权界区不清，交易成本不为零，市场机制就会由于外在性的存在而失灵。所以，经济学的任务首先是分析产权，资源配置的有效性取决于产权界区的清晰度。后来，斯蒂格勒将科斯的上述思想概括为科斯定理，这一概括虽不是科斯本人做出的(甚至他至今仍不赞同"科斯定理"这一提法)，却被许多经济学家所承认，并将其与 19 世纪的萨伊定理相提并论。

正是由于科斯本人未对其思想直接进行概括，导致 60 年代以后西方产权理论研究者对它的不同理解，并对科斯定理做出了至少三种不同的定义，与之相适应，60 年代以后现代西方产权理论形成了三个不同的分支。

1. 以威廉姆森为代表的交易成本经济学

他们认为，市场运行及资源配置有效与否，关键取决于两个因素：一是交易的自由度大小；二是交易成本的高低。他们认为交易成本有广义和狭义之分。狭义交易成本是为履行契约所付出的时间和努力。在某种条件下，这种交易成本可以非常高，以至阻碍市场交易的实现。广义交易成本是为谈判、履行合同和获得信息所需要运用的全部资源。威廉姆森在 1985 年出版的《资本主义经济制度》一书中对交易成本作了更明确的规定，并将其区分为"事先的"和"事后的"两类。事先的交易成本是指"起草、谈判、保证落实某种协议的成本"。在签订契约关系时，交易关系的当事人都会对未来的不确定性产生困扰，因此需要事先规定双方的权利、义务和责任，而在明确这些权利、义务和责任的过程中是要花费代价的，这种代价的大小与某种产权结构的事先清晰度有关。事后的交易成本是交易已经发生之后，它可以有许多形式：①当事人想退出某种契约关系所必须付出的费用。②交易者发现事先确定的价格有误而需要改变原价格所必须付出的费用。③交易当事人为政府解决他们之间的冲突所付出的费用。④为确保交易关系的长期化和连续性所必须付出的费用。按照威廉姆森的观点，科斯定理的核心是交易成本。由此，科斯定理可被定义为：只要交易成本为零，那么，初始的合法的权利配置对于资源配置的有效性是无关的。这就是说，只要交易界区是清晰的，资源配置就能有效。根据这种定义来解释上述科斯所举的案例，他们认为，纠纷解决的结果如何取决于火车主和农场主的交易成本比较，如果火车主是一个人，而铁路沿线的农场主有很多个，那么农场主之间达成协议的交易成本便会远远高于火车主进行谈判的交易成本，这样纠纷就难以得到合理的解决，外在性无解。相反只有在农场主个数减少，使得双方的交易成本相当时，才可能有效地解决纠纷，克服外在性。在这里，产权界区的明确，法律的制定和实施，体制的完善与政策的推行等，都是以降低成本为目标的。换言之，产权界区的明确等措施是降低交易成本的基础，也是减少交易摩擦的润滑剂。基于这种认识，交易成本经济学自 20 世纪 80 年代以来转向了企业组织理论。斯蒂格勒、张五常等产权理论研究者对科斯定理的解释与威廉姆森一致，都属于交易成本经济学的解释。

2. 以 G. 布坎南为代表的公共选择学派

这个学派是由威克塞尔（K·Wiksell）的契约理论发展而来的，他们不同意关于资源配置的帕累托准则，而强调所有权、法律制度对于制定和履行契约的重要作用。G. 布坎南认为，权利除了"所有"的含义之外，还有逃避灾难、要求赔偿，要求履行契约的权利，因此对资源进行交换，实际上是合法的权利间的交换。由此他认为，只要权利界区清晰，交易自愿，资源配置就必然有效。从这一点出发，G. 布坎南等人把科斯定理表述为：只要交易是自愿的，那么初始的合法权利的配置与资源配置有效性无关。换句话说，即使权力初始配置不合理或不公正，只要界区清楚，且产权可自由转让，资源配置的有效性便可保证，所以经济学研究的重心应是产权界区和产权转让。根据对科斯定理的这种解释，他们对科斯所举的案例给出了另一种解决方式：如果火车被赋予排烟火权（不讨论这种权利是否合理），只要这种权利明确，且可以转让，那么，农场主便可出价购买这种权利，使火车主同意不排烟火；相反，若农场主具有禁止火车排烟火的权利（不论这种权利的授予是否合理），只要这种权利明确，且可以转让，火车主便可购买这种权利，即以一定的赔偿取得继续排放烟火的权利。显然，只要产权明晰，且可自由转让，那么，初始权力配置即使不公正，结果也可实现资源配置有效性的重要条件。

3. 以 C. 舒尔茨（C. Schultze）为代表的自由竞争派

他们认为，交易成本经济学所刻画的外在性并非是市场机制的唯一缺陷，除此之外还有其他障碍破坏市场交易和资源的有效配置。比如垄断减少了企业数目，从交易成本来说它会减少交易费用，从而成为提高资源配置有效性的有力方式；然而，这在经济现实中显然是荒谬的。事实上垄断会造成资源配置效率递减，造成市场失灵。C. 舒尔茨认为，科斯定理强调的是一个自由竞争的条件问题，然而在什么样的产权结构下才能保证自由竞争的市场状态得以维持？据此，他将科斯定理定义为：只要交易是在完全竞争的市场中发生的，那么初始的合法的配置与资源配置的有效性无关。换言之，只要在产权界区上保证完全竞争，资源配置的有效性便能得到充分保证。根据这种对科斯定理的理解，他们认为，在科斯所举的案例中，火车主处于垄断地位（只有一个），农场主则是分散的，众多的，这就违背了完全竞争的假定，因而他们相互之间不可能有效地解决纠纷，市场在此必然失灵。这就是说，产权界区清晰与完全竞争的市场环境是相互联系的，完全竞争离不开产权明晰，而产权明确之后还必须在完全竞争的市场条件下，才可能使资源实现有效配置。

科斯产权理论与马克思主义产权思想的区别。

第一，马克思认为是生产力决定产权制度，科斯的观点是产权制度决定生产力。

马克思认为财产关系或产权，只是生产关系的法律用语，而生产关系是由生产力决定的，生产力的发展要求与之相适应的生产关系，所以评价一种产权关系先进与否，不是由人们的主观愿望决定，而只能由生产力的发展状况来说明。而科斯认为，产权是效率（生产力发展）的决定因素，只要有一个清晰界定的产权，就能解决社会的激励问题，抹平社会成本与私人成本之间的差异。

第二，马克思认为，产权对生产力的促进作用是具体的、历史的；科斯认为存在一个超越历史的、普遍适用的、高效的产权制度。马克思承认，产权制度对生产力有促进或阻碍作用，但这种作用是具体的、历史的，只有当这种制度适合生产力发展的要求时，产权才是有效率的，否则就要变革原有的产权形式，寻找新的产权形式。而科斯认为，存在一个超历史的、永恒的、适应于一切社会历史形态的产权形式，在任何情况下，一个清晰界定的产权总是有效率的，而这样的产权形式就是私有产权。

第三，马克思认为资本主义私有制下的产权交易是一个剥夺过程，科斯认为产权交易是一个公平的机制。马克思认为，无论是资本之间的交换还是资本与劳动之间的交换，都是一个剥夺的过程，前者是大资本剥夺小资本，后者是资本剥夺劳动，资本主义再生产，本质上是资本主义生产关系的再生产。而科斯认为，产权交易是一个和蔼的过程，无论产权的初始界定如何，只要允许交易，总能实现资源的优化配置，初始分配中的不公平也就公平了。

第四，马克思认为生产资料的社会所有代替私有产权是产权制度发展的必然趋势，科斯认为私有产权是唯一有效率的产权形式。马克思认为资本主义生产力的社会化，必然要求资本主义财产关系的社会化，以此克服盲目竞争对生产力造成的破坏，而生产资料的社会化有多种形式，股份制就是其中的一种。而科斯认为什么是最有效的产权形式，他已经一劳永逸的得到了解决，这就是私有产权，此后社会的任务不是去寻找新的产权形式，而只要用法律保护这种产权制度的清晰度就可以了。

第五，马克思认为一种产权制度是否有效率，在具体的生产过程主要看对劳动者是否有较强的激励作用，而科斯认为，交易成本的大小是评价产权是否有效率的标准。马克思认为，劳动者是生产力中最活跃的因素，劳动者的劳动是创造价值的源泉，一种产权制度只有能够调动劳动者的积极性和创造力，这种产权制度才算有效率，因为产权不是在流通中而是在生产过程增值的。而科斯认为，一项产权是否有效率，主要应由交易的难易程度决定，如果一种产权形式能够使交易成本降低，那么这种产权形式就是有效率的，而最清晰的产权形式就是交易费用最小的产权形式。

第六，马克思用唯物辩证法对产权的本质进行了抽象，科斯则是在特定制度，也就是资本所有权前提下，对产权的具体形式进行描述。在研究方法上，马克思采用的是唯物辩证法和历史的、抽象的方法，因而归纳出的范畴是抽象的、历史的，同时又是具体的，反映的是对经济现实的本质抽象；而科斯主要是用资本关系中的具体案例来说明复杂的产权关系，对理论却没有深刻的抽象，因而别人对其理解也就各有不同，究竟谁对它的理解更为准确，似乎科斯本人也拿不准。

可事实如何呢？英国是世界上最早推行国有企业私有化的国家。英国在私有化过程中积累了很多丰富的经验和教训，以及与此相关的理论创新和发展。1997 年，英国经济学家马丁和帕克(Martin & Parker)对英国各类企业私有化后的经营成效进行了研究，经过大量实证调查检验和综合广泛比较后发现：在竞争比较充分的市场上，企业私有化后的平均效益有显著提高；在垄断市场上，企业私有化后的平均效益改善不明显。他们认为企业效益与产权的归属变化没有必然关系，而与市场竞争程度有关系。市场竞争越激烈，企业提高效率的努力程度就越高。

同一时期(1996 年)，澳大利亚经济学教授泰腾郎(Tittenbrun)分析了 85 篇有关产权与效益的经济文献后也发现：企业效益主要与市场结构有关，即与市场竞争程度有关。综合研究和实证表明，在产权从公有转为私有的过程中，企业激励机制得到了改善，效率也会得到提高，产权改革之所以有意义就在于它改变了企业治理机制。但是，改变产权不等于企业治理机制就一定会往促使企业效益提高的方面转换，市场竞争才是企业治理机制往效益方面改善的根本保证条件。竞争会迫使企业改善机制，提高效益。

二、交易成本理论

所谓交易成本（Transaction Costs），就是在一定的社会关系中，人们自愿交往、彼此合作达成交易所支付的成本，也即人—人关系成本。它与一般的生产成本（人—自然界关系成本）是对应概念。从本质上说，有人类交往互换活动，就会有交易成本，它是人类社会生活中一个不可分割的组成部分。

由于交易成本泛指所有为促成交易发生而形成的成本，因此很难进行明确的界定与列举，不同的交易往往就涉及不同种类的交易成本。总体而言，简单的分类可将交易成本区分为以下几项：搜寻成本：商品信息与交易对象信息的搜集。信息成本：取得交易对象信息与和交易对象进行信息交换所需的成本。议价成本：针对契约、价格、品质讨价还价的成本。决策成本：进行相关决策与签订契约所需的内部成本。监督成本：监督交易对象是否依照契约内容进行交易的成本，例如，追踪产品、监督、验货等。违约成本：违约时所需付出的事后成本。威廉森（Williamson）进一步将交易成本加以整理区分为事前与事后两大类。事前的交易成本：签约、谈判、保障契约等成本。事后的交易成本：契约不能适应所导致的成本；讨价还价的成本——指两方调整适应不良的谈判成本；建构及营运的成本；为解决双方的纠纷与争执而必须设置的相关成本；约束成本——为取信于对方所需之成本。

多尔曼（Dalman）则将交易活动的内容加以类别化处理，认为交易成本包含：搜寻信息的成本、协商与决策成本、契约成本、监督成本、执行成本与转换成本，说明了交易成本的型态及基本内涵。简言之，所谓交易成本就是指当交易行为发生时，所随同产生的信息搜寻、条件谈判与交易实施等的各项成本。

交易成本发生的原因，来自于人性因素与交易环境因素交互影响下所产生的市场失灵现象，造成交易困难所致。威廉森（Williamson）指出六项交易成本来源：第一，有限理性（Bounded Rationality）：指交易进行参与的人，因为身心、智能、情绪等限制，在追求效益极大化时所产生的限制约束。第二，投机主义（Opportunism）：指参与交易进行的各方，为寻求自我利益而采取的欺诈手法，同时增加彼此不信任与怀疑，因而导致交易过程监督成本的增加而降低经济效率。第三，不确定性与复杂性（Uncertainty and Complexity）：由于环境因素中充满不可预期性和各种变化，交易双方均将未来的不确定性及复杂性纳入契约中，使得交易过程增加不少定契约时的议价成本，并使交易困难度上升。第四，专用性投资（Small Numbers）：某些交易过程过于专属性（Proprietary），或因为异质性（Idiosyncratic）信息与资源无法流通，使得交易对象减少及造成市场被少数人把持，使得市场运作失灵。第五，信息不对称（Information Asymmetric）：因为环境的不确定性和自利行为产生的机会主义，交易双方往往握有不同程度的信息，使得市场的先占者（First Mover）拥有较多的有利信息而获益，并形成少数交易。第六，气氛（Atmosphere）：指交易双方若互不信任，且又处于对立立场，无法营造一个令人满意的交易关系，将使得交易过程过于重视形式，徒增不必要的交易困难及成本。

而上述交易成本的发生原因，进一步追根究底可发现源自于交易本身的三项特征。这三项特征形成三个方面影响交易成本的高低。（Williamson，1985）交易商品或资产的专属性（asset specificity）——交易所投资的资产本身不具市场流通性，或者契约一旦终止，投资于资产上的成本难以回收或转换使用用途，称之为资产的专属性。交易不确定性（uncertainty）指交易过程中各种风险的发生概率。由于人类有限理性的限制使得面对未来的情况时，人们无法完全事先预测，加上交易过程买卖双方常发生交易信息不对称的情形，交易双方继而透过契约来保障自身的利益。因此，交易不确定性的升高会伴随着监督成本、议价成本的提升，使交易成本增加。交易的频率（frequency of transaction）交易的频率越高，相对的管理成本与议价成本也升高。交易频率的升高使得企业会将该交易的经济活动内部化以节省企业的交易成本。

三、剩余价值理论

马克思 1861—1863 年所写经济学手稿的一部分，《资本论》第 4 卷。马克思主义关于经济学说史的经典著作。19 世纪 50 年代，马克思计划把他的经济学巨著《政治经济学批判》分作六个分册。第一分册资本包括四篇，第一篇研究资本一般。1859 年出版的《政治经济学批判》第一分册只包括这一篇的前两章。从 1861 年 8 月到 1863 年 7 月，马克思写了这一篇第三章草稿，现称为《经济学手稿（1861—1863）》。这部草稿的第一部分《资本的生产过程》共分五节，前四节阐述了马克思自己的剩余价值理论，第五节即《剩余价值理论》，批判地分析了剩余价值理论的历史。

在写作 1861—1863 年经济学手稿过程中，马克思重新研究了自己的经济学著作的理论结构，决定以《资本论》为总标题，把全书分为四册：资本的生产过程，资本的流通过程，总过程的各种形式，理论史。按这个计划，

1862—1863 年上半年间写的《剩余价值理论》就成为《资本论》第四册（卷）的草稿。

马克思生前没有来得及修订和出版《剩余价值理论》，所以，这部草稿就成了《资本论》第四卷的唯一草稿。马克思逝世后，F. 恩格斯编辑出版了《资本论》的第二卷和第三卷，但恩格斯没有实现出版《剩余价值理论》的夙愿就与世长辞了。

恩格斯临终前将马克思的全部经济学手稿都交给了马克思的幼女爱琳娜。后来，《剩余价值理论》草稿转交给 K. 考茨基。经考茨基编辑整理，于 1905—1910 年间分三卷出版。考茨基在出版此书时，没有按照马克思的计划，把它作为《资本论》的第四卷，而是把它作为与《资本论》并立的独立著作。

这部著作的第二个版本是苏共中央马克思列宁主义研究院编辑的《剩余价值理论》。这个版本以马克思的原稿为依据译成俄文，基本上按原稿的顺序把全书编为三册，先后于 1954 年、1957 年、1961 年出版。此后，又于 1962—1964 年作为《马克思恩格斯全集》第 2 版第 26 卷Ⅰ、Ⅱ、Ⅲ出版。

苏联和民主德国合编的《马克思恩格斯全集》新国际版第二部分第三卷，分 6 册全文发表了马克思的《经济学手稿(1861—1863)》，其中，第 2～4 册就是《剩余价值理论》，是完全按照马克思的原稿发表的。

这部著作的第一个中译本是郭大力依据考茨基整理的版本翻译的，于 1949 年分三卷由实践出版社出版。中共中央马克思恩格斯列宁斯大林著作编译局依据《马克思恩格斯全集》俄文第 2 版第 26 卷翻译了《剩余价值理论》，于 1972—1974 年出版。

基本内容：这部著作系统地分析批判了 17 世纪中叶以来资产阶级经济学家关于剩余价值的理论。马克思的分析是从评论 18 世纪中叶英国的 J. 斯图亚特的观点开始的。马克思认为重商主义者最早在利润形式上考察了剩余价值，而"斯图亚特是货币主义和重商主义体系的合理的表达者"（《马克思恩格斯全集》第 26 卷Ⅰ，第 13 页）。马克思在后来又补充研究了在古典政治经济学形成过程中起重大作用的 W. 配第、J. 洛克（1632—1704 年）、D. 诺思（1641—1691 年）、J. 马西（? —1784 年）和 D. 休谟（1711—1776 年）的观点。

马克思考察了 18 世纪中期以 F. 魁奈为代表的法国重农学派对剩余价值的来源问题的论述。重农学派认为社会财富不是在流通领域，而是在农业生产部门中创造的。这样，他们在政治经济学史上就第一次把关于剩余价值起源的研究从流通领域转到了直接生产领域，为分析资本主义生产奠定了基础。重农学派还研究了资本在劳动过程中借以存在的物质要素及其构成，研究了资本在流通过程中所采取的形式以及资本流通过程同社会再生产过程之间的联系。马克思高度评价重农学派的这些重大贡献，称他们为"现代政治经济学的真正鼻祖"，把魁奈在《经济表》中对社会再生产过程的分析，誉为当时政治经济学"所提出的一切思想中最有天才的思想"。但是，重农学派混淆了价值和使用价值，并在使用价值形态上研究"纯产品"来源及生产，因此认为只有农业才是唯一的生产部门，而地租则是剩余价值的真正形式。法国重农学派的另一个重要代表杜尔哥一方面把地租(剩余价值)解释为对别人劳动的占有，另一方面又把它说成是"自然的赐予"。

马克思指出，18世纪英国资产阶级经济学家亚当斯密对古典政治经济学的形成和发展起了重要作用。在他那里，"政治经济学已发展为某种整体，它所包括的范围在一定程度上已经形成"。斯密第一次把价值归结为一般社会劳动，并从这一观点出发，把利润和地租看成是对工人所创造出来的价值的扣除，被资本家和土地所有者无偿地占有。这说明他已认识到了剩余价值的真正起源。不过，在斯密的价值论和剩余价值论中既有正确见解，又有错误的、庸俗的见解。由于斯密不能区分劳动和劳动力，因而无法在价值规律的基础上说明利润如何从劳动与资本的交换中产生出来，他又提出了价值由收入决定，即工资、利润、地租三种收入是价值的源泉，把利润和地租解释为对资本和土地的自然报酬。他还提出了社会年总产品的价值是由工资、利润、地租构成的错误教条。此外，马克思还研究了斯密的生产劳动和非生产劳动的理论。斯密正确地指出，在资本主义条件下，同资本相交换的劳动是生产劳动，同收入相交换的劳动是非生产劳动。可是，斯密又用是否生产物质产品来区分资本主义的生产劳动与非生产劳动。

在本书中，马克思详细地分析了大卫·李嘉图的主要经济学著作《政治经济学及赋税原理》，对李嘉图的地租理论、费用价格理论、剩余价值理论、利润理论，以及积累理论进行了深入的研究。李嘉图抛弃了斯密价值理论中自相矛盾的解释，对价值决定于劳动时间这一规定作了透彻的表述和发挥，并在劳动价值理论的基础上论述了工资和利润的关系以及利润和地租的对立，"揭示并说明了阶级之间的经济对立……这样一来，在政治经济学中，历史斗争和历史发展过程的根源被抓住了，并且被揭示出来了"。李嘉图十分重视对地租问题的研究，并正确地把地租理论同劳动价值理论联系起来。但是，他错误地把级差地租的产生同所谓"土地收益递减规律"联系在一起，而且还认为不存在绝对地租。李嘉图否认绝对地租的存在，其根本原因是把生产价格与价值混同起来。他没有对利润向平均利润的转化、价值向生产价格的转化做出正确的说明，也没有在价值规律基础上说明等量资本获得等量利润这个事实。马克思在详细地分析了李嘉图地租理论上的错误观点的同时，还批判了德国庸俗经济学家 J. K. 洛贝尔图斯－亚格措夫(1805—1875)

的"新地租理论"，并且批判了李嘉图用土地收益递减规律来说明平均利润率趋向下降的规律的错误，以及否认在资本主义条件下必然发生普遍生产过剩危机的错误。

马克思考察了 19 世纪 30—50 年代庸俗经济学的出现、古典经济学瓦解的历史过程，揭露了庸俗经济学的阶级本质及其在理论上的谬误。

马克思首先批判了英国庸俗政治经济学创始人马尔萨斯的经济学理论。马尔萨斯抓住李嘉图由于无法正确说明劳动与资本的交换与价值规律的"矛盾"、等量资本获得等量利润与价值规律的"矛盾"所造成的混乱，攻击并企图推翻李嘉图的劳动价值理论。他认为商品的价值由商品所能支配或交换到的劳动量决定，而利润则来自于商品交换。为了实现利润，必须有不是卖者的买者，也就是必须有土地所有者、年金领取者、牧师以及他们的家仆、侍从等一切非生产的消费者。马克思指出，马尔萨斯的价值理论是公开为土地所有者及贵族的阶级利益辩护的。

马克思还批判分析了 R. 托伦斯(1780—1864 年)、J. 密尔、J. R. 麦克库洛赫、S. 贝利(1791—1870 年)、J. S. 密尔等人的理论，深刻地揭示了古典经济学派瓦解和庸俗经济学派形成、发展的过程。马克思指出，李嘉图学派的解体"是在这样两点上：①资本和劳动之间按照价值规律交换。②一般利润率的形成。把剩余价值和利润等同起来。不理解价值和费用价格的关系"。

在古典政治经济学瓦解和庸俗政治经济学形成的历史时期内，还出现了一些从无产阶级立场出发，以李嘉图学说作为依据，批判资本主义生产的空想社会主义者，如英国经济学家 P. 雷文斯通(？ —1830 年)、T. 霍吉斯金(1787—1869 年)等人。他们利用李嘉图的价值理论和剩余价值理论论证资产阶级对工人阶级的剥削，论证资本主义生产的不合理性。马克思肯定了他们理论中的正确论点，同时也指出，他们并没有克服李嘉图学说中的混乱。这个时期，虽然古典政治经济学已处在瓦解过程中，但仍有几位经济学家在某些论点上发展了古典政治经济学。马克思分析了英国经济学家 G. 拉姆赛(1800—1871 年)和 R. 琼斯(1790—1855 年)、瑞士经济学家 A.-E. 舍尔比利埃(1797—1869 年)的著作，认为他们在区分不变资本和可变资本问题上、在分析资本有机构成作用问题上做出了一定贡献。

马克思围绕政治经济学资本主义部分的核心问题即剩余价值理论，系统地研究了 17 世纪中叶至 19 世纪 50 年代资产阶级政治经济学的发展史，详细地分析了资产阶级政治经济学各派的理论观点，肯定了他们在科学理论上的贡献，批判了他们的谬误，公正地评价了他们在经济学说史上的地位，透彻地阐明了资产阶级政治经济学的庸俗化过程，深刻地揭示了庸俗政治经济学产生的历史条件和阶级基础。《剩余价值理论》是《资本论》所不可缺少的重要组成部分；同时，也是有关政治经济学史的经典著作。马克思分析资产阶级经济学说史所运用的方法论，以及评价各个学派、各个代表人物的原则和依据，至今仍然具有重要的指导意义。

《剩余价值理论》是研究马克思主义经济学说史的重要文献。对资产阶级经济学家的剩余价值理论的分析，促进了马克思自己的经济理论的发展。马克思在研究斯密和魁奈的理论时，建立了社会资本再生产理论的基本原理和关于生产劳动的理论；在研究李嘉图学说的过程中，建立和发展了平均利润和生产价格理论、绝对地租理论和生产过剩危机理论。

思考题

1. 什么是经济学？
2. 经济学的发展阶段有哪些？
3. 经济学主要理论有哪些？
4. 政治学的新发展有哪些？

参考文献

1. 高鸿业：《西方经济学》，北京，中国人民大学出版社，2008。

2. 逢锦聚、洪银兴、林岗、刘伟、吴树青：《政治经济学》，北京，高等教育出版社，2008。

3. 宋涛：《政治经济学教程》，北京，中国人民大学出版社，2008。

第十一章 法 学

法学又称法律学、法律科学，是以法律、法律现象以及其规律性为研究内容的科学。它是研究与法相关问题的专门学问，是关于法律问题的知识和理论体系。法学，是关于法律的科学。法律的直接目的，在于维持社会秩序，并通过秩序的构建与维护，实现社会公正。作为以法律为研究对象的法学，其核心就在对于秩序与公正的研究，是秩序与公正之学。

第一节 什么是法学

一、什么是法

法，表示法律、法度公平如水，体现统治阶段的意志，国家制定和颁布的公民必须遵守的行为规则；如法办、法典、法官、法规、法律、法令等。

中文的"法"字，古写作"灋"。古代曾有神兽决狱的传说：相传在很久很以前，有一个部落联盟生息在黄河流域。该部落联盟首领舜委任皋陶为司法官。皋陶正直无私，执法公正，非常受人爱戴。他在处理案件时，若有疑难，就令人牵出一头神兽，该神兽名廌，又名獬豸。东汉·许慎《说文》："灋，刑也。平之如水。从水，廌所以触不直者去之，从去，会意。"（会意：从"水"，表示法律、法度公平如水的表面；从"廌"（zhì），即解廌，神话传说中的一种神兽，据说，它能曲直辨别，在审理案件时，它能用角去触理曲的人；基本义：刑法；法律；法度）。

在古代文献中，称法为刑，法与刑通用。如夏朝之禹刑、商朝之汤刑、周朝之吕刑，春秋战国时期有刑书、刑鼎、竹刑。魏相李悝集诸国刑典，造《法经》六篇，改刑为法。"刑，常也，法也。""法，刑也。"这里的刑，原为俐，出于井田，含有模范、秩序之意。因此，以刑释法，表明模范遵守法律（秩序）。刑，又指刑罚。《盐铁论》："法者，刑罚也，所以禁暴止奸也。"古代中国法又往往与律通用，"律之与法，文虽有殊，其义不也。"（《唐律疏义》)据史籍记载，商鞅变法，改法为律。从此"律"字广泛使用，其频率高于法，中国古代法典大都称为律，如秦律、汉律、魏律、晋律、隋律、唐律、明律、清律，只有宋代称刑统，元朝称典章。《说文解字》说："律，均布也。"段玉裁注疏说："律者，所以范天下之不一而归于一，故曰均布。"管子说："律也，定分止争也。"

由此可知：法是一种判断是非曲直、惩治邪恶的（行为）规范，是正义的、公平的。法律是一种活动，是当人们相互间发生争执无法解决，或当人们的行为不端、不公正时，由"法"行使审判裁决和处罚的活动。法律的产生和实施是社会权威力量的代名词，是社会强制力的代表，法律具有神圣性，保证其发挥功能和威力。

二、什么是法学

1. 法学

法学（英文：law，science of law，又称法律学、法律科学）是研究法、法的现象以及与法相关问题的专门学问，是关于法律问题的知识和理论体系。

中国法学思想最早起源于春秋战国时期的法家哲学思想。法学一词，在中国先秦时被称为"刑名之学"，自汉代开始有"律学"的名称。

在西方，古罗马法学家乌尔比安（Ulpianus）对"法学"（古代拉丁语中的 Jurisprudentia）一词的定义是：人和神的事务的概念，正义和非正义之学。

现代的法学，是指研究法律的科学。但是关于法学与科学的关系有不同的看法，这主要涉及价值论的研究是不是科学的问题。

2. 法学的研究对象

法学的研究对象首先是法。这里的"法"包括通常所说各种意义的法。

从法的形式角度说，包括宪法、法律、法规以及其他各种形式的成文法和不成文法；

从法的体系角度说，包括宪法、行政法、民商法、经济法、社会法、刑法、程序法以及其他各种部门法；

从时间角度说，包括古代法、近代法、现代法和当代法；

从空间角度说，包括本国法、外国法、本地法、外地法；

从历史类型角度说，包括奴隶制法、封建制法、资本主义法、社会主义法；

从一般分类角度说，包括国内法和国际法、根本法和普通法、一般法和特别法、实体法和程序法；

从表现形态角度说，包括动态法和静态法、具体法和抽象法、纸面法和生活中的法、理想法（如自然法）和现实法（如实际生效的法）等。

法学只有将所有这些不同意义上的法尽收眼底，加以研究，才算是名副其实的法学。

法学还要研究各种"法的现象"。即基于法产生的各种现象，如立法、司法、守法、法律监督；法的起源、发展、移植、继承、现代化；法律秩序、利益、正义；法律观念、思想、制度、事实、规律等。法学还要研究"与法相关的问题"。

法和法的现象不是孤立的，它的存在和发展同其他事物特别是经济、政治、文化等社会现象有着密切的联系。研究这些相关问题可以更好地研究法学的主要问题。

3. 法学词源

"法学"这一用语的拉丁文"Jurisprudentia"，至少在公元前 3 世纪末罗马共和国时代就已经出现，该词表示有系统、有组织的法律知识、法律学问。古罗马法学家曾给"法学"下过一个经典性的定义："法学是关于神和人的事物的知识，是关于正义和非正义的科学。"德文、法文、英文以及西班牙文等西语语种，都是在 Jurisprudentia 的基础上，发展出各自指称"法学"的词汇，并且其内容不断丰富，含义日渐深刻。

关于法律问题的学问，在我国先秦时期被称为"刑名法术之学"，或者"刑名之学"。据考证，虽然"律学"一词的正式出现，是在魏明帝时国家设立"律博士"以后，但是，自汉代开始就有了"律学"这门学问，主要是对现行律例进行注释。我国古代"法学"一词最早出现于南北朝时期，然而，那时所用的"法学"一词，其含义仍接近于"律学"。中国古代的"法学"一词与来自近现代西方的"法学"概念有着很大区别。

现代意义上的汉语"法学"一词，最早由日本输入。日本法学家津田真道于 1868 年首次用来对应翻译英文 Jurisprudence、Science of Law 以及德文 Rechtswissenschaft 等词汇并对之作了详细说明，该词于清末传入我国。

4. 法学与其他科学的关系

法学以价值论为主要核心内容，实质上，法学的核心仅仅是思维上的中心，而不是说法学的本体是价值的，法学最大的特点是要论证实践中如何体现价值(或者说怎么证实价值已经实现)，这一论证形成了所有的法学部门分支。法学价值是否实现或者怎么实现的论证，是经验性的，可验证的，因而是科学的。

在价值推导方面，法律也要公理理论。

在诉讼研究方面，法学需要认知心理学这样最微观的支持。例如，对抗制为什么在认识论上是合理的，认知心理学会揭示所有的人都有可怕的人类弱点。

法学是不是科学，最容易提出疑问的是法理学，法理学是处在价值核心部位，但这也只是某种法理学。法理学的形而上，可以藐视科学，但是法理学的形而下(解答部门法)必须诉诸综合分析,价值只是要素之一。

科学的传统意义,是指经验科学。什么是科学,在传统意义上,并不难确定。其基本特征是,诉诸实验,可观察和可验证,卡尔·波普尔则说是可证伪。按照波普的观点,弗洛伊德的精神分析不是科学。

法学在本体上是科学,在核心问题上,不是科学。或者说,法学的本源精神论证,不是严格的科学,但是法学的应用性论证是科学。

在法学被理解为科学的那些领域,经验可以证伪理论。譬如,对抗制必然是现代流行的诉讼制度,不这样做,司法独裁就是随处可见。

在现代社会中,法在调整人们行为方面的作用极为广泛。法学和包括自然科学在内的各门学科都有不同程度的关系。

第二节　法学的流派及体系

一、法学的流派

所谓法学流派,是指对法学领域中某一重大理论或问题持相同或相近的观点而形成的群体。他们是有相同的价值观和方法论的共同体,他们的观点可以片面,但是必须很深刻。法学流派的流,非流行的流,超俗是流派的本质而非庸俗;法学流派的流,也非流星之流,流派应当流芳百世,而非稍纵即逝。只有经过实践与时间的检验,最终默默地在社会实践中体现其价值,在解释现象中蕴含其实用性,在生活中萌发认同感,一个流派才真的形成了。

1. 自然法学派

自然法是指宇宙秩序本身中作为一切制定法制基础的关于正义的基本和终极的原则的集合。自然法学派是指以昭示着宇宙和谐秩序的自然法为正义的标准,坚持正义的绝对性,相信真正体现正义的是在人类制定的协议、国家制定的法律之外的、存在于人的内心中的自然法,而非由人们的协议产生的规则本身的法学学派。自然法学派又可分为古典自然法学派和新自然法学派,它们的产生和发展都是适应当时社会发展需要的,并产生了各自的代表人物。在西方,每次社会大变革时期,自然法学总是作为一面旗帜,主导着西方社会法律发展的大方向。例如,私有财产不可侵犯、法无明文不为罪、人身自由不可侵犯、人民主权、权力分立等思想,都发端于自然法学的理念。

自然法学派当今世界范围内居主流地位的法学学派。代表人物:格劳秀斯、洛克、孟德斯鸠、卢梭、潘思、杰斐逊等。自然法学派特别重视法律存在的客观基础和价值目标，即人性、理性、正义、自由、平等、秩序，重视对法律的终极价值目标和客观基础的探索。自然法学派是指以昭示着宇宙和谐秩序的自然法为正义的标准，坚持正义的绝对性，相信真正体现正义的是在人类制定的协议、国家制定的法律之外的、存在于人的内心中的自然法，而非由人们的协议产生的规则本身的法学学派。自然法学派主张有一个实质的法价值存在着，这个法价值乃独立于实定法之外，且作为检定此实定法是否有正当性的标准。自然法学说认为，在自然，特别是在人的自然本性中，存在着一个理性的秩序，这个秩序提供一个独立于人〔国家立法者〕意志之外的客观价值立场，并以此立场去对法律及政治的结构作批判性的评价。自然法的权利，从某种意义上讲就是意味着由自然，也就是说由人的本性、由社会的本性甚至由物的本性中，可演绎出某些法则，这些法则可供给一个整体而言对人类行为举止适切的规定。自然法学派起初的权利观念更多带有"天赋"权利的色彩，人生于自然，人的权利也来自于自然。

自然法学派特别重视法律存在的客观基础和价值目标，即人性、理性、正义、自由、平等、秩序，他们对法律的终极价值目标和客观基础的探索，对于认识法的本质和起源有着重要的意义。其最重要的意义在于，在法学研究中表现为一种激进的理想主义情怀，诸如正义、平等、自由等抽象价值来构建自己的批判武器，在破解传统法律理念，重塑时代法律神圣性的历程中，功勋卓著。但自然法的方法论如天空之流云，绮丽却缥缈，它宣言法的未来，但无力构筑通达未来现实的路径。更令人忧虑的是，自然法的自大与泛滥还有可能使法学笼罩于空泛与虚幻之中而难以成长与成熟。

自然法学说认为，在自然，特别是在人的自然本性中，存在着一个理性的秩序，这个秩序提供一个独立于人〔国家立法者〕意志之外的客观价值立场，并以此立场去对法律及政治的结构作批判性的评价。自然法的权利，从某种意义上讲就是意味着由自然，也就是说由人的本性、由社会的本性以及甚至由物的本性中，可演绎出某些法则，这些法则可供给一个整体而言对人类行为举止适切的规定。自然法学派起初的权利观念更多带有"天赋"权利的色彩，人生于自然，人的权利也来自于自然。

具体而言主要包括以下内容：

其一，关于法的本质。自然法学派认为，法从本质上是一种客观规律，立法者所制定的法律必须以客观规律为基础，这种客观规律是宇宙、自然、事物以及人的本性，是"理性"的反映。

其二，法来源于永恒不变的本性、自然性、社会性、理性。真正的法律应当与之相符合，特别是与理性相符合，或以理性为基础，它永恒不变，并具有普遍的适用性。

其三，法的功能和目的在于实现公意和正义。

其四，法律及其观念应当与人们的价值观念、道德观念相一致，自然法是人类寻求正义之绝对标准的结果。

自然法学派的主要代表人物有荷兰的格劳秀斯和斯宾诺莎、英国的霍布斯和洛克、德国的普芬多夫和沃尔夫、法国的孟德斯鸠和卢梭。

2. 历史法学派

18 世纪末 19 世纪初，在德国形成了以胡果和萨维尼等为首的历史法学派（Historische Rechtsschule）。该学派诞生之初代表了德国封建贵族的利益，在以后的发展中逐步演变成为资产阶级的重要法学流派之一，并统治欧洲法学界长达近一个世纪。

在 19 世纪，历史法学派基本上代表了法学思想发展的主流。历史法学派的先驱者是霍伯特（Hauboldt）和贝克曼（Beckmann），而历史法学派的创始人则是胡果。胡果（Gustav Hugo，1764—1844 年）的主要著作是《作为实定法哲学的自然法》（1798 年）、《市民法教科书》（全 7 卷，1792—1802 年）、《查士丁尼罗马法教科书》（1832 年）等。历史法学派的核心人物是胡果的学生、德国著名私法学家萨维尼（F. C. von Savigny，1779—1861 年），主要作品有《占有权论》（1803 年）、《论立法及法学的现代使命》（1814 年）、《中世纪罗马法史》（1815—1831 年）和《现代罗马法的体系》（1840—1849 年）等。继胡果和萨维尼之后，历史法学派的另一位主要代表是萨维尼的学生普赫塔（Georg Friedrich Puchta，1798—1846 年），其主要著作有《习惯法》（全 2 卷，1828—1837 年）、《潘德克顿教科书》（1838 年）、《教会法入门》（1840 年）和《法理学教程》（全 2 卷，1841—1847 年）等。除胡果、萨维尼和普赫塔外，历史法学派的代表还有艾希霍恩（K. F. Eichhorn，1781—1854 年）、温德海得、耶林、格林、祁克等。

系统论述历史法学派之基本观点的是萨维尼。他通过对法的产生、法的本质和法的基础三个问题的阐述，表达了该学派的代表性理论。萨维尼认为，"法律只能是土生土长和几乎是盲目地发展，不能通过正式理性的立法手段来创建。"他指出："一个民族的法律制度，像艺术和音乐一样，都是他们的文化的自然体现，不能从外部强加给他们。""在任何地方，法律都是由内部的力量推动的，而不是由立法者的专断意志推动。"法律如同语言一样，没有绝对停息的时候，它同其他的民族意识一样，总是在运动和发展中。"法律随着民族的成长而成长，随着民族的壮大而壮大，当这一民族丧失其个性时，法便趋于消逝。"

萨维尼认为，法的发展呈现几个阶段：第一阶段，法直接存在于民族的共同意识之中，并表现为习惯法。第二阶段，法表现在法学家的意识中，出现了学术法。此时，法具有两重性质：一方面是民族生活的一部分，另一方面，又是法学家手中一门特殊的科学。当然，能够促使该阶段法发展的法学家，必须是那种具有敏锐的历史眼光，又有渊博知识的人，而这样的法学家现在在德国还很少，所以，在德国还未具备开展统一立法的条件。第三阶段就是编纂法典。但即使是到了此阶段，也要谨慎立法。

3. 实证法学派

分析实证主义法学派通常泛指以 19 世纪孔德(1798—1857 年)的实证主义哲学为思想基础的各派资产阶级法学，也称实证法学或法律实证主义。这个学派认为各种自然法学派和其他哲理法学派(如康德、黑格尔的法学派别)都是"形而上学"的，只有它才是以实证材料为根据的法律科学。

从狭义上讲，实证主义法学就是指各种分析法学派。因此又称分析实证主义法学，它强调的是实在法，即国家制定的法。

实证主义法学派的基本观点是：法学的研究范围仅限于实然法，至于应然法和道德则是伦理学应该研究的；法是国家主权者的命令，是一个"封闭的逻辑体系"。在法和道德本质联系的问题上主张不符合道德的法不影响法的实在性的观点。由此可以自然推定出恶法亦法的观点，这也是其与自然法学派主要的分歧之一，自然法学派主张恶法非法，从自然法和道德的合理性基础上探讨法的合理性问题。

分析法学派或分析实证主义法学派的创始人是 19 世纪英国的 J. 奥斯丁。目前，该派的主要代表人物是纯粹法学派的创始人 H. 凯尔森和新分析法学派的创始人 H. L. A. 哈特。他们的学说都是在奥斯丁的法学思想基础上发展起来的。主要的区别是：凯尔森的学说又以康德的不可知论作为思想基础，是比较极端的一派，在形式上与自然法学截然对立；哈特的学说则以现代西方哲学中逻辑实证主义的概念和语言分析法作为特征，比较接近自然法学。第二次世界大战后，由于审判战犯的需要，驳斥其为自己辩护时所说"所有行为皆是遵守当时的法律和服从命令"，援用自然法中恶法非法的观点对其辩护予以否定，凯尔森的学说已趋动摇，自然法学派复兴，新自然法学派受到普遍的关注。但哈特的学说呈现出一种向自然法靠近的趋势，依然较为流行，因此新分析法学派与自然法学派仍呈旗鼓相当之势。从广义上讲，实证主义法学也包括各种形式的社会学法学派以及历史法学派在内，因此社会学法学又称社会实证主义法学。它强调法与社会的关系、法在社会中的作用以及社会对法的影响等事实。就哲学上讲，所有资产阶级法学派别可归为两大类：一类是广义的实证主义法学，另一类是与此对立的自然法学或其他哲理法学派。

4. 社会法学派

19 世纪末叶以来资产阶级法学中一个派别。又译社会学法学派。西方法学家一般认为该派具有下列的一个或两个特征：第一，以社会学观点和方法研究法，认为法是一种社会现象，强调法对社会生活中的作用或效果以及各种社会因素对法的影响；第二，认为法或法学不应像 19 世纪那样仅强调个人权利和自由，而应强调社会利益和"法的社会化"。

社会法学派：从社会本位出发，把法学的传统方法同社会学的概念观点、理论方法结合起来研究法律现象。注重法律的社会目的和效果，强调不同社会利益整合的法学流派。

庞德曾将社会法学派和其他法学派（主要是分析法学派和自然法学派）的区别归纳为以下几点：该派着重法的作用而不是它的抽象内容；它将法当作一种社会制度，认为可以通过人的才智和努力，予以改善，并以发现这种改善手段为己任；它强调法所要达到的社会目的，而不是法的制裁；它认为法律规则是实现社会公正的指针，而不是永恒不变的模型。

在 20 世纪的西方法学中，还有不少派别虽与庞德等人的社会法学派观点有所不同，而在许多基本观点上又极为类似，因此可列为社会法学派的支派，如社会连带主义法学派、美国的现实主义法学派、欧洲大陆各国的自由法学派、利益法学派、北欧各国的斯堪的纳维亚法学派以及心理学法学派等。第二次世界大战后，社会法学派在理论上并无显著改变，但在方法论上日益与自然科学或综合学科结合而成为一种应用法学。

社会法学派更强调法对社会的作用和影响，他首先承认法是社会的产物，社会的发展决定了法的发展，但同时强调法对社会能动反作用。认为能够在社会生活中产生作用，即实现立法目的和对人力社会有积极推进作用的法就是真正的法，反之就不是真正的法。我国《继承法》实施之时，虽然将女儿列为第一顺序继承人，但是当时在我国很多地区，女儿的继承权是根本无法得到保证的；所以继承法将女儿列为第一顺序继承人的规定，在社会法学派看来，就不是真正的法律，仅仅是纸面上的法律。

5. 马克思主义法学

马克思主义法学以辩证唯物主义和历史唯物主义为理论基础，深刻地分析了社会各方面的现象，揭穿了剥削阶级的偏见，科学地阐述了法的本质及其发展规律，使法学成为一门真正的科学。

马克思主义法学同以往法学的根本区别，主要有下列几点：

(1)在各派剥削阶级法学中，有的认为法与经济无关，甚至说法是决定经济的；有的虽也承认法与经济有关，但否认经济对法的最终决定作用。马克思主义法学研究了社会的经济基础与上层建筑的关系，认为法是统治阶级意志的体现，但这种意志并不是凭空产生的，归根结底是由这一阶级的物质生活条件决定的，是由这一社会的经济基础决定并反过来为经济基础服务的。当然，法与经济以外的其他各种社会因素，例如，政治、哲学、宗教等也相互起作用，但这只是一方面的现象，而追究到它的根本，"法的关系正像国家的形式一样，既不能从它们本身来理解，也不能从所谓人类精神的一般发展来理解，相反，它们根源于物质的生活关系"①

(2)剥削阶级法学家尽管对法的本质有各种不同的解释，但一个共同点是在不同形式上否认法的阶级性，甚至认为法是超阶级的"全民意志"的体现。马克思主义法学认为，法并不是超阶级的，它是由社会上居于统治地位的阶级通过国家制定或认可的行为规则，是为统治阶级的利益服务的。马克思、恩格斯在《共产党宣言》中讲到无产阶级时指出：资本主义社会中的"法律、道德、宗教，在他们看来全都是掩盖资产阶级利益的资产阶级偏见"②。只有社会主义法制，才真正反映工人阶级领导的广大人民的意志和利益。总之，法同国家一样，是阶级社会的产物，是阶级统治的工具，在阶级社会中，它总是有阶级性的。到阶级消灭时，具有阶级性的法也就不存在了。但马克思主义在肯定法的阶级性的同时，也承认法在历史发展上同其他社会文化一样，都可以批判地予以继承。马克思主义法学就是在总结生产斗争和阶级斗争实践的基础上，总结了人类历史上的法律文化遗产而创立和发展起来的。

(3)剥削阶级法学一般也承认实在法是国家制定的，但由于他们往往把国家说成是超阶级的，把国家制定的法律说成是社会公共意志的体现，从而模糊了国家和法的阶级本质，曲解了国家和法的关系，鼓吹所谓"法律至上论"，把法置于国家之上。马克思主义法学分析了社会阶级的关系，认为一定阶级的国家和法都是实现阶级统治的工具，国家是有阶级性的，它所制定的法也是有阶级性的。首先，取得政权、统治国家的阶级必须把它的胜利果实，用法律形式固定下来，使之成为神圣不可侵犯的制度。其次，法律由国家制定，还须由国家的强制力保证其实施。"如果没有一个能够迫使人们遵守法权规范的机构，法权也就等于零"③。但国家既然制定了法律，就应当使之成为具有普遍约束力的社会规范。社会主义国家制定了法律，它自己也有必要在法律范围内进行活动，否则法律就不能发生预期的效果。

(4)剥削阶级法学大都认为法是超历史的，永恒存在的。马克思主义则认为，法并不是超历史的，既不是永恒存在，也不是永久不变的。法是人类

---

① 《马克思恩格斯选集》，第 2 卷，82 页。

② 《马克思恩格斯选集》，第 1 卷，262 页。

③ 《列宁选集》，第 3 卷，256 页。

社会发展到一定阶段的产物，随着私有制、阶级和国家的出现而出现。当法存在的时代，它又随着社会的生产方式和政权性质的变迁而变迁。剥削阶级的法律都建立在生产资料私有制的基础上，可以相互模仿沿用，而无产阶级废除了剥削，建立了社会主义公有制，则必须创建自己的法制。到了共产主义社会，随着国家的消亡，法也将趋于消亡。那时当然还有调整人们共同生活的各种行为规范，但它已不是原来意义上的法了。

列宁主义是帝国主义和无产阶级革命时代的马克思主义。列宁揭示了资本主义的最后阶段——帝国主义的发展规律，对马克思主义的无产阶级革命与无产阶级专政的学说做出了卓越的贡献。他亲自领导了十月社会主义革命，创建了第一个无产阶级专政的社会主义国家，从而也第一次创建了社会主义法制。他在发展马克思主义的过程中也发展了马克思主义法学。马克思和恩格斯生活在资本主义社会中，只能从分析资本主义社会提出法的一般理论，没有也不可能具体地论述社会主义法制问题。列宁创建了第一个社会主义国家，第一次具体地提出了有关社会主义法制的学说。他的这些学说是对马克思主义法学的创造性的发展，对其他社会主义国家来说，是极为宝贵的遗产。但由于他过早逝世，未能进一步阐述和发展关于社会主义法制的理论。

世界上第一个社会主义国家苏联建立以后，工人阶级翻身成为国家的领导力量。苏联培养了大批无产阶级法学家。他们接受了马克思列宁主义的教育，在列宁、斯大林的领导下，从事社会主义法制工作，协助制定了社会主义的宪法、民法、刑法、诉讼法等法典及其他法律，初步形成了社会主义法律体系。他们根据马克思主义法学理论，在国家与法的理论、国家与法的历史方面，在宪法学、行政法学、民法学、刑法学、诉讼法学以及国际法学方面，撰写了大量著作，初步建立起马克思主义法学体系，对马克思主义法学做出了重大贡献。其他社会主义国家以及资本主义国家中的马克思主义法学家，对马克思主义法学的发展，也做出了各自的贡献。

二、法学的体系

法学体系是由法学分支学科构成的具有内在有机联系的统一整体。法学体系是一个由互不相同，但又有联系的分支学科构成的知识系统。法律调整的社会关系是多种多样的，因而研究社会的各种法律现象及其发展规律的法学所研究的范围也就十分广泛，从而形成若干分支学科。这些分支学科构成一个有机联系的知识系统就是法学体系。

建设法学体系需要总结和研究本国的法学研究、法学教育、和法律实际生活对法学体系的需求，以及借鉴国外在这方面的经验。由于近代意义上的法学体系是由法学分支学科构成的，因而其中心问题是法学分支学科的划分和设置问题。由于社会关系的纷繁复杂，不断形成不同的部门法予以调整，相应地也就出现了相应的法学分支学科对其进行研究。法学作为一门系统的专门的学问，不仅要研究各个部门法，还要以不同的角度、不同方法进行综合的研究，为各个部门法学的研究提供理论基础和相关条件。于是也就出现了诸如法理学、立法学、法社会学、比较法学、法律思想史学、法律制度史学等具有一般理论(综合)特质的法学分支学科。

1. 理论法学

理论法学指主要研究法的基本概念，原理和知识的法学分支学科，主要包括法理学、法哲学、比较法学、法社会学、立法学、法律逻辑学、法律教育学和法律心理学等学科。"理论法学"学科已形成了法理学、西方法哲学、法律社会学、法律文化学、法律经济学、人权理论与人权法、比较法学、部门法哲学、立法学、司法学 10 个比较稳定的研究方向。

其中，前五个研究方向始终站在学科前沿，在国内具有明显的学术特色和优势：①法理学。学术带头人为张文显教授、姚建宗教授。本方向 20 年多来一直居于国内学术发展的最前沿，始终是我国法学理论发展的引领者和推动者，提出并论证了许多在国内外学术界具有原创性的学术理论观点。②西方法哲学。学术带头人为邓正来教授。本方向是国内高校同类研究方向中起步较早、影响最大的，在推动国内法学界对本领域的研究方面做出了令人瞩目的成就。③法律社会学。学术带头人为马新福教授。本方向在国内起步较早，并以理论法社会学研究和法律发展研究为基本特色。④法律文化学。学术带头人为霍存福教授。本方向以中国传统法律文化研究为重点，并引入文化学、语言学、符号学和社会学等的理论与方法，实现了从单纯的历史研究范式向综合的多维视角研究范式的转换。⑤法律经济学。学术带头人为张文显教授、徐卫东教授。本方向在国内发展较早，在法律经济学基本理论、知识经济与法制创新、现代企业制度的法理研究走在国内前列。

2. 应用法学

应用法学通常是指在社会中实际运用的法学分支学科，其内容包括国际法学和国内法学以及关于法律的制定，解释和实施的学问。应用法学通常是指研究现行法律，法规并注重将研究成果在实际中加以运用的法学分支学科，如刑法学，民法学等。它是旨在直接服务法律实际生活、帮助解决法律实际问题的法学分支学科的总称。应用法学的研究对象主要是法律实际生活中的经验材料，其比之理论法学更具有实践性，它是理论法学的具体化，也是理论法学的资料渊源。但应用法学并非没有理论，其产生的理论不是用来起跨学科的普遍指导作用，而是为解决本应用学科的实际问题服务的。应用法学的代表性学科是各种部门法学，如宪法学、民商法学、刑法学、程序法学等，有关法律实务的分支学科，法学边缘学科中侧重于解决实践问题的分支学科也可列入应用法学。应用法学分为比较法学，国内法学，国际法学，外国法学。

3. 边缘法学

人们通常说的"边缘法学"一般是横跨两个或由两个学科整合而成的，如法律社会学、法律经济学、法律心理学、法医学等。边缘法学作为一门新兴的综合性学科门类，在法律科学日益深入发展中不断地显露出它的社会魅力，成为法律科学走向现代化的一个新亮点，是法学发展重要的里程碑。

一个世纪以来，由于西方法学思想的束缚和禁锢，中国法律人始终背负着沉重的包袱，难以改变业已形成的思维模式。随着法律观念的革新，我国法律界开始对边缘法学及其分支学科有所认识并应用于法律实践。但是，认识的速度和实施的进程非常缓慢，还不能适应法制现代化的需要。特别是对边缘法学的综合能力以及存在意义、价值和地位认知还相当肤浅，需要进一步加以阐释。边缘法学的产生，既为法律人提出了一个必须面对的问题，也为关心法律的社会学者提出了一个实际的问题。法律人仅仅了解、懂得法律是不够的，必须不断地丰富自己的内涵，改善自身的知识结构，尽可能了解边缘法学的有关知识和方法，以便在法律活动和法律实践中技高一筹，多一份胜算的把握。关心法律的社会学者也要深入地了解法律和法学，使非法律的知识和方法尽快地转化为具有法律特点的东西，为法律人应用提供成熟的经验和容易掌握的方法，促进法律的更新和升级。

在现代社会，就法论法已全面暴露出法律科学在自身发展和社会实践中的历史局限性，它既不能拯救法学本身，也不能拯救现实社会。法学的发展只有在广阔的社会生活中以各种科学知识为依托，才能不断完善法学体系，提升法学在解决现实问题方面的能力，这越来越成为法律工作者的共识。实践表明，法学的研究、法律的实施，如果仅仅局限在自我筑起的小圈子里，不仅阻碍了法律人的视野，也缺少了解决现实问题的活力，自我束缚了处理法律问题的方法和途径，无形中降低了法律在社会生活中的意义、作用和功能。这是自我毁灭的征候，是国家和法律人不能不认真对待的根本性问题。

边缘法学在中国现行的法律体系中，正在发挥两大作用。一是引起法律人观念的巨大变化，摆脱一百年来形成的就法论法的狭隘意识，以超越法律本身的宽阔视野和思路应对法律中可能出现的各种疑难问题。这是边缘法学的理论意义。二是为法学提供了新鲜方法论的支持。一百年来法律人研究法律和实践法律无不遵循法律中已经形成的方法和途径，把自己封闭在法学的森严壁垒中不能自拔，因而在面对复杂的现实生活时则往往显得心有余而力不足，边缘法学的产生和参与，为法学的进步和法律的实践在解决问题的方法上提供了新的出路。

第三节　法学的基本问题

一、法的本质

法是统治阶级意志的体现，法的内容是由统治阶级的物质生活条件决定的，法是调整人的行为的社会规范，法是出自国家的社会规范，法是规定权利和义务的社会规范，法是由国家保证实施的社会规范。研究法的概念，首先应注意法的本质与现象之间的辩证关系。

马克思主义哲学认为，本质与现象是一对范畴。任何事物都有本质和现象两个方面，本质是事物的内部联系，现象是事物的外部联系。这两个方面是密不可分的，本质总是通过一定的现象表现出来，而现象总是本质的显现。把这一辩证法的原理运用于法学研究，可以说"法的本质"与"法的现象"是一对范畴，它们分别从法的内部依据和法的外部显现两个方面来把握法律现象。法的现象是法的外部联系和表面特征，是外露的、多变的，通过经验的、感性的认识就能了解到。而法的本质则深藏于法的现象背后，是法存在的基础和变化的决定性力量，是深刻的、稳定的，不可能通过感观直接把握，需要通过思维抽象才能把握。剥削阶级法学家和思想家或者看不到这一点，习惯于停留在表面现象就法论法；或者把法的现象等同于法的本质；或者是到虚无缥缈的"宇宙精神"、"自然命令"或人的心灵世界寻找法的本质，所以，他们从未真正地发现法的本质。马克思主义创始人对法学的主要贡献在于，依据唯物史观科学地揭示了法的本质及其发展规律。总结马克思主义创始人的有关论述，我们可以把法的本质归结为以下两方面：

1. 法是统治阶级意志的体现

"法是统治阶级意志的体现"这一命题包含着丰富而深刻的思想内容。

第一，法是"意志"的体现或反映。意志的形成和作用在一定程度上受世界观和价值观的影响，归根到底受制于客观规律。意志作为一种心理状态和过程、一种精神力量，本身并不是法，只有表现为国家机关制定的法律、法规等规范性文件才是法。所以说，法是意志的反映，意志的结果、意志的产物。正因为法是意志的产物，所以才可以说法属于社会结构中的上层建筑。

第二，法是"统治"阶级意志的反映。所谓"统治阶级"就是掌握国家政权的阶级。虽然统治阶级意志由统治阶级的根本利益和整体利益所决定，但其形成和调节也必然受到被统治阶级的制约。统治阶级在制定法律时，不能不考虑到被统治阶级的承受能力、现实的阶级力量对比以及阶级斗争的形势。统治阶级上升为国家意志、被奉为法律之后，在其实施过程中还会遇到来自被统治阶级的阻力。我们应当清楚地看到，在任何情况下，被统治阶级的意志都不能作为独立的意志直接体现在法律里面。它只有经过统治阶级的筛选，吸收到统治阶级的意志之中，转化为统治阶级的国家意志，才能反映到法律中。所以，归根到底，在阶级对立社会中，法是统治阶级意志的体现。

第三，法是统治"阶级"的意志的反映。马克思主义认为，法不论是由统治阶级的代表集体制定的，还是由最高政治权威个人发布的，所反映的都是统治阶级的阶级意志，代表着统治阶级的整体利益，而不纯粹是某个人的利益，更不是个别人的任性。当然，统治阶级的共同意志并不是统治阶级内部各个成员的意志的简单相加，而是由统治阶级的正式代表以整个阶级的共同的根本的利益为基础所集中起来的一般意志。

第四，法是"被奉为法律"的统治阶级的意志。马克思、恩格斯说，法是"被奉为法律"的统治阶级的意志，这意味着统治阶级意志本身也不是法，只有"被奉为法律"才是法。"奉为法律"，就是经过国家机关把统治阶级的意志上升为国家意志，并客观化为法律规定。这里，他们之所以用"法律"，是由于法律是法的"一般表现形式"。但通观法的历史，法的表现形式并不是只有法律这一种。除法律之外，还有最高统治者的言论，由国家认可的习惯、判例、权威性法理、法学家的注解等。所以可以把马克思、恩格斯所用的"法律"普遍化为所有法的形式。这样就可以说，统治阶级的意志只有表现为国家有权机关制定的规范性文件，才具有法的效力。

2. 法的内容是由统治阶级的物质生活条件决定的

把法的本质首先归结于统治阶级的意志，开始触及到了统治阶级对立社会的法的本质。但如果认识停止于此，仍摆脱不了唯心主义。要彻底认识法的本质，认识法产生和发展的规律，还必须深入到那决定着统治阶级意志的社会物质生活条件之中。社会物质生活条件培植了人们的法律需要，同时又决定着法的本质。

社会物质生活条件指与人类生存相关的地理环境、人口和物质资料的生产方式，其中，物质生活条件的生产方式是决定性的内容。生产方式是生产力与生产关系的对立统一，生产力代表人与自然界的关系，生产关系代表生产过程中的所发生的人与人的关系。马克思和恩格斯的伟大功绩之一，就是发现了社会物质生活条件中生产方式因素的决定意义。生产方式之所以是根本因素，在于它一方面通过生产力和生产关系使自然界的一部分转化为社会物质生活条件，使生物的人上升为社会成员，创造了社会；另一方面，生产过程发生的人与人之间的关系是根本的社会关系，其他一切关系包括法律关系在内都是从这里派生出来的。地形、气候、土壤、山林、水系、矿藏、动植物分布等地理环境因素和人口因素一般说来只有通过生产关系才能作用于法。除了物质生活条件以外，政治、思想、道德、文化、历史传统、民族、科技等因素也对统治阶级的意志和法律制度产生不同程度的影响。

马克思主义法学关于法的本质的学说——法的本质所揭示的并不是某个唯一的、终极的要素，而是法内在的一种矛盾关系。这一矛盾关系包括两个相关的方面：其一，从主观方面看，法是国家意志和统治阶级意志的体现；其二，从客观方面看，法的内容是由一定的社会物质生活条件所决定的。前者是法的国家意志性和阶级意志性，后者是法的物质制约性。法的物质制约性和法的阶级意志性是法的不同层次的本质属性，法的这两个方面是矛盾的统一体，两者具有辩证统一的关系，不能把二者割裂开来、截然对立起来。若片面强调法的阶级意志性，则可能导致法律的"唯意志论"；若片面强调法的物质制约性，甚至以物质制约性否定阶级意志性，则将导致法律的"宿命论"。只有全面理解它们之间的矛盾关系，才能正确理解法的本质。

以马克思主义的法定义为依据，总结以往法学研究的成果，我们可把法的特征概括为以下四个方面：

第一，法是调整人的行为的社会规范。首先，在社会体系中，法属于社会规范的范畴。作为社会规范，法既区别于思想意识和政治实体，又区别于非规范性的决定、命令，如法院判决。其次，人的行为是法的调整对象。也可以说，法的调整对象是社会关系。这两种说法意思是一致的，因为社会关系不过是人与人之间的行为互动或交互行为。没有人们之间的交互行为，就没有社会关系。法调整人的行为，同时也就调整了社会关系。作为法的调整对象的行为是指人的外在行为。

第二，法是出自国家的社会规范。法是由国家制定或认可的，它就必然具有国家意志的属性，因此具有高度的统一性、普遍适用性。这种统一性是建立在国家权力和国家意志的统一性基础之上的。法的统一性首先指各个法律之间在根本原则上的一致；其次是指除特殊的情况外，一个国家只能有一个总的法律体系，且该法律体系内部各规范之间不能相互矛盾。从法的统一性又可以引申出来法的普遍适用性，即法作为一个整体在本国主权范围内具有普遍约束力，所有国家机关、社会组织和个人都必须遵守法。任何人的合法行为都无一例外地受到法律保护，任何人的违法行为也都无一例外地受到法律制裁。

第三，法是规定权利和义务的社会规范。法是通过规定人们的权利和义务，以权利和义务为机制，影响人们的行为动机，指引人们的行为，调整社会关系的。权利意味着人们可以做或不做一定行为以及可以要求他人做或者不做一定行为。法律通过规定权利，使人们获得某种利益或自由。义务意味着人们必须做或者不做一定行为。义务包括作为的义务和不作为义务两种，前者要求人们必须做出一定的行为，后者要求人们不得做出一定行为。正是由于法是通过规定权利和义务的方式调整人们的行为，因此，人们在法律上的地位体现为一系列法定的权利和义务。

第四，法是由国家保证实施的社会规范。

任何一种社会规范都具有强制性，都有保证其实施的社会力量。法的强制性不同于其他规范之处在于，法具有国家强制性。法是以国家强制力为后盾，由国家强制力保证实施的。法的国家强制性，既表现为国家对违法行为的否定和制裁，也表现为国家对合法行为的肯定和保护；既表现为国家机关依法形式权力，也表现为公民可以依法请求国家保护其合法权利。是否具有国家强制力，是衡量一项规则是否是法的决定性标准。必须指出，法依靠国家强制力保证实施，这是从终极意义上讲的，即从国家强制力是法的最后一道防线的意义上讲的，而非意味着法的每一个实施过程，每一个法律规范的实施都要借助于国家系统化的暴力。也不是说，国家强制力是保证法的实施的唯一力量。

二、法的价值

1. 概述

法的价值是指法律满足人类生存和需要的基本性能，即法律对人的有用性。法的价值是以法与人的关系作为基础的，是法对人所具有的意义。法的价值的主体是人，法的价值的客体是法。法的价值是法对人的意义，其含义包括两个方面：第一，是法对于人的需要的满足。人的需要是多元、多层次的，法的价值也是多元、多层次的，并且以人的多元、多层次的需要为依据。第二，是人对法的期望、追求、信仰。法的价值是一种总是高于现实状态的法的理想状态，是人的相关思想与行为的目标。法的价值在指导人类的同时，又评价着人类关注的法与自己之间的关系及人类的相关思想与行为。法的价值体系包括了法的各种价值目标，如秩序、安全、效益、公平、自由、正义等，它指导着法的具体功能和作用的实现。

法的价值又称为法律的价值，第一种使用方式是指法律在发挥其社会作用的过程中能够保护和增加的价值。例如，人身安全、财产安全、公民的自由、社会的公共福利、经济的持续发展、善良风俗的维持，环境的保护与改善等都是其体现，还有秩序、自由、效率和正义更是这层意义上的法的价值的根本体现。这种价值是法追求的理想和目的，因此又称为法的"目的价值"。第二种使用方式是指法的"形式价值"，它是指法律在形式上应当具备的那些值得肯定或好的品质。比如任何一种法律都应该具有逻辑严谨、简明扼要、明确性等特征。①同价值的概念一样，法的价值也体现了一种主客体之间的关系；②法的价值表明了法律对人们而言所拥有的正面意义，它体现其属性中为人们所重视、珍惜的部分；③法的价值既包括对实然法的认识，更包括对应然法的追求。

2. 体系

法的价值体系可以看成是一组组相关价值所组成的系统，它是由不同而又相联系的几种法的价值类型组成。按照不同的标准，从不同的角度，我们将法律价值进行以下分类：①个体价值、群体价值。法律的个体价值就是个体对法律的需求以及法律对个体的实际效应，一般包括个人自由、平等、权利、人格尊严等。所谓法律的群体价值是指某一社会群体对法律的需求以及法律对该群体的实际效应。法律价值应当是多元的，但"主导法律价值总是特定的，总是代表着能把法律价值具体化到法律规范中的那一部分主体与法律之间的实践关系"。在阶级对立的社会中，法律所体现的只能是统治阶级的法律价值追求。②法律的正价值、无价值（或零价值）和负价值。这是按照法律价值追求与法律的实际效应关系来分的。广义的价值包括法的正价值和法的负价值，其中负价值是指法对主体需要实现的阻碍和破坏作用，零价值是指法律对一定主体既无益也无害，而狭义的法的价值仅指法的正价值，即法的有益性、有用性。③除此之外，法律价值还可按功能和性质分为目的性法律价值和工具性法律价值，而按历史阶段分为奴隶制法律价值、封建制法律价值、资产阶级法律价值和社会主义法律价值。按法律对主体的应用形式分为物质价值和精神价值等不一而足。

除了以上各种分类方法之外，正如上文对法的价值的释义一样，法的价值分为法的目的价值和法的形式价值是相当具有现实意义的。下面予以简要介绍：

法的目的价值构成了法律制度所追求的社会目的，反映着法律产生和实施的宗旨，它是关于社会关系的理想状态是什么的权威性蓝图，也是关于权利义务的分配格局应当怎样的权威性宣告。它具有两方面的属性：一是，法的目的价值的多元性。因为法调整的是多种多样的社会关系和千差万别的人的需求，所以其目的价值的多元性成为必然，例如，秩序、自由、效率和正义都是重要的目的价值，但却不是目的价值的全部。二是，法的目的价值的有序性。即法所追求的诸多的目的价值是按照一定的位阶排列组合在一起的，当那些低位阶的价值与高位阶的价值发生冲突时，高位阶的价值就会被优先考虑。

法的形式价值即法律制度在形式上所具有的价值，它是区分"良法"和

"恶法"的依据。法的形式价值包含着许多内容，如公开性、稳定性、严谨性、灵活性、实用性、明确性、简练性等。一句话如果一个法律制度不具备形式上的优良品质、价值，它就不是"良法"，它追求的社会价值必然会归于虚幻。

3. 意义

研究法的价值理论，对法制的发展和社会的和谐有着重要的意义：

(1)法的价值是立法的思想先导。严格意义上的立法活动都是在一定法的价值观指导之下的国家行为。人们在一系列立法问题上应做怎样的抉择，是法的制定中的价值认识问题、价值评价问题和价值选择问题。在歪曲或误解法的价值的统治者手中，不可能产生良好的法，只有在公平、正义、权力制衡等正确的价值指引下，统治者才可能制定出比较符合"良法"标准的法律。在法的制定中，必须考虑以下几点：其一，法与良法的价值问题。在法的制定过程中，许多人都沉醉于法的表面完备，认为只要有法可依，就算完成了法的制定的使命。事实上，"有法可依"并不是真正的立法上的法制完备。因为制定出来的法是正价值、零价值或负价值的问题，比有无法的问题更加重要。具有负价值即坏的法制定出来了，比没有法更加可怕；如果制定出来的法为零价值，立法就是毫无意义的徒劳。其二，此法与彼法的价值问题。法的制定过程中，人们也许会发现此法的价值取向与彼法的价值取向相互对立；或许此法保护自由，而彼法妨碍自由；此法保护平等，而彼法制造特权与歧视等。若将此法与彼法相比较，稍加分析就不难发现二者的背离，实际上这也是法的价值冲突在法的制定中的表现。其三，法自我否定的价值问题。在法律制定过程中，人们也许会发现，有的法的具体规定的价值取向和基本原则的价值取向相矛盾：或者是基本原则否定了具体规定，或者是具体规定否定了基本原则，使法在制定时就注定实现不了应有的价值。

(2)法的价值是法的实施的需求。法的实施包括法的执行和法的遵守两个方面，法的价值对于法的实施的意义也体现在这两个方面。法的执行离不开法的价值指导。首先，法所蕴含的价值精神是执法的先决因素，法本身所具有的良好的法的价值是法得以良好执行的价值前提。其次，执法者的价值认识影响着执法的结果状态。法的执行机关及其执法人员对法的价值的认识状况对法的执行具有至关重要的影响。如果法的执行机关及其执法人员对法的价值具有良好的认识，即具有良好的法的价值观，法的执行就可能取得良好的效果；如果法的执行机关及其执法人员的法的价值观出现偏差，法的执行就可能误入歧途或出现失误。因为法的执行机关及其执法人员的法的价值观影响着他们对既定法律原意的理解，影响着他们所做的法律解释，影响着他们对合法行为的保护和对违法行为的制裁。例如，历史上中国从有罪推定到无罪推定的演变，实际上就是有关价值认识的转变，也是相关法的价值的转变。

(3)法的价值是防止法的失效的屏障。法的失效是指法的预期社会效果未能得以实现的客观情形。法的失效问题实际上也是法的价值背离问题，它可能是因为立法的错误或者法的实施的畸形所致，但是根本上都是对应有的法的价值背离或违反的结果。正确认识了法的价值并坚持一定的法的价值，对于防止法的失效具有极其重大的意义。在中国就有类似的法律例证。比如在改革开放进程中，面对许多党政官员经商过程中以权谋私的状况，有的地方法规曾明令禁止党政官员经商，以确保政治廉洁和社会公正，该法律公布实施后，党政官员经商的少了，但党政官员的子女、配偶、朋友经商的却多了。这就是法失效的典型表现。党政官员不经商做买卖只是一个表面现象而已，实际上他们更可能是某个商店、公司、企业的真正老板或合伙人，他们可以更"合法"地利用职权在更大程度上以权谋私而不受法律制裁，这样的话政治廉洁、社会公正就会遭到更严重的损害。究其根源是地方法规自身应有法的价值的失落和畸变造成了上述法的失效。我相信如果在法的制定和执行中，当地立法者就注意保持既定的法的价值取向、价值原则和价值目标，从立法和执法等各方面力求法的价值的实现，防止法的价值被扭曲，上述法的失效的严重状况是可以受到控制的。

三、法律关系

1. 概述

法律关系是法律在调整人们行为的过程中形成的特殊的权利和义务关系。或者说，法律关系是指被法律规范所调整的权利与义务关系。法律关系是以法律为前提而产生的社会关系，没有法律的规定，就不可能形成相应的法律关系。法律关系是以国家强制力作为保障的社会关系，当法律关系受到破坏时，国家会动用强制力进行矫正或恢复。法律关系由三要素构成，即法律关系的主体、法律关系的客体和法律关系的内容。

法律关系是根据法律规范建立的一种社会关系，这一命题至少说明三个问题：第一，法律规范是法律关系产生的前提。如果没有相应的法律规范存在，就不可能产生法律关系。第二，法律关系不同于法律规范调整或保护的社会关系本身。社会关系是一个庞大的体系，其中有些领域是法律所调整的（如政治关系、经济关系、行政管理关系等），也有些是不属于法律调整或法律不宜调整的（如友谊关系、爱情关系、政党社团的内部关系），还有些是法律所保护的对象，这些被保护的社会关系不属于法律关系本身（如刑法所保护的关系不等于刑事法律关系）。即使那些受法律法规调整的社会关系，也并不能完全视为法律关系。例如,民事关系(财产关系和身份关系)也只有经过民法的调整(即立法、执法和守法的运行机制)之后,才具有了法律的性质,成为一类法律关系(民事法律关系)。第三,法律关系是法律规范的实现形式,是法律规范的内容(行为模式及其后果)在现实社会生活中得到具体的贯彻。换言之,人们按照法律规范的要求行使权利、履行义务并由此而发生特定的法律上的联系,这既是一种法律关系,也是法律规范的实现状态。在此意义上,法律关系是人与人之间的合法(符合法律规范的)关系。这是它与其他社会关系的根本区别。从实质上看,法律关系作为一定社会关系的特殊形式,正在于它体现国家的意志。这是因为,法律关系是根据法律规范有目的、有意识的建立的。所以,法律关系像法律规范一样必然体现国家的意志。在这个意义上,破坏了法律关系,其实也违背了国家意志。

但法律关系毕竟又不同于法律规范,它是现实的、特定的法律主体所参与的具体社会关系。因此,特定法律主体的意志对于法律关系的建立与实现也有一定的作用。有些法律关系的产生,不仅要通过法律规范所体现的国家意志,而且要通过法律关系参加者的个人意志表示一致(如多数民事法律关系)。也有很多法律关系的产生,往往基于行政命令而产生。总之,每一个具体的法律关系的产生、变更和消灭是否要通过它的参加者的意志表示,呈现出复杂的情况,不可一概而论。法律关系是以法律上的权利、义务为纽带而形成的社会关系,它是法律规范(规则)"指示"(行为模式,法律权利和义务)的规定在事实社会关系中的体现。没有特定法律关系主体的实际法律权利和法律义务,就不可能有法律关系的存在。在此,法律权利和义务的内容是法律关系区别于其他社会关系(社团组织内部的关系)的重要标志。

2. 特征

(1)法律关系是以法律规范为前提的社会关系。法律关系是由于法律规范的存在而建立的社会关系,没有法律规范的存在,也就不可能形成与之相应的法律关系。法律关系与法律规范两者之间的关系可以从两个方面来理解:一方面,法律规范是法律关系存在的前提,没有相应的法律规范的存在就不可能产生法律关系。另一方面,任何一种法律规范只能在具体的法律关系中才能得以实现。法律规范只规定人们的行为规范和相应的法律后果,它所针对的对象为一类人,因此具有普遍适用性。只有当人们按照法律规范的行为模式,或者说符合一定的法律事实时,才形成了针对个人之间的权利义务关系。

(2)法律关系是以权利义务为内容的社会关系。法律关系与其他社会关系的重要区别,就在于它是法律化的权利义务关系,是一种明确的、固定的权利义务关系。这种权利和义务可以是由法律明确规定的,也可以是由法律授权当事人在法律的范围内自行约定的。

（3）法律关系是以国家强制力作为保障手段的社会关系。通过社会舆论和道德约束来实现的社会关系具有不稳定性和非强制性。而在法律关系中，一个人可以做什么、不得做什么和必须做什么都是国家意志的体现，反映国家对社会秩序的一种维持态度。当法律关系受到破坏时，就意味着国家意志所授予的权利受到侵犯，意味着国家意志所设定的义务被拒绝履行。这时，权利受侵害一方就有权请求国家机关运用国家强制力，责令侵害方履行义务或承担未履行义务所应承担的法律责任，也即对违法者予以相应的制裁。因此，一种社会关系如果被纳入法律调整的范围之内，就意味着国家对它实行了强制性的保护。这种国家的强制力主要体现在对法律责任的规定上。

3. 主体

在中国，根据各种法律的规定，能够参与法律关系的主体包括以下几类：

①公民（自然人）。这里的公民既指中国公民，也指居住在中国境内或在境内活动的外国公民和无国籍人。②机构和组织（法人）。这主要包括三类：一是各种国家机关（立法机关、行政机关和司法机关等）；二是各种企事业组织和在中国领域内设立的中外合资经营企业、中外合作经营企业和外资企业；三是各政党和社会团体。这些机构和组织主体，在法学上可以笼统的成为"法人"。其中既包括公法人（参与宪法关系、行政法律关系、刑事法律关系的各机关、组织），也包括私法人（参与民事或商事法律关系的机关、组织）。中国的国家机关和组织，可以是公法人、也可以是私法人，依其所参与的法律关系的性质而定。③国家。在特殊情况下，国家可以作为一个整体成为法律关系主体。例如，国家作为主权者是国际公法关系的主体，可以成为外贸关系中的债权人或债务人。在国内法上，国家作为法律关系主体的地位比较特殊，既不同于一般公民，也不同于法人。国家可以直接以自己的名义参与国内的法律关系（如发行国库券），但在多数情况下则由国家机关或授权的组织作为代表参加法律关系。④外国人和外国社会组织。外国人、无国籍人和外国社会组织，以我国有关法律以及我国与有关国家签证的条约为依据，也可以成为我国某些法律关系的主体。⑤合伙。合伙，就是两人或者两人以上的群体，发挥各自优势，一同去做一些可以给其带来经济利益的事情。

4. 客体

法律关系客体是指法律关系主体之间的权利和义务所指向的对象。它是构成法律关系的要素之一。

法律关系客体是一定利益的法律形式。任何外在的客体，一旦它承载某种利益价值，就可能成为法律关系客体。法律关系建立的目的，总是为了保护某种利益、获取某种利益，或分配、转移某种利益（有关的内容，参见本章第二节"法的价值"）。所以，实质上，客体所承载的利益本身才是法律权利和法律义务联系的中介。这些利益，从表现形态上可以分为物质利益和精神利益、有形利益和无形利益、直接利益和间接利益（潜在利益）；从享有主体的角度，利益可分为国家利益、社会利益和个人利益，等等。归纳起来，有以下几类：

（1）物。法律意义上的物是指法律关系主体支配的、在生产上和生活上所需要的客观实体。它可以是天然物，也可以是生产物；可以是活动物，也可以是不活动物。作为法律关系客体的物与物理意义上的物既有联系，又有不同，它不仅具有物理属性，而且应具有法律属性。物理意义上的物要成为法律关系客体，须具备以下条件：第一，应得到法律之认可。第二，应为人类所认识和控制。不可认识和控制之物（如地球以外的天体）不能成为法律关系客体。第三，能够给人们带来某种物质利益，具有经济价值。第四，须具有独立性。不可分离之物（如道路上的沥青、桥梁之构造物、房屋之门窗）一般不能脱离主物，故不能单独作为法律关系的客体存在。至于哪些物可以作为法律关系的可以或可以作为哪些法律关系的客体，应由法律予以具体规定。在我国，大部分天然物和生产物可以成为法律关系的客体。但有以下几种物不得进入国内商品流通领域，成为私人法律关系的客体：①人类公共之物或国家专有之物，如海洋、山川、水流、空气；②文物；③军事设施、武器（枪支、弹药等）；④危害人类之物（如毒品、假药、淫秽书籍等）。

（2）人身。人身是由各个生理器官组成的生理整体（有机体）。它是人的物质形态，也是人的精神利益的体现。在现代社会，随着现代科技和医学的发展，使得输血、植皮、器官移植、精子提取等现象大量出现；同时也产生了此类交易买卖活动及其契约，带来了一系列法律问题。这样，人身不仅是人作为法律关系主体的承载者，而且在一定范围内成为法律关系的客体。但须注意的是：第一，活人的（整个）身体，不得视为法律上之"物"，不能作为物权、债权和继承权的客体，禁止任何人（包括本人）将整个身体作为"物"参与有偿的经济法律活动，不得转让或买卖。贩卖或拐卖人口，买卖婚姻，是法律所禁止的违法或犯罪行为，应受法律的制裁。第二，权利人对自己的人身不得进行违法或有伤风化的活动，不得滥用人身，或自践人身和人格。例如，卖淫、自杀、自残行为属于违法行为或至少是法律所不提倡的行为。第三，对人身行使权利时必须依法进行，不得超出法律授权的界限，严禁对他人人身非法强行行使权利。例如，有监护权的父母不得虐待未成年子女的人身。

人身(体)部分(如血液、器官、皮肤等)的法律性质，是一个较复杂的问题。它属于人身，还是属于法律上的"物"，不能一概而论。应从三方面分析：当人身之部分尚未脱离人的整体时，即属人身本身；当人身之部分自然的从身体中分离，已成为与身体相脱离的外界之物时，亦可以视为法律上之"物"；当该部分已植入他人身体时，即为他人人身之组成部分。

（3）精神产品。精神产品是人通过某种物体（如书本、砖石、纸张、胶片、磁盘）或大脑记载下来并加以流传的思维成果。精神产品不同于有体物，其价值和利益在于物中所承载的信息、知识、技术、标识（符号）和其他精神文化。同时它又不同于人的主观精神活动本身，是精神活动的物化、固定化。精神产品属于非物质财富。西方学者称之为"无体（形）物"。我国法学界常称为"智力成果"或"无体财产"。

（4）行为。这种客体一般情况下发生于债。比如说合同的标的就是行为，当事人之间签订合同之后，要相互履行约定的义务，而此种履行义务的行为其实就是合同的标的。这就行为与行为结果是不同的。比如，承揽合同（做一套衣服），承揽行为的结果是一套衣服，但是合同的标的是承揽行为，也就是完成这套衣服的行为，而行为结果只能称之为标的物而已，此标的物虽比标的多了一个字，但意义却是相差很远的。

四、权利与义务

权利义务是一对表征关系和状态的范畴，是法学范畴体系中的最基本的范畴。从本质上看，权利是指法律保护的某种利益；从行为方式的角度看，它表现为要求权利相对人可以怎样行为，必须怎样行为或不得怎样行为。

义务人指人们必须履行的某种责任，它表现为必须怎样行为和不得怎样行为两种方式。在法律调整状态下，权利是受法律保障的利益，其行为方式表现为意志和行为的自由。义务则是对法律所要求的意志和行为的限制，以及利益的付出。权利和义务是法律调整的特有机制，是法律行为区别于道德行为最明显的标志，也是法律和法律关系内容的核心。

对权利和义务可从不同的角度，按照不同的标准进行分类。

根据权利和义务所体现的社会内容的重要程度，即它们在权利义务体系中的地位、功能及社会价值的不同，可以把权利义务分为基本的权利和义务与普通的权利和义务。基本权利和义务是人们在国家的政治、经济、文化、社会生活中根本利益的体现，是人们社会地位的基本法律表现，是人们日常生活中利益关系的反映。

根据权利和义务的适用范围不同，可以把权利义务分为一般的权利和义务与特殊的权利和义务。一般权利又称抽象权利，其主体是一般权利人，同时也无特定义务人。一般义务的主体是每一个人，而每个义务人没有与之相对应的特定的权利人。一般义务通常不是积极作为，而是消极的不作为。特殊权利又称具体权利，其主体是特定的权利人，同时也有特定义务人，特殊义务是指特定义务人做出的积极的作为或消极的不作为。

根据权利和义务的主体不同，可以分为公民的权利和义务、集体的权利和义务、国家的权利和义务（职权和职责）、人为的权利和义务（人权）。另外，根据部门法的划分，我们还可以把权利义务分为民事权利和义务、诉讼权利和义务等。

权利与义务作为法律关系的重要因素，它体现了人们在社会生活中的地位及其相互关系，反映着法律调整的文明程度，从宏观方面讲，可以把权利与义务的关系概括为：历史进程中曾有的离合关系逻辑结构上的对立统一关系。总体数量上的等值关系，功能上的互补关系，运行中的制约关系，价值意义上的主次关系。

第四节　法学的新发展

一、计算机与网络法学

近年以来，网络事业的发展是极其迅速的，互联网发展到今天已经成为重要的信息传播的媒体、交易活动的平台和人们社会生活不可缺少的组成部分。随着人类政治、经济、文化活动向网络空间扩展，互联网也当然进入了法律规范和调整的范畴。各类网络活动已经或者正在拥有明确的法律坐标。互联网立法涉及分配互联网信息资源、保护和发展信息基础设施、缩小和消除数字鸿沟、维护网络安全、打击网络犯罪、制裁垃圾邮件、促进电子商务和电子政务的发展、保护知识产权等一系列重大的法律问题。我国目前管理互联网的法律规则存在过于分散、法律层级偏低、某些方面相互冲突、可操作性不强等问题。

1. 国外网络立法的现状

（1）英国。1996年以前，英国主要依据《黄色出版物法》《青少年保护法》《录像制品法》《禁止泛用电脑法》和《刑事司法与公共秩序修正法》惩处利用电脑和互联网络进行犯罪的行为。1996年9月23日，英国政府颁布了第一个网络监管行业性法规《3R安全规则》。"3R"分别代表分级认定、举报告发、承担责任。

英国广播电视的主管机关——独立电视委员会（ITC）公开宣称，依照英国1990年的《广播法》，它有权对互联网上的电视节目以及包含静止或活动图像的广告进行管理，但它目前并不打算直接行使其对互联网的管理权力，而是致力于指导和协助网络行业建立一种自我管理的机制。

英国政府 1999 年公布了《电子通信法案》的征求意见稿。这一草案酝酿已久，其主要目的是为促进英国电子商务发展，并为社会各界树立对电子商务的信心提供法律上的保证。

（2）德国。德国是欧洲信息技术最发达的国家，其电子信息和通讯服务已涉及该国所有经济和生活领域。德国政府出台了《信息和通讯服务规范法》，即《多媒体法》。《多媒体法》于 1997 年 6 月 13 日在联邦会议获得通过，自 1997 年 8 月 1 日生效。《多媒体法》规定：服务提供者根据一般法律对自己提供的内容负责；若提供的是他人的内容，服务提供者只有在了解这些内容、在技术上有可能阻止其传播的情况下对内容负责；他人提供的内容，在服务提供者的途径中传播，服务提供者不对其内容负责；根据用户要求自动和短时间地提供他人的内容被认为是传播途径的中介；若服务提供者在不违背电信法有关保守电信秘密规定的情况下了解这些内容、在技术上有可能阻止且进行阻止不超过其承受能力，则有义务按一般法律阻止利用违法的内容。

此外，德国政府还通过了《电信服务数据保护法》，并根据发展信息和通讯服务的需要对《刑法》法典、《传播危害青少年文字法》、《著作权法》和《报价法》作了必要的修改和补充。

（3）美国。美众院司法委员会要求，色情邮件须加标注，使得用户可以不打开邮件直接将邮件删除。另外，互联网接入服务提供商可以起诉滥发垃圾邮件者，索赔 100 万美元以上的费用。

此外，《儿童网上保护法》已经获得美国国会批准，并在 1998 年经美国前总统克林顿签署成为法律。该法要求商业网站的运营者在允许互联网用户浏览对未成年人有害的内容之前，先使用电子年龄验证系统对互联网用户的年龄进行鉴别。第一次违反者将面临最高 6 个月的监禁和 50000 美元的罚款。

但是，这条法律从未正式实施过。它一经颁布，就遭到了来自美国民权联盟以及包括杂志出版商和书商在内的 17 个组织和企业的强烈反对。这些反对者指控这条法律有违宪法第一修正案。美国一位联邦法官发布了初步裁决，认为这条法律侵犯了自由言论权，指出网站运营商缺乏有效的措施来阻止未成年人接触色情内容。网络法律问题专家称，该项判决意味着网上世界不再被视为一个特殊的领域，现实生活中的法律同样适用于网络世界。

2. 我国网络立法现状及反思

在我国网络立法目前还主要处于探索的阶段。这是因为，在中国，目前不仅网络法律是一个新事物，而且就连网络本身也还是新的事物。从法律的角度研究网络、规范网络，保护网络的发展，还是需要一个过程的。我们目前正处在这个过程的探索和刚刚开始阶段。我国目前的网络立法，一方面，在近年来制定的《统计法》、《档案法》、《测绘法》、《国家安全法》、《保守国家秘密法》、《著作权法》、《反不正当竞争法》、新《刑法》等一系列法律中分别规定了一些与网络信息活动有密切关系的内容；另一方面，又相继颁布了如下的一大批有关网络方面的专门立法、司法解释和其他规定。

通过立法、司法解释和相关规定涉及网络监管、信息安全、电子商务、市场准入、域名注册、网络著作权等各个方面。诚然，这些立法和规定在我国处理相关网络问题时提供了法律依据，但是同时也存在着比较严重的问题，具体表现在：①过分强化政府对网络的管制而漠视相关网络主体权利的保护。②立法主体多、层次低，缺乏权威性、系统性和协调性。③立法程序缺乏民主参与。

此外，我国网络专门立法的可操作性也比较差。更为严重的是，这些立法、司法解释和规定中违反《宪法》和《立法法》的不在少数 。

二、生命科技法学

1. 人工生殖

人类社会生生不息的关键在于人类自身的不断繁衍，生儿育女不仅是社会发展的基本前提，也是中华民族传统文化中家庭所负担的重要职责所在。中华民族是一个重视伦理道德、三纲五常的民族，由此形成的香火延续观念早已深深植根于人们的脑海。随着社会的快速发展，人的生存压力不断增大，晚婚、晚育现象逐渐普遍。科技的发达带来了环境的恶化，种种因素的合力作用使得不孕夫妻的比例越来越高，不孕问题变得越来越严重。拥有下一代是每个人的权利，也是我们多数人的向往，人工生殖的出现了却了众多不孕症患者的苦恼，帮助他们实现了生儿育女的美好愿望。今天，人工生殖的医学科技发展已经较为成熟，社会大众对其也有颇高的接受度。同其他生命科技一样，它对于人类增进健康、改善生命和生活质量、预防和治疗疾病、减轻痛苦等发挥了巨大的促进作用。不同于其他科学技术的是人工生殖改变了传统的由性而孕的自然生殖方式，成就了由人工方法而使人受孕生子的现实。这种改变给我们的传统伦理观念、法律制度带来强大冲击，尤其借用第三人力量的人工授精和代孕母直接导致了人工生育问题的复杂化，诸如人工生殖子女的法律地位如何确定、代孕母应否合法化、代孕契约的效力为何、生殖细胞和胚胎的法律性质及权利归属为何，等等。一系列问题均值得我们作一番深入细致的研究。迎接人工生殖技术给人类带来的法律挑战已是法学理论界和司法实务界不容回避和必须认真面对的问题。人工生殖技术只有建立在法律规范的基础上，才能健康地发展，从而趋利避害，真正造福于人类。伴随着人工生殖技术的逐步发展和应用，西方一些国家率先进行了针对性的法律问题的研究，在此基础上也颁布了一些法律或议案，以求对因人工生殖而引发的法律问题提供裁决依据。

当前我国关于人工生殖的法律文件主要是卫生部颁发的《人类辅助生殖技术管理办法》《人类精子库管理办法》等几个行政规章，限于其效力级别较低和规范范围较窄的事实，虽然其对人工生殖的法律问题部分有所涉及，但已明显不能满足实践的需要。法应突破传统的伦理道德观念和宗教思想，跟上时代和科技发展的步伐，从更开阔的视野和更宽广的视角来审视人工生殖技术可能带来的社会后果，对人工生育中的父母子女关系、代孕的合法性、代孕契约、权利冲突等法律问题给予充分的关注并努力完善其规范。在充分肯定人工生育技术对婚姻生育功能的弥补作用的同时，应对人工生育技术的运用发挥引导和限制作用。借鉴其他国家关于人工生殖技术的立法经验，在进行充分理论研究的基础上，为我国的人工生殖法确立立法方向。

2. 克隆

克隆是英文"clone"或"cloning"的音译，而英文"clone"则起源于希腊文"Klone"，原意是指以幼苗或嫩枝插条，以无性繁殖或营养繁殖的方式培育植物，如扦插和嫁接。在大陆译为"无性繁殖"，在台湾与港澳一般意译为复制或转殖或群殖。中文也有更加确切的词表达克隆，"无性繁殖""无性系化"以及"纯系化"。克隆是指生物体通过体细胞进行的无性繁殖，以及由无性繁殖形成的基因型完全相同的后代个体组成的种群。通常是利用生物技术由无性生殖产生与原个体有完全相同基因的个体或种群。人体克隆技术作为一项新兴的科学技术，因其研究对象的特殊性，自其产生之日起，就给社会带来了巨大的影响，也在社会上引起了广泛的争论，其技术研发与应用涉及的一系列法律问题，各国现存的法律规范体系中缺乏相应的解决对策，由于克隆人可能带来复杂的后果，一些生物技术发达的国家，现在大都对此采取明令禁止或者严加限制的态度。那我国的立法应如何正确对待人体克隆技术和克隆人呢？在克隆技术的控制方面，我国目前尚未制定专门立法。但在已经出台的个别行政规章中却已经明文涉及了克隆人的问题。2003年12月由科技部与卫生部联合颁布的《人胚胎干细胞伦理指导原则》第4条明文规定："禁止进行生殖性克隆人的任何研究。"不仅如此，该《指导原则》还就从事治疗性克隆人研究(亦即人体胚胎干细胞研究)的条件与程序等作了明文规定。此外，在卫生部2003年8月颁布的《人类辅助生殖技术规范》中，也对实施辅助生殖技术人员之行为准则作了规定，其中第15项明文规定："禁止克隆人。"就此来看，我国在人体克隆技术方面的立场是明确的，即绝对不允许从事生殖性克隆人方面的研究，但对于治疗性克隆人技术的研发则给予支持。然而，另一方面，我国有关人体克隆技术规范的现行立法还存在明显缺憾，无论是《人胚胎干细胞伦理指导原则》，还是《人类辅助生殖技术规范》，都还存在着立法效力层次过低且刚性不足的严重弊端，而且在以上两部规章中都没有关于从事生殖性克隆人研究所应当承担的法律责任尤其是刑事责任的任何规定。这就使得我国现行立法对生殖性克隆人的禁止显得苍白无力，一旦实践中有人从事生殖性克隆人方面的研究，以上两部规章根本就无法发挥其应有的规定作用。在克隆技术，尤其是以治疗为目的的干细胞技术飞速发展，而滥用该技术从事生殖性克隆人研究的威胁又随时可能成为现实的背景下，这显然已经成为我国现行立法的一个不足。

我国应当制定一部专门引导和规范克隆技术研究与应用的《克隆技术管理法》，将我国在克隆技术发展方面的基本政策转化为法律予以推行，以保障克隆技术在我国的健康发展。在这样一部立法中，应当明确规定指导我国克隆技术发展的基本原则与基本制度，并明确规定相关不规范操作的一般法律责任以及刑事法律责任。同时，为了使该法与刑法保持衔接以更好地防范生殖性克隆人犯罪的发生，应当及时修改现行刑法的规定，增加"非法从事生殖性人体克隆研究罪"这样一项罪名。在法治已经成为我国当代社会主旋律而罪刑法定的理念亦已深入人心的情势下，这显然已成为我国应对克隆技术发展所带来之挑战并弥补现行立法缺憾的内在需要。

3. 器官移植

器官移植（Organ transplantation）是将一个人健康的器官移植到病人体内的复杂手术，目的是替换病人因疾病丧失功能的器官。自20世纪中叶以来，器官移植的免疫学理论逐渐建立并不断完善，器官移植手术技术和手术期治疗水平不断提高，新型免疫抑制药物不断涌现并应用于临床，肾、肝、心脏、胰腺、小肠移植等相继获得成功，器官移植患者的生存率和生活质量显著提高，器官移植技术已经成为公认的治疗各种终末期器官疾病的有效手段。器官移植是历史上最具突破性的人类生命科学技术之一，被誉为"21世纪医学之巅"。器官移植的发展引发了大量新型的法律问题，如人体器官买卖的法律规范、器官移植犯罪的刑法应对、器官移植合同的法律适用、器官移植中各类合法权益的保障问题等。

供体短缺是全世界器官移植领域面临的共同问题，各国都在积极拓展器官来源。脑死亡器官捐献和心脏死亡器官捐献是欧美等国最主要的器官来源。通过积极宣传和器官捐献协调员的推动，在西班牙、克罗地亚等过器官捐献率可高达百万分之三十左右，有效缓解了器官短缺问题。在很多国家和地区，活体肝移植技术相当成熟，成为缓解器官短缺问题的有益补充。在我国，由卫生部积极推动公民逝世后器官捐献工作，目前也已初见成效。如何公平分配器官也是器官移植领域的热点问题。美国通过器官分享网络（United Network of Organ Sharing，UNOS)进行受者登记以及供受体匹配和器官分配工作，保证将器官优先分配给最需要的患者。中国器官分配共享系统借鉴欧盟和美国的器官捐献模式，建立起潜在器官捐献者识别系统、器官捐献者登记及器官匹配系统和器官移植等待者预约名单系统，系统依据相关政策执行无人为干预的供受者匹配、器官分配过程，依据公平、公正、公开的原则进行器官分配。

伦理问题一直是器官移植领域争论的焦点。活体捐献、脑死亡捐献虽然已经成功开展多年，但是针对供体保护、知情同意、捐献获取程序等问题的争议仍然存在。异种移植的问题则更为复杂，虽然异种移植可能在未来成为缓解供体短缺问题的解决途径，但是考虑到现阶段异种移植的不良预后以及疾病播散等风险，目前大多数移植专家都不鼓励异种移植，更有不少国家明确规定禁止实施异种移植。由于我国器官移植尚处于起步阶段，在开展这项技术时不可避免地遭遇到了来自法律、伦理和文化（中国自古有死后保留全尸的传统，《礼记》中有"身体发肤，受之父母，不敢毁伤，孝之始也"之说。）等方面的困难，器官供体来源严重不足，使这项医疗技术的推广举步维艰。

借鉴世界各国发展器官移植的经验，加快我国器官移植的步伐，研究在器官移植过程中涉及的法律问题并建立一整套适合我国国情的关于器官移植的法律制度体系，保障这一有益于人类的"绝对利他"型善举能够得到合法有序地进行。在这一方面，我们已经迈出了实践性的步伐。2003年8月22日深圳市第三届人民代表大会常务委员会第二十六次会议通过《深圳经济特区人体器官捐献移植条例》，该条例已经于2003年10月1日起施行。可以说，《深圳经济特区人体器官捐献移植条例》是国内第一部关于器官捐献移植的法规，该法规的颁布和施行给深圳乃至全国带来的深远影响是不言而喻的。在日前举行的"中国器官捐献与移植合作项目第一届学术研讨会"上，卫生部科教司有关负责人透露，中国《脑死亡诊断标准》草案已三易其稿，目前正在广泛征求各方意见。此外，器官捐献与移植的相关法规文件也正在制定中。

4. 基因

基因(遗传因子)是遗传的基本单元，是 DNA 或 RNA 分子上具有遗传信息的特定核苷酸序列。基因通过复制把遗传信息传递给下一代，使后代出现与亲代相似的性状。也通过突变改变这自身的缔合特性，储存着生命孕育、生长、凋亡过程的全部信息，通过复制、转录、表达，完成生命繁衍、细胞分裂和蛋白质合成等重要生理过程。生物体的生、长、病、老、死等一切生命现象都与基因有关。它也是决定生命健康的内在因素。因此，基因具有双重属性：物质性（存在方式）和信息性（根本属性）。

人从哪里来？将向哪里去？一直是哲学界、宗教界、生物学界以及人类自身一直争论和关注的话题。随着基因技术的日臻发展和完善，距离答案揭晓的时间会越来越近。但是，随着人们对基因技术研究进程的加快，涉及基因技术的社会领域也愈加复杂。一方面给人类带来福音的同时，另一方面，又出现了一些不能不让人担心的局面，严峻的现实情况迫切要求我们加快基因技术立法的立法进程。

我国幅员辽阔物种繁多，具有丰富的基因资源，但流失、走私现象十分严重。作为一个地域广阔的多民族国家，我国一些地区的人口流动性小，一些稀有的基因资源具有一些独有的特性，因而具有特别的研究价值。1990 年以来，美、德、法等国纷纷抢滩中国基因大陆，以赞助、健康保健等名义大量采集基因样本（血样）进行研究，给我国造成很多的基因威胁。如果任由这些行为发生，中国人特有的人类基因资源以及由此产生的基因专利将大量掌握在外国人手中，我国将不得不以高价购买其科研、开发和应用成果，由此造成的损失是不可估量的，因此国家必须立法禁止这种行为。而对于那些大量采集中国人基因资源并运到国外的行为，无疑应确定为犯罪并予以惩治。

基因歧视现象也不容忽视。基因的隐私权受到侵犯的现象已经出现，有些人借"体检"的原因，偷看、泄露别人的基因秘密，导致了当事人在入学、就业、参加日常民事活动等方面受到歧视，使得依法本该享有的权利受到了不同程度的侵犯。另外，滥用基因技术的行为严重冲击了传统的人类伦理道德。随着人类培育出的第一只转基因猴在美国安全降生，生物革命的脚步声已经越来越近。这一方面给医疗、传统农业甚至工业等多个领域带来曙光；另一方面，又不能不让人担心，除了那些善意使用基因技术的科学家之外，是否还会被一些心怀叵测的非法之徒恶意使用呢？毋庸讳言，基因技术的出现不可避免地会产生一系列的伦理、道德问题，尤其是克隆技术的发明，更引发了全世界关于人类自身尊严和生存的争端。一些从事基因技术开发、研制的人员滥用基因技术的行为时有发生，对社会传统的伦理道德进行了严重破坏。

尽管世界各国陆续制定了一些规定，但是，这些规定都无法适应基因技术迅速发展的需要。如 1998 年欧洲 19 个国家签署了《禁止克隆人协议》，但该协议只是一个国际条约，需要由各国通过法定程序将其转变为国内法，才能生效，同时要想真正发挥其作用，还需要对之进一步加以细化。我国对基因工程安全也作了一些规定，但同样不能适应现实情况的需要。总之，现实情况和立法状况都告诉我们，我国现在亟须一部对基因资源的研究、开发、利用、转让，以及有关部门在资源的利用和保护职责划分等方面做出系统规范的法律。因此当务之急是加强立法工作，以引导和规范基因技术的运用，使之得到严密细致的法律控制，以避免法律的迟到。

三、外层空间法学

外层空间是空气空间以外的整个空间。任何国家不能主张权利的空间。也是调整各国在外层空间的活动的法律关系的法律。外层空间有两个原则：一是外层空间供各国自由探索和使用；二是外层空间不得为任何国家所占有。

1. 外层空间探索开发的现状

当人类扩大自己活动范围的时候总是需要新的自我约束避免新的自由带来的无序。我们花了数百年的时间来让我们的国际法逐渐完善。在即使是到了现在，我们仍然必须承认对与我们这个行星内层空间的管理仍然是不完美的，在海洋法，南北极的管理中，我们就有太多的事情需要去做。在复杂的国际关系中就需要有一种纵横捭阖的气魄。然而这种可贵的气魄必须要有一个强大后盾的支持。

国家综合实力的强势本来就可以用来辅助制作一个普遍性的国际标准。然而却没有一个完美的标准。首先，这样一个国际条约很有可能潜在的照顾到了强势的国家而忽略了弱势国家的利益。从他的貌似公平的背后可能隐藏着制定者阴险的初衷。其次，在这样一个国际形势瞬息万变，科学技术日新月异的时代里。我们拿昨天的条约与习惯来适用今天的新事物。那么我们有失于沉浸偏颇的泥沼。除此以外我们又不能不承认强势的国家形成了与国际法公平适用的激烈冲突。当我们回顾巴拿马和南斯拉夫十年来的历史，我们就能够得到比较好的佐证。遗憾的是我们没有一个强硬的惩罚机制。

当我们拿以上的诸多分析来印证外层空间中应该或可能出现的一些问题。我们会发现那些在内层空间我们无法完美解决的国际法问题在外层空间中暴露更加明显。如果从头开始描述就应该涉及它的定义。

外层空间对于人类来说应该定义为一种宝贵的资源。它体现出的又不仅仅是如同石油煤矿那样的可供开发利用的经济价值。更为宝贵的是她的可供科学探索价值。在日后不远的某一天，如果人类仍存在我们必将从这一个广袤无垠的领域获得大量我们急需的矿藏能源，而且我相信更重要的是我们在对这些实际存在的物理资源的探索过程中获得文明层次的提升。这绝不是科幻小说里的内容。我们只是希望这种文明层次的提升能够惠及我们这颗蔚蓝行星上的芸芸众生，而不是成为少数国家，少数组织的特权。然而诸多问题接踵而至。人们在应接不暇的争议中努力寻求完美的解答。人们致力于寻求均衡与平等的法律。然而我却要说绝对的均衡在当前是无法实现的，天平两边注定在很长一段时间内向强者倾斜。真正需要努力成就的是不断地寻求折中。我们不能把强弱悬殊的两方进行力量的重新分配，那么我们就只能去不断地去微调游码。来尽量地让相对容易受侵犯的那一方受到相当的补偿。

当前外层空间的利用与分配上并不均衡，而这种状况将会长期存在。

第一，我们无法否认各国在空间科技上的严重不均衡。技术上已经形成的强大壁垒致使相当多的国家没有能力介入到对外层空间资源的分配。正如同一个内陆国家基本上不会对有关海洋的条约和习惯感兴趣，一个处于第三世界正亟待解决自己国民温饱问题的国家也不敢为仰望星空产生的想象多一些希望。我们不能否认一些国家的高瞻远瞩，然而现实却告诉我们更多的国家更愿意在面包、牛奶、米饭多放些投入。如《外空条约》第一条所述：探索和利用外层空间应为所有国家谋福利，而无论其经济或科学发展的程度如何，那样只是制定者美好而理想的初衷。现实在说谁最有能力，谁即外空的入主者。目前的没有条件，没有实力并不能成为剥夺权利的理由。所以赤道国家会去伸张自己在地球同步静止轨道上的权利。在这样一个有限而宝贵的轨道上，同步卫星的数量即将达到饱和。它们在想我们因数百年的殖民统治而失去了应有的发展，所以我们无力在外层空间技术上做到突破。当年的殖民国家的资本积累使它们能够进行空间的探索，然而再过数十年当我们可能有实力的时候，我们只能仰视天空，目睹一颗颗它们的卫星从天际划过。

第二，空间科学技术的发展和法律技术的发展存在着速度上不均衡。所以我们很可能碰到的情况是这样的：假设人类两年以后登上了火星，而有关火星的国际协定却需要在此之后若干年后才能共同达成。那么存在时延，它可能为探索国的先占提供条件。空间探索本身存在的保密性使我们无法确知下一步要使用什么？下一步我们要到哪里去？科学技术可以让我们一旦验证即可投付实用，而法律技术往往需要让我们在问题发生后多作斟酌。正如1979 年 12 月 15 日经联合国大会通过的《关于各国在月球和其他天体上活动的协定》，该条约至今参加国寥寥，涉及具体的实际利益，过早的投出底牌可能会为本国未来带来不必要的损失。应该来说法学理论应该是具有很强的前瞻性的，然而要对空间领域做到前瞻，无疑需要的是各空间探索国的开诚布公，但是这一点是却又极可能侵犯到国家的军事、科技机密，甚至国家利益。任何一个空间探索国从理智上都只能接受有限度的公开。如《登记公约》所强制要求的发射国需要就所发射的外空物体尽速向联合国秘书长提供有关发射物的详细信息，并予以登记的规定在当今的世界中无法得到完全的实现。其明证就是在外层空间的卫星轨道上漂浮的诸多卫星，航空器等空间残骸的"无主"幽灵。可见每个空间发射国都需要一点点的"小秘密"。

第三，当前空间法律规定本身就存在着一些天然的不自足。直接导致的就是资源分配和损害责任分担的不公平。我认为这有年代久远缺乏更新的原因，也有过于追求理想的原因，更有本身即具有疏漏的原因。《空间条约》第三条所述："不得据为己有原则：不得通过提出主权要求、使用、占领或以其他任何方式把外层空间据为己有。"如今的空间探索国家并没有提出对外层空间的主权要求，他们只是事实的占有了那一部分外层空间资源，并排斥他国的使用。所以他们是遵守国际法的世界良好公民。当有国家来伸张自己应有的权利的时候，这些缺乏权利保障的国家就会成为恶意践踏国际法的罪魁。当把第三条严格使用到现在，那么无疑会和她的第一条"共同利益原则"形成矛盾。再如《损害赔偿公约》中第三条：一发射国外空物体在地球表面以外之其他地方对另一发射国之外空物体或此种外空物体所载之人或财产造成损害时，唯有损害系由于前一国家之过失或其所负责之人之过失，该国始有责任。那么发射国因为能够掌握到更为翔实的信息，可能隐蔽事故发生的真相而规避自己的赔偿责任。还有如上已经描述过的显现的过于理想的《登记公约》，我们人类对待资源都应该从可持续发展的角度来利用，等到空间垃圾遮天蔽日，完全没法让航天器飞行通过的时候各国再来探讨这个问题的责任分担未免言之已迟。

只有承认外层空间国际法领域现状的非均衡，才能让我们从现实的角度去考虑怎么做才能更可行。这就要求我们从现行的外层空间法律中寻求一个折中。

2. 外层空间立法探索

《外层空间条约》(Outer Space Treaty)又名《外空条约》，全称为《关于各国探索和利用包括月球和其他天体的外层空间活动所应遵守原则的条约》，1966年12月19日联合国大会通过，1967年1月27日开放供签署，1967年10月10日生效，无限期有效。到1985年6月30日止已有84个缔约国和30个签署国。它是1963年联合国大会通过的《各国探索与利用外层空间活动的法律原则的宣言》的补充和发展，故又被称为《外层空间宪章》，是有关外层空间的基本法。

主要内容有：各国皆有探索和利用外层空间的自由；各国不得将外层空间占为己有；不得在绕地球的轨道上、天体(星球)、外层空间放置大规模毁灭性武器；禁止在天体上建立军事基地和进行军事演习；利用外层空间应避免对地球环境产生不利影响等。外层空间：又称"宇宙空间"。指地球大气层以上的空间。按目前国际条约规定，外层空间不属于任何国家的管辖范围，各国可以自由进入。外层空间的天体(月球等)不得成为任何国家的占有对象。

该条约是国际空间法的基础，号称"空间宪法"，规定了从事航天活动所应遵守的 10 项基本原则：

①共同利益的原则：探索和利用外层空间应为所有国家谋福利，而无论其经济或科学发展的程度如何；②自由探索和利用原则：各国应在平等的基础上，根据国际法自由地探索和利用外层空间，自由进入天体的一切区域；③不得据为己有原则：不得通过提出主权要求，使用、占领或以其他任何方式把外层空间据为己有；④限制军事化原则：不在绕地球轨道及天体外放置或部署核武器或任何其他大规模毁灭性武器；⑤援救航天员的原则：在航天员发生意外事故、遇险或紧急降落时，应给予他们一切可能的援助，并将他们迅速安全地交还给发射国；⑥国家责任原则：各国应对其航天活动承担国际责任，不管这种活动是由政府部门还是由非政府部门进行的；⑦对空间物体的管辖权和控制权原则：射入外空的空间物体登记国对其在外空的物体仍保持管辖权和控制权；⑧外空物体登记原则：凡进行航天活动的国家同意在最大可能和实际可行的范围内将活动的状况、地点及结果通知联合国秘书长；⑨保护空间环境原则：航天活动应避免使外空遭受有害的污染，防止地外物质的引入使地球环境发生不利的变化；⑩国际合作原则：各国从事外空活动应进行合作互助。

四、可持续发展法学

可持续发展这一概念的提出不过是近二三十年的事情。伴随 21 世纪中叶全世界进入一个经济增长的高速期，人类发现自己面临以往数千年所没有经历的环境恶化、人口膨胀、资源危机等诸多问题，这些问题已超越经济发展范畴，而成为涉及经济、社会、人类与自然怎样协调共同发展的庞大系统问题。在这个大背景下，可持续发展的观念应运而生，逐渐发展成为一种全新的发展理论，改变了人类近现代所固守的人类中心主义发展观，把人类发展、经济增长、社会进步与自然的发展和平衡协调统一起来，不再把自然与人对立起来，不再片面地强调自然是人类的征服对象，而是赋予自然以与人平等发展的地位。

同时，越来越多的学者对可持续发展问题从哲学、经济学、社会学、环境科学等方面进行了许多有益的探索与研究，可持续发展问题的研究已成为许多学科的热点。作为社会科学重要基础学科的法学责无旁贷，当然地要承担起自己的学科义务，切实把可持续发展的法学研究重视起来。应当说，可持续发展作为一个跨学科的综合性理论前沿问题，研究难度很大，以往多集中在经济学、环境科学和社会学等领域，从法学角度研究较少，对于法学来说是一个前沿问题。从我国法学界对此问题的研究情况看，虽然著述不多，但近几年一些学者开始关注这个问题，有关著述时见报刊。以往此问题的研究多集中于环境法学领域，现在其他法学学科特别是法理学也对此问题给予了极大关注，可持续发展问题的研究已成为法学研究的热点。

何志鹏所著《法理学视野内的可持续发展》（以下简称《发展》）一文从法理学的高度对可持续发展是否属于法理学问题、可持续发展观念的法理基础、可持续发展对于法律思想和制度的促进和改变、法律为什么要插手可持续发展、法律如何促进可持续发展的实现以及法律在向可持续发展目标迈进时应当注意的问题等进行了有益的探索，提出了许多启发性的观点和论题，对可持续发展的法学研究具有重要的理论价值。可持续发展思想的建立推动了自然科学、社会科学许多学科的发展，产生了环境科学、环境法学、生态经济学等新兴学科，并向一些学科的基本理论发起了冲击和挑战。法理学作为法学的一般理论、基础理论和方法论，其中一些基本理论问题正面临着挑战。可持续发展不仅是一个新的发展观，也是一种新的世界观，对法学研究而言又是一种新的研究范式，为我们进一步认识和理解法这一社会现象开拓了崭新的视角。

从可持续发展的角度，从以下几方面谈一下对法的再认识：

第一，对法的调整对象的再认识。要回答什么是法，首先一点是要明确法的调整对象。关于法的调整对象，法理学界一致认为是人与人的社会关系，或者进一步说是人与人的行为关系。可持续发展研究的重点是人与自然的关系。在人们按照可持续发展的要求制定保护环境、维护自然利益的法时，所考虑的首先是自然的利益和发展需要，而这是不以人的意志为转移的。自然是没有意志的，但有自己存在和发展的利益，这种利益与人的利益在可持续发展观念上是一致的，而且客观地要求法予以承认和保护。

第二，对法律关系及法律关系主体的再认识。如国际法与国内法关系，外太空开发法律的主体是全人类还是国际组织。

第三，对法律思想的在认识。从发展的角度，我们可以把法律思想分为两类：一是非持续发展法律思想；二是可持续发展法律思想。我国学者陈泉生把近代法律思想概括为个人主义，现代法律思想概括为团体主义，可持续发展法律思想概括为生态主义。法律思想从个人主义到团体主义的转变是一种进步，但这种转变仍没有跳出人类中心主义的圈子，把人与自然割裂开看问题，属于非持续发展法律思想。可持续发展法律思想的出现，改变了以往以人为中心的狭隘的观念，树立了人与自然共同持续发展的观念，是法律思想的重大进步和变革。

第四，对法的价值的再认识。可持续发展和法现实发展的要求让我们对法的作用又有了新的认识。首先，促进和保障可持续发展的实现已成为法的主要职能。从终极目的讲，人类的一切活动都是为了存在前提下的发展，一切制度都要为这个目的服务，法律作为一种重要的制度形式必然要把对人类、社会和自然的可持续发展的促进和保障作为自己的主要职能。其次，可持续发展的要求扩大了法的作用的范围。以往人与自然的关系不受法的调整，可持续发展客观地要求法调整人与自然的关系，这就扩大了法作用的范围，从法的发展趋势看法的作用将进一步增强，作用的范围也将越来越大。

思考题

1. 法学流派有哪些？
2. 法学体系有哪些？
3. 法的本质有哪些？
4. 发的价值有哪些？
5. 法学的新发展有哪些？

参考资料

1. 魏振瀛：《法理学》，北京，人民出版社、高等教育出版社，2010。
2. 谷春德：《西方法律思想史》，北京，中国人民大学出版社，2009。
3. 魏振瀛：《民法（第三版）》，北京，北京大学出版社，2007。
4. 孙国祥：《刑法学》，北京，科学出版社，2008。

第十二章　社会学

　　社会学，包括了由微观层级的社会行动或人际互动，和宏观层级的社会系统或结构，因此社会学通常跟经济学、政治学、人类学、心理学、历史学等学科并列于社会科学领域之下。

第一节　社会学及其功能

　　社会学是一门研究社会的学科，起源于 19 世纪末期。社会学使用各种研究方法进行实证调查和批判分析，以发展及完善一套有关人类社会结构及活动的知识体系，并会以运用这些知识去寻求或改善社会福利为目标。

　　社会学在研究题材上或研究法则上均有相当的广泛性，其传统研究对象包括了社会分层、社会阶级、社会流动、社会宗教、社会法律、越轨行为等，而采取的模式则包括定性和定量的研究方法。由于人类活动的所有领域都是由社会结构、个体机构的影响下塑造而成，所以随着社会发展，社会学进一步扩大其研究重点至其他相关科目，例如，医疗、军事或刑事制度、互联网等，甚至是科学知识发展在社会活动中的作用一类的课题。另外，社会科学方法(social scientific methods)的范围也越来越广泛。在 20 世纪中叶以来多样化的语言、文化转变也同时产生了更多更具诠释性、哲学性的社会研究模式。然而，自 20 世纪末起的科技浪潮，也为社会学带来了崭新的数学化计算分析技术，例如，个体为本建模(ABM)和社交网络分析。

　　2002 年 7 月 16 日，中共中央总书记江泽民在考察中国社会科学院时发表的重要讲话中强调：我国哲学社会科学界要努力担负起认识世界、传承文明、创新理论、资政育人、服务社会的职责。第一次为中国哲学社会科学工作者在建设有中国特色社会主义中的责任和职能做出鲜明、高度的概括，这五项职责既是哲学社会科学研究的标识，也是检验哲学社会科学工作者科研绩效的尺度，同时也是江泽民同志"三个代表"思想在哲学社会科学领域创造性的发展和具体落实。广大哲学社会科学工作者只有切实担负起这样的职责，才能真正代表先进文化，代表先进生产力，代表广大人民群众的根本利益。

社会学作为哲学社会科学中的一个重要门类，较之其他学科更能全面、整体地体现哲学社会科学认识世界、传承文明、理论创新、资政育人、服务社会的职责。这一学科功能源于社会学本身的优势与特点，即更具有整体性、传承性、创新性、对策性及应用性。从社会学学科本身的发展与实践结果来看，它的地位和作用，它的理论与方法，亦具不可替代性。

一、认识世界的全球社会学更具整体性

20 世纪 90 年代以来，国外学者在全球化研究方面已取得众多的新发展。通过国际的比较，即东西方国家及区域的比较、经济发达与不发达国家间的比较，找出各国在经济、政治、社会、文化间的异同、发展差距、经验和教训。社会学则以其理论的跨国性把全球化首先定义为一个经济发展的过程，继而发展到涵盖文化、艺术、伦理、学术和政治的全球化过程。我国的全球社会学理论拓宽了社会学自身的视野，已呈现出从中国化、本土化向国际化的趋势发展。

在中国，社会学作为一门新兴学科，自 1979 年恢复重建以来，事实上所走的就是一条全球化的道路，它所研究的重点包括现代化及现代化过程中的社会问题研究，现代性与现代人格研究，特别是从文化社会学和政治社会学的角度，通过文化差异、文化冲突、文化融合、文化的经济力以及不同政治制度的社会结构安排的比较中，寻求建设有中国特色的社会主义道路。

20 世纪 90 年代以来，令人瞩目的新经济的主要特征就在于信息化、全球化与网络化。由于信息技术的飞速发展，网络信息技术极大地推动了全球化的进程，缩短了时空距离，地球作为一个大社区已形成了一个无形的网络社会，人们产生了共生共享的互动理念，认识世界的整体性增强了，谁缺乏世界眼光和战略思维，缺少全球化社会科学的理论知识，谁就会被动挨打，谁就会处于落后和失败之地。因而不能不说，社会学在中国哲学社会科学诸学科中，在认识世界方面已先行一步。

二、传承文化的实证社会学更具综合性

尽管社会学自身的发展只有 150 多年的历史，但在文化研究、文化理论、文化发展的比较方面，已充分发挥了传承文化的功能。文化社会学通过大量的田野作业、追踪研究、人类学的资料采集以及借鉴历史考古等方面的实证成果，对东西方文化、民族文化、地域文化、民俗文化、大众文化、企业文化、社区文化等众多的文化门类和现象，都有独特精要的研究。社会学家已进入以往主要由艺术家、文学家、史学家、思想家构成的文化传承行列。

从传统到现代，立身于社会事实的社会学对文化研究更具综合性功能。无论是文化的"冲突论"还是文化的"融合论"，无论是文化的"异质论"还是文化的"趋同论"，名目众多的文化论说更多地缘于考察立场与价值取向的不同，但任何文化首先都有地域性和民族性，任何文化也都有共性和差异，值得传承借鉴的是优势文化，需要淘汰的是劣势文化和不良文化。这好比在全球化时代，人们既要学习使用世界性语汇，又要继承捍卫民族的语汇一样。社会学不仅研究主流文化、次文化（衍生文化），同时也研究副文化（反主流文化），在弘扬主流文化、批判和抵制不良文化方面尤有贡献。

文化社会学在域别、国别、族别，在不同年龄群体和不同宗教信仰群体当中所进行的大量实证和个案研究，极大地丰富了文化价值论及文化价值学说的内容，成为文化传承的重要媒介和载体。特别是对现代文化如企业文化、商业文化、社区文化、校园文化、宗教文化、影视文化等研究更加细化和深入。

三、创新理论的宏观社会学更具前沿性

21 世纪开辟了知识经济的新时代，互联网络信息遍及全球的千家万户，政府机构、企事业单位以及家庭办公的信息图像由单向、双向传输发展到多向多维传输，人们的传统生产方式和生活方式受到严峻挑战，这种创造性的"破坏"和革命，迫使人们必须要进行理论创新，否则难以适应和解释飞速变幻的时代。以研究社会变迁和社会结构为己任的社会学必须把握时代脉搏，对社会发展的宏观、微观领域进行战略性、前瞻性、对策性研究，调整规范人们的行为，进行观念、机制和体制创新。

宏观社会学主要研究的方向是不同群体、不同社会制度、体制，不同经济发展阶段的社会结构与发展战略，以及政治、经济、文化、社会、教育、法律等在社会结构中的地位和功能。

当前，中国社会的发展处于关键的历史时期，面临着新世纪发展的历史重任，面临着经济社会生活中诸多制约因素和社会矛盾的考验。这一切，一方面为当代中国社会学的发展提供舞台；另一方面也使社会学工作者现实地承担了应有的职责。当代中国社会学必须进一步积极适应社会发展实践对社会学理论创新的需要，针对中国经济社会发展的重大社会问题和主要矛盾进行深入调查研究，推动理论创新，为中国的现代化建设服务，为提升我国的物质文明、政治文明、精神文明水平服务，充分发挥在此相关领域的学科作用。

四、资政育人的应用社会学更具对策性

运用各种各样的社会学理论来解决众多纷繁复杂的实际问题是应用社会

学的主要功能之一，由于应用社会学比较注重方法的研究，包括社会统计的一整套定量方法和社会调查的方法，因而由社会学家提出的许多重大决策咨询建议更具科学性和客观性。

应用社会学工作者素有社会建构的工程师和社会病医生之称，他们特别注重理论与应用的结合。所谓社会学的"中距理论"，亦称"中层理论"就对具体问题的研究有针对性和理论指导意义。事实上，解决许多重大问题的本身，既有理论意义也有实际意义。例如，改革开放以来，城市社会经历着广泛而深刻的社会变迁，客观上要求社会学必须将很大注意力放在城市发展及城市生活的各个领域，中国社会学的城市社会研究正逢其时，开展了包括城市生态研究，城市化道路研究，城市社会结构转型研究，城市人口和不同社会群体特别是城市低收入群体或弱势群体的社会支持研究，城市家庭与生活方式的研究，社会问题及社会控制的研究，以及有中国特色的城市化的发展和社区建设等问题的应用性和综合性研究。

在农村研究方面，应用社会学非常关注农村社会发展和社会生活的变化，诸如农村社会结构的变迁，农村的家庭与生活方式的变革，农村基层政权组织实现的形式都已进入应用社会学的研究视野，尤其关注农村的穷困问题及相应的农村社会保障建设。

在企业发展方面，应用社会学注重企业的制度创新和技术创新的效果，市场的伦理基础，企业外部环境和以企业首脑、人际关系、职工积极性、企业文化建设为主要内容的企业外部环境等非经济因素的影响，同时在政府职能、企业的功能和角色、企业发展的法规环境和制度保障等方面也有深入研究的成果。

应用社会学研究的广泛性、调查的科学性、论证的严密性、预测的准确性和对策的有效性，更加充分发挥了社会学的描述功能、阐释功能和预测功能，从而为资政育人提供强有力的智力支持和精神动力。

五、服务社会的分支社会学更具专业性

应用社会学学科中囊括了许多专业性很强的分支社会学。这些学科在研究和分析中国现代化进程中的许多具体的社会问题时发挥了重要作用。

在经济层面主要关注的有如下问题：转型时期中国社会结构的变迁和新的社会阶层的形成及其社会影响；社会主义市场经济条件下的社会资源分配和社会公平；可持续发展背景下的经济、社会、人口与生态环境的协调发展；加入世贸组织后对我国社会的冲击和影响，等等。

在文化层面，文化社会学研究认为，改革开放20多年来，市场经济的发展从整体上引发文化体系的重构和社会价值观的转变，给大众的思想意识

和心理承受力带来巨大震动和影响。当前文化市场刺激了大众的文化消费，经济与文化之间的相互作用日益增强，尽管文化的市场化、商业化给社会发展带来某些负面影响。在这一题域中，社会学有关文化发展战略、文化产业的研究也直接为社会服务。

在政治层面，改革开放以来的政治环境发生了巨大变化，特别是在社会主义市场经济条件下，政治体制改革进程加快，要求政治社会学要探讨社会政治的稳定问题，市场经济下政府组织结构与功能运作的机制，现代化发展中的政治参与和民主化问题，等等。所有这些社会学研究都是服务于政治社会的。

综上所述，社会学研究的功能与中国哲学社会科学界的职责紧密相关，本文所阐述的社会学功能也仅是其中的一部分，但这五项职责已成为社会科学工作者的研究方向和检验学科建设成就的指标，只有努力完成这五项职责，中国社会学的本土化和国际化才能真正实现。哲学社会科学界为了更好地担当起这五项职责，充分发挥社会学的研究功能，还应在学术环境、科研条件、政策规范等诸多方面给予支持和保证，要多出精品力作；增强科研队伍的凝聚力，切实解决社会科学工作者的实际问题；积极引进竞争机制，主动输入新鲜血液；保证学术公正性，抓好科研管理以及加快信息网络平台建设，早日实现科研手段的现代化等。

第二节　社会学的基本问题和研究的主要内容

中国社会学恢复和重建已经 30 多年了，重建初期兴起的对社会学研究对象的争论已经沉寂，人们大都致力于对实际社会问题的调查研究。然而实证研究没有理论指导是不行的，而对社会学研究对象的讨论，正是要找出社会学观察社会的视角，并从这个视角出发建立一套理论。命题必须有理论支撑，不是简单地提出一个命题就能解决问题的。

早在 1917 年，德国社会学家齐美尔（Georg Simmel）以《社会学的基本问题：个人与社会》为题，出版了他的社会学著作。齐美尔认为，个人之间是处在不断地互相作用过程之中的，由于个人的互相作用而联系起来的网络就是社会。社会只不过是对互动着的一群人的称呼。社会学的任务是要阐明个人与社会的关系，即阐明个人怎样互相交往而形成群体，群体又怎样制约个人的，所以社会学的基本问题是个人与社会的关系问题。应当说齐美尔的这个定义是比较全面准确的。

建构社会学理论必须有哲学方法论作指导。孔德和涂尔干创立实证主义社会学理论，其哲学思想渊源于孔多塞、孟德斯鸠和卢梭的自然神论；韦伯建立理解社会学理论的哲学思想来源于德国的理性主义和唯心主义哲学；帕森斯的功能理论是对涂尔干和韦伯理论的结合，其哲学思想既有唯物主义，也有唯心主义；既有集体主义，也有个人主义；霍曼斯和彼得·布劳的交换理论，其思想来源于英国古典经济学家的经济人观点和边沁的功利主义；加芬克尔的规范反叛实验所要证明的是"共同感知世界之可能"，所以他的民俗学方法论是继承了胡塞尔的现象学。这些都表明，要想建立社会学理论就必须首先进行哲学思考。

我们认为，按照逻辑和历史一致性原则，哲学理论分为三个层次：第一个层次是关于在人类出现之前，世界的本原是什么，有没有超自然的精神存在的理论；第二个层次是在人类出现之后，关于人类精神与物质世界关系的理论；第三个层次是社会哲学，即社会与个人关系的理论。在这个层次上，社会学的一般理论与社会哲学原理是一致的，没有必要、也很难把二者作明确的划分。

在个人与社会关系问题上，争论的焦点是社会本位主义，还是个人本位主义，因为这个分歧把社会学家观察社会的视角分成宏观和微观两种。从中国传统文化上看，社会本位主义一直占主导地位。孔子的"仁"，孟子的"义"，都是主张个人的价值在于对他人和社会的贡献，对社会没有贡献，个人就没有价值。当代"个人的事再大也是小事，国家的事再小也是大事"的说法，也反映社会本位主义。所以中国历史上的社会思想和社会理论多是宏观大论，很少有微观分析。我们则主张个人与社会的辩证统一，这是我们建立自己理论的哲学指导。

从认识论上讲，不论是主张社会本位主义还是主张个人本位主义，对事物的认识都不能从整体入手，而必须从个体入手，对个体的属性进行抽象，然后把抽象得到的规定性返还给事物本身，使人对事物的认识从抽象上升到具体。这个具体已经不是模糊的感性具体，而是包含多种互相联系着的规定性总和的具体。马克思对资本主义生产方式的分析，就是使用从抽象上升到具体的方法。这个方法是建立在逻辑学、辩证法和认识论一致性基础之上的。因为历史的起点也是逻辑的起点，历史过程也是逻辑过程；历史具有天然的逻辑合理性，因此逻辑要符合历史，认识又要符合逻辑；于是历史过程、逻辑程序、认识过程三者一致的法则，就成为认识事物的方法论。因此，遵循着认识论、逻辑学和辩证法一致性的从抽象上升到具体的方法，是我们建立社会学理论的认识论和方法论。

另外，我们要建立什么样的理论也必须先说清楚，是建立孔德、涂尔干那样的理论呢？还是建立像韦伯和帕森斯那样的理论？孔德和涂尔干的理论是实证理论，韦伯和帕森斯的理论是工具理论。比方说如果把社会比作一幢楼房，那么孔德和涂尔干的理论是对这幢楼房的写生画，韦伯和帕森斯的理论是为建造这幢楼房而设计的图纸。前者是实证主义理论，后者是工具主义理论。我们要建立的理论是对现实社会的写实，但是不像孔德与涂尔干那样片面地强调社会本位，而主要社会与个人的辩证统一。

第三节　社会学的流派

一、马克思主义社会学

马克思主义社会学（Marxist sociology）是从马克思恩格斯开始的、以历史唯物论为理论基础和指导思想的社会学学说的通称。在世界社会学发展的两大传统中，它是与从孔德开始的西方社会学相对而言的另一大传统。

马克思主义社会学包括马克思、恩格斯本人及其后继者的社会学思想、社会学说，以及当代学者用马克思主义立场、观点和方法所阐述的社会学理论。20世纪60—80年代，在苏联、东欧各国中占主导地位的就是带有各国自己特色的马克思主义社会学。代表作有苏联的《社会学手册》（1976）、民主德国的《马克思列宁主义社会学原理》（1977）等。在西方各国也有一些学者从他们各自的立场、观点出发，从事马克思主义社会学的研究和评述。英国学者 T. B. 博特莫尔的《马克思主义社会学》（1975）可看作这方面的代表作。

在中国，广大社会学者正在努力建立具有中国特色的马克思主义社会学。自1979年社会学重建以来，他们在马克思主义社会学方面的探索，已取得一些进展，提出了一些新的看法。

马克思主义社会学的理论基础主要涉及马克思主义社会学与历史唯物主义的关系。正确解决这个问题对理解和建设马克思主义社会学具有关键性的意义。

第一种观点认为，历史唯物论就是马克思主义社会学。这种观点在苏联20世纪30—50年代，在中国50—70年代均占主导地位。在六七十年代，苏联学术界弱化了这种"等同"或"代替"的观点，提出马克思主义社会学有三层结构，即一般理论、专门理论和个别的经验研究，其中的一般理论就是历史唯物论。历史唯物论既是马克思主义哲学的组成部分，又是马克思主义社会学的组成部分。这种"部分等同"或"部分代替"的观点，在很长时间内是苏联学术界的主导观点。

第二种观点与第一种观点相反，认为历史唯物论应包括在马克思主义社会学之中。在南斯拉夫学术界不少学者主张这种观点。他们认为，社会学是关于社会的一般科学，历史唯物论只是历史的逻辑学或辩证唯物主义的社会观及社会发展观。因此，他们往往在社会学著作中系统地讲述历史唯物主义的原理。卢基奇的《社会学原理》(1960 年)和布里舍里奇的《社会学原理》(1963 年)是这方面的代表作。在中国，也有少数学者持类似的"大社会学，小历史唯物论"的看法，认为历史唯物主义属于社会学，因为历史唯物主义不是哲学，而是具体科学。他们主张，普通社会学研究社会整体的基本构成及各部分的相互关系，揭示社会整体发展规律，它有"一般社会学"、"特殊社会学"和"个别社会学"三个层次，而历史唯物主义属于"一般社会学"的层次，历史唯物主义对社会学的"指导论"是不能成立的。

第三种观点认为，历史唯物论与马克思主义社会学既相区别又有联系。一方面，历史唯物论不能代替马克思主义社会学，二者是不同的；另一方面又强调历史唯物论是社会学的理论基础和指导思想，二者是紧密相连的。有的学者具体论证了历史唯物论和马克思主义社会学的关系是哲学科学与具体社会科学的关系，是一般与特殊的关系。两者的关系是：①从二者研究的对象看，历史唯物论研究社会发展的一般规律，社会学则研究社会运行和发展的特殊规律；②从二者所属的科学层次看，历史唯物论是对包括社会学在内的各门社会科学知识的概括和总结，社会学则没有这么高的概括程度，它在历史唯物论的指导下，从自己特有的角度对其他社会科学进行概括；③从二者的作用看，历史唯物论是考察整个社会的具有普遍意义的世界观和方法论，而社会学则着眼于自己特有的角度去研究社会。例如，从社会结构或社会互动的角度探讨社会运行机制。由于历史唯物论与马克思主义社会学是一般与特殊的关系，因此在理论上二者是指导与被指导的关系。一方面，社会学必须以历史唯物论关于社会存在决定社会意识的基本观点为指导；另一方面，社会学又以各种特殊规律丰富历史唯物论。许多学者对于要建立一种不同于历史唯物论但又以它为指导的作为具体社会科学的马克思主义社会学的看法是一致的。

1. 马克思主义社会学的第一种形态

马克思主义社会学在资本主义社会和社会主义社会中具有两种不同的形态。第一种形态主要涉及与资本主义社会的关系。马克思主义社会学一方面说明了资本主义社会在人类历史上的进步作用，同时又指出它从根本上、总体上说是一个恶性循环和畸形发展的不合理的社会。马克思、恩格斯在《共产党宣言》、《资本论》、《哥达纲领批判》、《反杜林论》等著作中对此作了深刻的阐述。中国有的学者从马克思主义社会学与资本主义社会关系的角度，把马克思主义社会学的第一种形态概括为"革命批判性形态的社会学"。马克思、恩格斯本人所创立的主要就是这一形态的社会学。在创立马克思主义社会学的过程中，马克思、恩格斯做了大量的理论研究和实际调查工作。

在理论方面主要有：①他们根据社会发展的一般规律，运用矛盾分析方法和阶级分析方法，科学地阐明了"社会""社会经济形态""现实的人"等基本范畴，为马克思主义社会学奠定了理论基础。同时也为揭露资本主义的恶性循环提供了理论武器。②在唯物史观的指导下，揭露了资本主义社会恶性循环和畸形发展的根源，即生产资料的私人占有和生产的社会化之间的基本矛盾。③揭露了资本主义恶性循环的最突出的表现是周期性的经济危机。④揭露恶性循环不可避免的结果，即资本主义社会必然为社会主义和共产主义社会所代替，并提出了解决这种恶性循环的办法——社会革命。正如恩格斯指出的："冲突成为不可避免的了，而且，因为它在把资本主义生产方式本身炸毁以前不能使矛盾得到解决，所以它就成为周期性的了。资本主义生产产生了新的'恶性循环'。"①

在调查研究方面，马克思的《资本论》在揭示资本主义经济的和社会的运行机制及其必然灭亡的后果时，充分利用了各种调查材料。恩格斯的《英国工人阶级状况》则用长达 21 个月的实地调查所得的材料，揭露了资本主义社会恶性循环的种种具体情况。恩格斯在该书开头的《致大不列颠工人阶级》的信中说："我寻求的并不仅仅是和这个题目有关的抽象知识，我愿意在住宅中看到你们，观察你们的日常生活，同你们谈谈你们的状况和你们的疾苦，亲眼看看你们为反抗你们的压迫者的社会的和政治的统治而进行的斗争。"②恩格斯重视实地调查工人阶级的状况，是因为"工人阶级状况是当代一切社会运动的真正基础和出发点，因为它是我们目前社会一切灾难的最尖锐最露骨的表现"③。这说明要真正揭露资本主义的恶性运行必须抓住最能表现当时一切社会灾难的工人阶级的状况。

马克思、恩格斯创立的马克思主义社会学传统，一开始就表明了自己的立场：代表无产阶级的利益向压迫无产阶级的资产阶级社会挑战，因而一开始就与从孔德开始的西方社会学传统相对立。

2. 马克思主义社会学的第二种形态

马克思主义社会学对资本主义社会在总体上采取批判的否定的态度，而对社会主义社会则采取维护的、肯定的态度。因为社会主义社会是马克思主义政党领导广大无产阶级和劳动人民推翻资本主义社会的成果。中国有的学者从马克思主义社会学与社会主义社会关系的角度，把社会学概括为"维护

① 《马克思恩格斯选集》，第 3 卷，第 315 页。

② 《马克思恩格斯全集》，第 2 卷，第 273 页。

③ 《马克思恩格斯全集》，第 2 卷，第 278 页。

建设性形态的社会学"。这种维护建设性形态的马克思主义社会学，就是以改善社会主义社会为目标，以社会主义社会的运行和发展，特别是它的良性运行和协调发展的条件和机制为对象的社会学。马克思、恩格斯的论述表明，建立这种形态的社会学是可能的。他们根据对资本主义生产无政府状态和阶级对立的观察和分析，对未来的新社会做了许多预测，并对这两种社会制度在理论上做了对比研究。马克思主义创始人认为，只有社会主义社会和共产主义社会，才是以生产资料公有制为基础的"合理地组织起来的社会"。既然"合理地组织起来的社会"是可能的，那么反映、不断改善这一社会的社会学也是可能的。有的中国学者把"合理地组织起来的社会"理解为"良性运行和协调发展的社会"。

从实质上说，维护建设性形态应该是马克思主义社会学的主要形态，甚至可以说是本来意义的马克思主义社会学。它与革命批判性形态的区别主要在于：革命批判性形态以"破"为主，维护建设性形态以"立"为主，二者不能混淆。当然，立中也有破。这两种形态只是不同而不是对立，二者有共同的理论基础——历史唯物论，破是为了立，二者的最终目标是相同的：革命批判性形态为建立社会主义扫清道路，间接地为社会主义服务；维护建设性形态则直接为社会主义服务。这种维护建设性形态的社会学，就是通常所说的社会主义社会学。

维护建设性形态的马克思主义社会学是各国马克思主义者在本国革命胜利并建立社会主义制度之后所致力于建立的社会学。就中国的情况而言，1949 年中华人民共和国建立后，由于认识的、历史的、理论的等原因，建立维护建设性形态的马克思主义社会学的任务被整整推迟了 30 年。而 1949 年以来的实际经验教训表明，建立这样的社会学是非常必要的。社会主义社会的优越性在于能够真正从整体和局部两个方面做到良性运行和协调发展，但这仅仅是一种可能性，还不是现实性，如果搞不好，也可以长期处在有障碍的常态运行和发展即中性运行和模糊发展之中，甚至陷入像"文化大革命"时期那样的全面恶性运行和畸形发展之中。这说明，即使在社会主义社会中，良性运行和协调发展也不会自动到来，而要根据它的条件和机制，根据它的规律性去努力争取。

3. 马克思主义社会学的开放性

这主要涉及马克思主义社会学与西方社会学的关系问题。社会学界许多学者都承认孔德和马克思是理论社会学的两大鼻祖。这两大社会学产生于大体相同的历史背景下，它们回答的问题都没有离开社会运行和发展这个基本点。但是二者在本质上是根本对立的。这种对立除各自的理论基础和指导思想不同之外，主要表现为对资本主义的立场和态度不同。

在这个问题上，马克思主义社会学的革命批判性形态与西方社会学的对立可归结为：前者要推翻资本主义社会，建立新社会；后者则认为资本主义社会尽管有弊病，但整个来说是能够长久继续下去的，因而要维护它，改善旧社会。二者的对立是革命与改良的对立。而维护建设性形态与西方社会学的对立则表现为：前者要维护社会主义社会，后者则要维护资本主义社会。二者要维护的对象是对立的。

马克思主义社会学和西方社会学除了根本对立的一面，还有相似的一面。前者的维护建设性形态和西方社会学都是一种维护性的社会学。尽管它们要维护的对象是对立的，但就维护这一点来说却是相似的。主要表现在：①要维护总要论证被维护社会的优越性。西方社会学总是这样那样地论证资本主义制度的优越性，马克思主义社会学则论证社会主义制度的优越性。②要维护总要有一套维护的办法，即在不触动根本制度的前提下改善社会运行机制的办法。西方社会学自始至终就是这样做的，积累了较为丰富的经验。同样社会主义社会也必须这样做。③要维护总要面对各自存在的社会问题。西方社会学从资产阶级的观点和方法来研究资本主义条件下的各种社会病，以便消除社会障碍的因素。马克思主义社会学的第二种形态，则用马克思主义的观点和方法来探讨社会主义条件下的种种社会问题。由于上述的相似性，维护建设性形态的马克思主义社会学在维护和改善社会主义社会时，有可能用马克思主义立场借鉴吸收西方社会学中合理的东西。这种相似性还说明，革命胜利后，一些过去维护旧社会的社会学家有可能转而维护新社会。事实证明，这种"转型"的可能性是存在的。

马克思主义社会学既具有阶级性，又具有开放性。一方面要如实承认马克思主义社会学与西方社会学是有原则区别的，避免全盘照搬西方社会学，实事求是地分析它实际包含的唯心史观和形而上学，分析它为资本主义辩护的狭隘意识形态。另一方面又要承认二者的相似性，以避免全盘否定西方社会学，实事求是地利用其中适合中国国情的合理东西。马克思主义社会学与整个马克思主义一样，不是封闭狭隘的，而是开放的，是用人类文明大道一切合理的东西丰富起来的。只有采取实事求是、具体分析的态度看待西方社会学，马克思主义社会学才能真正占领有关的理论阵地，才能真正高于西方社会学。

4. 马克思主义社会学的要点和框架

对马克思主义社会学的内容和框架的理解，在学术界尚无一致的看法。有些学者着重探索、发掘马克思、恩格斯本人的社会学思想和理论；更多的则是以马克思、恩格斯的立场、观点和方法为指导，着重探索社会主义社会中的马克思主义社会学应包含的内容。

　　苏联学者所著《马克思主义社会学导论》(1962 年)一书认为，马克思主义社会学应包括社会的物质生活、社会的社会生活、社会的政治生活和社会的精神生活四个方面的内容。该书认为，马克思主义的根本任务就是唯物主义地阐明社会的物质生活、社会生活、政治生活和精神生活等现象的社会属性，以及它们在社会关系体系中的发展、发挥功能的规律与作用。该书认为，上述四个方面构成马克思主义社会学的框架和主要内容。

　　苏联科学院社会学研究所所编写的《社会学手册》(1976 年)一书提出，马克思列宁主义社会学是关于社会经济形态活动和发展的一般规律和特殊规律以及这些规律在个人、社会集团、阶级、民族活动中的作用机制和表现形式的科学。据此，该书提出的马克思主义社会学的框架为：一般社会学理论(历史唯物论)、各种专门的社会学理论("中间层次"理论)以及具体的社会学研究。前者是理论社会学，后两者则是应用社会学。该书在叙述马克思主义社会学时，正是按这三个层次展开的。

　　德国学者所著《马克思主义社会学原理》(1977 年)一书提出，在社会主义社会中，马克思列宁主义社会学的对象，是研究怎样日益充分满足人的物质的和精神的需要；怎样保证社会主义生产、劳动效率和劳动生产率在科学技术进步基础上的高速增长。该书的内容，除了叙述社会学方法和具体研究方法外，还着重探讨了社会主义社会的社会结构(包括阶级结构、劳动的社会分工与社会差别、阶级与阶层的社会接近等)、社会组织和社会集团(包括群体、社会组织、管理和权威等)、个性问题(包括个性、人的社会本质、生活方式、劳动与个性、家庭与个性、自由时间等)。该书强调指出，在社会主义社会中，马克思主义社会学是计划和指导社会发展的手段，作为社会科学它又是工人阶级思想体系的组成部分。

　　有的中国学者认为，马克思主义社会学的维护建设性形态在不同的社会主义国家中有不同的特点，具有中国特色的马克思主义社会学应具有下述特点：①以中国社会主义社会的良性运行和协调发展的条件和机制为对象。这一点决定着社会学本身的框架、学科地位及它为社会主义服务的角度。②以历史唯物论为理论基础和指导思想。这一点决定着马克思主义社会学与其他社会学的根本区别。③以中国的基本国情，即社会主义初级阶段和中国的社会主义实践，特别是改革的实践为立足点，并且尊重中国社会学发展的历史。它是否具有中国特色，主要由此决定。④具有开放性。它参考苏联社会学的经验和教训，汲取其成果。实事求是地、有分析、有鉴别地汲取西方社会学中适合中国国情的合理的东西，汲取现代科学发展的相关成果。⑤把理论和实践结合起来，既重视经验的研究，又重视理论的研究；既重视宏观的研究，又重视微观的研究。

在中国学术界也有人认为社会主义社会学是一门具体研究社会主义社会的科学，是一门通过社会主义社会的社会关系研究社会主义的社会生活、社会矛盾、社会管理、社会发展及其规律性的科学。有的中国学者还认为，马克思主义社会学以现实的人为其社会学分析的逻辑起点，以社会经济形态为其基本的社会分析模型，以唯物史观为其主要的社会分析工具，以人与社会和自然的关系为其社会分析的对象，并认为这构成了唯物史观社会学的基本思路。

二、实证主义社会学

实证主义社会学(positivistic sociology)是社会学主要派别之一。19 世纪上半叶，由法国实证主义哲学家、社会学创始人孔德根据实证哲学思想体系建立，20 世纪在世界广泛流行。

1. 理论和方法论特征

实证主义社会学是在西欧启蒙运动、英国经验主义哲学、以物理学和生物学等重大科学发现为代表的发达的自然科学，以及法国的政治大革命和日益高涨的社会改良运动等背景下产生的。受 19 世纪初特殊的政治、经济、科学、文化乃至宗教等氛围的影响，实证主义社会学在理论和方法论上表现出如下特征：①它明确地规定了社会学理论及其研究对象的特殊性，反对传统的形而上学思辨的思维方式，使社会学摆脱了思辨哲学的羁绊，成为一门独立的学科。②它的理论原则具有强烈的本体论的自然主义倾向，坚持统一的科学观，认为社会现象与自然现象之间没有本质的差异，它们都是一种"物"，故而遵从同样的科学法则。这样便混淆了自然规律和社会规律、自然科学和社会科学之间的区别。③在探讨"物"的规律时，认为自然科学的方法完全适用于对人类社会的研究，特别是按照自然科学的模式应用了类比的法则后，产生了实证主义社会学知识体系的两个重要组成部分——有机进化论和机械论。④重视经验和感性资料在社会认识中的重要作用，在方法论上恪守经验主义原则。⑤强调价值中立性，要求在社会学研究中不作任何个人的价值判断，反对个人的情感介入，以保持严格的客观性和科学性。⑥强调对现实社会生活进行干预，强调社会学理论研究的实践功能，把社会学看作"社会工程学"或"社会医学"，即强调社会学对现实社会的改造作用。⑦重视对社会秩序、社会平衡和社会稳定性的研究，在政治和意识形态畛域内具有相当保守的价值取向。

2. 发展历程

实证主义社会学的发展经历了三个时期。前两个时期通常被看作是实证主义社会学发展的古典阶段。

（1）第一个时期始自 19 世纪上半叶，与社会学的初创阶段相吻合。其理论创始人是孔德、英国社会学家斯宾塞、比利时社会学家凯特莱和法国社会学家勒普累等。此阶段虽然确立了实证主义社会学的一般宗旨，但还存在两大缺陷：①社会学理论还残存着思辨哲学的成分；②理论研究和经验探讨相互分离。孔德和斯宾塞致力于构筑实证主义社会学的理论体系，凯特莱和勒普累等人则偏重于经验研究的方法和具体的社会调查。

（2）从 19 世纪下半叶至 20 世纪初为实证主义社会学发展的第二个时期，也是实证主义社会学的鼎盛期。法国的迪尔凯姆和意大利的帕雷托对以往社会学进行了综合，把实证主义社会学推向了高峰。迪尔凯姆在提出"社会事实"概念的同时，制定了一系列社会研究的实证规则。他把社会事实作为社会学的研究对象，进而揭示了它们之间所存在的"形态学"（即结构）的、功能的和因果的关系，由此把社会学的唯实论发展成为把社会看作高于个人的社会决定论。迪尔凯姆还把实证主义社会学的基本理论与经验研究密切结合起来。他运用统计方法对自杀现象的研究，用人种学资料对澳大利亚土著居民进行的宗教研究，是社会学的理论研究与经验研究相结合的范例。帕雷托对逻辑与非逻辑行动的分类，对动态平衡的阐述以及精英循环的看法，使实证主义社会学更加丰富和完善。

（3）继帕雷托之后，实证主义社会学结束了古典阶段，开始向新实证主义社会学阶段演变。与古典实证主义社会学相比较，新实证主义社会学有以下特点：①新实证主义社会学摒弃了古典实证主义社会学的一些粗俗看法，不再把自然科学及其方法看作是社会学理论赖以存在的基础，而把它们视为社会学研究必不可少的工具。②新实证主义社会学依然保持着自然主义的风格，但社会有机体论的基本观点已逐渐演变成现代的结构功能主义，机械论则演变为行为主义的理论。③在强调经验材料的重要性的基础上，开始重视科学方法论的研究，力图使社会学的研究通过程序化、操作化和定量化等手段，达到精细化和准确化的水平，进而将社会学的理论概念同经验的操作概念联系在一起，实现理论知识体系和逻辑—方法论手段相统一的目的。

新实证主义社会学包括形形色色的实证主义潮流，如以 L. F. 沃德等人为代表的具有自然主义进化论倾向的实证主义和以 P. A. 索罗金为代表的文化实证主义等。到 30 年代，新实证主义社会学内部又发生了变化，功能主义的方法逐渐取代了新实证主义纯经验的方法。T. 帕森斯以《社会行动的结构》（1937 年）为起点，开始构造系统的结构功能主义理论体系。帕森斯制定了"社会行动的唯意志论"模式，并重点分析行动者动机—目的的结构意义。他虽然承认社会的文化和规范的客观性，并将行为主义、控制论和信息论纳入自己的宏观体系，但毕竟向理解的社会学做出了宽容的让步，冲淡了结构功能主义的实证的自然主义实质。帕森斯的继承人 R. K. 默顿则无视这种宽容精神，将文化规范等属于人的客观方面加以绝对化。

实证主义社会学在当代的另一变形是行为主义社会学。它以美国心理学家 B. F. 斯金纳和社会学家 G. C. 霍曼斯、P. M. 布劳、R. 埃默森为代表。斯金纳把人的行为等同于动物对外界的刺激—反应的理论，在很大程度上成为社会交换论的基本出发点。他的操作主义和霍曼斯的心理还原主义，以适应新的自然科学方法论的姿态突出实证主义的实质。

具有实证主义倾向的经验主义社会学在第二次世界大战后也发生了较大的变化，它不再排斥理论的指导意义，并把科学方法论作为研究中心。美国的 P. F. 拉扎斯菲尔德、S. A. 斯托福和 H. M. 布莱洛克等社会学家千方百计地寻找社会学理论概念和经验现实之间的结合点，克服操作主义的局限性，重申实证主义曾一度轻视过的严格的逻辑程序的重要价值，把社会学实证研究的方法与科学哲学联系起来。布莱洛克对变量间因果关系模型的论述，将默顿的中层理论概念具体化为可进行定量研究和分析的操作的经验概念，这一趋向虽然符合社会学计量化和电子计算机化的潮流，但却引起了人文主义者的不安和反感。

3. 对实证主义社会学的批评

实证主义社会学产生、发展和演变的过程，一直受到来自社会学界其他学派的有力挑战。马克思主义社会学、理解的社会学、法兰克福学派、现象学社会学、符号互动论和存在主义社会学等，从不同角度对实证主义社会学将人和人的活动还原为抽象的变量的非人本主义理论进行了批判。他们之间的长期论战，揭示了实证主义社会学的致命弱点，也促进了各学派之间的相互借鉴和相互渗透。

三、其他社会学流派

在西方社会学的历史中，反实证主义倾向一直有很强的影响。20 世纪以来，在不同程度上具有人文主义和历史主义倾向的西方理论流派主要有：符号互动论、现象学社会学、民俗学方法论、历史社会学以及冲突理论的某些学派。这些学派的许多社会学家认为，社会现象对社会行动者来说是"有意义的"，不能用自然科学的方法加以研究。他们指责实证主义忽略了社会行动者的特殊性、自主性与互为主体性，忽略了历史、文化和意识形态的作用，抹杀了社会现象与自然现象的本质区别。

1. 符号互动论

由美国社会学家 G. H. 米德和 C. H. 库利所开创的符号互动论强调，人类的独特性在于他们创造与使用符号的能力，这种能力使行动者能够了解自我与他人的期望，并在此基础上对互动的情境做出定义，以便选择适当的行动来适应他人和社会环境。所以，社会学方法必须侧重对具体个人的互动过程进行观察、描述和主观阐释。这一学派的主要代表美国社会学家 H. G. 布鲁默发展了一套研究互动过程的方法，认为对社会行为的研究很难使用数量分析，只能采用定性分析和归纳方法。

2. 现象社会学

美国社会学家 A. 舒茨将现象学方法引入社会学，他的现象学社会学主要受到 E. 胡塞尔、米德和韦伯的影响。他认为，社会经验世界并非由一群孤立的个人所构成，而是一个互为主体的生活世界，社会学的任务是将这一生活世界赋予有系统的组织。他发展了韦伯的理解社会学方法，提出要在现时世界的日常知识结构基础上建构用以理解社会行动者主观意义的概念框架。英国现象学社会学家 J. M. 阿特金森和 A. 西库雷尔分别以自己的研究成果否定了实证主义方法论的逻辑和程序。他们的观点是：诸如犯罪、自杀这类社会现象仅仅是社会行动者对行为的主观解释，而不是客观的社会事实，社会世界只不过是行动者的感性认识和主观理解的产物；那些把犯罪、自杀当作客观事实来研究的社会学家，实际上是把自己的解释强加于社会世界。

3. 民俗社会学

美国社会学家 H. 加芬克尔等人创立的民俗学方法论主要受舒茨的影响。加芬克尔同舒茨一样，把研究重点集中在日常生活世界中行动者的意识与行动。所不同的是，舒茨注重探求行为者如何形成共同的生活世界意识，加芬克尔则重视对具体互动过程的微观研究。他发展了一套独特的研究技术与技巧，如追踪访问、临床观察、文献阐释等，用以观察、分析行动者的行为和语言。民俗学方法论与实证主义方法论尖锐对立，它并不企图概括出一般社会规律，而是考察特定环境下的具体社会现象。

4. 历史社会学

历史社会学侧重对社会群体、社会发展进行历史的比较研究。它反对实证主义的标准化、操作化和形式化的方法，认为社会现象具有历史性和独特性，因此社会学的任务是在历史脉络中运用类型构造法和比较法来探讨历史因果关系。例如，韦伯指出，不能在社会历史领域中寻找普遍规律，因为历史事件的因果关系只是阶段性、局部性和频率性的，他主张以阐释和理解的方法来发现影响社会历史发展的原因。美国社会学家 C. W. 米尔斯认为，任何社会学研究都是历史研究，并且都无法与价值倾向和意识形态相分离，所谓客观的实证研究实质上是为了维护现有社会秩序。他的学说综合了冲突理论和批判理论，在方法论上则继承了历史社会学的定性分析传统。

第四节　社会学的方法论

（一）社会发展理论（theory of social development）

社会发展理论是探讨社会变迁规律性及其具体表现形式的学说。广义包括哲学、经济学、政治学和人类学关于社会发展的研究，它探讨人类历史发展的一般规律性；狭义特指社会学对发展问题的研究，又称发展社会学，它以现代社会中政治、经济、社会、文化的综合协调发展问题为对象，主要探讨社会发展的现代化理论、模式、战略乃至具体政策。

1. 历史发展

社会学对社会发展问题的研究可以追溯到 19 世纪社会学诞生之初。孔德关于社会的发展是从军事时代到法律时代再到工业时代的论述，斯宾塞从军事型社会到工业型社会变迁的理论，迪尔凯姆从机械团结到有机团结的理论，滕尼斯从社区到社会的理论，以及韦伯所建立的庞大的宗教社会学和比较社会学体系，都在某种意义上以欧洲社会为蓝本，探讨了人类从传统农业社会到现代工业社会的过渡和发展过程。马克思的社会经济形态理论从高度概括的层面上论述了人类社会的一般发展规律。第二次世界大战以后，许多战前的殖民地和半殖民地国家纷纷摆脱原宗主国的控制而独立，他们都面临着如何走上真正自主发展的道路，以及在经济发展的同时，如何实现政治民主与社会进步，在与外部世界平等交往中重新确立自己在整个世界体系中的地位的问题。在这种形势下，发展社会学作为社会学的一门新的分支学科就应运而生，并成为现代社会发展理论的主要形式。

2. 现代化理论

社会现代化理论是第二次世界大战后出现的第一种社会发展理论，其理论基础是帕森斯的结构功能主义，着眼点在社会流动的社会行为主义。现代化理论沿袭欧洲社会学的知识传统，在社会发展过程的考察中实行传统—现代、特殊主义—普遍主义的二分法，把传统社会视为特殊主义的、以农业为主的、着重身份名位的、静止的、职业分化简单的社会；相对而言，现代社会则是普遍主义的、以工业为主的、着重成就的、动态的、职业分化复杂的社会。传统社会和现代社会是两种具有相互排斥特征的社会，由传统向现代演进的过程就是现代化。在经济领域，现代化主要表现为国民经济总产值的增加、生产率的提高、工业生产规模的扩大、市场关系的扩展、经济交流的多重化；在政治领域，主要表现为国家意识的强化、权力分配的理性化，政治机构的分化和专业化，决策的理性化和决策效率的提高，民主参与政治的制度化和扩大化；在社会领域，主要表现为知识水平的提高，教育的普及，社会交往方式的多样化，家庭和工作的分离等。

现代化理论曾在 20 世纪 50—60 年代占据社会发展理论的统治地位。但是，由于它把西方社会发展的模式套用到发展中国家，这一"西化"理论在这些国家并未能达到期望的效果。实际情况是传统体制虽然被破坏了，但现代体制却又始终建立不起来。

3. 依附理论

20 世纪 60 年代前半期，一批学者尤其是拉丁美洲和非洲国家的学者用发展中国家的发展实例，展开了对现代化理论的猛烈批判，导致了依附理论的产生。主要代表人物有美国经济学家弗兰克、巴西社会学家卡多索和埃及经济学家萨米尔·阿明等。依附理论认为，现代化理论的"西方化"实际上就是一个将发展中国家纳入以西方发达国家为主导的"中心—边陲"经济体系的依附化过程。这个依附化过程从重商主义时代就已经开始，它导致了同一过程的两种结果：西方国家的发达化和非西方国家的不发达化。现代化理论的传统和现代的二分法，忽视了不同国家的具体历史条件和过程，掩盖了在资本主义经济秩序内发达国家与发展中国家之间形成的宗主国—卫星国的关系，其实质是资本主义势力不断扩张所造成的剥削与依赖关系。应该在这种剥削与依赖的关系中考察发展中国家的现代化问题。依附理论强调发达国家对发展中国家贸易援助政策的剥削性以及跨国公司的掠夺性。经过依附理论的批判，现代化理论开始渐趋衰退。但依附理论又由于本身所考察范围的局限性和缺乏理论性而不能成为社会发展理论的主导性理论。

4. 发展趋势

从 20 世纪 70 年代中期开始，社会发展理论开始了一个多样化的转折时期，主要表现在两个方面。

(1)现代化理论开始分化，一部分人将兴趣转移到西方发达国家本身的社会发展问题上，主要研究新的科技革命对西方发达国家的影响，这就是未来学研究，它形成了信息社会论和后工业社会论。对发达国家发展的前景问题，也存在着两种不同的观点：一是信息社会论者的观点。他们为西方发达国家描绘了一幅令人乐观的前景，认为西方社会频频发生的经济和社会危机是暂时性的，是由于当今西方社会正处在工业社会向信息社会或后工业社会转变时期而出现的非常规性危机。二是增长极限论者的观点，主要是罗马俱乐部的观点。他们从人口爆炸和资源的有限性两个角度看待人类社会的发展，对人类的科学技术能否有效地解决上述两个问题持怀疑的态度，对人类的发展前景充满悲观情绪。认为人类如果再不醒悟，继续按现在的方式发展下去，等待着人类的将是世界的毁灭。另一部分人仍然专注于研究发展中国家的社会现代化问题，但研究的视角和方法都有所改变，主要研究发展中国家现代化的初始条件对其现代化的影响，这就是"迟发展"或"后发展"理论。

（2）美国和西方国家的一些社会学者经过改进和完善，使依附理论逐渐发展成 I. 沃勒斯坦等人的"世界体系论"。费兰克和萨米尔·阿明等依附理论者也纷纷转变成了世界体系论者。世界体系论的研究兴趣已不再局限于发展中国家的社会发展，它从体系的角度研究世界整体的发展问题。

（二）结构功能主义（structural functionalism）

是现代西方社会学中的一个理论流派。它认为社会是具有一定结构或组织化手段的系统，社会的各组成部分以有序的方式相互关联，并对社会整体发挥着必要的功能。整体是以平衡的状态存在着，任何部分的变化都会趋于新的平衡。

社会科学中的功能主义有着长期的历史。孔德和斯宾塞在其著作中都有所论述。迪尔凯姆、马林诺夫斯基对功能主义也作了较为系统的阐述。现代社会学中的结构功能主义是在以往的功能主义的思想基础上形成和发展起来的。

美国社会学家帕森斯在 20 世纪 40 年代提出了结构功能主义这一名称，他在以后的许多论著中，为形成结构功能主义的系统性理论作出了很大努力，并成为结构功能分析学派的领袖人物。帕森斯认为，社会系统是行动系统的四个子系统之一，其他三个是行为有机体系统、人格系统和文化系统。在社会系统中，行动者之间的关系结构形成了社会系统的基本结构。社会角色，作为角色系统的集体，以及由价值观和规范构成的社会制度，是社会的一些结构单位。社会系统为了保证自身的维持和存在，必须满足四种功能条件：①适应。确保系统从环境中获得所需资源，并在系统内加以分配。②目标达成。制定系统的目标和确定各目标的主次关系，并能调动资源和引导社会成员去实现目标。③整合。使系统各部分协调为一个起作用的整体。④潜在模式维系。维持社会共同价值观的基本模式，并使其在系统内保持制度化。在社会系统中，执行这四种功能的子系统分别为经济系统、政治系统、社会共同体系统和文化模式托管系统。这些功能在社会系统中相互联系。社会系统与其他系统之间、社会系统内的各亚系统之间，在社会互动中具有输入—输出的交换关系，而金钱、权力、影响和价值承诺则是一些交换媒介。这样的交换使社会秩序得以结构化。帕森斯认为，社会系统是趋于均衡的，四种必要功能条件的满足可使系统保持稳定性。

美国社会学家默顿是结构功能主义的主要代表人物之一，他发展了结构功能方法。默顿认为，在功能分析上，应该注意分析社会文化事项对个人、社会群体所造成的客观后果。他提出外显功能和潜在功能的概念，前者指那些有意造成并可认识到的后果，后者是那些并非有意造成和不被认识到的后果。进行功能分析时，应裁定所分析的对象系统的性质与界限，因为对某个系统具有某种功能的事项，对另一系统就可能不具这样的功能。功能有正负之分，对群体的整合与内聚有贡献的是正功能，而推动群体破裂的则是负功能。默顿主张根据功能后果的正负净权衡来考察社会文化事项。他还引入功能选择的概念，认为某个功能项目被另外的功能项目所替代或置换后，仍可满足社会的需要。社会制度或结构对行动者的行为影响是默顿著述中的主题之一。他认为，社会价值观确定了社会追求的目标，而社会规范界定了为达到目标可采用的手段。如果文化结构之间发生脱节，就会出现社会失范状态，导致越轨行为。

结构功能主义在 20 世纪 50 年代美国的社会学中曾占主导地位。其代表人物还有 K. 戴维斯、M. J. 利维、N. J. 斯梅尔塞等社会学家。结构功能主义的研究涉及面很广，包括社会理论探讨、经验研究和历史研究，其学术观点涉及人类学与政治学等社会科学领域，并对现代化理论有很大影响。从 60 年代中期开始，结构功能主义受到相当多的批评，其中有的直接针对它的功能逻辑前提，特别是对它采用唯意志论和目的论的解释方式，即把系统各组成部分存在的原因归之于对系统整体产生的有益后果，进行了猛烈的抨击。还批评它只强调社会整合，忽视社会冲突，不能合理地解释社会变迁。

(三)冲突理论(conflict theory)

冲突理论是 20 世纪 50 年代中后期形成的西方社会学流派。以率先反对当时占主导地位的结构功能主义而著称。它强调社会生活中的冲突性并以此解释社会变迁。

作为社会生活中普遍存在的冲突现象，曾受到 19 世纪末 20 世纪初许多社会理论家的广泛关注。20 世纪 40 年代中期以后，以帕森斯为代表的结构功能主义，强调社会成员共同持有的价值取向对于维系社会整合、稳定社会秩序的作用，将冲突视作健康社会的"病态"，努力寻求消除冲突的机制。50 年代中、后期，随着第二次世界大战后短暂稳定的消退和冲突现象的普遍增长，一些社会学家开始对帕森斯理论的精确性产生怀疑。他们吸取古典社会学家，特别是马克思、韦伯、齐美尔等人有关冲突的思想，批评和修正结构功能主义的片面性，逐渐形成继结构功能主义学派之后有重大影响的社会学流派之一。主要代表人物有：美国的 L. A. 科瑟尔、L. 柯林斯，德国的 R. 达伦多夫，英国的 J. 赖克斯等。

科瑟尔在《社会冲突的功能》(1956 年)中最早使用了"冲突理论"这一术语。他反对帕森斯认为冲突只具有破坏作用的片面观点，力图把结构功能分析方法和社会冲突分析模式结合起来，修正和补充帕森斯理论。科瑟尔从齐美尔"冲突是一种社会结合形式"的命题出发，广泛探讨社会冲突的功能。他认为，冲突具有正功能和负功能。在一定条件下，冲突具有保证社会连续性，减少对立两极产生的可能性，防止社会系统的僵化，增强社会组织的适应性和促进社会的整合等正功能。

达伦多夫认为，社会现实有两张面孔，一张是稳定、和谐与共识，另一张是变迁、冲突和强制。社会学不仅需要一种和谐的社会模型，同样需要一种冲突的社会模型。为此，社会学必须走出帕森斯所建构的均衡与和谐的"乌托邦"，建立起一般性冲突理论。在《工业社会中的阶级和阶级冲突》（1957 年）中，达伦多夫主要吸取了韦伯关于权威和权力的理论，以此为基础建立其阶级和冲突理论。他认为，社会组织不是寻求均衡的社会系统，而是强制性协调联合体。社会组织内部的各种不同位置具有不同量的权威和权力。社会结构中固有的这种不平等权威的分布，使社会分化为统治和被统治两大彼此对立的准群体。在一定条件下，准群体组织表现为明显的利益群体，并作为集体行动者投入公开的群体冲突，从而导致社会组织内部权威和权力的再分配，社会暂时趋于稳定与和谐。但权威的再分配同时也是新的统治和被统治角色的制度化过程。和谐中潜伏着冲突的危机，一旦时机成熟，社会成员就会重新组织起来，进入另一轮争夺权力的冲突。社会现实是冲突与和谐的循环过程，而"权力和抵制的辩证法乃是历史的推动力"。

赖克斯从马克思主义的基本立场出发，反对帕森斯以价值规范为重心的秩序理论，强调物质生活手段的分配应该在建构社会模型时占据优先地位。在《社会学理论中的关键问题》（1961 年）中，赖克斯描述了"统治阶段的情境"：统治集团支配社会生活的各个领域，并运用强制性权力迫使社会整合。在这种情形中，经济分配体系向不同群体分发一定量的物质生活资源；政治权力体系分配权力以"防范任何破坏经济分配体系的行为发生"；终极价值体系确认"这种政治权力体系的合法性"；宗教仪式则具有"促使人们遵从终极价值体系的功效"。他认为，这种货币→权力→价值→仪式的一体化社会结构，是为统治阶级的利益服务的。生活手段分配上的极端不平等，必然造成被统治阶级不满情绪的日益增长，促使其成员将个人利益置于群体利益之下而结成集体行动者。一旦统治和被统治阶级之间的权力对比发生变化，社会就会由"统治阶段的情境"向"革命情境"运动，最终导致统治阶级的倒台。冲突的双方即使认识到激烈的冲突比适度的让步将会付出更高的代价，从而彼此做出妥协，但这种"休战情境"也是极不稳定的。冲突双方继续寻找能够满足自己单方面利益的手段，一旦找到了这种手段，权力的平衡立即被打破，冲突随即重新取代暂时的和平。

1975 年，柯林斯的《冲突社会学：迈向一门说明性科学》一书出版，标志着冲突问题的研究进入了一个新的阶段。早期冲突论者只是对结构功能主义进行补充和修正，认为秩序理论和冲突理论同是有用的理论工具。柯林斯认为，社会冲突是社会生活的中心过程，仅仅提出一种补充性"冲突理论"不足以说明这一过程，必须建立一门以冲突为主题的社会学。早期冲突论者主要关注宏观社会结构问题，并把社会结构视作外在于个人的强制性力量。柯林斯则认为，社会结构是行动者的互动模式，是在行动者不断地创造和再创造中产生并得以持续的。对宏观社会结构的理解不能脱离建构这些结构的行动者。他吸取了现象学和民俗学方法论的研究成果，力图为宏观社会学奠定微观基础。与早期冲突论者注重理论和意识形态问题不同，柯林斯强调必须建立假说—演绎的命题系统，并从经验上加以验证。唯有如此，才能使冲突社会学真正成为一门说明性科学。柯林斯为冲突问题的研究打下了新的基础，标志着狭义上的"冲突理论"作为一个流派已经式微。

冲突理论产生后，在西方社会学界引起了巨大反响，它很快渗透到社会学各分支学科的经验研究中去，在政治社会学、组织社会学、种族关系、社会分层、集体行为、婚姻家庭等领域出现了大量以冲突概念为框架的论著，在当代社会学发展中有重大的影响。

(四)社会交换论(social exchange theory)

社会交换论是当代西方社会学理论流派之一。产生于 50 年代末期的美国。交换理论最初是针对结构功能主义提出的，在理论和方法上具有实证主义、自然主义和心理还原主义的倾向。它强调对人和人的心理动机的研究，批判那种只从宏观的社会制度和社会结构或抽象的社会角色上去研究社会的做法；在方法论上倡导个人是社会学研究的根本原则；认为人类的相互交往和社会联合是一种相互的交换过程。这是对美国心理学家 B. F. 斯金纳的行为主义心理学、功能主义的文化人类学和功利主义的经济学的全面综合。

社会交换论的基本研究范畴和概念包括价值、最优原则、投资、奖励、代价、公平和正义等。主要代表人物有美国社会学家 G. C. 霍曼斯、P. M. 布劳和 R. 埃默森。霍曼斯是交换理论的创始人。他提出了一组普遍性命题：①成功命题。一个人的某种行为能得到相应的奖赏，他就会重复这一行动；某一行动获得奖赏愈多，重复活动的频率也随之增多；获得的奖赏愈快，重复活动的可能性就愈大。②刺激命题。相同的刺激可能会带来相同或相似性行为。如某人过去在某种情况下的活动得到了奖赏或惩罚，而在出现相同的情况时，他就会重复或不再重复此种活动。③价值命题。如果某种行为的后果对一个人越有价值，那么，他就越有可能去重复同样的行动。④剥夺与满足命题。某人(或团体)重复获得相同奖赏的次数愈多，那么，这一奖赏对该人(或团体)的价值就愈小。⑤攻击与赞同命题。该命题包括两方面：一是当个人的行动没有得到期待的奖赏或者受到了未曾预料到的惩罚时，就可能产生愤怒的情绪，从而出现攻击性行为；二是当个人的行动得到预期的奖赏，甚至超过期待值，或者没有遭到预期的惩罚时，他就会高兴，就会赞同这种行为。霍曼斯将五个命题看成是一组"命题系列"，强调它们之间相互联系的重要性，并认为只要将五个命题综合起来，就能够解释一切社会行为。霍曼斯指出，利己主义、趋利避害是人类行为的基本原则，由于每个人都想在交换中获取最大利益，结果使交换行为本身变成一种相对的得与失。对个人来说，投资的大小与利益的多少基本上是公平分布的。

布劳的交换理论是从社会结构的原则出发考察人与人之间的社会交换过程，其理论目标既想克服功能主义忽视研究人的理论缺陷，又想弥补霍曼斯理论只局限于微观层次方面的不足。布劳的理论方法是从描述交换过程及其在微观层次上的影响开始，再从群体层次上升到制度与社会的宏观层次。他认为，社会交换关系存在于关系密切的群体或社区中，是建立在相互信任的基础之上的。社会交换是一种有限的活动，它指个人为了获取回报而又真正得到回报的自愿性活动。布劳还区分了经济交换与社会交换、内在奖赏和外在奖赏的差别，引入了权力、权威、规范和不平等的概念，使交换理论在更大的范围内解释社会现象。布劳的社会交换理论从微观到宏观，系统地追溯了交换现象的各种发展过程及其影响，从而形成一种归纳过程取向的社会结构理论。

继布劳之后，对交换理论做出重要贡献的还有埃默森等人。埃默森运用严密的数理模型和网络分析，阐述社会结构及其变化、社会交换的基本动因和制度化过程，在方法论上进一步充实了交换理论的理论体系。

(五)符号互动论(symbolic interactionism)

符号互动论是一种主张从人们互动着的个体的日常自然环境去研究人类群体生活的社会学和社会心理学理论派别。又称象征相互作用论或符号互动主义。

1. 符号互动论的派别

该理论源于美国实用主义哲学家 W. 詹姆斯和 G. H. 米德的著作。但最早使用符号互动这一术语的是美国社会学家 H. G. 布鲁默，1937 年，他用这一术语指称美国许多学者诸如 C. H. 库利、米德、J. 杜威、W. I. 托马斯、W. 詹姆斯、R. E. 帕克、F. W. 兹纳尼茨基等人的著作中所隐含的"社会心理状态"。西方学术界曾有人把符号互动分为两派，一是以布鲁默为代表的"芝加哥"学派，一是以 M. 库恩为首的"艾奥瓦"学派。1930—1950 年间出版的一系列著作中确定了该理论的主要观点。

从哲学上看，符号互动论与美国的实用主义、德国和法国的现象学联系最为密切，与逻辑实证主义、结构功能主义、文化决定论、生物决定论、刺激—反应行为主义、交换理论以及均衡理论的各种形式相对立，而与心理分析理论、现象学社会学、民俗学方法论、角色理论、戏剧理论，以及人本主义和存在主义的心理学、哲学，具有某些相容性。E. 戈夫曼是符号互动论在当代的主要代表人物之一。

2. 符号互动论的基本假定

主要有：①人对事物所采取的行动是以这些事物对人的意义为基础的；②这些事物的意义来源于个体与其同伴的互动，而不存于这些事物本身之中；③当个体在应付他所遇到的事物时，他通过自己的解释去运用和修改这些意义。

3. 符号互动论的观点

主要观点有：①心灵、自我和社会不是分离的结构，而是人际符号互动的过程。心灵、自我和社会的形成和发展，都以符号使用为先决条件。如果人不具备使用符号的能力，那么心灵、自我和社会就处于一片混乱之中，或者说失去了存在的根据。

②语言是心灵和自我形成的主要机制。人与动物的区别就在于人能使用语言这种符号系统。人际符号互动主要通过自然语言进行。人通过语言认识自我、他人和社会。

③心灵是社会过程的内化，事实上内化的过程就是人的"自我互动"过程，人通过人际互动学到了有意义的符号，然后用这种符号来进行内向互动并发展自我。社会的内化过程，伴随着个体的外化过程。

④行为是个体在行动过程中自己"设计"的，并不是对外界刺激的机械反应。个体在符号互动中逐渐学会在社会允许的限度内行动，但在这个限度内，个体可以按照自己的目的处世行事。

⑤个体的行为受他自身对情境的定义的影响。人对情境的定义，表现在他不停地解释所见所闻，赋各种意义于各种事件和物体中，这个解释过程，或者说定义过程，也是一种符号互动。

⑥在个体面对面的互动中有待于协商的中心对象是身份和身份的意义，个人和他人并不存在于人自身之中，而是存在于互动本身之中。

4. 方法论特征

符号互动论者倾向于自然主义的、描述性的和解释性的方法论，偏爱参与观察、生活史研究、人种史、不透明的被脉络化了的互动片断或行为标本等方法，强调研究过程，而不是研究固定的、静止的、结构的属性；必须研究真实的社会情境，而不是通过运用实验设计或调查研究来构成人造情境。符号互动论者不运用正式的数据搜集法和数据分析法，而代之以概括性的和一般的方法论的指令，这些指令要求对被调查的对象采取"尊重"态度。布鲁默曾声称，这种研究需要或至少应该分为两个阶段进行：第一阶段是"考察"，调查者着重了解他想要研究的社会情境的第一手资料。目的是把在其中生活的人们所理解、所适应的世界照样描绘出来，主要用参加者的语言来表达。第二阶段，即"检验"阶段。研究者集中注意环境中的"分析因素"，这些因素要在理论指导下进行观察才可能获得。对于多数符号互动论者说来，这一阶段在辨认、描述和解释基本的社会过程如社会化、整合、协商时已开始了。

应用符号互动论有助于对许多问题的理解，如对社会越轨、精神疾病、集体行为、儿童社会化、死亡和挣扎、老年、疾病与痛苦和艺术社会学的理解等。

（六）新功能主义（neo-functionalism）

新功能主义是 20 世纪 80 年代以来在美国社会学界兴起的一股力图综合当代最新研究成果以重新建构 T. 帕森斯的结构功能主义理论传统的流派或理论发展趋势。"新功能主义"这一术语是由美国社会学理论家 J. 亚历山大于 1985 年在其编辑的论文集《新功能主义》中首次使用的。

第二次世界大战结束至 60 年代中期，以帕森斯为主要代表的结构功能主义是美国社会学中占统治地位的理论流派。自 60 年代中后期起，美国社会中出现的一系列剧烈变动，促使社会学理论家重新思索社会学方向，各种新理论纷纷兴起，向帕森斯的"巨型理论"发起冲击。其中以符号互动论、社会交换论、民俗学方法论为主要代表的微观社会学理论猛烈抨击帕森斯理论中侧重对社会结构分析的方面，他们强调对个体行动和行为的分析，要求恢复个体的创造性和自由。以冲突理论为主要代表的宏观社会学理论，则指责帕森斯过于重视秩序、和谐和稳定，忽视冲突、强制和变迁，他们要求社会学更加注意社会变迁中的暴力、革命、权力等物质结构。这些理论在 70 年代逐渐取代了帕森斯理论而占据主导地位。与此同时，在这些理论之间又形成以符号互动论、社会交换论和民俗学方法论为一方，以冲突理论为另一方的"微观/宏观大分裂"，就社会行动、社会秩序、社会变迁等重大理论问题展开激烈的争论。这些争论本身暴露出上述诸理论自身的致命弱点——偏执一端而缺乏综合性。从 70 年代后期起，帕森斯理论中强烈的综合意识又重新引起社会学界的兴趣，各种理论内部开始出现试图进行新的综合的种种尝试。新功能主义正是力图以批判地继承帕森斯理论遗产，开辟一条新的综合之路而产生的。

与其他流派相比，新功能主义具有以下三个特点：①对帕森斯理论传统持批判继承态度，既强调与帕森斯结构功能主义的承续关系，又强调从内部批判帕森斯理论的必要性。其中，亚历山大批判了帕森斯理论的实证主义认识论基础，主张在"后实证主义"科学观的基础上重建多维度的理论框架。新功能主义者还重新解释了帕森斯理论，以此矫正反功能主义的偏颇。②对70年代的各种反帕森斯理论流派持开放态度，力图在功能主义理论传统基础上整合上述理论。针对符号互动论、社会交换论、民俗学方法论等理论的微观分析，新功能主义力图通过重建帕森斯的行动理论来综合其理论洞见，并探索微观个体行动和宏观社会结构及制度的连接环节。对宏观社会学领域的冲突理论，新功能主义主张在保持帕森斯"规范秩序"的前提下，强调对权力、战争、强制、冲突等问题的分析，并把社会变迁分析纳入帕森斯的"分化"理论中。"新功能主义"还打破帕森斯曾为社会学划定的只研究社会系统问题的界限，对80年代以来盛行的"文化社会学"给予高度的重视，并力图在功能主义框架内解决文化与社会及人格系统的关系问题。③新功能主义尚未具备统一的理论形态。被归在新功能主义名下的社会学家，老一辈的有 R. N. 贝拉、A. 英克尔斯、N. J. 斯梅尔塞等人，新一代的有亚历山大、S. N. 艾森施塔特、N. 卢曼、W. 施卢赫特等。他们除了具有共同的理论传统外，在许多问题上持有不同甚至对立的观点。新功能主义只能说是以超越战后社会学发展之第一阶段和建立新的综合理论为目标的尝试。

新功能主义的理论提出后，引起了社会学界的广泛注意和不同反应。不少人对新功能主义持反对和怀疑态度。对此，亚历山大的回答是："它是新瓶装旧酒，还是确有新酿，将由历史来判定。"

（七）民俗学方法论（ethnomethodology）

民俗学方法论是对一定社区的社会成员在社会互动中所遵循的规则的社会学研究。又称民族学方法论、本土方法论。20世纪60年代发展起来的微观社会学学派之一。创始人为美国社会学家 H. 加芬克尔。民俗学方法论的英文词头"ethno"在希腊文中意为国家、人民、部落、种族。加芬克尔的理论借鉴了美国社会学家 G. H. 米德的角色理论和德国哲学家 E. 胡塞尔的现象学，并大量吸收了 A. 舒茨的现象学社会学和英国日常语言哲学的思想观点。他的基本假定是：社会是具体的而不是抽象的，社会仅仅在它的成员觉察到它存在时才存在，因此必须对社会成员在建构和解释他们所处的社会时所使用的方法进行详细考察。在现实生活中，社会成员依据一定的规则和程序来组织社会活动，并使活动具有共同的意义。这套规则和程序就称为民俗方法，也有人称它为本土方法或民族方法。由于强调社会成员对社会现实的主观解释，民俗学方法论常常被视为一种现象学研究。民俗学方法论的研究对象是个人，它运用极为精细的实证方法，着重分析人们行为的微观方面，力图发现和描述人们在日常生活中做出行为、响应行为和改变行为的规则。

在他们看来，这些不成文的、公认的行为规则是一切社会生活的基础。

民俗学方法论的基本概念有：①考虑，又称"计算"或"算计"。指人们对外部世界做出解释的过程，是每一个人依其行为情景所赋予意义的能力。民俗方法论者极为注重分析个人的考虑以及这些考虑的提出和被接受的方式，专注于对人们之间的会话的研究。②指示性，又称"索引性"。指一切考虑都对应于其特定行为情境：地点、时间、当事人、行为意图、相互了解等。因此，研究者必须站在行动者的角度来理解其行为的意义和背景。③省略原则。人们在交往中允许不清楚的信息存在，待以后弄清。而不会力图问清一切情况，使交往无法继续。④文件方式。人们在交往中往往寻找不明言的潜在的含义以理解相互的行为，绝不是孤立地去对待每一件事。⑤自然语言。人们在交谈中往往轮流对话而不使会话中断的基本结构。

民俗学方法论的最大特点是反对社会学的主流思想，特别是实证主义学派。它对迪尔凯姆的"社会事实的客观实体论"和功能学派的"社会事实既存论"进行了批判，认为传统社会学往往把自己的意思强加于社会现实而不是让其从社会现实中表现出来。对于民俗学方法论者来说，传统社会学的概念、技术和统计歪曲了社会现实的真实本质。与现象学社会学不同，民俗学方法论并不试图概括出普遍规律，而只注意对日常生活的语言及行为意义的经验研究，尤其是对行为者实际动作的观察分析。加芬克尔等人发展了一套独特的研究技巧，如追踪访问、亲身观察、文件解释和"破坏试验"法。后者是故意干扰和打破人们通常的行为方式，以观察人们的反应。通过这些方法来揭示社会互动中隐含的行为规则，对社会成员的日常生活做出描述与阐释。这些研究技巧对社会学调查方法的精细化起了一定的作用。

民俗学方法论强调个人间的微观互动过程，强调对行为者主观意图的理解，并把这种原则应用于经验研究，从而在方法论上发展和充实了 M. 韦伯的理解的社会学。70 年代以来，民俗学方法论作为一种新的学派已逐渐被社会学界所接受。但它由于否定客观社会事实和普遍规律，所以那些以研究社会结构和社会变迁为宗旨的大多数主流派社会学家，尤其是宏观社会学家看来，不仅是不足取的，甚至是难以置信的。他们认为民俗学方法论基本上是描述性的，并且批评它无视社会结构，特别是权力的中心地位在社会交互作用中的影响。

（八）社会行为主义（social behavioralism）

社会行为主义是当代美国社会学中的一种激进的自然主义理论。又称行为主义社会学。它以英国功利主义经济学的个人主义和自由放任原则以及美国行为主义心理学为理论基础，主张社会学应用经验方法测算具体环境对行为的刺激因素，以解释个人的外显行为，然后再将个人行为扩大到人际交换领域，使之成为能解释社会现象的理论。代表人物有心理学家 B. F. 斯金纳和社会学家 G. C. 霍曼斯。

以斯金纳为代表的激进的行为主义为社会行为主义提供了心理学基础和认识论依据。行为主义心理学主张心理学的对象是人的外显行为，认为人的行为与动物行为并无本质差别。斯金纳把研究鸽子和老鼠时获得的实验资料用到对人的研究上，认为个人的外显行为并非对外部刺激的首要反应，而是在外部环境各种刺激因素作用下形成的一种反射的复杂总体。他认为，人类行为和动物行为都可视为旨在获得报偿和逃避惩罚；人们在互动过程中彼此提供积极或消极的外部因素，从而形成各自的外显行为。这一原理为社会学交换理论奠定了基石。

霍曼斯把行为心理学对人的行为的解释与功利主义经济学把人的行为解释为在成本和利润中选择最合算的行动路线的思想结合起来，目的在于把对人的行为的心理学解释和经济学解释纳入对社会交换的解释之中。在他看来，社会赞许的社会现象如货币一样可被视为一种报偿，而人所处的从属地位同样也可当作一种成本；而经济学的"报偿"和"成本"概念分别与心理学的"强化"和"惩罚"概念相对应。据此，霍曼斯把社会行为视为一种至少在两个人之间发生的、为获取报偿或付出成本的有形或无形的交换活动，并在此基础上建立他的社会交换论。

霍曼斯的分析策略与社会学传统中的集体主义、功能主义的社会唯实论倾向不同，在他看来，解释行为需要理解人的动机和情感，而不是认识某种假定的需要或理解某种社会的要求。与社会学唯名论倾向对个人行动中的主观意义的理解不同，霍曼斯的心理学类型的解释在于强调人的自然本性和自然情感是相同的，尽管不同民族在文化历史上存在差异，但作为社会学理论在认识和解释普遍存在的社会制度和社会过程上应该是普遍适用的。他认为，迪尔凯姆主张社会事实具有的客观性、强制性和普遍性太抽象，而韦伯倡导的理解人的主观意义又太主观。

社会行为主义从个人主义和客观性出发，目的是在社会学传统中的个人—社会两种研究策略之间架起沟通的桥梁。

(九)现象学社会学(phenomenological sociology)

现象学社会学是 20 世纪 60 年代后在美国兴起的一种反自然主义的社会学理论。代表人物是移居美国的奥地利哲学家和社会学家 A. 舒茨和倡导民俗学方法论的美国社会学家 H. 加芬克尔等人。在舒茨之前，德国社会学家 A. 菲尔坎特曾尝试用现象学方法研究社会。但作为一种社会学理论，现象学社会学的学术思想来源是德国哲学家 E. 胡塞尔的先验现象学、M. 舍勒的知识社会学和 M. 韦伯的理解的社会学。

舒茨早年研读现象学，他批判地接受了胡塞尔的意向性理论，尝试着把生活世界、主体间性等概念引入社会科学，并把它与韦伯的"理解"概念相结合，主张社会学回到生活世界的基本事实上，开辟了当代社会学理论中的一个新方向。现象学社会学在理论上提出的基本问题，是怎样使按照自然科学方式建立起来的"社会学"在整体上不致成为一桩错误的事业，以及怎样选择一种研究社会现象的方式使之更富成效。它力求选择一种使自己植根于社会现象独特性的基础，强调这一独特性要求使用有别于自然科学的方法。这种方法论使它关注社会现象的意义特征，但不流于无法检验的直觉。正是在这一点上，现象学社会学把胡塞尔的先验现象学与韦伯的理解的社会学联系起来。

在理论上，舒茨通过对生活世界、主体间性、行动、设计与角色、多重实在等概念的论述，描述了日常生活世界的结构及其基本形式。他的整个学术活动的主要部分用于研究每天运转不息的日常世界的意义构成。在他看来，每个人都是这个日常生活事件构成的、不断发展的世界的组成部分，人们在很大程度上认为世界的实质性存在是不言而喻的。人们的常识使他们预先设定的共同参与和分享的世界是存在的，进而设定人的所有行动在其中发生的日常世界是外在于人们的"彼在"。舒茨在对自我—他人自我、此在—彼在以及它们在空间视野—时间坐标的描述性分析后指出，所谓的日常世界或生活世界从一开始就是由多重实在构成的主体间性的世界；人们关于这个世界的日常知识从根本上就具有主体间性的特征。这意味着，这种知识在对他人具有什么意义的同时，也对我同样具有什么意义；既与他人的世界有关，也与我的世界有关；归根结底都植根于人为了生活而创造的解释图式之中。在这个意义上，日常知识恰恰是使主体间性成为可能的人们观念中的类型化，而日常的生活世界中的一切，从本质上看都是主体间性的。从现象学社会学的观点来看，由常识和日常生活构成的人类世界是最高的实在，这个世界的本质特征在于它的一切都是主体间性的。

在方法上，现象学社会学对按自然科学理想建立的传统社会学持批判态度，认为这种社会学历来忽视人们日常生活赖以建立的基质构造，轻信自然观点把社会现象视为自然事实而加以研究，其根本弊病在于它混淆了自然科学对象和社会科学对象之间的本质差异。从学理渊源上看，笛卡尔哲学曾对世界是实在的信念提出过怀疑，胡塞尔则进一步发展了这种怀疑论，他用"悬置"概念把对世界实在的信念放入括号内存而不论，并以此作为克服自然观点错误的手段。舒茨借用了现象学这一概念，提出"自然态度的悬置"方法，但他的用意与胡塞尔相反，并不是把对外部世界及其客体的信念存而不论，而是把对这个世界的怀疑"悬置"起来存而不论，以便社会科学研究者更接近于生活世界本初的、最高的实在，从而理解这个由多重实在组成的日常世界的意义结构。

舒茨认为，用自然科学方法研究的对象无论多么复杂，都是存在于观察者的世界中的客体，属于第一级构造。而社会科学的对象是人及其活动，人不仅是研究者所观察的客体，也是具有他自己在先解释的世界的存在，他与研究者之间的关系是共处于社会实在中的同伴，每个人既是观察者，又是被观察的对象，属于第二级构造。据此，舒茨把狄尔泰、韦伯阐述的"理解"看成社会学研究应使用的一种主要方式：把社会行动解释为行动者赋予其行动的意义，即在行动者看来他的行动所具有的意义。但舒茨与韦伯把"理解"当作社会科学方法论的规范原则不同，把解释主观意义视为生活世界在观念上的类型化，认为它是人们在日常生活中解释他们自己的行动以及人际互动所实际运用的方式。"理解"有可能在运用观察方法和研究方法之前就已把握了纯粹的或绝对的事实。在这个意义上，包括对主观意义的解释在内的全部"理解"问题，涉及三个既相互有别又彼此联系的不同层次问题。①"理解"首先是一个哲学认识论问题。"理解"植根于胡塞尔的"生活世界"之中，它包含个人通过其具体存在所经历的日常经验的丰富整体性；它在认识中从纯粹事实里排除了知觉、感觉因素，强调感性事实以纯粹事实为基础，并随着后者的变化而变化。②"理解"是关于人类事件的日常知识的经验形式。人们在日常生活中从一开始就把世界解释为属人的、充满意义的世界。理解他人除了把他人存在的躯体理解为心理—生理统一体不可分割的组成部分外，还要把他人的各种行动作为一个具有意图的创造活动来看待。③"理解"是社会科学特有的一种方法。这种方法向传统的科学观所崇尚的感觉至高地位、认知必须从感觉出发、用自然科学的理想模式建构社会科学等观点提出了严重挑战。它强调自然实在与社会实在之间的本质区别，要求人们审慎地鉴别以下事实：人不仅是科学家观察领域中的一个要素，也是他自己的行动领域的先在解释者；人的公开的外显的行为只是他全部行为中的一个片断；试图理解社会实在的人，必须面对的首要问题是，通过领会一种行动对于他、对于社会世界的坐标轴所具有的意义来理解行动者的主观性。

舒茨把重新建构人们在日常生活中解释自己世界的方式规定为现象学社会学的任务。他把自己的观点称为"自然态度构成的现象学"，实际上它是一种用自然观点研究社会的"社会学的社会学"，即关于人类社会怎样才是可能的知识的社会学。

加芬克尔试图从经验研究上证实舒茨的观点。按照他的界定，民俗学方法论是指"研究作为有组织的、人为的日常生活实践的持续实现之表征性表达和其他实践行动的合理性质"。他还解释说，"民俗学方法论把日常生活当作使这些活动成为明显合理的和对一切实际目标而言都能成立的社会成员们的方法加以分析，亦即当作平凡的日常活动的组织而应该加以阐释的方法加以分析"。它关心人们使用什么手段赋予日常生活世界以意义，即关注人们怎样使用语言和其他符号为日常生活实在添加秩序和各种模式的意义，把实践行动解释成合理的。因此，语言符号及其意义表达问题就成为民俗学方法论的关注焦点。

加芬克尔认为意义的表达通常被分为两种：一种是人们为把发生的事件置于时空范围内所做的"表征性表达"，虽不精确但可起到索引提示作用；与之相对的是在特定情景下需要精确描述事件的"客观性表达"。表征性表达和客观性表达分别指向舒茨所说的实践实在和理论实在，前者适合于反映日常生活的实践活动，后者则是一种适用于科学领域的表达方式。民俗学方法论针对当代社会学中科学主义盛行的状况，集中论述了三个密切相关的问题：①不满足用客观性表达取代表征性表达。在他看来，作为一门科学，社会学力求用客观性表达，但社会学的对象是由人们互动造成的社会世界即日常生活世界，它的一切都是人为的，人们是通过表征性表达赋予它秩序的。因此，他对以使用表征性表达的互动为基础来建立科学实在的现存社会学方式持怀疑态度。②忽视实践行动的理由在本质上的可反思性。加芬克尔认为，社会学研究的是自我的日常活动，这一点具有重要意义。它既包含作为行动者的社会学家的资源、目标、动机、理由、机会和任务，也包含与他的研究程序是否合理、规定是否可靠等有关的理论前提预设问题。他主张对这种实践活动作系统的考察，以探明从一开始就发生了什么。在论述"实际的社会学推理"时，他在"职业的社会学"、"凡俗的社会学"和"实际的社会学推理"与"理论的"或"形式的社会学推理"之间作出区分，论证了职业的社会学研究是在凡俗的社会学基础上，理论的社会学推理是在实际的社会学推理之上实现的。作为一个社会学家在用客观性表达研究社会时，总离不开他作为一名社会成员的经验和从前的经历来指导自己的行为。③行动在特定情景中的实际完成具有可分析性。他主张对行动的研究要追溯到个人经历和历史背景，日常生活世界具有历史的连续性，这就使舒茨所说的对实在怀疑的悬置成为可能。

现象学社会学作为一种反自然主义社会学的理论观点，它针对传统社会学方法和程序中的可疑之点，提出了人的主观意识、体验和时间等问题，强调描述世界的语言和意义问题，对人们有启迪和借鉴作用。但它本质上具有一个致命的缺陷，即在社会认识中片面夸大意识、意义主观因素的作用，必然导致主观唯心主义的唯我论。20 世纪 70 年代以后，现象学社会学逐渐失去了它原来的现象学本质和特征，开始走上与其他各门社会科学相互融合的发展道路。这主要表现在：①出现了与语言学、社会语言学和文化人类学合流的趋势。民俗学方法论的另一位代表人物 A. 西库雷尔，在 70 年代以后关注点由社会学理论和方法论问题转向社会结构问题；而结构本身在他看来就是加芬克尔所说的社会成员为把互动说明是合理行为的解释程序的总和；研究社会结构就是要考察社会文化群体怎样创造自己的语言，以及不同语言的描述形式怎样赋予人的活动的意义。于是，民俗学方法论便成了文化人类学的方法论的依据；作为一门知识社会学的一般取向，它把研究者的兴趣吸引到语言这个知识的发生和发挥功能的载体上。正是在这种意义上，美国社会学家 P. 菲尔默认为民俗学方法论未来将会与 N. A. 乔姆斯基的语言学和 C. 列维—斯特劳斯的结构主义人类学相互融合。②英国哲学家 L. 维特根斯坦的语言哲学渗入现象学社会学。P. 温奇在后期维特根斯坦哲学基础上阐发现象学社会学的社会认识观点，认为在社会学中拒斥自然主义态度必然会把语言分析放在首位，因为关于实在的概念是在使用的语言中呈现出来的；实在的结构是语言结构的反映。这样，他就把社会结构研究完全归结为对日常语言的分析问题即语言哲学问题。③与某些自然主义流派也有相互融合、相互渗透的趋势。如 P. 莱斯曼认为有可能在越轨行为社会学（见异常行为社会学）研究中应用民俗学方法论的个别理论结论，属于新行为主义的 J. 汤姆逊的《行为主义》(1970)一书中也可以看到加芬克尔的"实践活动的形式特征"概念的影响。

（十）法兰克福学派(Frankfurt school)

法兰克福学派是当代西方的一种社会哲学流派，以批判的社会理论著称。由法兰克福社会研究所的领导成员在 20 世纪三四十年代初发展起来，其社会政治观点集中反映在 M. 霍克海默、阿多诺、马尔库塞、哈贝马斯等人的著作中。

法兰克福社会研究所创建于 1923 年，希特勒上台后曾先后迁往日内瓦、巴黎，第二次世界大战爆发后迁往纽约。1950 年，部分成员返回联邦德国重建研究所，部分成员仍留在美国继续从事社会政治理论研究。霍克海默1930—1958 年任研究所所长，并于 1932 年创办《社会研究杂志》(1932—1941年)。参加研究所工作的有哲学家、社会学家、经济学家、历史学家和心理学家。除上述几名代表人物外，较有影响的还有：E. 弗罗姆、W. 本杰明、F. 波洛克、A. 施密特、O. 内格特等。法兰克福学派的思想发展与社会研究所的成长历程具有密切联系，大致可分为三个阶段：30 年代至第二次世界大战前为创立和形成"批判理论"阶段；第二次世界大战后至 60 年代末过渡到"否定的辩证法"阶段；1969 年以后，研究所逐渐解体，批判理论的主旨仍以不同的形式保持在新一代理论家的著述中，其中最有影响的是哈贝马斯。

在西方社会科学界，法兰克福学派被视为"新马克思主义"的典型，并以从理论上和方法论上反实证主义而著称。它继承了青年黑格尔派施蒂纳等人的传统，受叔本华、尼采和狄尔泰的非理性思想影响，并受新康德主义、韦伯的"文化批判"和社会学的启迪，借用马克思早期著作中的异化概念和卢卡奇的"物化"思想，提出和建构了一套独特的批判理论，旨在对资产阶级的意识形态进行"彻底批判"。在法兰克福学派的理论家们看来，批判理论超越一切哲学之上，并与每一种哲学对立；这种批判否定一切事物，同时又把关于一切事物的真理包含在自身之中。20 世纪 30 年代，由于西方世界的工人运动处于低潮和法西斯主义在欧洲大陆的崛起，批判理论家们抛弃了无产阶级具有强大革命潜能的信念，转而强调工人阶级意识的否定作用。在《启蒙的辩证法》(1947 年)一书中，霍克海默和阿多诺认为，自启蒙运动以来整个理性进步过程已堕入实证主义思维模式的深渊，在现代工业社会中理性已经变成为奴役而不是为自由服务。据此，他们判定无论"高级"文化还是通俗文化都在执行着同样的意识形态功能。这样，在批判资产阶级意识形态时，法兰克福学派进一步走上了对整个"意识形态的批判"。

在《否定的辩证法》(1966 年)一书中，阿多诺进而赋予"否定的辩证法"以否定任何肯定事物的普遍否定性的地位，认为它是一切可能的社会认识之基本原理，从而在哲学上为法兰克福学派确定了认识论根据。在这些基本原理中，批判理论同社会理论，归根结底把认识批判和文化批判看成一回事；它既提出了总体性的理论认识的要求，同时又从根本上否定了这种认识的可能性。阿多诺认为，"否定的辩证法"包含着对"虚假事物"的"肯定"陈述，包含着对人与自然的实在关系以及对历史进程的"肯定"陈述。这样，客观的技术决定论的宿命观点与主观的唯意志论的自由观点之间的两难抉择便被引申为社会的辩证法。在对现代社会的判定上，"否定的辩证法"把认识论观点与社会历史观点融合在一起，从而形成一种激进的批判主义观点，即科学和技术在现代工业社会中是一种"统治"和"意识形态"，它通过支配自然界而实现对人的支配。因此，要在工业社会和有组织的资本主义制度内拯救人的精神价值是毫无希望的。

1. 批判理论与社会学

法兰克福学派的观点在历史哲学、社会理论和社会认识上都与现代社会学具有紧密关系，它的社会理论观点被看作是批判的社会学。作为一种社会理论观点的批判理论，本身就是"工业社会"理论的一种特殊形式，其中包含着一个现代人如何看待这个社会以及如何行动的具体纲领。作为一种意识形态的一般批判，批判理论涉及意识形态的起源、形成和社会功能等诸多知识社会学问题，它本身又是一种特殊类型的知识社会学体系，并对当代有影响的知识社会学家 K. 曼海姆的观点产生了影响。作为一种社会认识方法论，批判理论继承了德国人文科学的精神传统，它从创立之日起，就把批判的矛头指向社会学中占主导地位的实证主义方法论。结构功能主义从理论上的实证主义和政治上的自由主义立场出发把现代社会视为有机的整体。针对这一点，弗罗姆在《健全的社会》和马尔库塞对现代工业社会的论述中指出，现代社会不是一个健全的机体，而是一个病态的机体，为此不能把偏离这一社会的规范、标准的行为视为反常现象，反之应看成比病态社会标准更为正常和健康的现象。据此，他们指出西方社会学必须正视"价值重估"的问题。批判理论在诘难社会学将事实与价值分离即"价值中立"时，把反对实证主义发展到断言现代科学技术是一切剥削、压迫和奴役的最深刻根源，把反对自由主义推进到左派激进主义和极端主义的立场，充分表现了法兰克福学派的价值取向。20 世纪 50 年代末至 60 年代中期，阿多诺和哈贝马斯积极参与了联邦德国社会学界关于实证主义的论战。他们就晚期资本主义的前景、社会学的价值前提以及社会科学的一般方法论即社会科学的逻辑问题，与实在论的科学哲学家 K. R. 波普尔和结构功能主义者 T. 帕森斯等人展开了针锋相对的激烈论辩。双方的观点可视为社会学中实证主义—反实证主义两种传统的概括总结，其影响远远超出了联邦德国一国和社会学一门学科和范围。

2. 理论的演变与学派的解体

20 世纪 60 年代末在西方青年学生造反运动失败后，作为法兰克福学派后期领导人的哈贝马斯在政治上从该学派原来的激进立场上后退，开始承认资本主义的现状，对马克思主义的批判变得尖锐起来。同时，他在学术上也开始怀疑早期"批判理论"在 70 年代的有效性，并试图在批判理论与实证科学之间架设沟通的桥梁。哈贝马斯按照知识的旨趣把科学分为分析的科学、解释的科学和批判的科学。他把社会学和心理分析视为批判的科学，想通过社会学的批判能力来唤醒人们从崇拜社会结构和社会总体性的意识形态中解放出来。哈贝马斯的批判理论与霍克海默或阿多诺时期相比已大为改观：它已包含有实证科学的概念和因素，近似于一种实用—心理分析的知识社会学，又接近于一种解释学的"沟通行动理论"。尽管该学派中还有一些重要人物恪守原先的立场、观点，如施密特仍在力主保持"批判理论"前后的统一性和连续性，内格特还在坚持极端左派的见解，但作为最后一位有重大影响的理论家的哈贝马斯在学术观点和政治立场上的后退，已标志着统一的法兰克福学派的解体。

(十一)形式社会学(formal sociology)

19 世纪末形成的社会学的重要派别。主张社会学对社会现象的研究可以集中研究社会关系的形式，而忽略其内容。主要代表人物是德国社会学家滕尼斯、齐美尔和维泽。

滕尼斯提出了"社区"(又译共同体)和"社会"两个概念,认为"社区"是通过血缘、邻里、朋友关系建立起来的人群组合。它由其成员的嗜好、习惯、道德规范、审美价值等本质意志所决定。成员依靠共同的群体意识来保持其亲密的自然关系,而不计较个人的利益。"社会"是靠人的理性权衡即选择意志建立起来的人群组合。它的成员各有其目的,由人的选择意志所决定。"社会"成员因利益不同而决定其分工的差异,他们虽相互依赖,但由于各自的利益冲突而丧失了自然的亲密关系。滕尼斯对"社区"与"社会"这两种社会结构一般形式的分析,树立了社会形式(理想类型)研究的范例。

齐美尔认为,社会学应该脱离社会关系的具体内容,专门研究社会关系的形式或人类交往的形式。社会关系产生于一定的社会条件,社会条件虽有不同,但形式却具有共同性,统治、顺从、竞争、交换、模仿、冲突、协作、分工、隔离、联合、接触、反抗,以及派别的形成、社团的持续、社会分化与整合等都可以看成是社会关系的一般形式。事物的形式与内容结合的密切程度有所不同,人的行为的形式,如交换、个人爱好、模仿等同内容结合密切,变化较快;经济组织与政治活动的形式与内容结合程度较低,其固定性较强,变化较慢;结合最不密切的是仪式形式如节日,经常脱离其原来内容而成为一种抽象形式。

维泽提出了关系社会学。他认为,社会学是研究人与人之间关系的科学,人与人之间的交互行为构成社会关系与社会结构。关系社会学着重于关系的变化,认为社会关系不是社会有机体论所想象的实体或有机整体,而是在时间、空间中变化发展的。变化的过程由人与人之间的联合、接近、适应、同化、调和、分离、竞争、反对和冲突等关系形成;这种人与人的关系的变化也受到人的外在条件的制约。关系社会学考虑到人的行为与外界条件的关系,比较注意实际的社会关系,在一定程度上完善了形式社会学的理论。

形式社会学对以后社会学各学派重视研究人际关系和群体之间关系产生了重要影响。当代的形式社会学已转化为群体网络关系分析的学说,并借用数理统计知识建立起各种严格定量操作的形式模型。

(十二)芝加哥学派(Chicago school of sociology)

20世纪初至30年代,围绕芝加哥大学社会学系形成的社会学学派。1892年美国社会学家A. W. 斯莫尔在芝加哥大学建立了世界上第一个社会学系,开设了第一个社会学研究生班,与G. E. 文森特合写了第一部社会学教科书《社会研究导论》(1894年),并于1895年创立了美国第一个社会学刊物《美国社会学杂志》。社会学系创立后,斯莫尔先后聘用了文森特、W. I.

托马斯、R.E. 帕克、E.W. 伯吉斯等人，形成了该系强大的师资阵容。到20 年代，在帕克等人的努力下，该系日臻完善，每年招收 200 余名研究生，300 余名本科生，开设 40 多门课程，成为同期美国及世界上最成功的社会学系。以后影响日益扩大，逐步形成了芝加哥学派。

在美国当时占统治地位的实用主义哲学思潮影响下，芝加哥学派对新兴的芝加哥城市的社会问题开展了一系列的实证研究，从而使这个学派总体上具有重视经验研究和以解决实际社会问题(特别是城市问题)为主的应用研究的特征。托马斯和兹纳尼茨基合著的《波兰农民在欧洲和美国》(1918—1920年)是该学派最有影响的代表作。芝加哥学派对人文区位、邻里关系、人口、种族、犯罪、贫民窟等问题的研究，是都市社会学研究的范例。这一时期芝加哥学派的主要学术成果有：帕克等人著的《城市——对都市环境研究的提议》(1925 年)、《都市社区》(1926 年)，伯吉斯的《家庭——相互影响的个性之统一体》(1926 年)，沃思的《都市生活是一种生活方式》(1938 年)，佐巴夫的《黄金海岸和贫民窟》(1929 年)，思雷舍的《团伙》(1927 年)，等等。芝加哥学派的经验社会学方向对后来美国社会学研究方法的发展产生了重要的影响。

到了 20 世纪 30 年代，哈佛大学、哥伦比亚大学等相继形成了自己的社会学研究中心。1935 年美国社会学会创办了《美国社会学评论》，不再以芝加哥大学的社会学刊物为全美社会学会刊。这一变更标志着芝加哥学派在美国社会学界统治地位的减弱。

思考题

1. 社会学的功能有哪些？
2. 社会学研究问题有哪些？
3. 马克思主义社会学基本思想有哪些？
4. 西方社会学流派基本思想有哪些？

参考文献

1. 卢淑华：《社会统计学》，北京，北京大学出版社，1989。
2. 李沛良：《社会研究的统计应用》，北京，社会科学文献出版社，2001。
3. 戴维·波普诺：《社会学(第十版)》，北京，中国人民大学出版社，1999。
4. 郑杭生主编：《社会学概论》，北京，中国人民大学出版社，2003。
5. 刘豪兴主编：《社会学概论》，北京，高等教育出版社，2003。

6. 艾尔·巴比：《社会研究方法》，北京，华夏出版社，2000。

7. 袁方主编：《社会研究方法教程》，北京，北京大学出版社，1997。

8. 范伟达：《现代社会研究方法》，上海，复旦大学出版社，2001。

第十三章　心理学

心理学的基本理论问题主要包括心理学的学科任务、性质、研究对象、方法论、理论框架与呈现方式、真理性判断标准等问题。

第一节　心理学的基本问题与研究方法

一、心理学的学科任务问题

1. 心理学应该为实践服务

实用主义背景的詹姆斯及机能主义学派关注的是心理的机能，即心理对人们适应生活的用处。行为主义毫不掩饰自己的意图，就是要通过对人的行为进行直接的研究来获得对人类行为的"描述、解释、预测与控制"。中国的潘菽先生一直也强调心理学要以建设"有中国特色的社会主义"为最终目标。

2. 心理学是纯理论科学

实践的目标应该是第二位的、派生的。冯特与铁钦纳都有此倾向，认为心理学应该是纯理论的，研究心理的内容与结构，为理论而理论才会有出路，"鄙视"这些庸俗地功利的"实践者想法"。现在的认知心理学可能也相对显得不那么"功利"一些。

3. 两者兼顾的折中道路

这种观点认为两者都要兼顾，其实并不存在哪个目标优先的问题，往往是理论做好了，实践就出来了，实践上去了，理论就自然出来了。理论是最高的实践，最好的实践本身就是理论。

心理学的学科任务不是单一的，不是一个人定下来的，因为搞心理学的人很多，大可以一部分人研究理论，一部分人致力实践，一部分人把两者关联起来。

二、心理学的性质问题

1. 心理学是自然科学

这种观点有着自己足够的支撑，因为心理学就是在向自然科学的学习过程中，动用自然科学的方法而从哲学中独立出来的。如果不向自然科学靠拢，心理学就还得在"黑暗中摸索很长一段时间"。这些理由当然是正确的。但问题是向自然科学学习、靠拢，获得了独立就意味着心理学是自然科学吗？带着自然科学光环而诞生的心理学，只能说是沾了自然科学的光，而不是本身就是心理学。

2. 心理学是社会科学

持心理学是人文社会科学的观点的人，对认为心理学是自然科学的人进行了攻击，也指出了许多论据。心理学要研究的不只是一个自然的实体，人不是"物"，而是"人"，一个活生生的有着自己思想感情、主观能动的人。对人的研究当然不能用研究物的方法，自然不能把这门学科当成了自然科学。

3. 心理学既是自然科学又是人文社会科学

人首先是一物，有着自己的生理结构与生理需要，研究人不能忘记人的自然维度，所以心理学有自然科学的性质；人又不只是一物，人还有着许多动物都不具有的思想、智慧、感情等，人不只是自在之物，还是自为之物，所以又有神性天使般的一面，或者魔鬼般的一面。因此心理学又有社会人文科学的一面。两者是你中有我，我中有你。

三、心理学的研究对象问题

心理学的研究对象是什么？是心理，还是行为？还是两者都有？环境问题要不要加入到心理学的研究对象中？它们的交互作用也要考察吗？这不是一个简单的问题，从历史看就会发现，大致可以分为以下几类。

1. 研究对象主要是心理

持这种观点的心理学认为心理学是"心理学"，而不是"行为学"。所以，应该将主要经历研究心理现象或心理生活。心理学历史上的很多学派都是属于这一类型的。概括说来，内容心理学（结构心理学）研究心理的结构元素及其组合规律，精神分析心理学研究心理的潜意识层面，认知心理学研究心理，尤其是思维的内在过程，进化心理学从进化的角度研究人的心理机制，这些都是瞄准了心理而进行的研究。

2. 研究对象主要是行为

这种观点以为心理是难以捉摸，不可接近的，因此最好直接研究行为来解释、预测与控制行为。最典型的是行为主义心理学。如华生、托尔曼、赫尔、斯金纳等。这种学派从外显的行为到行为，目的是研究行为，研究的材料也是行为，因此更像是"行为学"而不是"心理学"。

3. 研究对象主要是整体的人

无疑心理与行为都是人的心理与行为，因为心理学的研究对象应该是人，而不是其中的一个方面。人本主义持这种观点，他们以健康人为研究对象进行研究。

4. 研究对象主要是环境

从环境的角度来了解人，了解人的行为与心理。这种心理学强调了环境在人的行为中的重要性，把心理与行为置为背景，把环境推到前台进行研究，如环境心理学、社区心理学等。

5. 研究交互关系

心理、行为、环境都是相互作用的，决不能把它们分离开来，心理学正是要去研究这种交互关系，在关系中来了解心理学。如辩证心理学、现象学与存在主义心理学等。

了解心理学发展的历史逻辑，可以帮助理解这一问题。在漫长的没有科学的心理学的过去，人们更关注的是对日常的、普遍人生活中所遇到的心理生活事件，他们运用信仰、愿望等常识概念来了解生活。科学心理学成立第一件大事是研究心理的内容与结构，从而集中精力来攻克心理（或者说意识）问题，但是行为主义马上抛弃了这一点，他们认为心理学研究的应该是行为而不是难以捉摸的心理，这一观点曾使心理学十分流行，但其舍弃心理或意识的做法，使得自己始终未能完成它们自己定下的使命，即预测与控制行为。因为彻底地把心理这一"黑箱"放弃，或仅仅当成是某种中介因素，显然不能解释人的主观能动性。精神分析从另一个层面对冯特与铁钦纳发起攻击，认为心理学研究的意识只是人类心理冰山之一角，更多的是藏着本能与欲望的潜意识，所以心理学就是要研究这个更多的部分。认知心理学与人本主义心理学意识到行为主义的缺陷，把心理学的研究方向调整为继续研究心理或意识，当然这并不是一次简单的回归，而是一次否定之否定，是一次螺旋式的上升。这就是目前心理学的状态，但是，循着历史的逻辑，下一步的心理学的研究热点对象到底是什么呢？其实心理学要摆脱现有的状态显然是应该在心理学的研究对象上下功夫的，按照库恩范式论的观点，笔者认为下一步心理学的新范式的出现恐怕得先从研究对象的转换开始。也就是说，虽然可能心理学研究的还是以前关注的、研究的对象与事实，但对这些对象与事实却会有新的完全不同的理解，这就是心理学发展的前进方向之一。

心理学的研究对象问题是一个值得思考的关键问题，因为对象的不同理解，会出现另一个同样重要的问题，那就是方法论的问题。下面也简单地谈谈我的观点。

四、心理学的方法论问题

关于方法论历史上曾有一种三层划分，即分为哲学方法论、科学方法论与具体研究方法。

1. 哲学方法论问题

心理学受到哲学的影响，不仅是对心理学研究对象的理解遵循了某种哲学，而研究这种对象的方法也明显受到哲学方法的影响。因为哲学本身就是一种世界观与方法论，一种对待事物的信仰与态度。心理学一开始是受到了实证主义哲学的影响（冯特与孔德是同时代人，难说受到了此影响，但冯特一定是在孕育着实证精神的时代中从事研究的，这应是肯定的，加之冯特的哲学功底也很深厚，推论受到实证主义的影响应在一定程度上是合理的），这种哲学观点反对形而上学，不主张心理学研究"虚"的东西，而是要用可经验证实或逻辑证实的方法来进行研究。对心理学影响较大的哲学还有现象学，现象学主张意识是一切科学的最可靠的出发点，从而使人文主义的心理学家们能够自信地研究意识，对意识进行整体的、完整的、朴素的、详尽的描述，从而获得心理学知识。解释学是第三种对心理学有一定影响的哲学，他认为实证的心理学的客观的、价值无涉的研究事实上是做不到的，人总是带着价值倾向、理论观点去从事的研究，因此，心理学不能完全遵循逻辑实证的法子，而直观与理解也是心理学的合法方法。如果说实证主义是为自然科学立法，现象学是为一切科学立法的话，那么解释学的最根本任务就是为人文科学立法。这对人文心理学的影响自然较大。

2. 科学方法论层面

在科学方法论层面，过去心理学也曾经出现过许多的对立。下面列出一些典型问题：说明－理解；逻辑－直觉；量化研究－质化研究。

3. 具体方法

（1）物化研究方法。

由于心理现象错综复杂，难以捉摸，不能直接地予以观察与证实，因此过去的心理学研究往往是先把人的心理物化，采取研究物的方法来研究心理学。即通过对心理的产品、表现等物化的东西进行间接推理，或采用类比的方法对心理过程特别是认识过程进行模拟，再由此来发现心理学的一些奥秘。

第一，通过他物对心理现象进行推理的方法。心理现象是飘浮不定，稍纵即逝的，人们很难对它进行精确的测量与把握，正是由于方法的局限，人们开始想到使用一些间接的手段来对心理现象进行推理。而这种方法必然会回到与心理密切相关的一些联系物上去。包括三个方面：生理指标、行为、文化。

人们最先想到的是人的生理现象与心理的关系，早在心理学诞生之先，生理学的方法就开始使用来研究心理现象了。由于生物学、医学的发展，人们开始意识到心理与生理之间存在着某种重要的关联，尽管有着笛卡尔的身心交感论、冯特的身心平行论、格式塔学派的同型论的不同，但至少人们意识到身生之间是有着密切关联的。人们通过对生理的研究可以了解心理现象，于是反应时实验，感知觉实验就被广泛地应用到心理学的研究中，并对心理学的早期发展起着重大的作用。直到最近，随着各种技术手段的不断发展、ERP、FMRI、眼动仪、EEG 等仪器的出现，使得我们不仅可以对神经活动的外围反应能够精确地测量，进而我们还能够对神经中枢大脑的反应进行标识与测量，从而为对相应的心理活动进行测量提供了一个有效的途径。这一点也得到了大家的肯定，认为认知神经科学将是对心理现象研究的一个重要方向。

从决定论出发，心理是行为的指导，行为是心理的表现，因此研究对行为的研究可以使我们了解心理这个"黑匣子"进行推论，发生了什么行为，背后就一定有什么样的心理。在心理学史上，华生甚至排除意识与心理的存在，认为人类的只不过是刺激反应之间的联结。后来的新行为主义者如托尔曼等，则在逻辑实证主义哲学思潮的影响下，以行为来推论心理这一中介因素。用研究行为取代心理学的研究当然是不对的，但是这种方法却给心理学的科学地位的稳固以及心理学思想的普及产生过巨大的历史作用，而且现在仍然不失为一种好的研究方法。

在历史的进程中，人的心理并非不留下痕迹的，文化因素在某种程度上正可以说是心理活动的产品。所谓的文化应是包含着语言、风俗、神话、各种文本等因素，人们在长期的生活实践中，会有很多的心理现象就沉淀在文化之中。如此，我们对各种文化现象进行认真的无偏差的解释，就能从中得出许多心理学的结论。而且，人有着自己的自然的和超越自然的双重属性，我们只有把人看作是一个现实文化生活中的一个活生生的人加以理解与研究，才能得到相对正确的结论。

第二，通过他物对心理现象进行类比的方法。人们企图通过对与人本身类似的或与人的心理现象相类似的东西进行研究来揭示人类的心理现象。人们先后对动物、计算机、网络进行了研究，试图通过类比说明人的心理现象。

19 世纪达尔文提出进化论的思想以后，迅速地为广大的民众所接受，这当然也包括了心理学的研究者。动物与人类有着某种延续性，我们可以把人类的心理还原到动物心理上去。这样比较心理学就出现了。通过在特定情况下动物的行为，进而推论人类的行为，再推论人类的心理，这是一种不错的方法，特别是在某些主题对人研究时会有伦理的问题的时候。

随着科技的进步，1945 年诞生了第一台电子计算机，又称为"电脑"。所谓电脑可说是人脑的延伸，它能够完成人脑的一部分功能，能够对外界信息进行适当的处理。由于计算机也能类似于人对信息进行加工处理，人们可以从两者信息处理的结果来推论，如果计算机的程序能够正确地处理一项信息，那么在某种程度上我们可以做出结论，人脑内部也是这样完成的。这样，我们就可以对自己的认知过程与电脑进行类比，从而对认知过程的结构与功能进行类比。

单个的计算机也许还不足以模拟人类的智能，但随着网络的发展，网络的分布式结构以及几乎无所不能的功能，更加接近于人的思维与意识。可以肯定，对于网络的研究，势必能取得前所未有的成果。

（2）直接研究方法。

从上面的方法可以看到，虽然每种方法都能对揭示人心理的某个角度的真理有巨大作用，但它们都无一例外地包含着一个理论前提或理论假设，而这些假设都有片面的且难以证实的缺陷。这使人自然就会想到，为什么不对心理现象进行直接的研究呢？事实上，这是一种最简单研究的方法，思辨的方法就是一种。包括反省与天人合一。下面逐一做出介绍。

心理现象虽然稍纵即逝，但我们心理活动却有着延续性，人们能够通过自我的反省来把握和认识自己的心理活动。古人就是用这样一种方法对心理现象进行诠释与说明的。这种方法的优点是人们能够直接地对自己的心理现象进行描述、解释和说明，而不必通过他物进行推理或类比，但它的致命的弱点是主观性太强，难以操作和证实，外界没有统一的标准来对思想进行描述，也无法证实别人的描述是否是真实的。这特别不符合科学主义精神，虽然心理学建立者冯特还在一定程度上持认可的态度，但马上就遭到后继者的排斥与抛弃。

天人合一是东方文明的典型概念，不同于西方，东方的主客体的区分不甚明显，它更倾向于把自然与主体融为一体，把自己的心理直接在体悟中获得。强调研究心理现象就要直接与心灵对话，形成一种亲密关系，从而直接得出心理学结论。

无论是间接的还是直接的方法，都能够对心理现象得出一些正确的结论，但这些结论都只不过是片面的零散的真理。研究他物或许可以用来推理或类比心理，但毕竟还是他物不是心理本身，而直接研究心理现象虽然做到了直接，却苦于没有合适的方法论基础。如果把人的心理比做是大象，那么各种方法的研究都摸到了大象的一些特征，但得出的都不是大象的全貌。要透彻地了解人的心理现象，当然可以在各个不同方法得出的结论上进行综合，去伪存真、去粗取精、由表及里，从而得出心理的全貌。但也应该还有另一种方法，即是人们应该寻找新的更有效的方法来进行研究。第一，导致对心理学对象的曲解。在利用各种方法研究心理学现象时，马斯洛曾说：如果一个人手里唯一的工具是一把锤子，那么最诱人的想法是把所的事物都当作钉子。由于人们不自觉地会使问题适合自己的方法，从而削足适履，如行为主义把意识排除在自己的研究之外，认知心理学也很少关注人的价值、情感等心理现象。即使是人本主义取向的心理学，宣称心理学是对活生生的整体人的研究，其实在具体的研究中也往往忽视了一些很重要的心理现象。第二，这些方法都隐含着看似不证自明的一些理论假设，但实际上细思之下，这些理论假设却又不一定能立得住脚。通过研究行为、文化、生理来推论心理，实际上都隐含着因果决定论在内，认为有什么样的行为、文化、生理现象，就会出现什么样的心理或是由什么样的心理所导致，但事实上无论是行为、文化还是生理它们与心理都并非一一对应，也不存在必然的因果关系。利用动物、计算机及网络等来类比人的心理或认知，隐含着还原论与等同论的缺陷，毕竟人是人，是一个具有既有自然属性又有超越自然属性的双重性的活生生的人，人显然并不同于动物或计算机，那人应该具有不同于物的特性，这样的类比本身的有效性都值得怀疑。所有前面的这些研究方法，都犯了一个共同的最根本的错误，那就是它们把研究物的方法不加改造或稍加改良地移用到人的心理现象的研究上，只看到了人的自然的、先定的、普遍的一面，而没能看到人的超自然的、自为的、自我创生的和个性化的一面，这样就把人的心理物化了，所得出的结论当然也就并非是一个"真正的人"的心理现象了。而直接对心理进行个体性的思辨或直觉，又难以保证其研究的可操作性与可证实性。所有这些都是前提性的问题，如果得不到很好的证明，那么心理学的科学地位就会受到影响，这实际上正是心理学面临危机的一个根本的症结之一。

五、心理学的理论框架与呈现方式问题

所谓心理学理论呈现方式是指心理学研究者用什么用的语言形式来组织自己的研究成果并将其呈现出来。主要有两种形式，一是以专业研究报告的科学话语形式呈现；二是以日常的常识话语的方式呈现。

1. 科学话语

其实无论什么学科都要用话语把自己的研究成果呈现出来，科学话语同样使用了一定的修辞，它这种修辞集中表现在用数字、图表及专门的科学术语来表示。它企图宣扬一种客观的、价值中立的、普适性的、放之四海而皆准的一些原则。因为科学话语本身符合了人类的某种追求一般性的法则的需要以及企图完美地证实自己结论的需要，所以科学话语的流行为科学心理学的优势甚至霸权地位打下了更为扎实的基础。

2. 常识话语

如果说科学话语是科学家们、专家们使用的话语形式，那么常识话语就是一般的普通常人所使用的话语。这种话语有以下几个特点：第一，模糊性。这种心理学话语试图与人们的日常语言接轨，如信仰、愿望、希望、害怕等词会经常地出现在这种心理学的结果呈现中。这些话语没有严格的定义，更没有所谓的操作定义，在很多场合的使用都不具有一致性，可能不同的人使用同一个词有不同的意义，甚至同一个人在不同的时期使用的同一个词也有不同的意义。第二，情境性。常识话语并不追求普适性的、放之四海而皆准的一些原则，它往往表述的是一种与情境高度相关的、只有在一定情境范围内、一定时期和一定程度上起作用。第三，价值性。科学话语一般追求价值无涉、中立。但常识话语却带有鲜明的价值倾向，毫不掩饰自己的意图。

当然，说哪种话语更好，这是难以有定论的。如果你是从一个专家的角度来看，常识的话语显然不可容忍，但从常人的角度看，科学的研究报告则如同天书，根本会读不懂。最好的方式似乎是依读者对象而定。

六、真理性判断标准

有关心理学理论的真理性判断标准也是心理学的一个重要的基本理论问题。目前说来，也主要有两种真理标准。

1. 绝对真理判断标准

这种标准认为这个世界真相只有一个，我们理论的目标就是尽可能地接近这个真相，或者像镜子一样反映这个真相。这种观点由来已久，柏拉图把世界二重化以后，人们总倾向于去找寻这个纷繁芜杂的现实世界背后的本质的、真实的世界。用经过奥卡姆剃刀剃过了的简洁的规律来揭示这些真理就是最好的、世代以来很多人梦寐以求的东西。在心理学中，这种真理判断标准会使人们倾向于接受某些理论，而舍弃另一些理论。尤其是当某种理论被人们认定为真理后，人们会将目光集中在这种理论能解决的问题上，而对这些不能用他们理论解释的事情或问题视而不见，听而不闻。因为他们可能宁愿相信是事实错了，而不是自己的理论错了。

2. 相对真理判断标准

历史上的相对主义及后现代主义的出现加速了一种相对主义的观点。这种观点认为真相难以预知，或者只能知道其中的一个方面。真理不是镜像，而是一种多角度的把握。就像盲人摸象一样，大家摸到的都只是大象的一部分，大家说的都没错，因为没有人知道象的全貌。这种观点的好处是破除了绝对真理观的迷信，让多种观点、理论、方法得以有容身之所，甚至"什么都行"。但坏处就是世界如果没有了真理，那么人们就无法对自己的行为负责，没有了对与错的区分，世界就像是一个未定的世界。

第二节　心理学的历史和发展

心理学作为一门科学只有很短的历史，但却有一个漫长的过去。心理学可以追溯到古代的哲学思想，哲学和宗教很早就讨论了身和心的关系以及人的认识是怎样产生的问题。古希腊哲学家如柏拉图、亚里士多德等，中国古代思想家荀子、王充等都有不少关于心灵的论述。

在西方，从文艺复兴到 19 世纪中叶，人的心理特性一直是哲学家研究的对象，心理学是哲学的一部分。这段时期，英国的培根、霍布斯、洛克等人，以及 18 世纪末法国的百科全书派思想家都试图纠正中古时代被神学歪曲了的心理学思想，并给予符合科学的解释。培根的归纳科学方法论对整个近代自然科学的发展起了很大作用，霍布斯提出人的认识来源于外在世界，洛克最早提出联想的概念，这都推动了心理学的发展。法国百科全书派的拉梅特里在《人是机器》一书中干脆把人说成是一架机器，这些虽然不免有机械唯物论的观点，但都有进步意义。19 世纪中叶，由于生产力的进一步发展，自然科学取得了长足的进步，科学的威信在人们的头脑中逐渐确立。这时，作为心理学孪生科学的生理学也接近成熟，心理学开始摆脱哲学的一般讨论而转向于具体问题的研究。这种时代背景为心理学成为一门独立的科学奠定了基础。

现代心理学是在 1879 年建立的。这一年，德国心理学家冯特在莱比锡建立了世界上第一个心理学实验室，心理学从此宣告脱离哲学而成为独立的科学。冯特是一位哲学家兼生理学家，他的心理学实验室主要研究感知觉心理过程，所用的主要是生理学的实验技术，所以他称自己的这种研究为"生理心理学"，也称为"实验心理学"。

至今现代心理学已经经历了一百多年的历史。在这期间关于心理学研究对象的讨论有过几次大的反复。最初，冯特认为心理学是研究人的直接经验或意识的科学，复杂的心理活动是由简单的单元构成的，心理学的任务就是把心理活动分解为一些心理元素。例如，对一本书的知觉是由长方的形状、一定的大小、绿色的书皮等感觉成分相加而成的。这种看法无疑受到当时化学发展的影响。化学采取了分析的方法，化学元素才不断被发现。正因为如此，后人才把冯特的心理学体系称作元素心理学或构造心理学。冯特晚年还开展了民族心理学的研究，这是现代社会心理学的先导。冯特在莱比锡招收了欧美各国大批进修生，他们学成归国后，分别建立心理学系和心理学实验室，使这门新兴的科学得到迅速推广。

冯特所创立的心理学只兴盛了三四十年就遇到困难。其问题出现在"心理学是研究意识的科学"这个定义上。因为要承认这个定义，首先就要求承认意识的存在，但是，这不是心理学界所有的人都能同意的。1913 年美国心理学家华生首先向冯特的心理学提出挑战。华生指出，心理学如果要成为一门科学，能和自然科学其他学科处于平等地位，就必须来一场彻底的革命，就要放弃意识作为心理学的研究对象。华生说意识是主观的东西，谁也看不见、摸不到，更不能放到试管里去化验，这样虚缈的东西决不能成为科学的研究对象。他认为科学的心理学要建立在可以客观观察的事物上面。人和动物的行为是可以客观观察的，因而行为才是心理学研究的对象。心理学是研究行为的科学，它要探讨一个使有机体发生了什么，在什么环境下产生了什么行为。至于头脑内部发生的过程，由于只能推测，不能肯定，所以不必给予理会。华生在心理学界掀起了一场影响深远的行为主义运动。

20 世纪 40 年代前后出现了新行为主义，强调在实验操作的基础上研究人和动物的行为。新行为主义者斯金纳最大胆的尝试是把行为主义原理用于改造社会。他写过一本小说《沃尔登第二》，是以日记的形式描写一个乌托邦式的理想社会。斯金纳把这种社会设计称作"行为工程"，并把这样一个社会的实现寄托于中国。20 世纪 60 年代，美国陷入越南战争，社会危机四起，人们开始怀疑美国的社会制度，向往一个理想社会，于是这本书便不胫而走。

行为主义在美国影响很大，从 20 年代到 50 年代。行为主义一直统治着美国心理学。现在看来，行为主义的理论太简单化和绝对化了，不能因为头脑的活动看不见，就否认人的思维和意识的存在。同样，在物理学中，原子、分子、电子也不能被肉眼见到，但仍可以用仪器或其他工具进行研究。人的思维等心理活动同样可以通过技术手段进行客观的研究。心理学毕竟要研究人的心理的内部过程。再者，人的社会活动极为复杂，不是简单的行为工程所能阐明的。

在行为主义兴起的同时，在欧洲又出现了两大心理学派别，一个是格式塔学派；另一个是精神分析学派。格式塔心理学诞生于德国，它反对冯特的构造心理学的元素主义，其代表人物是韦特海默、科夫卡和克勒。格式塔是德语的音译，意思是整体、完形。这个学派主张心理学研究人脑的内部过程，认为人在观察外界事物的时候，所看到的东西并不完全决定于外界，而是在人的头脑中有某种"场"的力量把刺激组织成一定的完形，从而决定人看到的外界东西是什么样的。当时，物理学中正流行着"场"的理论，格式塔学派则认为人的大脑是物质世界的一部分，所以物理规律可以同样适用于人脑的活动。格式塔心理学对猿猴的智力进行了研究。克勒观察了猿猴如何把几只木箱叠起来，爬到木箱顶上拿到悬挂在屋顶上的香蕉。猿猴还能把棍棒连起来取得被栏杆挡住的食物。格式塔心理学家认为人和动物解决问题是靠突然发生的"顿悟"。格式塔学派反对冯特学派只强调分析的做法，而认为心理现象是一个整体，整体决定其内在的部分。这种强调整体和综合的观点对以后心理学的发展是有益的。科学研究不应只从分析的观点看问题，整体中的相互关系是更重要的一面。

精神分析学派来源于精神病学。它给予心理学以巨大的冲击，以致在讨论心理学对象的时候不能不提到它。奥地利医生弗洛伊德利用催眠术和自由联想法让精神病患者回忆往事，以找出致病的原因。他发现患者的幼年经验，特别是儿童与父母的情感关系非常重要。他还发现做梦往往反映出一个人的内在心理矛盾，所以分析病人的梦也是一种治疗方法。弗洛伊德认为，一方面人的内在生物性的情欲是最基本的冲动；另一方面人的社会习俗、礼教和道德又约束着这种原始冲动的发泄，将其压抑到无意识中去。意识的内容是理智的、自觉的；无意识的内容多是与理智、道德相违背的。当理智与无意识的矛盾激化，就造成神经症。为了治病就需要对病人的无意识进行心理分析，这就是精神分析。

精神分析学派认为，心理学是研究"无意识"的作用。认为人的根本心理动机都是无意识的冲动。正是这种强有力的"无意识"的心理活动在人的生活中起着决定性的根本作用。至于有意识的心理过程则只是显露在表面的一些孤立的片断。近年的新精神分析已不再那么强调生物冲动的作用，而更为重视人际间的社会关系。在西方社会中精神病发病率很高，所以精神分析理论很容易被接受。

在心理学的发展上，苏联心理学同以美国为代表的西方心理学是有区别的。谢切诺夫以大脑的反射为心理学的基本概念，稍后的别赫捷列夫写了《反射学》一书。接着，巴甫洛夫专门研究了条件反射。他的条件反射学说促进了美国行为主义的兴起。巴甫洛夫学说对苏联心理学产生了巨大的影响，成为其理论基础之一，也直接影响了新中国成立以后我国以及一些东欧国家的心理学。

在中国，现代心理学开始于清代末年改革教育制度、创办新式学校的时候。在当时的师范学校里首先开设了心理学课程，用的教材多是从日本和西方翻译过来的。1907年王国维从英文版重译丹麦霍夫丁所著《心理学概论》1918年陈大齐著《心理学大纲》出版，这是中国最早以心理学命名的书籍。1917年北京大学建立心理学实验室，1920年南京高等师范学校建立中国第一个心理学系。

这时，构造心理学、行为主义心理学、格式塔心理学、精神分析等都被介绍到中国来，中国也开始有了自己的心理学研究。新中国成立后，1951 年便成立了中国科学院心理研究所，在几所大学和各师范院校都设立了心理学专业和教研室。

思考题

1. 心理学的基本问题有哪些？
2. 心理学的流派有哪些？

参考文献

1. 彭聃龄：《普通心理学》，北京，北京师范大学出版社，2010。

2. 郭秀艳、杨治良：《实验心理学》，北京，人民教育出版社，2010。

3. 朱滢：《实验心理学（第二版）》，北京，北京大学出版社，2010。

4. 张厚粲：《现代心理与教育统计学》，北京，北京师范大学出版社，2010。

5. 郑日昌：《心理与教育测量》，北京，人民教育出版社，2010。

6. 林崇德：《发展心理学》，北京，人民教育出版社，2010。

7. 陈琦，刘儒德：《当代教育心理学》，北京，北京师范大学出版社，2010。

8. 侯玉波：《社会心理学》，北京，北京大学出版社，2010。

第十四章　伦理学

伦理学以道德现象为研究对象，不仅包括道德意识现象（如个人的道德情感等），而且包括道德活动现象（如道德行为等）以及道德规范现象等。伦理学将道德现象从人类的实际活动中抽分开来，探讨道德的本质、起源和发展、道德水平同物质生活水平之间的关系、道德的最高原则和道德评价的标准、道德规范体系、道德的教育和修养、人生的意义、人的价值、生活态度等问题。其中最重要的是道德与经济利益、物质生活的关系、个人利益与整体利益的关系问题。对这些问题的不同回答，形成了不同的甚至相互对立的伦理学派别。马克思主义伦理学将道德作为社会历史现象加以研究，着重研究道德现象中的带有普遍性和根本性的问题，从中揭示道德的发展规律。马克思主义伦理学建立在历史唯物主义基础之上，强调阶级社会中道德的阶级性及道德实践在伦理学理论中的意义。

第一节　伦理学及其任务

一、伦理学含义

伦理学是关于道德的科学，又称道德学、道德哲学。在西方，伦理学这一概念源出希腊文 ετηοs，本意是"本质"、"人格"，也与"风俗"、"习惯"的意思相联系。古希腊哲学家亚里士多德最先赋予其伦理和德行的含义，所著《尼各马可伦理学》一书为西方最早的伦理学专著。后来罗马人用"moralis"来翻译"ethics"，介绍该词的西塞罗说这是"为了丰富拉丁语"的语汇，它源自拉丁文"mores"一词，原意是"习惯"或"风俗"的意思。在中国古代没有使用伦理学一词，19世纪后才广泛使用。但在先秦诸子百家的论著中，有大量关于人生道德、伦理的内容，特别是君君臣臣、孝悌之道等。其实在古希腊的同期，中国的伦理学已然兴起了。

二、伦理学的任务和方法

在伦理思想史上，由于不同时代的经济、政治、文化的变化和人类对于道德现象认识的不断深化，道德作为伦理学的研究对象，在不同时期的不同思想家那里，有着不同的理解和规定。在古希腊罗马时期，苏格拉底和柏拉图都把至善作为伦理学研究的主要内容，并强调四大品德之一的"智慧"。亚里士多德认为，伦理学是研究人们的行为及品性的科学，或者说是研究人的道德品性之科学。伊壁鸠鲁认为，伦理学所研究的主要问题，是人生目的和生活方式，强调伦理学是研究幸福的科学。与伊壁鸠鲁学派对立的斯多噶学派，从强调义务出发，认为伦理学是研究义务和道德规律的科学。公元前1世纪的罗马思想家 M.T. 西塞罗，把他的伦理学著作称为《义务论》，并将古希腊的伦理学称为道德哲学，赋予伦理学以新的意义。在近代，人们对伦理学的对象更有不同的理解。他们分别认为：伦理学是研究人生目的的学问；是研究善和恶的学科；是研究人的行为、道德判断和评价标准，研究道德价值的科学；是研究理性原则和规律的科学；是关于情感意志的科学；是研究道德语言的科学等。所有这些关于伦理学研究对象的看法，都是围绕着道德问题提出的。除了把伦理学看作是纯理论抽象的道德哲学的观点外，大多数伦理学家都承认研究的目的是为寻找和建立一种调整人与人之间的关系、维护社会秩序和培养有道德的人的理论。他们或多或少地涉及伦理学的对象和任务问题，但都没有做出科学的界说。

马克思主义伦理学把道德作为社会的、历史的现象进行研究，但不是简单地描述这些现象，而是在马克思主义的世界观、方法论指导下，研究道德现象中带有普遍性和根本性的问题，揭示道德的社会实质和发展规律。马克思主义伦理学认为，人们在社会生活中必然形成复杂的社会关系，其中必然包括道德关系；它受着社会关系中最基本的关系即生产关系或经济关系的制约。道德是在一定的经济关系基础上形成的社会意识形态之一；在阶级社会里，它主要受一定的阶级关系的制约。人类社会的道德现象包括道德活动现象、道德意识现象以及与这两方面有密切关系的道德规范现象。所谓道德活动现象，主要指人们的道德行为、道德评价、道德教育、道德修养等个人和社会、民族、集体的道德活动；道德意识现象指个人的道德情感、道德意志、道德信念，以及各种道德理论和整个社会的道德意识；道德规范现象一般指人们在社会实践中形成的应当怎样或不应当怎样的行为原则和规范，是调整人和人之间关系的伦理要求或道德准则。这种原则和规范体现于由经济关系所决定的各种社会关系之中，并通过一定的传统习俗和生活方式表现出来。它一旦经过伦理思想家们的概括，又成为道德意识现象的一个部分。马克思主义伦理学强调全面研究道德现象，揭示道德现象的本质、作用和发展规律。它不像旧伦理学那样，只研究道德现象的某一部分或某一方面，也不是只陈述某些"道德事实"和"行为表现"，更不是单纯分析某些道德语言的逻辑结构。马克思主义伦理学的使命是从实际的道德现象出发，给这些现象以规律性和规范性的概括，从理论形态和行为准则上再现道德，使伦理学成为真正的科学。它既不是一种纯粹的理论科学，也不是一种单纯的应用科学。

马克思主义伦理学依据党性和科学性相统一、理论和实践相统一、社会道德和个体道德相统一等原则，把伦理学的主要任务具体归结为以下几个方面：第一，揭示和论证道德的社会本质及其发展的客观历史过程，即从道德同社会物质生活条件、社会上层建筑和其他社会意识形式的辩证关系，揭示道德的根源、本质和社会职能，并通过全面考察各种道德类型及其相互关系，揭示各类道德，尤其是共产主义道德形成和发展的历史必然性和客观规律性，为解决各种具体道德问题奠定一般理论基础，为现实的道德生活提供根本性的指导依据。第二，概括并阐释共产主义道德的规范体系，即在考察历史和现实的基础上，着眼于现实的最高价值标准和更高社会形态对全体成员的道德要求，提炼共产主义道德的原则，规范以及其他道德行为准则，并按其内在联系，构成严谨的理论和规范体系。同时通过广泛深入的传播、教育等途径，使这些社会性的法则或规则转化为个人自觉的道德意识和行为。第三，探讨共产主义道德的构成和培养共产主义新人的途径，在总结先进人物高尚品德和成长过程的基础上，探讨共产主义新人的人生观、道德理想和个人的道德教育、道德修养、道德评价等，正确阐释这些方面所涉及的理想和现实、个人和集体、必然和自由、行为和环境、理智与情感、目的与手段、动机与效果等理论问题，为培养大批具有共产主义品德的新人提供理论基础和正确途径。第四，批判剥削阶级道德及其伦理思想，引导人们发扬革命的高尚道德；批判地继承历史上一切优秀的道德传统和良好的习俗，帮助人们自觉抵制和清除剥削阶级的道德习俗的影响。

三、伦理学的核心问题及解决途径

考察人类全部伦理思想的发展历史，特别是考察历史上各种伦理学说的演变和相互间的斗争，主要会涉及道德的本质和起源还有发展，道德水平同物质生活水平之间的关系，道德的最高原则和道德评价的标准，道德规范体系，道德的教育和修养，人生意义，人的价值和生活态度等问题。对这些问题的回答和解决，都必然涉及道德与利益的关系问题，这是伦理学的基本核心问题。

道德与利益的关系问题包含两个方面的内容：第一，道德是怎样产生的，是起源于现实社会人们的经济利益，还是起源于上帝或者某种理念？道德的作用是什么，它与人们的经济利益和物质生活关系如何？历史上的伦理思想家们，由于对这些问题的不同回答，形成了不同的伦理学派别。一般说来，持唯心主义哲学观点的伦理学派，总是从唯心主义认识论或宗教神学的世界观出发阐述道德问题，强调道德乃至人们的道德意识决定或制约着人们的经济利益和物质生活。持唯物主义哲学观点的伦理学派，则往往从唯物主义认识论和人们现实的物质利益出发解释道德现象，在不同程度上强调经济利益或物质生活对道德的制约作用，并以人们的实际经验或感官需要论证和检验自己的道德理论。历史上这两种伦理学派的思想家们，都因在社会历史观上没有摆脱历史唯心主义的束缚，而未能正确地解决这一问题。第二，道德的最高原则，按其实质来说，究竟是以个人利益为基础，还是以社会整体利益为基础？道德的功能在于调整人们之间的相互关系，其中最主要的是个人和社会、个体和整体之间存在的各种利益关系。这是决定各种道德体系、道德规范和道德内容的最高原则，也是决定各种道德活动的依据以及道德理想的标准。

在马克思主义伦理学产生以前，对于道德如何调整个人利益和社会整体利益的矛盾问题，存在着几种对立的理解。一种理论强调个人的享乐、强调满足个人的物质欲望，认为幸福就是道德，把道德同人的感官快乐和个人利益等同起来，忽视或否认社会整体利益。另一种理论强调社会、国家或整体的利益，提倡为社会、为国家、为整体尽自己应尽的义务。还有一种折中的理解，即合理利己主义的观点，主张在满足个人利益的基础上才满足大多数人的利益，或者主张从对他人的爱中来满足自己的欲望，这种主张归根结底仍是把个人利益置于社会整体利益之上，认为个人利益是唯一现实的基础。社会中人们的利益关系是历史地变化着的，在道德和利益的关系上，不能一概认为凡是强调利益决定道德的思想就是进步的，反之就是反动的。同样，也不能简单地认为凡是强调阶级的、整体的、社会的利益高于个人利益的思想都是进步的，反之就是反动的。只有在实现了无产阶级专政和生产资料公有制，社会整体利益已不再是虚幻的情况下，一切主张集体的和整个社会的利益高于个人利益的思想，才必然是进步的；一切主张个人利益高于社会整体利益，把个人利益置于社会整体利益之上的思想，才必然是落后的。

第二节 中西伦理思想的发展

人类伦理思想的产生和发展，有着自己相对独立的历史。从整个伦理思想史看，主要有三种不同的发展形势：第一，中国古代的儒家伦理思想传统，以"仁"为核心，以"孝"为主要内容，重视个人品德修养，把修身与齐家、治国、平天下联系起来；第二，从古希腊罗马到现代西方的伦理思想，形成了以强调个人幸福，即人的至善为特点的伦理思想传统；第三，发生在古代埃及和印度的伦理思想，它以探讨人生意义和人的精神生活为主要内容，并往往与宗教相结合，从中贯彻着宗教戒律的要求，得到宗教势力的强力支持。

一、中国伦理思想发展历史

中国是世界上文明发达最早的国家之一，它以"文明古国"和"礼仪之邦"著称于世，有着极为丰富的伦理思想遗产。以儒家为代表的封建地主阶级的伦理思想体系，在 2000 多年的封建社会里，一直居于统治地位，成为以维护宗法等级制度为最终目的的具有民族特色的伦理思想传统。中国伦理思想的一个传统特色，是它一开始就和政治、哲学思想紧密结合在一起，宋明以后，理学家们更是力图把哲学和伦理学融为一体，使哲学成为道德哲学。中国伦理思想的发展，大体可分为三个阶段：第一，中国伦理思想的发端以及封建伦理思想取代奴隶主阶级伦理思想的阶段。它历经夏、商、西周至春秋战国，世称先秦时期（前 21 世纪—前 211 年）。殷商时代已经出现了一些道德概念。西周初年，周公姬旦提出了以"敬德保民"为核心的伦理思想，同时有了"孝"、"悌"、"敬"等维护等级制度的道德规范或范畴，从而为中国伦理思想的发展奠定了基础。到春秋战国时，在伦理思想上出现了百家争鸣的局面。由孔子所始创经孟子、荀子等人发展和完善的儒家伦理思想，基本上反映地主阶级的长远利益。以墨子为代表的墨家所提出的墨家伦理思想，反映小生产者的道德要求。以老子和庄子为代表的道家伦理思想，强调"返璞归真"，主张无为、无欲，反映了社会大变动时代，一小部分没落失意阶级的消极心理。以商鞅、韩非等人为代表的法家，强调人各"自为"，认为人和人之间都是一种"计数"关系，否认道德的社会作用，代表着地主阶级激进派的利益。整个先秦伦理思想，涉及道德的起源、人性的善恶、道德的最高原则、道德评价的标准以及道德同利益的关系等一系列伦理学的重要问题，它是中国古代伦理思想发展的一个高峰。后来出现的各种伦理学说，几乎都可以从这一时期的伦理思想中找到理论原型或思想渊源。第二，封建伦理思想的发展、演变、成熟、没落阶段。从秦汉、魏晋、隋唐和宋元明清，到 1840 年鸦片战争，长达 2000 余年。这一阶段中的秦汉时期是中国封建阶级伦理思想进一步发展巩固和系统化的时期。随着封建中央集权制的建立和封建经济的发展，儒家伦理思想占据了统治地位。董仲舒提出的天人感应说在道德中的运用，使这一时期占主要地位的伦理思想带上神学目的论的色彩；"三纲五常"成了封建社会中永恒不变的道德原则和规范，"孝"、"忠"等封建道德得到进一步强化；三纲领八条目的确立，使"修身"成为齐家、治国、平天下的基础和基本原则，"自天子以至庶人，壹是皆以修身为本"。魏晋时期，社会动荡，战争频繁，国家长期分裂，地主阶级道德要求与其实际行为日益严重背离，再加上佛教的传入和玄学的盛行，使以儒学为正统的封建道德发生了动摇，在思想界出现了试图越出儒家道德的关于名教与自然关系的讨论，提出了品德与才能到底哪个更为重要的有关才性问题，享乐主义的思想也在这一时期泛滥起来，并在《杨朱篇》中得到了反映。隋唐时期，中国封建社会再次统一。在伦理思想上，表现为儒、道、佛三家互争短长、相互吸收和逐渐融合。地主阶级思想家们，一方面极力排斥佛教思想；另一方面则或明或暗地"窃取"了佛教有关自我修养等方面的内容，进一步补充和丰富儒家的伦理思想，巩固它在封建社会中的正宗地位。宋元明清时期，是封建地主阶级伦理思想从成熟到僵化并日益转向衰落的时期。以程颢、程颐、朱熹为代表的程朱学派，为了进一步维护封建统治，建立了一套以理为最高范畴的庞大而精致的伦理思想体系。以陆象山、王阳明为代表的陆王学派，建立起以"致良知"和"知行合一"为主要内容的"心学"，试图更有效地维护没落的封建地主阶级的统治。明代中叶以后，随着资本主义萌芽的出现，封建地主阶级的"三纲五常"、"忠孝节义"以及"存天理，灭人欲"的道德教条和伦理原则，受到一部分具有启蒙意识的思想家的揭露和批判。从此，封建地主阶级的伦理思想开始走向衰落。第三，中国资产阶级伦理思想的形成和发展阶段。鸦片战争以后，中国沦为半殖民地半封建国家。中国的资产阶级思想家在西方资产阶级伦理思想的影响下，提出了既不成熟也不彻底的自由、平等、博爱和世界大同、天下为公等伦理思想，以取代封建道德学说和伦理纲常，在中国近代伦理思想史上产生了一定的影响。从 1919 年五四运动开始，中国进入新民主主义革命和社会主义革命的历史时期。随着马克思主义在中国的传播和中国革命实践的发展，马克思主义伦理思想在中国逐步发展成为具有中国特色的毛泽东伦理思想，使中国伦理思想进入了一个崭新的发展阶段。

中国的伦理思想家们长期以来侧重从以下几个方面的问题进行探讨和争论，从中体现了中国伦理思想的传统特色：第一，关于道德的根源和本质，其中包括道德的起源、道德同物质生活的关系、人性的善恶、名教与自然以及道德评价的根据等问题。中国古代思想家对这些问题提出了各种不同的观点和理论。坚持唯物主义哲学立场的思想家一般都从自然和经验出发解释道德现象，认为人们的道德水平受物质水平制约，或者认为道德现象是从自然的"天"产生的，人性的善恶不是先天神授而是后天形成的，道德评价的标准不在内心而在社会的利益等。相反，唯心主义的思想家往往把有意志的、神秘的"天"看作是道德的根源，把"天理"说成是指导人们行为的唯一的、绝对的、永恒的依据，认为人的善恶本性都是天赋的，否定人们的感觉经验特别是物质利益对道德的作用。第二，关于道德的最高原则问题。先秦时期所谓的"义利之争"，以及发展到宋明时期的"理欲之辩"，是关于道德最高原则的争辩。儒家强调"义"重于"利"，把仁义看作是最高的道德原则，并以此为核心，建立一套完整的规范体系；墨家主张"兼爱"、"交利"，强调"义利并重"，法家强调赏罚，注重耕战，重利贱义；道家宣扬无为、尚朴，主张超脱一切义利。第三，关于道德修养问题。这是中国伦理思想的一个重要特色。在中国伦理思想中，"修己"和"治人"、"修身"和"治国"是密切联系的。与此相关，人生究竟有什么意义，也成为伦理学家们所关心的问题。

二、西方伦理思想发展历史

西方伦理思想从古希腊罗马起到现代，几经演变，出现过众多庞杂的学说、理论，形成了完全不同于东方伦理思想的传统。综观西方伦理思想的发展，各种伦理学说从其体系结构上看，大致可分为三类：第一，实践的或规范的伦理学。认为伦理学是通过研究道德现象，向人们指出应当遵循什么样的行为规范，履行什么样的义务。这种伦理学重视实际的应用，往往分离出一些具体的应用伦理学，如各种职业伦理学。第二，理论的或纯粹的伦理学。这类伦理学说重视探讨道德理论，往往和哲学本体论交织在一起，认为伦理学就是道德哲学，就是对善恶所做的纯哲学的思辨，一旦涉及具体行为规范和准则，就会失去伦理学作为道德哲学的意义和尊严。第三，分析的伦理学。这是20世纪以来在英美颇为流行的伦理学，即"元伦理学"。这类伦理学说既不以经验的、历史的方法研究伦理学，也不重视经验或历史叙述的理论概括，更不提出具体规范。它的突出特点在于，试图从逻辑和语言学方面对道德概念和判断进行分析。

西方伦理思想的发展的线索，按社会的变迁，可分为古希腊罗马、中世纪、近代和现代四个阶段：第一，古希腊罗马伦理思想。公元前6世纪以后，随着古代科学的兴起和希腊社会各阶级之间的斗争，尤其是奴隶主阶级内部民主派和贵族派之间斗争的深化，不少思想家的眼光逐渐从自然界转向人自身。智者普罗泰戈拉的名言"人是万物的尺度"，反映了当时人们对自身的地位和价值的认识。苏格拉底和他的学生柏拉图，从唯心主义的理念论出发，探讨了"至善"问题，建立了理念论的道德理论体系。亚里士多德综合了前人的伦理思想成果，正式使用了"伦理学"这一名称，并把它作为一门学科。他继承和发展德谟克利特等人的伦理思想，建立了一个以城邦整体利益为原则的比较完整的幸福论伦理思想体系。在希腊化时期，出现了具有自然主义倾向的伊壁鸠鲁学派和带有理性主义倾向的斯多阿学派的伦理思想，前者把快乐和幸福作为人生追求的目的，后者要求人们遵循自然法则而过一种合乎理性的禁欲主义的生活，二者斗争十分尖锐。第二，中世纪神学伦理思想。由于封建专制主义和教会神权的统治，超自然主义的基督教伦理学在整个欧洲中世纪占绝对的统治地位。奥古斯丁首先为神学伦理思想奠定了理论基础。后来由意大利经院哲学家托马斯·阿奎那改造了古希腊亚里士多德的伦理思想，使中世纪神学伦理思想系统化、理论化。第三，西方近代伦理思想。随着欧洲资本主义的兴起，伦理思想逐渐从神学的禁锢下解放出来。资产阶级的思想家们，从发展资本主义的要求出发，在伦理思想上，强调满足个人的需要和利益，深入地探讨了人的价值、人的尊严和自由、善的本质、道德评价的根据等问题，并以不同的方式提出了调解个人和他人，个人和社会利益关系的道德原则。这一时期所出现的各种反映资产阶级利益和要求的伦理学说，如18世纪法国的利己主义道德理论，19世纪英国的边沁、密尔的功利主义思想，康德从先验理性出发的自律伦理学，黑格尔的整体利益原则，费尔巴哈的幸福论等，在西方伦理思想中都有着重要的理论价值和影响。第四，现代西方伦理思想。19世纪中后期，特别是20世纪以来，出现了西方资本主义的高度发展和它所带来的种种复杂的社会问题、新的科学技术革命以及两次世界大战，使西方伦理思想在探讨的对象和理论方面都出现了许多变化。现代西方伦理学派庞杂，观点多变，大体上可以归纳为三种主要思潮：一种是受实证科学影响较大的元伦理学或分析伦理学流派，包括直觉主义伦理学、情感主义、语言分析伦理学派等，主要流行于英、美国家。它撇开现实的道德问题，侧重研究道德语言的意义、功能及有关道德判断和规范理论的逻辑证明问题，带有形式主义的特征。另一种是主要流行于欧洲大陆国家的受人文科学影响较大的、常被分析伦理学家斥为形而上学的流派，如存在主义等。它以人为主体，着重讨论人的境况、命运和出路，排斥人的理性，而诉诸感情或直觉，其主要特征表现为非理性主义，并常常堕入悲观主义。还有一种是沿袭基督教神学伦理思想传统的思潮，包括新托马斯主义、新正统派伦理学等。它们有的虽然也打着"尊重科学"和"关心人"的旗帜，但实际上仍然是把善的本质、道德的起源以及道德评价的最高标准最终归之于上帝，鼓吹人只有通过信仰上帝，才能得到彻底的拯救。

在西方伦理思想的发展过程中，伦理学家们主要围绕以下几个问题进行探讨，建立起不同的伦理思想体系，反映了人们对于自身道德关系的认识逐步深化的过程，体现了西方伦理思想的传统特色。第一，什么是善？如果说人们可以认识至善，那么，这种善的本质又是什么？一些伦理学家注意到善或至善同社会物质生活条件的关系，重视并强调道德与利益、道德与幸福的关系。另一些伦理学家则往往从上帝的意志、先验理性和人的主观意识中寻找善的来源和本质，从而这样或那样地抹杀或否认道德与社会物质生活条件的关系，表现出彻底的唯心主义倾向。关于善或至善的研究，在西方也被称为善论或道德价值论。不同的伦理学派和伦理学家，对什么是至善的回答是各不相同的，有的伦理学家把知识或智慧作为至善，有的把幸福作为至善，有的把仁爱作为至善，还有的把荣誉、权力作为至善，等等。此外，还有一种以自我实现为至善的理论，这种理论常常表现为多元论的价值观。第二，什么样的行为是正当的？什么样的品性才是符合道德的？在评价人们的行为和品性时，应以什么为标准？在生活中，应该履行什么样的义务？怎样通过训练和教育，使人们的品行合乎道德？解决这方面问题的关键，在于如何看待和处理个人与社会、个人利益与整体利益的矛盾。一些伦理学家强调满足个人的欲望，否认或抹杀人的行为应该受社会整体利益的制约；另一些伦理学家强调义务的重要，强调对社会和他人应负的责任。由于主要涉及义务问题，所以在西方又称为德论或义务论。以上两方面的问题，在西方伦理思想史上往往交织在一起。因为当人们评判一个人的行为或品质时，总是要隐蔽地或公开地根据某些在他们心中已经树立的善的标准，即善的既定价值。从这个方面看，伦理学常常被称为价值科学；而人们探讨善恶价值时，也总是自觉或不自觉地试图影响人们的行为。在这种意义上，伦理学往往被人们称为规范科学。但是，由于人们研究价值或研究至善的目的，在于使人们有一种理想的道德品质，同时也在于用至善这一目标去影响和规范人们的行为。所以，西方伦理学家们一般都把 19 世纪以前的传统伦理学称之为规范伦理学。20 世纪以来的西方伦理思想表现出一种与传统伦理学不同的非规范主义倾向。一部分伦理学家否认伦理学的规范特点，仅仅把道德概念的意义分析和对道德判断的逻辑探讨作为自己的任务，并把自己的伦理学称为"元伦理学"或分析伦理学。另一部分伦理学家既反对伦理学的规范要求，也漠视所谓至善的价值，只强调纯客观地描述道德现象，强调对人的境况和命运进行先验的、人本主义的描述，探讨人怎样获得真实的存在和超越。

马克思主义伦理学是马克思主义理论体系的重要组成部分，它是随着马克思主义的形成而形成的。19 世纪初，随着资本主义经济的发展，无产阶级反对资产阶级的经济斗争和政治斗争的日益尖锐。无产阶级为了清除剥削阶级旧道德和各种非无产阶级思想对工人阶级道德面貌的腐蚀，培养大批无产阶级新人，迫切需要新的道德理论。马克思和恩格斯适应这种需要，从辩证唯物主义和历史唯物主义的基本理论出发，创立了马克思主义伦理学。马克思主义伦理学是在批判各种非无产阶级的道德理论中形成和发展起来的。19世纪中期，资产阶级思想家 B. 鲍威尔、M. 施蒂纳等人宣扬了许多错误的道德观点，对工人运动产生了极坏的影响。同时工人运动中的机会主义者如H. 克利盖(1820—1850 年)、E. 杜林等人，也拼命地鼓吹资产阶级人性论，宣扬抽象的平等，否认道德的阶级性。为此，马克思和恩格斯在《神圣家族》、《德意志意识形态》、《1844 年经济学哲学手稿》、《道德化的批判和批判化的道德》、《反对克利盖的通告》、《反杜林论》等著作中，对马克思主义伦理思想的一系列重大问题作了明确的阐述。之后，马克思主义伦理学随着无产阶级革命实践和马克思主义理论的发展而不断发展，列宁、毛泽东等人从不同的方面进一步丰富和完善了马克思主义伦理学的理论。

马克思主义伦理学的产生，在伦理学领域中，产生了前所未有的革命变革。其意义主要表现在：第一，与以往的一切旧的伦理学不同，马克思主义伦理学不是建立在上帝、理性和抽象的人性的基础上，而是建立在历史唯物主义的基础上。马克思在《关于费尔巴哈的提纲》中，针对那种把人的本质看作是抽象的人的本性的理论，明确地指出："人的本质，并不是单个人所固有的抽象物。在其现实性上，它是一切社会关系的总和。"从历史唯物主义的观点看，道德不再是凌驾于整个社会之上的东西，而是由经济基础所决定的上层建筑和意识形态的一部分。历史上的各种道德的发展和更替，归根结底都是依据经济基础的变化而变化的，因而道德本身也是一种有规律的社会现象，从此，以道德为对象的伦理学最终从唯心主义的历史观的羁绊中解放了出来，成为一门真正的科学。第二，马克思主义伦理学克服了以往一切伦理思想的局限，强调在阶级社会中道德有阶级性。旧伦理学有一个共同特点，就是用各种不同方法或手段，宣传道德的超阶级性和全人类性。因而，他们的道德理论最终都必然成为与现实相脱离的不真实的理论。马克思主义伦理学强调，任何道德都不是抽象的、超时代的，而是历史的、具体的，一切阶级道德都是为一定的阶级利益服务的。在阶级社会中，当然也存在某些人类共同的道德因素，如社会公共生活的一般规则，但从总体上说，最终都不可避免地打上了阶级的烙印。只有到了共产主义社会，即在阶级完全消灭以后，全人类共同的道德才有可能产生。第三，马克思主义伦理学特别强调人类生活的道德实践在伦理学理论中的意义。马克思主义以前的伦理思想家们，往往否认道德实践的重要性，或者把道德实践仅仅理解为个人的道德活动。他们并不理解，全部道德理论都不可能从人们的头脑中突然产生，它只能从人们的道德实践活动中，从人和人之间的现实关系中概括和总结出来，同时还须由实践检验，并随着人类社会实践的发展而发展。因此，马克思主义伦理学强调道德原则和规范转化对人的品质的重要意义，强调伦理学不仅传授道德知识，更重要的是使人们身体力行。

三、西方伦理学流派

1. 希腊罗马伦理学

早期阶段：毕达哥拉斯派—苏格拉底派。中期阶段：苏格拉底派—亚里士多德派。晚期阶段：亚里士多德派—基督教神学兴起。

2. 中世纪基督教伦理学

前期阶段，以奥古斯丁为代表，相应于教父哲学。中期阶段，以阿奎那为代表，相应于经院哲学。后期阶段，以培根、邓斯·司各脱等人为代表，相应于异端哲学。

3. 文艺复兴时期伦理学

人文主义的伦理思想，以瓦拉、蒙田等人为代表。宗教改革的伦理思想，以加尔文为代表。政治的伦理学，以尼可罗·马基亚维利等人为代表。

4. 近代伦理学

17—18 世纪，英国经验主义伦理学，代表人物：休谟等。17—18 世纪，欧陆理性主义伦理学，代表人物：斯宾诺莎等。18 世纪，法国启蒙派伦理学，代表人物：伏尔泰等。18—19 世纪，德国学院派伦理学，代表人物：康德，黑格尔等。18—19 世纪，英国功利主义伦理学，代表人物：边沁，西基维克等。19 世纪，英国进化论伦理学，代表人物：斯宾塞，赫胥黎等。19世纪后期，德国新康德主义伦理学，代表人物：李凯儿特等。19 世纪后期，新黑格尔主义伦理学，代表人物：格林等。

5. 过渡时期伦理学

非理性主义伦理学，代表人物：叔本华，尼采等。现代伦理学：分析伦理学（又称：元伦理学），代表人物：摩尔。现象伦理学，代表人物：胡塞尔。实用主义伦理学，代表人物：杜威。情感主义伦理学：存在主义伦理学，代表人物：海德格尔，萨特等。精神分析伦理学，代表人物：弗洛伊德等。人格主义伦理学，代表人物：霍金等。新托马斯主义伦理学，代表人物：马里坦等。新正教派伦理学，代表人物：卡尔·巴特等。语言分析伦理学，代表人物：图尔敏等。道德发生伦理学，代表人物：皮亚杰等。人本主义伦理学，代表人物：马斯洛等。新行为主义心理伦理学，代表人物：斯金纳。宇宙伦理学，代表人物：齐奥尔科夫斯基等。

第三节　伦理学与相邻学科的关系

一、伦理学与哲学

哲学是伦理学的理论基础。一定的世界观、历史观对一定的伦理原则和道德学说有着直接的制约和指导的作用。不同的甚至对立的世界观和历史观，也常常导致不同的甚至对立的伦理学说。历史上伦理思想常常与哲学思想同步发展，道德认识不但要受哲学思想的制约，而且还往往同哲学结合在一起，在有些思想家那里，二者是密不可分、融为一体的。但是，伦理学作为哲学的一个分支学科，又有其相对独立的意义。伦理学所研究的是一个特殊的社会现象领域，主要揭示社会道德关系的性质及其发展的规律性。它不仅有着自身的特点，而且也有作为一门学科存在的性质和价值。

二、伦理学与其他学科

伦理学与教育学、社会学、心理学、美学伦理学与教育学、社会学、心理学、美学等也有着相互影响、相互渗透的关系。教育学、社会学、心理学、美学都把道德纳入自己的研究范围。伦理学研究人类社会历史中的全部道德现象，而教育学、社会学、心理学、美学等，只研究道德现象的一部分，而且它们着眼的角度也不同。教育学涉及的主要是品德教育和共产主义道德教育过程中的某些客观规律；社会学在这方面关注的是社会道德面貌、风尚习俗以及婚姻、家庭中的许多道德问题；心理学，特别是社会心理学，总是把人的道德情感、道德意志作为重要的研究内容；美学涉及的是人的行为和心灵的崇高。伦理学与教育学的关系尤为密切。伦理学关于人们的行为规范和道德观念、情感、意志、活动等研究成果，为教育学的德育理论提供可靠的根据。在这个意义上说，没有伦理学研究，就不可能使德育成为真正的科学。教育学有关社会教育和教育的客观过程等方面的研究，有助于伦理学中的规范教育、理想教育的研究。伦理学和心理学都研究人的行为动机，但伦理学主要从道德品质上考察人的心理现象，对心理学特别是社会心理学的研究有一定帮助；心理学则揭示和提供人的行为动机和性格等心理现象的本质，为伦理学的研究提供必要条件。伦理学与美学的关系和善与美的关系是相一致的。善和美、恶和丑往往有着内在的、有机的联系。一切社会现象，人的一切行为，从一定意义上说，既有美学的，又有伦理学的意义。

思考题

1. 伦理的含义是什么？
2. 马克思主义伦理学任务有哪些？
3. 中西方伦理思想发展阶段各有哪些？
4. 马克思主义伦理学产生的意义有哪些？
5. 伦理学与相邻学科的关系有哪些？

参考文献

1. 周中之：《伦理学》，上海，上海人民出版社，1998。

2. 廖申白：《伦理学》，北京，人民出版社，2013。

3. 甘葆露：《伦理学》，北京，高等教育出版社，2009。

4. 赵清文：《应用伦理学研究 30 年：回顾与反思》，载《伦理学研究》，2008(04)。

第十五章　人类学

第一节　人类学

　　人类学(anthropology)是从生物和文化的角度对人类进行全面研究的学科群。此词由 anthropos 和 logos 组成，从字面上理解就是有关人类的知识学问。最早见于古希腊哲学家亚里士多德对具有高尚道德品质及行为的人的描述中。1501 年，德国学者亨德用这个词作为其研究人体解剖结构和生理著作的书名。因此，在 19 世纪以前，人类学这个词的用法相当于我们今天所说的体质人类学，尤其是指对人体解剖学和生理学的研究。进入 19 世纪后，欧洲许多学者开始对考古学化石遗骨的发现感兴趣，这些遗骨常伴有人工制品，而这些制品在如今的原始民族中仍在使用，所以学者们开始注意如今原始种族的体质类型和原始社会的文化的报道。这些情况最初是由探险家、传教士、海员等带到欧洲的，此后人类学家也亲自搜集这方面的材料。因此，人类学中止了仅仅关注人类解剖学和生理学的传统，而进一步从体质、文化、考古和语言诸方面对人类进行广泛综合的研究。当然，由于各国学术传统的差异，对人类学的名称及各分支学科有不同的理解，在欧洲大陆，人类学一词仅作狭义的解释，即专指对人类体质方面的研究，对人类文化方面的研究则称为民族学。总之，19 世纪中叶以后，人类学发展成为主要发掘人类社会"原生形态"的一门学科。

　　和其他学科相比，人类学的田野工作是该学科中颇具特色的一环。人类学家进入要研究的文化群体，对这一族群及其文化进行的调查和研究，被称为田野工作。它的特征是研究者长期与被研究者居住在一起，参与观察当地的生活，研究其社会结构，了解当地人的思想观念，以达到研究者应该有的工作需要。它是研究者收集资料和建立理论规则的主要依据。文化人类学的田野工作开始于摩尔根的对易洛魁人的实地调查。如今的田野工作新趋势是"逐渐着重于特定问题或理论的探讨"。利用现代的仪器方法，田野工作既是一个人为的过程，也是一个科学的过程，它是文化人类学的核心。

　　人类学一词，起源于希腊文，意思是研究人的学科。这个学科名称首次出现于德国哲学家亨德在 1501 年的作品《人类学——关于人的优点、本质和特性以及人的成分、部位和要素》，当时人类学这个字指的是人的体质构造。

当代人类学具有自然科学、人文学与社会科学的源头。它的研究主题有两个面向：一个是人类的生物性和文化性；一个是追溯人类今日特质的源头与演变。民族志（ethnography）同时指称人类学的主要研究方法，以及依据人类学研究而书写的文本。从事人类学研究的专家则称为人类学家。

人类学的基本关注问题是：什么是智人的定义？谁是现代智人的祖先？人类的体质特征是什么？人类如何做出行为？为什么在人类不同群体之中，有着许多变异与差异？智人在过去的演化历程，如何影响其社会组织与文化？等等。

自从弗朗茨·博厄斯与布罗尼斯拉夫·马林诺夫斯基在 19 世纪晚期与 20 世纪早期从事人类学研究后，这个学科就和其他社会科学学科区分开来，人类学强调对脉络的深度检视、跨文化比较（社会文化人类学本质上就是一门比较研究学科），以及对研究区域的长期、经验上的深入了解，这往往称为参与观察。文化人类学格外强调文化相对性，并运用其研究发现来建构文化批判。这在美国特别风行，源于弗朗茨·博厄斯对 19 世纪种族主义的反对，经过玛格丽特·米德倡导性别平等与性自由，到当代对于后殖民压迫的批评，以及对多元文化主义的提倡。

在美国，当代人类学通常划分为四大分支：文化人类学（也称为社会人类学）、考古学、语言人类学、生物人类学与体质人类学。这个四大分支的人类学也反映在许多大学部教科书，以及许多大学的人类学课程。在英国以及许多欧洲的大学，这些分支往往安置在不同科系，且被视为不同的学科。

社会与文化人类学受到后现代理论严重影响。在 20 世纪七八十年代，有一个认识论的转向，脱离了这个学科所熟知的实证论传统。在这个转向中，关于知识的本质与生产的各项议题，占据了社会文化人类学的核心位置。相对地，考古学、生物人类学与语言人类学，很大程度上依然是实证论。由于这种认识论上的差异，甚至导致某些人类学系分家，例如，斯坦福大学在 1998—1999 学年，"科学家"与"非科学家"分成两个科系：人类学，文化与社会人类学。（稍后，在 2008—2009 学年，斯坦福大学人类学重新整合为一个科系）。

第二节　人类学的分类和研究方法

人类学起源于地理大发现时代欧美学者对现代西方技术文明之外的社会

的研究，这种社会被称为"野蛮的"、"原始的"、"部落的"、"传说的"、"有文字前的"社会。但是，当前人类学的研究领域已经扩展到现代社会内部，试图概括人类行为的普遍性问题，并对社会和文化现象进行整体性的描述。

人类学的两个主要领域是体质人类学和文化人类学。它们都与其他学科有着密切联系，诸如哲学、语言学、社会学、政治学、经济学、心理学和历史学。学科间的互相交流，产生很多有价值的成果。例如，经济学家依据人类学的比较图式，提出了"经济人"的概念，形成经济人类学。

实际上在早期社会，人类便开始思考自己的文化与习惯是如何发生的问题，并且产生了科学思想的萌芽。古希腊、中国和阿拉伯许多哲学家和历史学家，欧洲16世纪以来的许多哲学家，都是现代人类学的先驱。但是科学的人类学在19世纪进化论出现以后才开始形成。文化人类学注重把不同社会和文化加以分类，从而确立人类进化的阶段和过程，总之是历史的线性解释。马克思主义指出社会形态为生产方式所决定，一切政治的、法律的、意识形态的上层建筑都建立在生产方式的基础之上。与此同时西方传教士、商人和探险家大量收集不同民族的风俗、宗教、巫术和其他资料，为人类学的发展提供了丰富的信息。

人类学是以人作为直接研究对象，并以其为基础和综合理解为目的的学科。如果把人作为动物的人和文化人来区分的话，那就不可能全面地去理解人。人类学是以综合研究人体和文化（生活状态），阐明人体和文化的关联为目的的。综上所述人类学大致可区分为：主要研究形态、遗传、生理等人体的人体人类学，又称自然人类学；以风俗、文化史、语言等文化为研究对象的文化人类学，以及专门研究史前时期的人体和文化的史前人类学。

人类学的各分支学科中，体质人类学是从生物的角度对人类进行研究的学科，它包括人类的起源、发展、种族差异、人体与生态的关系及现存灵长类的身体和行为等内容。其中部分已发展成较专门的领域，如人类进化的研究、人种学的研究、灵长目学的研究等，同时形成一些技术性手段，如人体测量技术、野外灵长动物的观测技术等。随着遗传学的发展，体质人类学也从中汲取了许多理论和分析方法。

文化人类学是从文化的角度研究人类种种行为的学科，它研究人类文化的起源、发展变迁的过程、世界上各民族各地区文化的差异，试图探索人类文化的性质及演变规律。广义的文化人类学包括考古学、语言学和民族学，狭义的文化人类学即指民族学。民族学是在民族志基础上进行文化比较研究的学科。文化人类学家所做的最具成就的工作是对人类的婚姻家庭、亲属关系、宗教巫术、原始艺术等方面的研究。在英国学术界倾向于将这部分内容称为社会人类学，有时又统称为社会文化人类学。

　　从语源学上讲，人类学是研究人的科学。这门学科试图依据人类的生物特征和文化特征，综合地研究人，并且特别强调人类的差异性以及种族和文化的概念。

　　我们以人类学影片也称人类学纪录片为例来说明人类学研究意义。人类学纪录片从影视艺术的角度说，它是纪录片的一种，最早出现于 20 世纪 60 年代，由西方进入中国。由于这门学科结合了多个领域，其理论研究和实践都处在不断地变化和修正之中，关于它的定义学界一直存在着争议。我们可以概括地认为，人类学影片是一门以电影、电视和摄影等影像手段表现人类学内容的工具性学科。

　　表现人类学内容，其中之一就是用影像记录传统文化和原始文化，用于研究当地族群的生活方式、宗教信仰、社会结构、文化模式等。从历史上看，尤其是 19 世纪，西方科学家都在不遗余力地证明白种人智力高于其他人种。他们以文明人自居，把无文字、技术水平低、分工不发达的族群都视为野蛮人或原始人。比如，西方人就把居住在阿尔卑斯山以北的凯尔特人视为野蛮人，这样对人类历史做简单的划分，显然对于研究人类文化有些偏狭。人类学影片的持续升温，其背后是与文化寻根的潮流相映衬，人类学出现最大的意义是使"原始—现代"、"野蛮—文明"处于极端对立面的二元思维定式受到严重的质疑。在这样的理论支持的背景下，人类考察自身和文化问题获得了前所未有的开阔视野。任何单一的部落、种族、文化或国家都有它能验证的文明，都值得在学术上加以研究。

　　作为学科的内部建设而言，中国的影视人类学的理论学者和践行者从民族志影片开始，收集记录文化现象，尤其是那些耳闻笔录所不易表达的人类社会文化部分，以满足文化研究之需。例如，中央电视台播出的《沙与海》、《最后的山神》、《最后的马帮》等都是国内人类学影片的代表作。

　　20 世纪 80 年代以后，人类学家普遍感到需要把这门学科更多地引向当代社会和公共领域。在全球化时代，人们存在着对异域文明进行视觉消费的心理需要，地理频道和观光产业的繁荣证明了这一点。人类学影片不仅仅是一种纪录媒体，它也是一种视觉传媒。在第二届格廷根国际民族学电影节上，来自世界各国的 120 多部人类学影片参加电影节评选，最后评选出的 24 部公认的人类学影片佳作再次体现了电影化、多元化的发展趋势。

　　同时，很多学者开始思考学科内的发展是否可以延伸到社会传播领域。1999 年，庄孔韶教授发现云南省宁蒗县跑马坪彝族嘉日家族利用民间仪式进行戒毒，由此拍摄了《虎日》，这也是中国人类学影片首次成功参与到公共卫生实践领域的范例。其实，《虎日》的意义在于提出并解决了一个更深层次的问题：人类学影片不但要关注原始文化，边缘文化，更要关注这些文化对今天的深远影响；人类学影片不仅做学术的考察，也做道德伦理的探究，这样才能在现代语境中，真正发挥重要作用。

第三节　人类学流派

早期，人类学的研究对象仅限于人体测量与解剖上。但在艾德华·泰勒爵士之后，人类学开始注重由器物着手的泛文化比较，换句话说，即是一种关在室内进行的博物学研究。之后，在美国，地质学家出身的"文化人类学之父"弗朗茨·博厄斯提倡"四大分支"的人类学，并对这种"安乐椅上的人类学家"大加挞伐，使得人类学的研究对象逐渐转向活的部落（特别是美洲印第安人）文化，其中包含他们的语言、共同行为与历史。

最重要的转变在于波兰裔英国社会人类学家布罗尼斯拉夫·马林诺夫斯基的贡献。大约20世纪30年代前后，他首创以透过参与观察法写成的民族志作为人类学研究的依据和基础。在他革命性的创建下，人类学家（特别是文化人类学家）开始以亲身赴当地与土著生活，乃至参与当地活动的方式进行各文化（特别是小型的部落文化）的研究与纪录。大约同时，露丝·本尼迪克特以接触文学作品、影片、外侨访问为基础的遥距研究则成为对无法进行参与观察法的文化研究的另一种途径。

这种以"原始"部落文化为对象的主流人类学研究，在20世纪50年代中期后逐渐受到挑战：首先，第二次世界大战结束后，随着军队的进驻，以及英美诸国对殖民地的态度改为放任与鼓励其自立，使得过去认知的"传统部落"快速的现代化，导致自马林诺夫斯基以来的"抢救人类学"（即尽可能在现代化影响前，快速纪录这些未受"污染"的部落文化的人类学）思维不再可行。其次，最早主张参与观察法的人类学家相继去世，而在各国政府鼓励下人类学者又大量增加，使得新一代人类学家逐渐崛起。基于这几个理由，人类学者的研究对象朝以下几个方向发展：第一，部分人类学者，特别是受到马克思主义影响的人类学者，开始结合文献与民族志资料进行历史人类学的研究。这方面以艾瑞克·沃尔夫的《欧洲与没有历史的人》为代表作。第二，部分人类学者回到本国，在国内较少数的次文化群体（帮派、同性恋、少数民族的都市社区等）进行研究。第三，多数学者仍以第三世界的部落文化为研究对象。不同的是，他们开始注意这些部落受现代化影响的调适与改变情形。第四，以克洛德·列维·施特劳斯为代表，结合语言学、哲学和精神分析，研究各文化之下的共同心智与象征，由此而延伸出神话学诠释这独特的学门，并以结构主义之说影响到哲学、社会学其他学科。

到了 20 世纪 80 年代左右，受到后现代与女权运动影响，文化人类学家重新检讨过往种种强调科学与量化的田野研究，并开展出几条新的研究对象，其中包含：透过对文本的分析，建立起以文化概念为主轴的新历史人类学；重新检讨二元建立价值论，并结合女性主义的两性人类学研究；回到过去已做过的部落地，用新的眼光诠释这些文化。

以广义的角度来看，今天的人类学研究对象不再是特定的、原始的异文化，而是包含自身出发的每个文化。而今天的人类学家除了重复检讨与反省外，也在寻找更多可发挥的研究对象。

文化人类学。人类学体系庞杂，各学门又随时间发展出多样的理论，故总体而言十分庞杂。但基本上人类学最主要的特点：第一，反映在体质人类学和考古学上的演化论。第二，反映在文化人类学上的文化观点。其透过对各主要分支的理论描述，来讨论各学派与理论个主张与关联。最初，人类学的研究仍以生物和博物学观点看待一切，特别是体质与文化方面，因此有两个以泛文化比较为基础的学派影响甚大，即社会演化论和传播论。前者以达尔文演化论为基础，主张所有人类的社会是单线进化的，文化进化的过程是由物质上的落后到先进，思维上的简单到复杂，而各文化即存在不同的进化阶段。体质人类学在考古学家与体质人类学家合作下展开对灵长类的长期田野观察，希望以此方式解答史前考古学无法研究人类先祖行为的遗憾，而这类研究其中又意外启发对灵长类语言沟通系统的研究。

20 世纪以来，文化人类学和体质人类学开始分离，同时许多人类学家开始转向所谓"文化多元论"观点，并出现许多流派。

进化学派。与人类学同时诞生。开创了对文化的科学研究，摩尔根，泰勒，巴斯蒂安等提出了文化，社会进化的时间序列，着重文化的纵向发展，也成为进化学派的创始人。18 世纪孟德斯鸠等的启蒙思想，19 世纪自然科学的进步，以《物种起源》为标志的生物进化学说，18—19 世纪的社会进化观等，都是 19 世纪人类学进化学派的文化，社会进化思想产生的基础。理论进化学派以进化的思想研究人类社会及其文化，认为人类同源，本质一致，有共同心理，因此产生同样的文化，社会发展有共同的途径，由低级向高级进化。泰勒被称为人类学之父，他在《原始文化》中提出文化是进化的。摩尔根在《人类家族的血亲和姻亲制度》中在研究婚姻家庭进化的基础上，建构家庭的发展历史，初步提出了社会进化的问题。在《古代社会》进一步全面地发展了社会进化思想，论证了人类从蒙昧时代经过野蛮时代到文明时代的发展过程。

博厄斯和文化历史学派。博厄斯首先摒弃了那种选择事实，附会于抽象的进化理论的研究方法，注重实地研究并倾向于所谓功能观点，坚持对任何一种文化进行整体性的考察。他是文化历史学派的主要人物，这个学派在美国文化人类学领域占统治地位。

法国社会学派。莫斯和"社会学"学派一般来说，莫斯和博厄斯一样，主张系统地研究社会现象，但方式略有不同。他指出社会是"自我调节"并趋于均衡的系统，系统各要素的作用是保持系统的整合与适应。他启发了后来的功能主义思想，影响了整整一代欧洲社会学家和人类学家。

广涵播化论者。这派理论也反对经典进化论，认为少数文明中心创造了存在至今的全部文化，而且播化或文化特征的传播是人类发展的基本动力。他们把文明中心称为"文化圈"，所以也叫文化圈学派。

功能主义和结构主义。马林诺夫斯基是功能派的代表人物。这派认为，解释人类学事实的唯一途径是说明它在一定文化中正在发挥的功能，因此人类学研究的目标是把握文化整体与各个部分之间的有机联系，历史的比较方法意义不大。相反，拉德克利夫-布朗是结构主义的倡导者。这派认为人类学研究的目的在于揭示超乎经验事实的系统的本质。

文化心理学。这派的基本思想是文化决定每个个人的心理构成，反对普遍精神或人类本质的概念。例如，潘乃德在美国西南部研究中发现，印第安人的思维方式或推理方式与其邻近人种完全不同，因此文化决定心理趋向。如今，文化与个性的研究更加广泛，例如对价值体系和民族性格的研究。

文化唯物主义。文化唯物论美国人类学家哈里斯在1979年出版的《文化唯物论》，书中提出文化唯物论的思想。其理论强调生殖的或人口的压力及生态压力对社会文化系统的决定作用。哈里斯认为，人性的生物心理的基本需要(如食物、性、情感等)导致了四种普遍的人类组织层次。《文化唯物论》一书也称为是"哈里斯所写的最重要的一部著作"。

总之，文化人类学还是一门年轻的科学，还没有构成完全一致的理论体系。但是如果人类学家能够避免种族中心主义，并创造出普遍客观化的概念，关于文化的"科学"是可以建立起来的。

思考题

1. 人类学含义及其学科特点？

2. 以人类学纪录片为例，说明人类学的研究意义。

3. 人类学的两大基本流派的研究内容有哪些？

参考文献

1. 邓正来：《研究与反思——中国社会科学自主性的思考》，沈阳，辽宁大学出版社，1998。

2. 哈贝马斯：《作为"意识形态"的技术与科学》，李黎、郭官义译，上海，学林出版社，1999。

3. 华勒斯坦等著：《开放社会科学》，刘锋译，北京，生活·读书·新知三联书店，1998。

4. 汪晖：《汪晖自选集》，桂林，广西师范大学出版社，1997。

5. 王铭铭：《想象的异邦——社会与文化人类学散论》，上海，上海人民出版社，1998。

第十六章　管理学

管理学是一门综合性的交叉学科，是系统研究管理活动的基本规律和一般方法的科学。管理学是适应现代社会化大生产的需要产生的，它的目的是：研究在现有的条件下，如何通过合理的组织和配置人、财、物等因素，提高生产力的水平。

第一节　管理含义及其特点

一、管理含义及其特点

管理概念。管理就是为了实现组织的目标，而对组织的各项资源及其有机结合所形成的活动进行计划、组织、领导与控制，以较少的投入获得较多产出的过程。管理特点：管理是在一定的环境中进行的；管理对象是组织中的所有资源及其活动过程；管理要通过计划、组织、领导与控制等职能来实现；管理是有一定规律的；管理的目的是要实现组织的目标。管理性质：管理二重性理论揭示了管理的性质。管理是在一定的生产方式下进行的，它一方面同生产力、社会化大生产相联系，具有组织技术属性；另一方面同生产关系、社会制度相联系，具有社会经济属性。掌握管理二重性理论的现实意义：认真研究别人，取之精华，去之糟粕；正确对待自己，创建有中国特色的管理。

二、塑造有效的管理者

管理者的概念及特征。管理者的概念：管理者是拥有组织的制度权力，并以此为基础从事管理活动的人。管理者的特征：拥有奖惩他人的权力，必须执行一定的管理职能，人格一般是双重的。管理者角色与定位。管理者要扮演三方面的角色：人际关系方面，信息沟通方面，决策制定方面。管理者的三种定位：作为下属的定位，作为同事的定位，作为上司的定位。管理者的层级及职责。管理者层级分类：有高层管理者、中层管理者和基层管理者。按性质分有综合管理者和职能管理者。管理者的职责：高层管理者的职责、中层管理者的职责和基层管理者的职责。管理者素质及必备技能。管理者素质的含义：管理者素质是指从事管理工作所必须具备的品质和能力。包括：人格素质、知识素质、能力素质和身体素质。管理者技能：技术技能，人际技能，概念技能。

三、管理环境

管理环境是指影响管理系统生存和发展的一切要素的总和，它包括外部环境和内部环境两个方面。管理的外部环境是存在于管理系统之外，并对管理系统的建立、存在和发展产生影响的外界客观情况和条件。管理的内部环境则是存在于管理系统之内的、作为管理系统存在和发展的客观条件的总和。

第二节　管理学流派

一、古典管理理论的内容及对现代管理的启示

1. 泰罗的科学管理理论的内容及对现代管理的启示

科学管理理论（Scientific Management Theory），由 F. W. 泰罗提出，又名古典管理理论、传统管理理论。EMBA、CEO 必读 12 篇及 MBA 等现代经管教育把科学管理概括为：科学，而不是单凭经验办事；和谐，而不是合作；合作，而不是个人主义；以最大限度的产出，取代有限的产出，每人都发挥最大的工作效率，获得最大的成功，就是用高效率的生产方式代替低成本的生产方式，以加强劳动力成本控制。

管理方法和理论：弗雷德里克·温斯洛·泰罗是美国古典管理学家，科学管理的创始人，被管理界誉为科学管理之父。在米德维尔工厂，他从一名学徒工开始，先后被提拔为车间管理员，技师，小组长，工长，设计室主任和总工程师。在这家工厂的经历使他了解工人们普遍怠工的原因，他感到缺乏有效的管理手段是提高生产率的严重障碍。为此，泰罗开始探索科学的管理方法和理论。泰罗从"车床前的工人"开始，重点研究是企业内部具体工作的效率。在他的管理生涯中，他不断在工厂实地进行试验，系统地研究和分析工人的操作方法和动作所花费的时间，逐渐形成其管理体系——科学管理。泰罗在他的主要著作《科学管理原理》中所阐述了科学管理理论，使人们认识到了管理是一门建立在明确的法规、条文和原则之上的科学。泰罗的科学管理主要有两大贡献：一是管理要走向科学；二是劳资双方的精神革命。

泰罗认为科学管理的根本目的是谋求最高劳动生产率，最高的工作效率是雇主和雇员达到共同富裕的基础，要达到最高的工作效率的重要手段是用科学化的、标准化的管理方法代替经验管理。泰罗认为最佳的管理方法是任务管理法，他在书中这样写道：广义地讲，对通常所采用的最佳管理模式可以这样下定义：在这种管理体制下，工人们发挥最大程度的积极性；作为回报，则从他们的雇主那里取得某些特殊的刺激。这种管理模式将被称为"积极性加刺激性"的管理，或称任务管理，对之要作出比较。

新的管理任务：第一，对工人操作的每个动作进行科学研究，用以替代老的单凭经验的办法。第二，科学地挑选工人，并进行培训和教育，使之成长；而在过去，则是由工人任意挑选自己的工作，并根据各自的可能进行自我培训。第三，与工人的亲密协作，以保证一切工作都按已发展起来的科学原则去办。第四，资方和工人们之间在工作和职责上几乎是均分的，资方把自己比工人更胜任那部分工作承揽下来；而在过去，几乎所有的工作和大部分的职责都推到了工人们的身上。

精神革命：科学管理不仅仅是将科学化、标准化引入管理，更重要的是提出了实施科学管理的核心问题——精神革命。精神革命是基于科学管理认为雇主和雇员双方的利益是一致的。因为对于雇主而言，追求的不仅是利润，更重要的是事业的发展。而事业的发展不仅会给雇员带来较丰厚的工资，而且更意味着充分发挥其个人潜质，满足自我实现的需要。正是这事业使雇主和雇员相联系在一起，当双方友好合作，互相帮助来代替对抗和斗争时，就能通过双方共同的努力提高工作效率，生产出比过去更大的利润来，从可使雇主的利润得到增加，企业规模得到扩大。相应地，也可使雇员工资提高，满意度增加。思想上的革命：科学管理的实质是一切企业或机构中的工人们的一次完全的思想革命——也就是这些工人，在对待他们的工作责任，对待他们的同事，对待他们的雇主态度的一次完全的思想革命。同时，也是管理方面的工长、厂长、雇主、董事会，在对他们的同事、他们的工人和对所有的日常工作问题责任上的一次完全的思想革命。没有工人与管理人员双方在思想上的一次完全的革命，科学管理就不会存在。

科学管理的实质：泰罗的科学管理理论，使人们认识到了管理学是一门建立在明确的法规、条文和原则之上的科学，它适用于人类的各种活动，从最简单的个人行为到经过充分组织安排的大公司的业务活动。科学管理理论对管理学理论和管理实践的影响是深远的，直到今天，科学管理的许多思想和做法至今仍被许多国家参照采用。

管理理论观点：第一，管理科学的根本目的是谋求最高工作效率。泰罗认为，最高的工作效率是工厂主和工人共同达到富裕的基础。第二，达到最高工作效率的重要手段，是用科学的管理方法代替旧的经验管理。第三，实施科学管理的核心问题，是要求管理人员和工人双方在精神上和思想上来一个彻底变革。根据以上观点，泰罗提出了以下的管理制度。第一，对工人提出科学的操作方法，以便合理利用工时，提高工效。第二，在工资制度上实行差别计件制。第三，对工人进行科学的选择、培训和提高。第四，制定科学的工艺规程，并用文件形式固定下来以利推广。第五，管理和劳动分离，把管理工作称为计划职能，工人的劳动称为执行职能。

科学管理论的产生对于管理学的形成与发展起到了以下的作用：第一，它冲破了百多年沿袭下来的传统的落后的经验管理方法，将科学引进了管理领域，并且创立了一套具体的科学管理方法来代替单凭个人经验进行作业和管理的旧方法。这是管理理论上的创新，也为管理实践开辟了新局面。第二，由于采用了科学的管理方法和科学的操作程序，使生产效率提高了二三倍，推动了生产的发展，适应了资本主义经济在这个时期的发展的需要。第三，由于管理职能与执行职能的分离，企业中开始有一些人专门从事管理工作。这就使管理理论的创立和发展有了实践基础。

泰罗对科学管理作了这样的定义，他说："诸种要素——不是个别要素的结合，构成了科学管理，它可以概括如下：科学，不是单凭经验的方法。协调，不是不和别人合作，不是个人主义。最高的产量，取代有限的产量。发挥每个人最高的效率，实现最大的富裕。"这个定义，既阐明了科学管理的真正内涵，又综合反映了泰罗的科学管理思想。

在当时美国的企业中，由于普遍实行经验管理，由此造成一个突出的矛盾，就是资本家不知道工人一天到底能干多少活，但总嫌工人干活少，拿工资多，于是就往往通过延长劳动时间、增加劳动强度来加重对工人的剥削。而工人，也不确切知道自己一天到底能干多少活，但总认为自己干活多，拿工资少。当资本家加重对工人的剥削，工人就用"磨洋工"消极对抗，这样企业的劳动生产率当然不会高。

泰罗认为管理的中心问题是提高劳动生产率。为了改善工作表现，他提出：第一，企业要设立一个专门制定定额的部门或机构，这样的机构不但在管理上是必要的，而且在经济上也是合算的。第二，要制定出有科学依据的工人的"合理日工作量"，就必须通过各种试验和测量，进行劳动动作研究和工作研究。其方法是选择合适且技术熟练的工人；研究这些人在工作中使用的基本操作或动作的精确序列，以及每个人所使用的工具；用秒表记录每一基本动作所需时间，加上必要的休息时间和延误时间，找出做每一步工作的最快方法；消除所有错误动作、缓慢动作和无效动作；将最快最好的动作和最佳工具组合在一起，成为一个序列，从而确定工人"合理的日工作量"，即劳动定额。第三，根据定额完成情况，实行差别计件工资制，使工人的贡献大小与工资高低紧密挂钩。

在制定工作定额时，泰罗是以"第一流的工人在不损害其健康的情况下，维护较长年限的速度"为标准，这种速度不是以突击活动或持续紧张为基础，而是以工人能长期维持的正常速度为基础。通过对个人作业的详细检查，在确定做某件事的每一步操作和行动之后，泰罗能够确定出完成某项工作的最佳时间。有了这种信息，管理者就可以判断出工人是否干得很出色。

为了提高劳动生产率，必须为工作挑选头等工人，既是泰罗在《科学管理原理》中提出的一个重要思想，也是他为企业的人事管理提出的一条重要原则。

泰罗指出，健全的人事管理的基本原则是使工人的能力同工作相适应，企业管理当局的责任在于为雇员找到最合适的工作，培训他们成为第一流的工人，激励他们尽最大的力量来工作。为了挖掘人的最大潜力，还必须做到人尽其才。因为每个人都具有不同的才能，不是每个人都适合于做任何一项工作的，这和人的性格特点、个人特长有着密切的关系。为了最大限度地提高生产率，对某一项工作，必须找出最适宜干这项工作的人，同时还要最大限度地挖掘最适宜于这项工作的人的最大潜力，才有可能达到最高效率。因此对任何一项工作必须要挑选出"第一流的工人"即头等工人。然后再对第一流的人利用作业原理和时间原理进行动作优化，以使其达到最高效率。

对于第一流工人，泰罗是这样说明的："我认为那些能够工作而不想工作的人不能成为我所说的'第一流的工人'。我曾试图阐明每一种类型的工人都能找到某些工作，使他成为第一流的工人，除了那些完全能做这些工作而不愿做的人。"所以泰罗指出，人具有不同的天赋和才能，只要工作合适，都能成为第一流的工人。而所谓"非第一流的工人"，泰罗认为只是指那些体力或智力不适合他们工作的人，或那些虽然工作合适但不愿努力工作的人。总之，泰罗所说的第一流的工人，就是指那些最适合又最愿意干某种工作的人。所谓挑选第一流工人，就是指在企业人事管理中，要把合适的人安排到合适的岗位上。只有做到这一点，才能充分发挥人的潜能，才能促进劳动生产率的提高。这样，重活、体力活，让力气大的人干，而精细的活只有找细心的人来做。

泰罗不同意传统的由工人挑选工作，并根据各自的可能进行自我培训的方法，而是提出管理人员要主动承担这一责任，科学选择并不断地培训工人。泰罗指出："管理人员的责任是细致地研究每一个工人的性格、脾气和工作表现，找出他们的能力；另一方面，更重要的是发现每一个工人向前发展的可能性，并且逐步地系统地训练，帮助和指导每个工人，为他们提供上进的机会。这样，使工人在雇用他的公司里，能担任最高、最有兴趣、最有利、最适合他们能力的工作。这种科学地选择与培训工人并不是一次性的行为，而是每年要进行的，是管理人员要不断加以探讨的课题。"在进行搬运生铁的试验后，泰罗指出：可以清楚地是，甚至在已知的最原始的工种上，也有一种科学。如果仔细挑选了最适宜于干这类活计的工人，而又发现了干活的科学规律，仔细选出来的工人已培训得能按照这种科学去干活，那么所得的结果必然会比那些在"积极性加刺激性"的计划下工作的结果丰硕得多。可见，挑选第一流工人的原则，是对任何管理都普遍适用的原则。

泰罗认为，科学管理是过去曾存在的多种要素的结合。他把老的知识收集起来加以分析组合并归类成规律和条例，于是构成了一种科学。工人提高劳动生产率的潜力是非常大的，人的潜力不会自动跑出来，怎样才能最大限度地挖掘这种潜力呢？方法就是把工人多年积累的经验知识和传统的技巧归纳整理并结合起来，然后进行分析比较，从中找出其具有共性和规律性的东西，然后利用上述原理将其标准化，这样就形成了科学的方法。用这一方法对工人的操作方法、使用的工具、劳动和休息的时间进行合理搭配，同时对机器安排、环境因素等进行改进，消除种种不合理的因素，把最好的因素结合起来，这就形成一种最好的方法。

泰罗还进一步指出，管理人员的首要责任就是把过去工人自己通过长期实践积累的大量的传统知识、技能和诀窍集中起来，并主动把这些传统的经验收集起来、记录下来、编成表格，然后将它们概括为规律和守则，有些甚至概括为数学公式，然后将这些规律、守则、公式在全厂实行。在经验管理的情况下，对工人在劳动中使用什么样的工具、怎样操作机器，缺乏科学研究，没有统一标准，而只是凭师傅教徒弟的传授或个人在实际中摸索。泰罗认为，在科学管理的情况下，要想用科学知识代替个人经验，一个很重要的措施就是实行工具标准化、操作标准化、劳动动作标准化、劳动环境标准化等标准化管理。这是因为，只有实行标准化，才能使工人使用更有效的工具，采用更有效的工作方法，从而达到提高劳动生产率的目的；只有实现标准化，才能使工人在标准设备、标准条件下工作，才能对其工作成绩进行公正合理的衡量。

要让每个人都用正确的方法作业，对工人操作的每一个动作进行科学研究，用以代替传统的经验方法。为此应把每次操作分解成许多动作，并继而把动作细分为动素，即动作是由哪几个动作要素所组成的，然后再研究每项动作的必要性和合理性，去掉那些不合理的动作要素，并对保留下来的必要成分，依据经济合理的原则，加以改进和合并，以形成标准的作业方法。在动作分解与作业分析的基础上进一步观察和分析工人完成每项动作所需要的时间，考虑到满足一些生理需要的时间和不可避免的情况而耽误的时间，为标准作业的方法制定标准的作业时间，以便确定工人的劳动定额，即一天合理的工作量。

泰罗不仅提出了实行标准化的主张，而且也为标准化的制定进行了积极的试验。在搬运生铁的试验中，泰罗得出一个适合做搬运工作的工人，在正常情况下，一天至少可搬47.5吨铁块的结论；在铲具试验中，他得出铁锹每次铲物在重21磅时，劳动效率最高的结论；在长达26年的金属切削试验中，他得出影响切割速度的12个变数及其反映它们之间相关关系的数学公式等，为工作标准化、工具标准化和操作标准化的制定提供了科学的依据。

所以，泰罗认为标准化对劳资双方都是有利的，不仅每个工人的产量大大增加，工作质量大为提高，得到更高的工资，而且使工人建立一种用科学的工作方法，使公司获得更多的利润。

在差别计件工资制提出之前，泰罗详细研究了当时资本主义企业中所推行的工资制度，例如，日工资制和一般计件工资制等，其中也包括对在他之前由美国管理学家亨利·汤提出的劳资双方收益共享制度和弗雷德里克·哈尔西提出的工资加超产奖金的制度。经过分析，泰罗对这些工资方案的管理方式都不满意。泰罗认为，现行工资制度所存在的共同缺陷，就是不能充分调动职工的积极性，不能满足效率最高的原则。例如，实行日工资制，工资实际是按职务或岗位发放，这样在同一职务和岗位上的人不免产生平均主义。在这种情况下，"就算最有进取心的工人，不久也会发现努力工作对他没有好处，最好的办法是尽量减少做工而仍能保持他的地位"。这就不可避免地将大家的工作拖到中等以下的水平。又如在传统的计件工资制中，虽然工人在一定范围内可以多干多得，但超过一定范围，资本家为了分享迅速生产带来的利益，就要降低工资。在这种情况下，尽管工人努力工作，也只能获得比原来计日工资略多一点的收入。这就容易导致这种情况：尽管管理者想千方百计地使工人增加产量，而工人则会控制工作速度，使他们的收入不超过某一个工资率。因为工人知道，一旦他们的工作速度超过了这个数量，计件工资迟早会降低。

于是，泰罗在1895年提出了一种具有很大刺激性的报酬制度——"差别工资制"方案。其主要内容是：第一，设立专门的制定定额部门。这个部门的主要任务是通过计件和工时的研究，进行科学的测量和计算，制定出一个标准制度，以确定合理的劳动定额和恰当的工资率，从而改变过去那种以估计和经验为依据的方法。第二，制定差别工资率。即按照工人是否完成定额而采用不同的工资率。如果工人能够保质保量地完成定额，就按高的工资率付酬，以资鼓励；如果工人的生产没有达到定额就将全部工作量按低的工资率付给，并给以警告，如不改进，就要被解雇。例如，某项工作定额是 10 件，每件完成给 0.1 元。又规定该项工作完成定额工资率为 125％，未完成定额率为 80％，那么，如果完成定额，就可得工资为 $10×0.1×125％=1.25(元)$；如未完成定额，例如，哪怕完成了 9 件，也只能得工资为 $9×0.1×80％=0.72(元)$。第三，工资支付的对象是工人，而不是根据职位和工种，也就是说，每个人的工资尽可能地按他的技能和工作所付出的劳动来计算，而不是按他的职位来计算。其目的是克服工人"磨洋工"现象，同时也是为了调动工人的积极性。要对每个人在准时上班、出勤率、诚实、快捷、技能及准确程度方面作出系统和细微的记录，然后根据这些记录不断调整他的工资。

泰罗为他所提出的差别计件工资制，总结了许多优点，其中最主要有以下三点：第一，有利于充分发挥个人积极性，有利于提高劳动生产率，能够真正实现"高工资和低劳动成本"。第二，由于制定计件工资制与日工资率是经过正确观察和科学测定的，又能真正做到多劳多得，因此这种制度就能更加公平地对待工人。第三，能够迅速地清除所有低能的工人，吸收适合的工人来工作。因为只有真正好的工人，才能做到又快又准确，可以取得高工资率。泰罗认为这是实行差别计件工资制最大的优点。

为此，泰罗在总结差别计件工资制实施情况时说："制度(差别计件工资制)对工人士气影响的效果是显著的。当工人们感觉受到公正的待遇时，就会更加英勇、更加坦率和更加诚实，他们会更加愉快地工作，在工人之间和工人与雇主之间建立互相帮助的关系。"

泰罗在《科学管理原理》一书中指出："资方和工人的紧密、亲切和个人之间的合作，是现代科学或责任管理的精髓。"他认为，没有劳资双方的密切合作，任何科学管理的制度和方法都难以实施，难以发挥作用。

那么，怎样才能实现劳资双方的密切合作呢？泰罗指出，必须使劳资双方实行"一次完全的思想革命"和"观念上的伟大转变"。泰罗在《在美国国会的证词》中指出："科学管理不是任何一种效率措施，不是一种取得效率的措施；也不是一批或一组取得效率的措施；它不是一种新的成本核算制度；它不是一种新的工资制度；它不是一种计件工资制度；它不是一种分红制度；它不是一种奖金制度；它不是一种报酬职工的方式；它不是时间研究；它不是动作研究……我相信它们，但我强调指出这些措施都不是科学管理，它们是科学管理的有用附件，因而也是其他管理的有用附件。"

泰罗进一步宣称，"科学管理在实质上包含着要求在任何一个具体机构或工业中工作的工人进行一场全面心理革命——要求他们在对待工作、同伴和雇主的义务上进行一种全面的心理革命。此外，科学管理也要求管理部门的人——工长、监工、企业所有人，董事会——进行一场全面的心理革命，要求他们在对管理部门的同事、对他们的工人和所有日常问题的责任上进行一场全面的心理革命。没有双方的这种全面的心理革命，科学管理就不能存在"；"在科学管理中，劳资双方在思想上要发生的大革命就是：双方不再把注意力放在盈余分配上，不再把盈余分配看作最重要的事情。他们将注意力转向增加盈余的数量上，使盈余增加到使如何分配盈余的争论成为不必要。他们将会明白，当他们停止互相对抗，转为向一个方面并肩前进时，他们的共同努力所创造出来的盈利会大得惊人。他们会懂得，当他们用友谊合作、互相帮助来代替敌对情绪时，通过共同努力，就能创造出比过去大得多的盈余。"

也就是说，要使劳资双方进行密切合作，关键不在于制定什么制度和方法，而是要实行劳资双方在思想和观念上的根本转变。如果劳资双方都把注意力放在提高劳动生产率上。劳动生产率提高了，不仅工人可以多拿工资，而且资本家也可以多拿利润，从而可以实现双方"最大限度的富裕"。

例如，在铁锹试验中，每个工人每天的平均搬运量从原来的 16 吨提高到 59 吨；工人每日的工资从 1.15 美元提高到 1.88 美元。而每吨的搬运费从 7.5 美分降到 3.3 美分，对雇主来说，关心的是成本的降低；而工人关心的则是工资的提高，所以泰罗认为这就是劳资双方进行"精神革命"，从事合作的基础。

泰罗指出："在老体制下，所有工作程序都由工人凭他个人或师傅的经验去干，工作效率由工人自己决定；"由于这与工人的熟练程度和个人的心态有关，即使工人能十分适应科学数据的使用，但要他同时在机器和写字台上工作，实际是不可能的。泰罗深信这不是最高效率，必须用科学的方法来改变。为此，泰罗主张："由资方按科学规律去办事，要均分资方和工人之间的工作和职责"，要把计划职能与执行职能分开并在企业设立专门的计划机构。泰罗在《工厂管理》一书中为专门设立的计划部门规定了 17 项主要负责的工作，包括企业生产管理、设备管理、库存管理、成本管理、安全管理、技术管理、劳动管理、营销管理等各个方面。所以，泰罗所谓计划职能与执行职能分开，实际是把管理职能与执行职能分开；所谓设置专门的计划部门，实际是设置专门的管理部门；所谓"均分资方和工人之间的工作和职责"，实际是说让资方承担管理职责，让工人承担执行职责。这也就进一步明确厂资方与工人之间、管理者与被管理者之间的关系。

泰罗把计划的职能和执行的职能分开，改变了凭经验工作的方法，而代之以科学的工作方法，即找出标准，制定标准，然后按标准办事。要确保管理任务的完成，应由专门的计划部门来承担找出和制定标准的工作。

　　具体说来，计划部门要从事全部的计划工作并对工人发布命令，其主要任务是：第一，进行调查研究并以此作为确定定额和操作方法的依据。第二，制定有科学依据的定额和标准化的操作方法和工具。第三，拟订计划并发布指令和命令。第四，把标准和实际情况进行比较，以便进行有效的控制等工作。在现场，工人或工头则从事执行的职能，按照计划部门制定的操作方法的指示，使用规定的标准工具，从事实际操作，不能自作主张、自行其是。泰罗的这种管理方法使得管理思想的发展向前迈出了一大步，将分工理论进一步拓展到管理领域。

　　泰罗的科学管理理论并不是脱离实际的，其几乎所有管理原理、原则和方法，都是经过自己亲自试验和认真研究所提出的。它的内容里所涉及的方面都是以前各种管理理论的总结，与所有管理理论一样，都是为了提高生产效率，但它是最成功的。它坚持了竞争原则和以人为本原则。竞争原则体现为给每一个生产过程中的动作建立一个评价标准，并以此作为对工人奖惩的标准，使每个工人都必须达到一个标准并不断超越这个标准，而且超过越多越好。于是，随着标准的不断提高，工人的进取心就永不会停止，生产效率必然也跟着提高；以人为本原则体现为这个理论是适用于每个人的，它不是空泛的教条，是实实在在的，是以工人在实际工作中的较高水平为衡量标准的，因此既可使工人不断进取，又不会让他们认为标准太高或太低。以人为本是科学发展的一个趋势，呆板或愚昧最终会被淘汰。

　　科学管理理论很明显地是一个综合概念。它不仅仅是一种思想，一种观念，也是一种具体的操作规程，是对具体操作的指导。它们是：首先，以工作的每个元素的科学划分方法代替陈旧的经验管理工作法；其次，员工选拔、培训和开发的科学方法代替先前实行的那种自己选择工作和想怎样就怎样的训练做法；再次，与工人经常沟通以保证其所做的全部工作与科学管理原理相一致；最后，管理者与工人应有基本平等的工作和责任范围。管理者将担负起其恰当的责任，而过去，几乎所有的工作和大部分责任都压在了工人身上。

　　20世纪以来，科学管理在美国和欧洲大受欢迎。90多年来，科学管理思想仍然发挥着巨大的作用。当然，泰罗的科学管理理论也有其一定的局限性，如研究的范围比较小，内容比较窄，侧重于生产作业管理。另外泰罗对于现代企业的经营管理、市场、营销、财务等都没有涉及。更为重要的是他对人性假设的局限性，即认为人仅仅是一种经济人，这无疑限制了泰罗的视野和高度。泰罗的科学管理理论有效解决了车间生产效益的问题，未能解决企业如何经营与管理的问题。但这些也正是需要泰罗之后的管理大师们创建新的管理理论来加以补充的地方。

2. 法约尔的一般组织理论的内容及对现代管理的启示

亨利·法约尔(HENRIFAYOL，1841—1925 年)，法国人，早期就参与企业的管理工作，并长期担任企业高级领导职务。泰勒的研究是从"车床前的工人"开始，重点内容是企业内部具体工作的效率。法约尔的研究则是从"办公桌前的总经理"出发的，以企业整体作为研究对象。他认为，管理理论是"指有关管理的、得到普遍承认的理论，是经过普遍经验检验并得到论证的一套有关原则、标准、方法、程序等内容的完整体系"；有关管理的理论和方法不仅适用于公私企业，也适用于军政机关和社会团体。这正是其一般管理理论的基石。

法约尔的著述很多，1916 年出版的《工业管理和一般管理》是其最主要的代表作，标志着一般管理理论的形成。

第一，从企业经营活动中提炼出管理活动。法约尔区别了经营和管理，认为这是两个不同的概念，管理包括在经营之中。通过对企业全部活动的分析，将管理活动从经营职能(包括技术、商业、业务、安全和会计五大职能)中提炼出来，成为经营的第六项职能。进一步得出了普遍意义上的管理定义，即"管理是普遍的一种单独活动，有自己的一套知识体系，由各种职能构成，管理者通过完成各种职能来实现目标的一个过程"。法约尔还分析了处于不同管理层次的管理者其各种能力的相对要求，随着企业由小到大、职位由低到高，管理能力在管理者必要能力中的相对重要性不断增加，而其他诸如技术、商业、财务、安全、会计等能力的重要性则会相对下降。

第二，倡导管理教育。法约尔认为管理能力可以通过教育来获得，"缺少管理教育"是由于"没有管理理论"，每一个管理者都按照他自己的方法、原则和个人的经验行事，但是谁也不曾设法使那些被人们接受的规则和经验变成普遍的管理理论。

第三，提出五大管理职能。法约尔将管理活动分为计划、组织、指挥、协调和控制五大管理职能，并进行了相应的分析和讨论。管理的五大职能并不是企业管理者个人的责任，它同企业经营的其他五大活动一样，是种分配于领导人与整个组织成员之间的工作。

第四，提出十四项管理原则。法约尔提出了一般管理的 14 项原则：劳动分工；权力与责任；纪律；统一指挥；统一领导；个人利益服从整体利益；人员报酬；集中；等级制度；秩序；公平；人员稳定；首创精神；团队精神。

法约尔的一般管理理论是西方古典管理思想的重要代表，后来成为管理过程学派的理论基础(该学派将法约尔尊奉为开山祖师)，也是以后各种管理理论和管理实践的重要依据，对管理理论的发展和企业管理的历程均有着深刻的影响。管理之所以能够走进大学讲堂，全赖于法约尔的卓越贡献。一般管理思想的系统性和理论性强，对管理五大职能的分析为管理科学提供了一套科学的理论构架，来源于长期实践经验的管理原则给实际管理人员巨大的帮助，其中某些原则甚至以"公理"的形式为人们接受和使用。因此，继泰勒的科学管理之后，一般管理也被誉为管理史上的第二座丰碑。

在今天看来，法约尔的主张和术语实在是太平凡了，未曾系统学习过管理理论的人也会对一般管理理论产生"于我心有戚戚焉"之感，因而常被看作是极其一般的东西。然而，正是由一般管理理论才淬炼出管理的普遍原则，使管理得以作为可以基准化的职能，在企业经营乃至社会生活的各方面发挥着重要作用。时至今日，法约尔的一般管理思想仍然闪耀着光芒，其管理原则仍然可以作为我们管理实践的指南。

管理思想既是文化环境的产物，又是文化环境的过程。它是被依于文化模式、道德水准和社会制度的变迁而不断向前发展的。只有站在这个高度，才能真正领会到法约尔一般管理理论中所蕴含的精神实质，才能在现代管理中"巧用其芒"。

没有原则，人们就处于黑暗和混乱之中，但是如果没有经验和尺度，即使有最好的原则，人们仍将处于困惑和不安之中。原则是灯塔，它虽能照明所有的路，且一视同仁，但它只会被那些知道自己方向的人所利用。法约尔提出的管理原则，包含了许多对管理精髓的感悟。这些原则是用来指导理论和实际工作的，是指导行动的灵活信条，而不是一成不变的法则。教条化的理解只能导出教条化的结局——管理失效；要使管理真正有效，还必须积累自己的经验，并适宜地掌握合理运用这些原则的尺度。

管理必须善于预见未来。法约尔十分重视计划职能，尤其强调制订长期计划，这是他对管理思想做出的一个杰出贡献。他的这一主张，在今天看来仍像在他那个时代一样重要。面对剧烈变化的环境，计划职能更为关键。许多企业缺乏战略管理的思维，很少考虑长期的发展，不制订长期规划，其结果多为短期行为，丧失长远发展的后劲，埋下了不稳定的隐患。

尽管法约尔早就提出了"管理能力可以通过教育来获得"的思想，但今天，企业界的许多领导人仍然信奉"经验至上主义"，认为"实践和经验是取得管理资格的唯一途径"。在企业运营中，他们推崇经验管理，墨守管理陈规，轻视管理培训；最终导致在企业快速成长阶段，管理能力不足和管理人才缺乏的并存局面。通过管理教育，可以迅速提升管理层的管理能力，也可以迅速造就急需的管理人才，这是世界级大企业的公认准则。企业的所有管理人员均应该接受必要的管理培训，这也是企业得以良性发展的重要基准。接受正规商业教育的 MBA 的职业化成功，一定程度上将依赖企业界人士观念的转变。

"向管理要效益"已逐渐成为中国企业的共识，而"管理出效益"现象的遍地开花尚待时日。计划、组织和控制等术语已被众多的管理者所熟知，但理应记住，管理职能绝不是在真空中起作用的，而是在实践中得到运用和强化的。将法约尔的这些朴素的管理原则和职能落到实处才是企业走向成功的基石。

亨利·法约尔是直到 20 世纪上半叶为止，欧洲贡献给管理运动的最杰出的大师，被后人尊称为"现代经营管理之父"。他最主要的贡献在于三个方面：从经营职能中独立出管理活动；提出管理活动所需的五大职能和 14 条管理原则。这三个方面也是其一般管理理论的核心。它与泰勒的科学管理并不是矛盾的，只不过是从两个方面来看待和总结管理实践的。这些管理的职能和原则对企业而言，是"为和不为"的问题，而不是"能和不能"的问题；实质上也是企业维系长期的有效竞争的平台，有之未必然，无之必不然。认为"实践和经验是取得管理资格的唯一。"

二、行为科学理论的内容及对现代管理的启示

霍桑实验的三点结论：员工是社会人，要重视非正式组织，要提高员工的满足度。启示：要重视人的作用。在人际关系学派以前，各种管理理论主要强调管理的科学性和严密性，轻视人的作用，把工人看作机器的附属品。梅奥学派则注重人的因素，研究人的个体行为和群体行为，强调满足职工的社会需求，而这些结论的重要依据来自于著名的霍桑实验。霍桑实验是一项以科学管理的逻辑为基础的实验。从 1924 年开始到 1932 年结束，在将近 8 年的时间内，前后共进行过两个回合：第一个回合是从 1924 年 11 月至 1927 年 5 月，在美国国家科学委员会赞助下进行的；第二个回合是从 1927 年至 1932 年，由梅奥主持进行。整个实验前后经过了四个阶段。

1. 车间照明实验——"照明实验"

照明实验的目的是为了弄明白照明的强度对生产效率所产生的影响。这项实验前后共进行了两年半的时间。然而照明实验进行得并不成功，其结果令人感到迷惑不解，因此有许多人都退出了实验。

2. 继电器装配实验——"福利实验"

1927 年梅奥接受了邀请，并组织了一批哈佛大学的教授成立了一个新的研究小组，开始了霍桑的第二阶段的"福利实验"。"福利实验"的目的是为了能够找到更有效地控制影响职工积极性的因素。梅奥他们对实验结果进行归纳，排除了四种假设：①在实验中改进物质条件和工作方法，可导致产量增加；②安排工间休息和缩短工作日，可以解除或减轻疲劳；③工间休息可减

少工作的单调性；④个人计件工资能促进产量的增加。最后得出"改变监督与控制的方法能改善人际关系，能改进工人的工作态度，促进产量的提高"的结论。

3. 大规模的访谈计划——"访谈实验"

既然实验表明管理方式与职工的士气和劳动生产率有密切的关系，那么就应该了解职工对现有的管理方式有什么意见，为改进管理方式提供依据。于是梅奥等人制订了一个征询职工意见的访谈计划，在 1928 年 9 月到 1930 年 5 月不到两年的时间内，研究人员与工厂中的两万名左右的职工进行了访谈。在访谈计划的执行过程中，研究人员对工人在交谈中的怨言进行分析，发现引起他们不满的事实与他们所埋怨的事实并不是一回事，工人在表述自己的不满与隐藏在心理深层的不满情绪并不一致。比如，有位工人表现出对计件工资率过低不满意，但深入地了解以后发现，这位工人是在为支付妻子的医药费而担心。根据这些分析，研究人员认识到，工人由于关心自己个人问题而会影响到工作的效率。所以管理人员应该了解工人的这些问题，为此，需要对管理人员，特别是要对基层的管理人员进行训练，使他们成为能够倾听并理解工人的访谈者，能够重视人的因素，在与工人相处时更为热情、更为关心他们，这样能够促进人际关系的改善和职工士气的提高。

4. 继电器绕线组的工作室实验——"群体实验"

这是一项关于工人群体的实验，其目的是要证实在以上的实验中研究人员似乎感觉到在工人当中存在着一种非正式的组织，而且这种非正式的组织对工人的态度有着极其重要的影响。实验者为了系统地观察在实验群体中工人之间的相互影响，在车间中挑选了 14 名男职工，其中有 9 名是绕线工，3 名是焊接工，2 名是检验工，让他们在一个单独的房间内工作。实验开始时，研究人员向工人说明，他们可以尽力地工作，因为在这里实行的是计件工资制。研究人员原以为，实行了这一套办法会使得职工更为努力地工作，然而结果却是出乎意料的。事实上，工人实际完成的产量只是保持在中等水平上，而且每个工人的日产量都是差不多的。根据动作和时间分析，每个工人应该完成标准的定额为 7312 个焊接点，但是工人每天只完成了 6000～6600 个焊接点就不干了，即使离下班还有较为宽裕的时间，他们也自行停工不干了。这是什么原因呢？研究者通过观察，了解到工人们自动限制产量的理由是：如果他们过分努力地工作，就可能造成其他同伴的失业，或者公司会制定出更高的生产定额来。

研究者为了了解他们之间能力的差别，还对实验组的每个人进行了灵敏度和智力测验，发现 3 名生产最慢的绕线工在灵敏度的测验中得分是最高的。其中 1 名最慢的工人在智力测验上是排行第一，灵敏度测验排行第三。

测验的结果和实际产量之间的这种关系使研究者联想到群体对这些工人的重要性。1 名工人可以因为提高他的产量而得到小组工资总额中较大的份额，而且减少失业的可能性，然而这些物质上的报酬却会带来群体非难的惩罚，因此每天只要完成群体认可的工作量就可以相安无事了。即使在一些小的事情上也能发现工人之间有着不同的派别。绕线工就一个窗户的开关问题常常发生争论，久而久之，就可以看出他们之间不同的派别了。

研究者认为，这种自然形成的非正式组织（群体），它的职能，对内在于控制其成员的行为，对外则为了保护其成员，使之不受来自管理阶层的干预。这种非正式的组织一般都存在着自然形成的领袖人物。至于它形成的原因，并不完全取决于经济的发展，主要是与更大的社会组织相联系。

在霍桑实验的总结中，梅奥特别指出以下几点：

第一，与工人谈话有助于他们解除不必要的心理负担和调整自己对于个人问题的态度及情绪，从而使他们清楚、明白地提出自己的问题。

第二，访谈有助于工人们与周围的人相处得更容易，更和谐。

第三，访谈还会提高工人与经理人员更好地合作的愿望和能力，这就有助于形成工人对工作群体和对工厂的双重归属感。

第四，与职工交谈是培养训练管理人员的重要方法。这有助于上情下达。管理人员首先必须善于帮助和启发他人表达自己的思想和情感，而不只是高谈阔论、教训别人、以自己为中心。这种经验是当前学校教育无法提供的。管理者倾听别人的意见比展露自己的知识要重要得多，这是成熟、判断力和智慧的标志。

第五，与职工交谈是获取信息的重要源泉，对于经理来说具有巨大的客观价值。经理人员有三重任务：将科学和技术应用于物质资料的生产；使生产经营活动系统化；组织协作。有些经理人员认为与职工交谈所听到的是一些人的琐事和主观意见，没有什么价值，这说明他们心目中的管理指的是上述前两方面的内容，根本没有认识到自己忽视了第三方面的任务，他们对信息视而不见，听而不闻。毫无疑问，这种疏忽和由此造成的盲目行动，必然会影响到组织的效率。

在这里，梅奥提出了人际关系的重要性，这是一个经理人员是否成熟的一个重要标志，也是一个组织是否有效的一个重要标志。他指出经理人员应该将他的下属看为一个社会群体中的社会人，而不应该看成一个群氓的个人。通过霍桑实验人们终于发现人群中的一些内部规律，为解决当时资本主义的社会问题提供了一条较好的思路。霍桑实验的研究结果否定了传统管理理论对于人的假设，表明了工人不是被动的、孤立的个体，他们的行为不仅仅受工资的刺激，影响生产效率的最重要因素不是待遇和工作条件，而是工作中的人际关系。据此，梅奥提出了自己的观点：

（1）人是"社会人"而不是"经济人"。梅奥认为，人们的行为并不单纯出自追求金钱的动机，还有社会方面的、心理方面的需要，即追求人与人之间的友情、安全感、归属感和受人尊敬等，而后者更为重要。每一个人都有自己的特点，个体的观点和个性都会影响个人对上级命令的反应和工作的表现。因此，应该把职工当作不同的个体来看待，当作社会人来对待，而不应将其视做无差别的机器或机器的一部分。因此，不能单纯从技术和物质条件着眼，而必须首先从社会心理方面考虑合理的组织与管理。

（2）企业中存在着非正式组织。企业中除了存在着为了实现企业目标而明确规定各成员相互关系和职责范围的正式组织之外，还存在着非正式组织。这种非正式组织的作用在于维护其成员的共同利益，使之免受其内部个别成员的疏忽或外部人员的干涉所造成的损失。为此非正式组织中有自己的核心人物和领袖，有大家共同遵循的观念、价值标准、行为准则和道德规范等。非正式群体就是企业成员在共同工作的过程中，由于抱有共同的社会感情而形成的非正式团体。譬如在一家企业里，在同一车间的同事之间，或者在兴趣相同的人们之间，或者因职务关系接触较多的人们之间，有各种各样的来往，从而会形成各种各样的群体，这是很自然的事。这些人的往来，不是按照正常的隶属关系进行的，这是非正式群体的重要特征。梅奥认为任何一个机构里，在正式的法定关系掩盖下都存在着大量非正式群体构成的更为复杂的社会关系体系。非正式组织对于生产效率，工作满意度都具有强大的影响。无论正式的还是非正式的组织系统，对于一个团体的活动都是不可或缺的。非正式组织是与正式组织相对而言的。梅奥指出，非正式组织与正式组织有重大差别，在正式组织中，以效率逻辑为其行为规范，而在非正式组织中，则以感情逻辑为其行为规范，如果管理人员只是根据效率逻辑来管理，而忽略工人的感情逻辑，必然会引起冲突，影响企业生产率的提高和目标的实现。因此，管理当局必须重视非正式组织的作用，注意在正式组织效率逻辑与非正式组织的感情逻辑之间保持平衡，以便管理人员与工人之间能够充分协作。梅奥根据霍桑实验的材料指出，非正式组织的存在尽管带来种种弊端，但也可以为雇员和组织带来许多好处。其中最重要的事实是这些混杂在正式组织中的非正式组织构成一个有效能的总体组织系统。梅奥认为在瞬息万变的情况下，官方正式的计划与对策，缺乏灵活性，因此不可能随机制宜地解决纷至沓来的具体问题。恰恰是这些可以灵活应变的非正式组织能够满足这些需要。非正式组织的另一种效用是减轻管理工作的负担。非正式组织的配合导致管理者放手委托并实行分权。一般来说，非正式团体对管理人员的支持，很可能导致更融洽的协调配合和更高的生产效率，从而有助于工作任务的圆满完成。梅奥认为非正式组织还具有一种为管理人员拾遗补阙、取长补短的作用。如果管理者不擅长制定计划，就会有人以非正式的方式在计划工作中帮助他，从而即使在这方面有弱点的管理人员也能制订出翔实的计划。那么，对于管理者来说，怎样才是对待非正式组织的正确态度呢？第一是要正视和重视非正式组织的存在。管理当局不能忽视和否认正式组织中存在的非正式组织，因为非正式组织的存在是一种客观现象，又是一种普遍现象。因此，管理当局对于正式组织中存在的各种非正式组织，只能重视和正视它的存在，而不能忽视和否认它的存在。第二是应对非正式组织及其成员的行为加以正确的引导，使之有利于正式组织目标的实现。如果管理人员懂得了工作中的社会力量，他在设计自己的正式组织及在进行计划、领导和控制的过程中就能做得更为巧妙些。另外，如果管理人员在其总的工作中考虑进了社会因素，那么他就能修正其组织设计。或者他也许还会采用能考虑其群体中的社会行为的任务小组或其他的一些形式；也可能当他在考虑变革已分配好的职责时，他会注意去熟悉新的社会关系中的各种阻力和推动力。

（3）新的领导能力在于提高工人的满意度。在决定劳动生产率的诸因素中，置于首位的因素是工人的满意度，而生产条件、工资报酬只是第二位的。职工的满意度越高，其士气就越高，从而产生效率就越高。高的满意度来源于工人个人需求的有效满足，不仅包括物质需求，还包括精神需求。梅奥和蒙特斯伯格所建立的人际关系学说，提出了与当时流行的泰勒科学管理思想不同的一些新观点。科学管理认为生产效率主要取决于作业方法、工作条件和工资制度。因此，只要采用恰当的工资制度、改善工作条件、制定科学的作业方法，就可以提高工人的劳动生产率。梅奥认为，生产效率的高低主要取决于工人的士气，而工人的士气则取决于他们感受到各种需要的满足程度。在这些需要中，金钱与物质方面的需要只占很少的一部分，更多的是获取友谊、得到尊重或保证安全等方面的社会需要。因此，要提高生产率，就要提高职工的士气，而提高职工士气就要努力提高职工的满足程度。所以，新型的管理人员应该认真地分析职工的需要，以便采取相应的措施。这样才能适时、充分地激励工人，达到提高劳动生产率的目的。

人际关系学说的独特之处是对人的本性的基本论点，简单地说，他们认为职工是"社会人"。这种假设认为人不但有经济方面和物质方面的需求需要得到满足，更重要的是人有社会方面和心理方面的需求需要得到满足。正是基于对人的本性的这种认识，人际关系学说认为，要调动职工的积极性，就应该使职工的社会和心理方面的需求得到满足。人际关系学说的这种认识正好与泰罗的"科学管理理论"对人的本性的基本认识相反。因此，基于"社会人"假设建立起来的人际关系学说正好是从与科学管理理论相反的角度研究如何提高企业的生产效率的问题。所以说，人际关系学说的提出，完全地改变了管理理论发展的进程。对于社会人，梅奥认为：对于社会人来说，重要的是人与人之间的合作，而不是人们在无组织的人群中互相竞争；而所有的个人主要是为保护自己在集团中的地位而不是为自我的利益而行动；从霍桑实验的结果可以发现，人的思想和行动更多的是由感情而不是由逻辑来引导的。"社会人"应具有如下三个特点：①在劳动中同其他人进行交往，紧密地结合在一起。经营管理者忽视人际关系的调整，必然造成生产中的重大问题。②一个工人进入工厂以后与同班组其他人的关系如何，在很大程度上决定这个工人的工作表现，并直接地影响其才能的正常发挥。③经营管理人员一旦抛弃认为工人群众是群氓的错误假设，重视企业内部的人际关系的不断调整，就能获得惊人的效果。

三、企业文化理论及对现代管理的启示

企业文化是在一定的条件下，企业生产经营和管理活动中所创造的具有该企业特色的精神财富和物质形态。它包括文化观念、价值观念、企业精神、道德规范、行为准则、历史传统、企业制度、文化环境、企业产品等。其中价值观是企业文化的核心。广义上说，文化是人类社会历史实践过程中所创造的物质财富与精神财富的总和；狭义上说，文化是社会的意识形态以及与之相适应的组织机构与制度。而企业文化则是企业在生产经营实践中，逐步形成的，为全体员工所认同并遵守的、带有本组织特点的使命、愿景、宗旨、精神、价值观和经营理念，以及这些理念在生产经营实践、管理制度、员工行为方式与企业对外形象的体现的总和。它与文教、科研、军事等组织的文化性质是不同的。企业文化是企业的灵魂，是推动企业发展的不竭动力。它包含着非常丰富的内容，其核心是企业的精神和价值观。这里的价值观不是泛指企业管理中的各种文化现象，而是企业或企业中的员工在从事商品生产与经营中所持有的价值观念。企业文化是企业在经营活动中形成的经营理念、经营目的、经营方针、价值观念、经营行为、社会责任、经营形象等的总和。是企业个性化的根本体现，它是企业生存、竞争、发展的灵魂。

企业文化由三个层次构成：第一，表面层的物质文化，称为企业的"硬文化"。包括厂容、厂貌、机械设备，产品造型、外观、质量等。第二，中间层次的制度文化，包括领导体制、人际关系以及各项规章制度和纪律等。第三，核心层的精神文化，称为"企业软文化"。包括各种行为规范、价值观念、企业的群体意识、职工素质和优良传统等，是企业文化的核心，被称为

企业精神。

迪尔和肯尼迪把企业文化整个理论系统概述为五个要素，即企业环境、价值观、英雄人物、文化仪式和文化网络。企业环境是指企业的性质、企业的经营方向、外部环境。企业的社会形象、与外界的联系等方面。它往往决定企业的行为。价值观是指企业内成员对某个事件或某种行为好与坏、善与恶、正确与错误、是否值得仿效的一致认识。价值观是企业文化的核心，统一的价值观使企业内成员在判断自己行为时具有统一的标准，并以此来选择自己的行为。英雄人物是指企业文化的核心人物或企业文化的人格化，其作用在于作为一种活的样板，给企业中其他员工提供可供仿效的榜样，对企业文化的形成和强化起着极为重要的作用。文化仪式是指企业内的各种表彰、奖励活动、聚会以及文娱活动等，它可以把企业中发生的某些事情戏剧化和形象化，来生动的宣传和体现本企业的价值观，使人们通过这些生动活泼的活动来领会企业文化的内涵，使企业文化"寓教于乐"之中。文化网络是指非正式的信息传递渠道，主要是传播文化信息。它是由某种非正式的组织和人群所组成，它所传递出的信息往往能反映出职工的愿望和心态。企业文化本质，是通过企业制度的严格执行衍生而成，制度上的强制或激励最终促使群体产生某一行为自觉，这一群体的行为自觉便组成了企业文化。企业文化的本质在东堂策《企业文化一字解》中得到深刻印证，其中也详细道出企业文化产生机理。企业领导者把"文化的变化人"的功应用于企业，以解决现代企业管理中的问题，就有了企业文化。企业管理理论和企业文化管理理论都追求效益。但前者为追求效益而把人当作客体，后者为追求效益把文化概念自觉应用于企业，把具有丰富创造性的人作为管理理论的中心。这种指导思想反映到企业管理中去，就有了人们称之为企业文化的种种观念。

从企业文化的现实出发，进行深入的调查研究，把握企业文化各种现象之间的本质联系。依据实践经验，从感性认识到理性认识，进行科学的概括、总结。企业文化意义：第一，企业文化能激发员工的使命感。不管是什么企业都有它的责任和使命，企业使命感是全体员工工作的目标和方向，是企业不断发展或前进的动力之源。第二，企业文化能凝聚员工的归属感。企业文化的作用就是通过企业价值观的提炼和传播，让一群来自不同地方的人共同追求同一个梦想。第三，企业文化能加强员工的责任感。企业要通过大量的资料和文件宣传员工责任感的重要性，管理人员要给全体员工灌输责任意识，危机意识和团队意识，要让大家清楚地认识企业是全体员工共同的企业。第四，企业文化能赋予员工的荣誉感。每个人都要在自己的工作岗位，工作领域，多做贡献，多出成绩，多追求荣誉感。第五，企业文化能实现员工的成就感。一个企业的繁荣昌盛关系到每一个公司员工的生存，企业繁荣了，员工们就会引以为豪，会更积极努力的进取，荣耀越高，成就感就越大，越明显。

企业文化特征：第一，独特性。企业文化具有鲜明的个性和特色，具有相对独立性，每个企业都有其独特的文化淀积，这是由企业的生产经营管理特色、企业传统、企业目标、企业员工素质以及内外环境不同所决定的。第二，继承性。企业在一定的时空条件下产生、生存和发展，企业文化是历史的产物。企业文化的继承性体现在三个方面：一是继承优秀的民族文化精华。二是继承企业的文化传统。三是继承外来的企业文化实践和研究成果。第三，相融性。企业文化的相融性体现在它与企业环境的协调和适应性方面。企业文化反映了时代精神，它必然要与企业的经济环境、政治环境、文化环境以及社区环境相融合。第四，人本性。企业文化是一种以人为本的文化，最本质的内容，就是强调人的理想、道德、价值观、行为规范在企业管理中的核心作用，强调在企业管理中要理解人，尊重人，关心人。注重的是全面发展，用愿景鼓舞人，用精神凝聚人，用机制激励人，用环境培育人。第五，整体性。企业文化是一个有机的统一整体，人的发展和企业的发展密不可分，引导企业职工把个人奋斗目标融于企业整体目标之中，追求企业的整体优势和整体意志的实现。第六，创新性。创新既是时代的呼唤，又是企业文化自身的内在要求。优秀的企业文化往往在继承中创新，随着企业环境和国内外市场的变化而改革发展，引导大家追求卓越，追求成效，追求创新。

根据企业文化的定义，其内容是十分广泛的，但其中最主要的应包括如下几点：第一，经营哲学。经营哲学也称企业哲学，源于社会人文经济心理学的创新运用，是一个企业特有的从事生产经营和管理活动的方法论原则。它是指导企业行为的基础。一个企业在激烈的市场竞争环境中，面临着各种矛盾和多种选择，要求企业有一个科学的方法论来指导，有一套逻辑思维的程序来决定自己的行为，这就是经营哲学。例如，日本松下公司"讲求经济效益，重视生存的意志，事事谋求生存和发展"，这就是它的战略决策哲学。第二，价值观念。所谓价值观念，是人们基于某种功利性或道义性的追求而对人们（个人、组织）本身的存在、行为和行为结果进行评价的基本观点。可以说，人生就是为了价值的追求，价值观念决定着人生追求行为。价值观不是人们在一时一事上的体现，而是在长期实践活动中形成的关于价值的观念体系。企业的价值观，是指企业职工对企业存在的意义、经营目的、经营宗旨的价值评价和为之追求的整体化、个异化的群体意识，是企业全体职工共同的价值准则。只有在共同的价值准则基础上才能产生企业正确的价值目标。有了正确的价值目标才会有奋力追求价值目标的行为，企业才有希望。

因此，企业价值观决定着职工行为的取向，关系企业的生死存亡。只顾企业自身经济效益的价值观，就会偏离社会主义方向，不仅会损害国家和人民的利益，还会影响企业形象；只顾眼前利益的价值观，就会急功近利，搞短期行为，使企业失去后劲，导致灭亡。第三，企业精神。企业精神是指企业基于自身特定的性质、任务、宗旨、时代要求和发展方向，并经过精心培养而形成的企业成员群体的精神风貌。企业精神要通过企业全体职工有意识的实践活动体现出来。因此，它又是企业职工观念意识和进取心理的外化。企业精神是企业文化的核心，在整个企业文化中起着支配的地位。企业精神以价值观念为基础，以价值目标为动力，对企业经营哲学、管理制度、道德风尚、团体意识和企业形象起着决定性的作用。可以说，企业精神是企业的灵魂。企业精神通常用一些既富于哲理，又简洁明快的语言予以表达，便于职工铭记在心，时刻用于激励自己；也便于对外宣传，容易在人们脑海里形成印象，从而在社会上形成个性鲜明的企业形象。如王府井百货大楼的"一团火"精神，就是用大楼人的光和热去照亮、温暖每一颗心，其实质就是奉献服务；西单商场的"求实、奋进"精神，体现了以求实为核心的价值观念和真诚守信、开拓奋进的经营作风。第四，企业道德。企业道德是指调整该企业与其他企业之间、企业与顾客之间、企业内部职工之间关系的行为规范的总和。它是从伦理关系的角度，以善与恶、公与私、荣与辱、诚实与虚伪等道德范畴为标准来评价和规范企业。企业道德与法律规范和制度规范不同，不具有那样的强制性和约束力，但具有积极的示范效应和强烈的感染力，当被人们认可和接受后具有自我约束的力量。因此，它具有更广泛的适应性，是约束企业和职工行为的重要手段。中国老字号同仁堂药店之所以三百多年长盛不衰，在于它把中华民族优秀的传统美德融于企业的生产经营过程之中，形成了具有行业特色的职业道德，即"济世养身、精益求精、童叟无欺、一视同仁"。第五。团体意识。团体即组织，团体意识是指组织成员的集体观念。团体意识是企业内部凝聚力形成的重要心理因素。企业团体意识的形成使企业的每个职工把自己的工作和行为都看成是实现企业目标的一个组成部分，使他们对自己作为企业的成员而感到自豪，对企业的成就产生荣誉感，从而把企业看成是自己利益的共同体和归属。因此，他们就会为实现企业的目标而努力奋斗，自觉地克服与实现企业目标不一致的行为。第六，企业形象。企业形象是企业通过外部特征和经营实力表现出来的，被消费者和公众所认同的企业总体印象。由外部特征表现出来的企业的形象称表层形象，如招牌、门面、徽标、广告、商标、服饰、营业环境等，这些都给人以直观的感觉，容易形成印象；通过经营实力表现出来的形象称深层形象，它是企业内部要素的集中体现，如人员素质、生产经营能力、管理水平、资本实力、产品质量等。表层形象是以深层形象为基础，没有深层形象这个基础，表层形象就是虚假的，也不能长久地保持。流通企业由于主要是经营商品和提供服务，与顾客接触较多，所以表层形象显得格外重要，但这绝不是说深层形象可以放在次要的位置。北京西单商场以"诚实待人、诚心感人、诚信送人、诚恳让人"来树立全心全意为顾客服务的企业形象，而这种服务是建立在优美的购物环境、可靠的商品质量、实实在在的价格基础上的，即以强大的物质基础和经营实力作为优质服务的保证，达到表层形象和深层形象的结合，赢得了广大顾客的信任。企业形象还包括企业形象的视觉识别系统，比如VIS系统，是企业对外宣传的视觉标识，是社会对这个企业的视觉认知的导入渠道之一，也是标志着该企业是否进入现代化管理的标志内容。第七，企业制度。企业制度是在生产经营实践活动中所形成的，对人的行为带有强制性，并能保障一定权利的各种规定。从企业文化的层次结构看，企业制度属中间层次，它是精神文化的表现形式，是物质文化实现的保证。企业制度作为职工行为规范的模式，使个人的活动得以合理进行，内外人际关系得以协调，员工的共同利益受到保护，从而使企业有序地组织起来为实现企业目标而努力。第八，文化结构。企业文化结构是指企业文化系统内各要素之间的时空顺序，主次地位与结合方式，企业文化结构就是企业文化的构成、形式、层次、内容、类型等的比例关系和位置关系。它表明各个要素如何链接，形成企业文化的整体模式。即企业物质文化、企业行为文化、企业制度文化、企业精神文化形态。第九，企业使命。所谓企业使命是指企业在社会经济发展中所应担当的角色和责任。是指企业的根本性质和存在的理由，说明企业的经营领域、经营思想，为企业目标的确立与战略的制定提供依据。企业使命要说明企业在全社会经济领域中所经营的活动范围和层次，具体的表述企业在社会经济活动中的身份或角色。它包括的内容为企业的经营哲学，企业的宗旨和企业的形象。

企业文化功能：第一，导向功能。所谓导向功能就是通过它对企业的领导者和职工起引导作用。企业文化的导向功能包括经营哲学和价值观念的指导和企业目标的指引。经营哲学决定了企业经营的思维方式和处理问题的法则，这些方式和法则指导经营者进行正确的决策，指导员工采用科学的方法从事生产经营活动。企业共同的价值观念规定了企业的价值取向，使员工对事物的评判形成共识，有着共同的价值目标，企业的领导和员工为着他们所认定的价值目标去行动。美国学者托马斯·彼得斯和小罗伯特·沃特曼在《追求卓越》一书中指出"我们研究的所有优秀公司都很清楚他们的主张是什么，并认真建立和形成了公司的价值准则。事实上，一个公司缺乏明确的价值准则或价值观念不正确，我们则怀疑它是否有可能获得经营上的成功。"企业目标代表着企业发展的方向，没有正确的目标就等于迷失了方向。完美的企业文化会从实际出发，以科学的态度去制立企业的发展目标，这种目标一定具有可行性和科学性。企业员工就是在这一目标的指导下从事生产经营活动。第二，约束功能。企业文化的约束功能主要是通过完善管理制度和道德规范来实现。包括有效规章制度的约束、道德规范的约束。企业制度是企业文化的内容之一。企业制度是企业内部的法规，企业的领导者和企业职工必须遵守和执行，从而形成约束力。道德规范是从伦理关系的角度来约束企业领导者和职工的行为。如果人们违背了道德规范的要求，就会受到舆论的谴责，心理上会感到内疚。同仁堂药店"济世养生、精益求精、童叟无欺、一视同仁"的道德规范约束着全体员工必须严格按工艺规程操作，严格质量管理，严格执行纪律。第三，凝聚功能。企业文化以人为本，尊重人的感情，从而在企业中造成了一种团结友爱、相互信任的和睦气氛，强化了团体意识，使企业职工之间形成强大的凝聚力和向心力。共同的价值观念形成了共同的目标和理想，职工把企业看成是一个命运共同体，把本职工作看成是实现共同目标的重要组成部分，整个企业步调一致，形成统一的整体。这时，"厂兴我荣，厂衰我耻"成为职工发自内心的真挚感情，"爱厂如家"就会变成他们的实际行动。第四，激励功能。共同的价值观念使每个职工都感到自己存在和行为的价值，自我价值的实现是人的最高精神需求的一种满足，这种满足必将形成强大的激励。在以人为本的企业文化氛围中，领导与职工、职工与职工之间互相关心，互相支持。特别是领导对职工的关心，职工会感到受人尊重，自然会振奋精神，努力工作。从而形成幸福企业，另外，企业精神和企业形象对企业职工有着极大的鼓舞作用，特别是企业文化建设取得成功，在社会上产生影响时，企业职工会产生强烈的荣誉感和自豪感，他们会加倍努力，用自己的实际行动去维护企业的荣誉和形象。第五，调适功能。调适就是调整和适应。企业各部门之间、职工之间，由于各种原因难免会产生一些矛盾，解决这些矛盾需要各自进行自我调节；企业与环境、与顾客、与企业、与国家、与社会之间都会存在不协调、不适应之处，这也需要进行调整和适应。企业哲学和企业道德规范使经营者和普通员工能科学地处理这些矛盾，自觉地约束自己。完美的企业形象就是进行这些调节的结果。调适功能实际也是企业能动作用的一种表现。第六，辐射功能。企业文化关系到企业的公众形象、公众态度、公众舆论和品牌美誉度。企业文化不仅在企业内部发挥作用，对企业员工产生影响，它也能通过传播媒体，公共关系活动等各种渠道对社会产生影响，向社会辐射。企业文化的传播对树立企业在公众中的形象有很大帮助，优秀的企业文化对社会文化的发展有很大的影响。

四、学习型组织

学习型组织（Learning Organization），美国学者彼得·圣吉（Peter M. Senge）在《第五项修炼》（*The Fifth Discipline*）一书中提出此管理观念，企业应建立学习型组织，其含义为面临剧烈的外在环境，组织应力求精简、扁平化、弹性因应、终生学习、不断自我组织再造，以维持竞争力。

学习型组织不存在单一的模型，它是关于组织的概念和雇员作用的一种态度或理念，是用一种新的思维方式对组织的思考。在学习型组织中，每个人都要参与识别和解决问题，使组织能够进行不断的尝试，改善和提高它的能力。学习型组织的基本价值在于解决问题，与之相对的传统组织设计的着眼点是效率。在学习型组织内，雇员参加问题的识别，这意味着要懂得顾客的需要。雇员还要解决问题，这意味着要以一种独特的方式将一切综合起来考虑以满足顾客的需要。组织因此通过确定新的需要并满足这些需要来提高其价值。它常常是通过新的观念和信息而不是物质的产品来实现价值的提高。

理论内容：第一，培养组织成员的自我超越意思。"自我超越"包括三个内容：一是建立愿景（指一种愿望、理想、远景或目标）；二是看清现状；三是实现愿景。即组织中的每一成员都要看清现状与自己的愿景间的距离，从而产生出"创造性张力"，进而能动地改变现状而达到愿景。原先的愿景实现后，又培养起新的愿景。随着愿景的不断提升，又产生出新的"创造性张力"。显然，组织成员的自我超越能力是组织生命力的源泉。第二，改善心智模式。"心智模式"是人们的思想方法、思维习惯、思维风格和心理素质的反映。一个人的心智模式与其个人成长经历、所受教育、生活环境等因素密码有关，因此并非每个人的心智模式都很完美。人们通过不断地学习就能弥补自己心智模式的缺陷。第三，建立共同愿景。"共同愿景"源自个人愿景，它是经过各成员相互沟通而形成的组织成员都真心追求的愿景，它为组织的学习提供了焦点和能量。企业只有有了共同愿景，才能形成强大的凝聚力，推进企业不断地发展。第四，搞好团体学习。组织由很多目标一致的团队构成。"团体学习"指每一团体中各成员通过"深度会谈"与"讨论"，产生相互影响，以实现团体智商远大于成员智商之和的效果。它建立在发展"自我超越"及"共同愿景"的工作上。团体是企业的基础，每个团体的"团体学习"都搞好了，企业才更有竞争力。因此，"团体学习"比个人学习更重要。第五，运用系统思考。"系统思考"指以系统思考观点来研究问题、解决问题。其核心就是：从整体出发来分析问题；分析关键问题；透过现象分析问题背后的原因；从根本上解决问题。系统思考是见识，也是综合能力。这种见识和能力只有通过不断学习才能逐渐形成。

学习型组织应包括五项要素：第一，建立共同愿景（Building Shared Vision）：愿景可以凝聚公司上下的意志力，透过组织共识，大家努力的方向一致，个人也乐于奉献，为组织目标奋斗。第二，团队学习（Team Learning）：团队智慧应大于个人智慧的平均值，以做出正确的组织决策，透过集体思考和分析，找出个人弱点，强化团队向心力。第三，改变心智模式（Improve Mental Models）：组织的障碍，多来自于个人的旧思维，例如固执己见、本位主义，唯有透过团队学习，以及标杆学习，才能改变心智模式，有所创新。第四，自我超越（Personal Mastery）：个人有意愿投入工作，专精工作技巧的专业，个人与愿景之间有种"创造性的张力"，正是自我超越的来源。第五，系统思考（System Thinking）：应透过资讯搜集，掌握事件的全貌，以避免见树不见林，培养综观全局的思考能力，看清楚问题的本质，有助于清楚了解因果关系。学习是心灵的正向转换，企业如果能够顺利导入学习型组织，不只能够达致更高的组织绩效，更能够带动组织的生命力。

学习型组织是从组织领导人的头脑中开始的。学习型组织需要有头脑的领导，他要能理解学习型组织，并能够帮助其他人获得成功。学习型组织的领导具有三个明显的作用。第一，设计社会建筑。社会建筑是组织中看不见的行为和态度。组织设计的第一个任务就是培养组织目的、使命和核心价值观的治理思想，它将用来指导雇员。有头脑的领导要确定目标和核心价值观的基础。第二个任务是设计支持学习型组织的新政策、战略和结构，并进行安排。这些结构将促进新的行为。第三个任务是领导并设计有效的学习程序。创造学习程序并且保证它们得到改进和理解需要领导的创造力。第二，创造共同的愿景。共同的愿景是对组织理想未来的设想。这种设想可以由领导或雇员的讨论提出，公司的愿景必须得到广泛的理解并被深深铭刻在组织之中。这个愿景体现了组织与其雇员所希望的长期结果，雇员可以自己自由地识别和解决眼前的问题，这一问题的解决将会帮助实现组织的愿景。但是，如果没有提出协调一致的共同愿景，雇员就不会为组织整体提高效益而行动。第三，服务型的领导。学习型组织是由那些为他人和组织的愿景而奉献自己的领导建立的。作为靠自己一人建立组织的领导人形象不适合学习型组织。领导应将权力、观念、信息分给大家。学习型组织的领导要将自己奉献给组织。

学习型组织的横向结构：学习型组织废弃了使管理者和工人之间产生距离的纵向结构，同样也废弃了使个人与个人、部门与部门相互争斗的支付和预算制度。团队是横向组织的基本结构。伴随着生产的全过程，人们一起工作为顾客创造产品。在学习型组织里，实际上已经排除了老板，团队成员负责培训、安全、安排休假、采购，以及对工作和支付的决策。部门之间的界限被减少或消除，而且组织之间的界限也变得更加模糊。公司之间以前所未有的方式进行合作，新兴的网络组织和虚拟组织是由若干个公司组成，它们就是为了达到某种目的而联合起来，这些新的结构提供了适应迅速变化着的竞争条件所需的灵活性。

组织的特征：

第一，组织成员拥有一个共同的愿景。组织的共同愿景（Shared Vision），来源于员工个人的愿景而又高于个人的愿景。它是组织中所有员工共同愿望的景象，是他们的共同理想。它能使不同个性的人凝聚在一起，朝着组织共同的目标前进。

第二，组织由多个创造性个体组成。在学习型组织中，团体是最基本的学习单位，团体本身应理解为彼此需要他人配合的一群人。组织的所有目标都是直接或间接地通过团体的努力来达到的。

第三，善于不断学习。这是学习型组织的本质特征。所谓"善于不断学习"，主要有四点含义：一是强调"终身学习"。即组织中的成员均应养成终身学习的习惯，这样才能形成组织良好的学习气氛，促使其成员在工作中不断学习。二是强调"全员学习"。即企业组织的决策层、管理层、操作层都要全心投入学习，尤其是经营管理决策层，他们是决定企业发展方向和命运的重要阶层，因而更需要学习。三是强调"全过程学习"。即学习必须贯彻于组织系统运行的整个过程之中。约翰·瑞定（J. Redding）提出了一种被称为"第四种模型"的学习型组织理论。他认为，任何企业的运行都包括准备、计划、推行三个阶段，而学习型企业不应该是先学习然后进行准备、计划、推行，不要把学习与工作分割开，应强调边学习边准备、边学习边计划、边学习边推行。四是强调"团体学习"。即不但重视个人学习和个人智力的开发，更强调组织成员的合作学习和群体智力（组织智力）的开发。学习型组织通过保持学习的能力，及时铲除发展道路上的障碍，不断突破组织成长的极限，从而保持持续发展的态势。

第四，"地方为主"的扁平式结构：传统的企业组织通常是金字塔式的，学习型组织的组织结构则是扁平的，即从最上面的一决策层到最下面的操作层，中间相隔层次极少。它尽最大可能将决策权向组织结构的下层移动，让最下层单位拥有充分的自决权，并对产生的结果负责，从而形成以"地方为主"的扁平化组织结构。例如，美国通用电器公司目前的管理层次已由9层减少为4层。只有这样的体制，才能保证上下级的不断沟通，下层才能直接体会到上层的决策思想和智慧光辉，上层也能亲自了解到下层的动态，吸取第一线的营养。只有这样，企业内部才能形成互相理解、互相学习、整体互动思考、协调合作的群体才能产生巨大的、持久的创造力。

第五，自主管理。学习型组织理论认为，"自主管理"是使组织成员能边工作边学习并使工作和学习紧密结合的。方法。通过自主管理，可由组织成员自己发现工作中的问题，自己选择伙伴组成团队，自己选定改革，进取的目标，自己进行现状调查，自己分析原因，自己制定对策，自己组织实施，自己检查效果，自己评定总结。团队成员在"自主管理"的过程中，能形成共同愿景，能以开放求实的心态互相切磋，不断学习新知识，不断进行创新，从而增加组织快速应变、创造未来的能量。

第六，组织的边界将被重新界定。学习型组织的边界的界定，建立在组织要素与外部环境要素互动关系的基础上，超越了传统的根据职能或部门划分的"法定"边界。例如，把销售商的反馈信息作为市场营销决策的固定组成部分，而不是像以前那样只是作为参考。

第七，员工家庭与事业的平衡。学习型组织努力使员工丰富的家庭生活与充实的工作生活相得益彰。学习型组织对员工承诺支持每位员工充分的自我发展，而员工也以承诺对组织的发展尽心尽力作为回报。这样，个人与组织的界限将变得模糊，工作与家庭之间的界限也将逐渐消失，两者之间的冲突也必将大为减少，从而提高员工家庭生活的质量（满意的家庭关系、良好的子女教育和健全的天伦之乐），达到家庭与事业之间的平衡。

第八，领导者的新角色。在学习型组织中，领导者是设计师、仆人和教师。领导者的设计工作是一个对组织要素进行整合的过程，他不只是设计组织的结构和组织政策、策略，更重要的是设计组织发展的基本理念；领导者的仆人角色表现在他对实现愿景的使命感，他自觉地接受愿景的召唤；领导者作为教师的首要任务是界定真实情况，协助人们对真实情况进行正确、深刻的把握，提高他们对组织系统的了解能力，促进每个人的学习。学习型组织有着它不同凡响的作用和意义。它的真谛在于：学习一方面是为了保证企业的生存，使企业组织具备不断改进的能力，提高企业组织的竞争力；另一方面学习更是为了实现个人与工作的真正融合，使人们在工作中活出生命的意义。

学习型组织的基本理念，不仅有助于企业的改革和发展，而且它对其他组织的创新与发展也有启示。人们可以运用学习型组织的基本理念，去开发各自所置身的组织创造未来的潜能，反省当前存在于整个社会的种种学习障碍，思考如何使整个社会早日向学习型社会迈进。或许，这才是学习型组织所产生的更深远的影响。

五、中国管理理论发展

我国有着源远流长的管理实践和管理思想，但作为一门学科，管理学在我国的发展是从 20 世纪 70 年代末才开始的。改革开放以来，随着市场化改革进程的推进，我国管理理论科学化进程取得了巨大发展。为适应经济社会发展和管理实践的需要，我国近年来管理研究呈现出以下几种发展趋势。一是管理学发展的哲学化、伦理化、合规化趋势。管理学的哲学化趋势表现在从哲学的高度，对管理进行了最高层次的考察与解释，将管理与哲学沟通起来；管理学的伦理化趋势是指管理的理念等与道德伦理相结合，企业借助伦理道德达到更好的管理效果；管理学的合规化趋势表现在现代企业更加注重法律理念的塑造与培养，通过规范化管理，树立契约精神、诚信意识和社会责任理念，保障企业生存和发展的持续稳定和安全。二是新的管理学分支的发展更加迅速。在知识经济时代，对知识资本的管理、信息共享体系的建设与管理、人力资本管理的创新、新型组织结构（如学习型组织、战略联盟、虚拟企业等新型组织形式）的管理，形成了一些新兴管理学分支。此外，还有对企业寿命周期、企业成长方向及成长速度等问题，进行系统研究而形成的企业的成长管理；对由于企业环境不确定性而导致危机方面的管理；将机会作为一种稀缺资源，探讨如何认识机会、寻找机会、利用机会，结合风险管理，为企业决策服务的寻机管理等。这些分支均从不同视角、不同层面，对企业的整体管理活动进行总结、研究。三是更多地进行跨学科的管理研究。管理学本身就是一门综合性学科，其发展除了管理实践创新的不断推动之外，还有其他相近学科的推动，其中经济学、心理学、社会学、数学等学科发展的最新成果都在管理学研究中得到了广泛运用。四是管理研究将更加突出以人为本的特色，向东方管理思想回归。在知识经济时代，决定国家、企业的前途和命运，将越来越取决于人才的数量和质量。因此，研究如何充分开发人的智力和体力，已成为管理学更为重要的任务，特别是将人作为一种知识载体的研究将更为突出。在管理思想的研究上，西方管理理论呈现出向东方探源回归的趋势，见物不见人的基于利益驱动思想下的西方管理理念受到了严峻挑战。人们开始认识到，人性得到充分尊重、个人自主性得到充分发挥，即人人都是管理者的模式，与传统的东方以人为本的管理思想有着不谋而合之处。应当把对人的理性管理同感性管理有机结合起来，把企业中正式组织以及员工间非正式组织的作用结合起来进行管理。随着社会生产力的进步和社会关系的转变，新的管理理论内容和方法层出不穷。

管理理论的创新对经济社会发展的启示：一是近些年我国工业化进程不断加快，为企业管理实践与管理科学研究带来了新的机遇和挑战。世界各国经济社会发展的进程表明，在实现工业化的过程中，尤其是在工业化中后期阶段，工业化的推进不仅仅取决于技术创新和技术进步，还取决于管理创新和科学化的程度。进入新世纪，我国经济持续高增长，中国模式、中国经验在全世界备受关注。在这种时代背景下，如何更好地推进我国管理科学化进程、提升我国管理科学研究水平有着重要的实践与理论意义。二是我国管理学的发展趋势应与世界管理学的发展方向相一致。在这个过程中，我们不能仅仅照搬国外管理理论，而应在借鉴西方先进管理理论的基础上，立足本国实际，构建和发展具有中国特色、符合中国国情及适合国内管理实践需要的管理理论，以更好地指导管理实践活动。这就要求我们一方面要把握国际管理学最新研究成果和发展趋势，促进国外先进管理理论的中国化；另一方面要博采众长、融合提炼、自成一家，深入研究我国的管理科学化问题，把握我国管理科学化进程的规律，对我国企业管理实践和创新进行科学总结、积极探索，构建中国特色的管理科学理论体系和方法论，为我国的管理理论研究、管理学学科建设与世界接轨创造条件。

第三节　组织设计

一、组织类型

1. 职能型组织结构：采用按职能分工实行专业化的管理办法来代替直线型的全能管理者；各职能机构在自己业务范围内可以向下级下达命令和指示，直接指挥下属。优点：管理工作分工较细；由于吸收专家参加管理，减轻了上层管理者的负担，使他们有可能集中注意力以实行自己的职责。缺点：由于实行多头领导，妨碍了组织的统一指挥，容易造成管理混乱，不利于明确划分职责与职权；各职能机构往往从本单位的业务出发考虑工作，横向联系差；对于环境发展变化的适应性差，不够灵活；强调专业化，使管理者忽略了本专业以外的知识，不利于培养上层管理者。

2. 直线型组织结构：组织中每一位管理者对其直接下属有直接职权；组织中每一个人只能向一位直接上级报告，即"一个人，一个头"；管理者在其管辖的范围内，有绝对的职权或完全的职权。优点：结构比较简单；责任与职权明确。缺点：在组织规模较大的情况下所有管理职能都集中由一个人承担，是比较困难的；部门间协调差。

3. 直线——参谋型组织结构：按照组织职能来划分部门和设置机构，实行专业分工；把组织管理机构和人员分为两类，一类是直线指挥部门和人员，一类是参谋部门和人员。这种组织结构实行高度集权，优点：第一，各级直线管理者都有相应的职能机构和人员作为参谋和助手，因而能够对本部进行有效管理，以适应现代管理工作比较复杂而细致的特点；第二，每个部门都是由直线人员统一指挥，这就满足了现代组织活动需要统一指挥和实行严格的责任制度的要求。缺点：第一，下级部门的主动性和积极性的发挥受到限制；第二，部门之间互通情报少，不能集思广益地做出决策；第三，各参谋部门和直线指挥部门之间的目标不统一，容易产生矛盾，协调工作量大；第四，难以从组织内部培养熟悉全面情况的管理人员；第五，整个组织系统的适合性较差。

4. 直线——职能参谋型组织结构：结合了直线－参谋型组织和职能组织特征。

5. 事业部组织结构：集中政策、分散经营；独立经营、单独核算。

6. 矩阵结构：有职能划分垂直领导系统；又有按项目划分的横向领导系统的结构；优点：灵活性、适应性强；集思广益，有利于把组织垂直联系与横向联系更好地组合起来，加强各职能部门之间的协作。缺点：小组是临时性的，所以稳定性较差；小组成员要接受双重领导，当两个意见不一致时，就会使他们的工作无所适从。

二、组织设计的原则

组织设计原则是进行组织设计的须综合性考虑准则，不同企业由于其成长历史、经历等不同，在进行组织设计时考虑的准则各有侧重点，但就一般意义上来讲，进行组织设计主要还是遵循以下一些原则：第一，目标原则。组织是实现组织目标的有机载体，组织的结构、体系、过程、文化等均是为完成组织目标服务的；达成目标是组织设计的最终目的。通过企业组织结构的完善，使每个人在实现企业目标的过程中做出更大的贡献 。第二，适应创新原则。组织结构设计应综合考虑公司的内外部环境，组织的理念与文化价值观，组织的当前以及未来的发展战略，组织使用的技术等以适应组织的现实状况；并且，随着组织的成长与发展，组织结构应有一定的拓展空间。第三，效率原则。组织的目标是追求利润，同时将成本降低到最低点，效率原则是衡量任何组织结构的基础。组织结构，如果能使人们（指有效能的人）以最小的失误或代价（它超出了人们通常以货币或小时等计量的指标来衡量费用的涵义）来实现目标，就是有效的。第四，对象专业化原则。对象专业化是建立业务单元的基础，业务单元是公司事业发展的基石，产业实体划分充分考虑公司的现状与资源以及市场、客户、产品特点等；明确权限与责任。第五，职能专业化原则。组织整体目标实现需要完成多种职能工作，应充分考虑劳动分工与协作，包括：战略规划、人力资源、控制、审计、资源配置等；对于以事业发展、提高效率、监督控制为首要任务的业务活动，应以此原则为主，进行部门划分。第六，管理层级原则。管理层级与幅度的设置受到组织规模的制约；在组织规模一定的情况下，管理幅度越大管理层级越少；组织管理层级的设计应在管理有效的控制幅度之下，尽量减少管理层级，以利精简编制，促进信息流通。第七，有效控制原则。对组织的有效控制在组织设计时：应注意命令统一、权责对等；制定规范可行的政策、制度；职能部门加强计划、预算、核查等工作，业务部门加强事前的协调、事中的过程控制、事后的经验总结。第八，边界缓冲与跨越原则。公司发展不能脱离外部市场，公司总是在与外部市场(资本、产品、人才、客户、技术、原材料等市场)互动中，不断地适应、调整、拓展新的发展空间；因此，组织应采取相应的措施，配置相应的人员对外部信息进行采集与整理，以利于公司决策之用，提高组织对环境变化的应对能力。第九，系统运作原则。组织运作整体效率是一个系统性过程，组织设计应简化流程，有利信息畅通、决策迅速、部门协调；充分考虑交叉业务活动的统一协调；过程管理的整体性。第十，分工协调原则。公司的整体行为并不是孤立的，各职能部门既明确分工，又协调一致。

第四节　决策原则

一、决策原则的基本原则

1. 经济性原则

经济性原则就是研究经济决策所花的代价和取得收益的关系，研究投入与产出的关系。决策者必须以经济效益为中心，并且要把经济效益同社会效益结合起来，以较小的劳动消耗和物资消耗取得最大的成果。如果一项决策所花的代价大于所得，那么这项决策是不科学的。

2. 可行性原则

可行性原则的基本要求是以辩证唯物主义为指导思想，运用自然科学和社会科学的手段，寻找能达到决策目标的一切方案，并分析这些方案的利弊，以便最后抉择。可行性分析是可行性原则的外在表现，是决策活动的重要环节。只有经过可行性分析论证后选定的决策方案，才是有较大的把握实现的方案。掌握可行性原则必须认真研究分析制约因素，包括自然条件的制约和决策本身目标系统的制约。可行性原则的具体要求，就是在考虑制约因素的基础上，进行全面性、选优性、合法性的研究分析。全面性指从全局和整体出发，全面系统地研究、分析决策目标和决策方案，力求完整无缺，不放过任何一种可能方案。全面性分析要求决策时，必须有多方位思考和比较的余地，全面地考虑和权衡各种得失利弊，全面地把握各种备选方案，既要考虑需要，又要考虑可能；既要考虑到有利因素和成功的机会，又要考虑到不利因素和失败的风险。选优性指决策必须从两个或两个以上可供选择的不同方案中，通过广泛调查，反复对比和全面分析，科学论证后选出最优方案作为对策。这里的"优"主要表现为效益大和效率高。合法性指任何决策总是在一定复杂的社会关系中进行的，必须具有法律上的可行性。决策的内容要符合现行的法律法规，并且决策要经过一定的合法的组织程序和审批手续。

3. 科学性原则

科学性原则是一系列决策原则的综合体现。现代化大生产和现代化科学技术，特别是信息论、系统论、控制论的兴起，为决策从经验到科学创造了条件，领导者的决策活动产生了质的飞跃。决策科学性的基本要求是：决策思想科学化；决策体制科学化；决策程序科学化；决策方法科学化。科学性原则的这几个方面是互相联系，不可分割、缺一不可的。只有树立科学的决策思想，遵循科学的决策程序，运用科学的决策方法，建立科学的决策体制，整个决策才可能是科学的；否则，就不能称为科学决策。

4. 民主性原则

民主性原则是指决策者要充分发扬民主作风，调动决策参与者、甚至包括决策执行者的积极性和创造性，共同参与决策活动，并善于集中和依靠集体的智慧与力量进行决策。

5. 整体性原则

整体性原则也称为系统性原则，它要求把决策对象视为一个整体或系统，以整体或系统目标的优化为准绳，协调整体或系统中各部分或分系统的相互关系，使整体或系统完整和平衡。因此，在决策时，应该将各个部分或小系统的特性放到整体或大系统中去权衡，以整体或系统的总目标来协调各个部分或小系统的目标。

6. 预测性原则

预测是决策的前提和依据。预测是由过去和现在的已知，运用各种知识和科学手段来推知未来的未知。科学决策，必须用科学的预见来克服没有科学根据的主观臆测，防止盲目决策。决策的正确与否，取决于对未来后果判断的正确程度，不知道行动后果如何，常常造成决策失误。所以决策必须遵循预测性原则。

二、整个过程都需要掌握的原则

1. 信息原则。信息是决策的基础，对信息的要求是准确、完整、及时，有的信息还要求保密。

2. 预测原则。科学的预测是决策可靠性保证，也是选择实施途径的重要方法。

3. 系统原则。要用系统论的考虑决策所涉及的整个系统和相关系统，决策对象以外的相互联系及相互作用。

4. 可行性原则。决策的目途径都要同主客观条件符合，有很大的现实可能性。

5. 优选原则。要从两个或两个以上方案中，对比分析选最佳或满意方案。

6. 效益原则。选出的方案要有明显济效益、社会效益、生态效益。花费代价小，而取得的效果大。

7. 外脑原则。重视利用参谋、顾问、智囊团的作用，发挥集体智慧的优势。

8. 行动原则。决策是要付诸行动，否则无价值可言。

9. 跟踪原则。对决策实施跟踪反馈，及时进行控制调节，使决策实现。

10. 科学原则。自始至终都必须体现决策的科学性，保证决策的正确和目标的实现。

三、各个过程需要掌握的十个原则

1. 差距原则

是指决策目标应该着眼于解决应有现象与实际现象之间的差距，也就是需要与现实之间的差距问题。所谓应有现象，是指人的更高要求的现象，这种现象或者是人们美好的追求，或者是其他国家、社会、地区已达到的现象，或者是标准规定。实际现象是指现实的现象。应有现象同实际现象之间通过对比找出了差距。而缩短差距，消除差距就是决策目标所要解决的问题。

2. 紧迫原则

是指决策目标所要解决的差距问题，是紧迫性的问题，这个紧迫性有两方面的含义，一是现在就要解决的问题，说它的重要性。二是现在有利于问题的解决，说它的机遇性。如我国与发达国家经济发展水平相比是落后了，落后就是差距。解决这个差距就把经济建设搞上去，这是紧迫的任务，而且要抓住现在机遇，不能坐失良机。

3. 力及原则

是指决策目标应具有实现的可能，既充分发挥主观能动性，又充分利用客观可能性，两者结合下能实现的目标，有其可行性、可能性。

4. 弹性原则

是指决策目标在实施过程中有伸缩的余地。在顺利进行中，情况越来越好，可以提前或超额完成目标，应有准备。同样，在不顺利中进行，或出现了意外，而使目标难以如期实现的就要留有余地。

5. 瞄准原则

是指方案必须瞄准目标、准确度越高越好，不能南辕北辙。瞄不准目标的方案是无意义的方案。

6. 差异原则

是指几个备选方，在路线、途径、方法、措施上有明显的差异，有差异才有选择性，雷同就无法选择。

7. 时机原则

在信息充分、根据充分、论证充分的基础上及时选定方案、当断必断、不能贻误时机。

8. 排斥原则

应在不同的方案、排斥的意见中充分听取做出抉择。

9. 追踪原则

决策实施后要随时检查验证，不能认为一经决策就放手不管。

10. 反馈原则

实施决策过程中的进展情况，新情况、新问题，及时反回决策者，以便掌握情况，对新出现问题做出对策。

思考题

1. 管理学流派有哪些？
2. 人际关系理论内容与启示有哪些？
3. 企业文化功能有哪些？
4. 决策基本原则有哪些？

参考文献

1. 张国庆：《公共行政学》（第三版），北京，北京大学出版社，2007。
2. 萧鸣政：《人力资源开发与管理》，北京，北京大学出版社，2009。
3. 陈庆云：《公共政策分析》，北京，北京大学出版社，2006。
4. 罗豪才、湛中乐主编：《行政法学》，北京，北京大学出版社，2006。
5. 包万超：《行政法与社会科学》，北京，商务印书馆，2011。
6. 朱天飚：《比较政治经济学》，北京，北京大学出版社，2006。
7. 罗宾斯：《管理学》，北京，中国人民大学出版社，2009。

8. 方振邦：《管理学基础》，北京，中国人民大学出版社，2008。

9. 郑航生：《社会学概论新修》，北京，中国人民大学出版社，2009。

10. 高鸿业：《西方经济学（宏观部分）》，北京，中国人民大学出版社，2007。

11. 张成福，党秀云：《公共管理学（修订版）》，北京，中国人民大学出版社，2007。

12. 朱立言：《公共管理学概论》，北京，中国人民大学出版社，2007。

13. 谢明：《公共政策导论（修订版）》，北京，中国人民大学出版社，2009。

第十七章　人文社会科学研究
与社会科学家

第一节　人文社会科学研究

一、社会科学研究的价值目的

美国著名社会学家艾尔·巴比(Earl Babbie)指出，就很多方面来说，20世纪并不是人类最好成绩的年代。除了自由风尚以外，在 20 世纪，人类还经历了第一次世界大战、经济大萧条、第二次世界大战、冷战以及核武器大浩劫的威胁和越战等。冷战冰释是人类的一大解脱，不过，人类对其居住环境的破坏，却日益让人忧心。这些显然都不是好事。很多睿智的观察家都著文讨论，认为 20 世纪的人们缺乏安全感并感到抑郁。同样，这个时代也让产生于校园的数不尽的个人和社会运动致力于改革人类事务，也许你就是其中一分子。

看世界万事流殇，如果你们想要体现自己的存在价值，对子孙后代的生活有所贡献，其实有很多选择。社会问题包罗万象，偏见和歧视仍在我们周围。简而言之，想要证明自己生命的意义，活的不同凡响，可有无限的方法。在众多可以让生命充满意义的选择中，为什么要把时间耗费在社会科学研究方法上？我想首先强调这个问题，因为我要让你们花时间和精力去学习社会学理论、抽样、访谈、实验、计算机方法等，而这些东西看起来和解决社会的迫切问题距离遥远。事实正好相反，社会科学不仅和上述重大问题有关，而且可以为这些问题寻求解答。

我们面临的很多重大问题，是由我们所拥有的科技引起的。核武器的威胁就是一例。我们向科技和科技专家寻找这些问题的解答也不是没有道理。很不幸的是，到目前为止，每种科技解决方案都制造了新的难题。譬如 20世纪初，很多人担心街道上的马粪会带来危险。这个问题在汽车发明后就解决了。现在没有人担心街道上的马粪了，取而代之的是人们担心空气中更致命的污染。同样的，在过去的岁月里，为了避免核武器的攻击，我们发明了威力更大的炸弹和导弹，这样敌人就不敢攻击了。但是，这种做法似乎也没有效果。因为它激发我们潜在的敌人也制造更强、威力更大的武器。虽然美国和俄罗斯现在已经削减了核武器，但是我们有理由相信，也许会同其他国家形成类似的竞赛。在核武器的疯狂竞赛中，科技的发展是永无止境的。

简单的事实是，仅仅依靠科技是没有办法拯救人类的。科技并不是世界的主人，只有我和你们，才是这个世界的主人。真正的解决之道在于我们如何组织和运作社会事务，这是不证自明的。因为，只要你想想：虽然有各种科技的解决办法，但是所有的社会问题依然存在。譬如，人口过剩就是当今世界非常迫切的难题。目前居住在地球上的人口，严重地盘剥着这个星球的生命维持系统，而且人口的数量还在逐年增加。如果研究这个问题，你就会发现人类拥有控制人口增长的所有科技。人类所拥有的技术可以随意地控制地球的人口增长。但是，人口过剩的问题却日益恶化。很显然，解决人口过剩的方法是一个社会课题。造成人口增长的因素，在于构成组织化社会生活的形式、价值观、习俗，这些正是问题的关键所在。这些因素包括有关"真正女人"或"真正男人"的信念、家族延续的重要性、文化传统等，最终，只有社会科学才可以把我们从人口过剩的困境中解救出来。或者思考一下地球上的饥荒问题。每年有300～1500万人因为饥饿而死。这就是说，每分钟有28人饿死，其中21人是儿童。每个人都认为这种情况是很可悲的；大家都不希望发生这样的事。由于我们相信这是无法逃避的现象，也因此接受了这样的事实，并希望总有一天，有人会发明一种生产食物的方法，彻底消除饥荒。但是，如果你们研究世界饥荒问题，肯定会大吃一惊。首先，你们会发现目前人类所生产的食物早就足够喂饱世界上的每一个人。而且，这个产量还不包括让农民减少粮食生产数量的耕作计划。其次，你们会发现我们早就有详尽的计划和试验过的终止饥荒的方法。事实上，第二次世界大战以后，30多个国家曾经成功地解决了饥荒问题。有的通过食物配给制度，有的通过土地改革，还有的是集体制，农耕企业化等。很多国家实行了绿色革命。总而言之，这些方法都被证明完全可以消灭世界上的饥荒。但是为什么饥荒始终存在？答案还在于社会生活的组织和运作。食物生产的新发展会和以前一样，不能解决饥荒问题。除非我们可以主宰社会事务，而不是被事务所奴役，否则人类将继续饱受饥荒之苦。

人口过剩和饥荒问题也许离你们太远，在那"遥远的地方"、地球的另一边。为了节省篇幅，我将只讲结论。渐渐地，当今世界已经没有什么"远在天边"，取而代之的是"近在咫尺"。不管你们如何看待世界问题，不可否认的是，在你们家后院，甚至前院，社会问题的发生是无止境的，商业的欺诈、通货膨胀、失业、无家可归、犯罪、虐待儿童、偏见和歧视、环境污染、吸毒、增加赋税，以及公共服务减少等。

除非我们了解社会问题形成和延续的原因，否则我们将无法解决社会问题。社会科学研究方法提供了考察和了解人类社会事务的途径。研究方法也提供了通常我们不曾知晓的、揭示事物的视角和技术。就像俗语所说，事情并不像表面所看到的那样，而社会科学研究则可以厘清事物。举一个例子就可以说明这个问题。贫穷似乎是美国长期存在的问题，在解决问题的方案中，最有争议的就是社会福利，尤其是对抚养未成年子女家庭的现金和食物补助。这项福利计划的目的是希望帮助贫穷人家，让他们重建财务生机，但是，许多人抱怨其所得到的结果正好相反。

人们关于福利活动的想象部分地可以从苏珊·希汉（Susan Sheehan）的著作《福利母亲》（*A Welfare Mother*，1976 年）中得到反映。该书描述了一家三代依靠社会福利的境况，指出社会福利拴住了穷人，而不是帮助他们摆脱贫穷。马丁·安德森（Martin Anderson）回应希汉的观察，指出社会福利制度已经在美国创造出一个社会阶级："这个国家大约 1/10 的人口形成了一个几乎完全依赖国家的社会阶级，几乎没有人希望打破阶级局限获得自由。或许我们应该称这些人为被抚养的美国？"

很多人相信，穷人之所以贫穷是因为他们不愿意工作，乔治·基尔德（George Gilder）是他们的代言人，他说社会福利制度让穷人丧失了对自己负责的激情（1990 年）。罗夫·西格曼（Ralph Segalman）和大卫·马兰德（David Marsland）也支持这种说法，他们认为社会福利已经变成了世界各地的穷人们世代相传的生活方式。他们强调，在依靠福利的家庭中出生的小孩，长大后也比较容易像他们的长辈那样依靠社会福利维持生活。

社会福利作为暂时的补助（这是大众的认知）和社会福利作为永久的权利（这是主管社会福利官员和规划者的认知）之间的冲突，具有重要的意蕴。社会福利国家，总体上而言，已经放弃了让当事人恢复自给自足地位的观念。原本应该是暂时的援助，却变成社会福利国家永久的成本。结果是，社会福利阻碍了生产力和自给自足，并且在社会中形成了一种得到认可的行为——把依赖当成规范。

这些针对社会福利制度负面效果的观点普遍存在于社会大众中间，甚至存在于对这个制度的宗旨持同情立场的人中，密歇根大学调查研究中心的葛瑞格·邓肯（Greg Duncan）指出，人口普查资料似乎也印证了这样的观点：贫穷的人被困在贫穷之中不得脱身。谈到各个时期贫穷人口的比例，邓肯说：这类人口逐年变化的百分比通常不超过一个百分点，人口普查的其他指标也显示，贫穷人口的特征每年变化不大。资料一再显示，穷人通常来自女性、低教育程度者和黑人当家的家庭。有证据显示，连续两年有 1/8 的人口是穷人，他们有共同的特征，这和有关穷人的总数不变的推断是一致的。还有，证据和刻板印象也一致，即穷人恒穷，最贫穷的家庭几乎没有机会自我改善生活。但是，邓肯又忠告，对这类人口的如此观察可能隐匿了某些变化。尤其是不变的贫穷人口百分比，并不一定意味着是同一批家庭年年都处于贫穷之中。理论上，每年都可能是完全不同的家庭。为了确定贫穷和福利的真正本质，密歇根大学进行了收入动态的广泛研究。他们追踪了1969—1978年10年间5000户家庭的经济状况，这个其间正好是希汉所称的"福利母亲"时代。结果发现，在1978年有8.1%的家庭领取部分福利，3.5%的家庭收入的一半以上来自社会福利。而且，这些百分比在十年之间并没有太大的变化。但是，在表面数字的背后，研究人员发现了让人意想不到的结果。10年间，有1/4的家庭至少领取过一次社会福利金，而且福利收入占家庭收入的一半以上。"只有一半多一点的穷人在下一个年度还是贫穷，而只有一半不到的穷人在接下来的几年持续贫穷"。十年中，只有2%的家庭每一年都领取社会福利金，只有1%的家庭十年里不断接受社会福利。

这些资料展现了不同于一般人所想象的贫穷景象。在总结他的发现时，邓肯说：大约1/4的家庭，在十年间至少有一次从社会福利那里获得收入来源，但只有2%的人长时间把福利作为收入。很多家庭是因为丈夫死亡、离家、失去谋生能力导致经济危机，才依靠福利渡过难关，支持他们找到全职工作或再婚或两者兼有。还有，大多数来自接受福利家庭的小孩，在离家和自己组织家庭以后，不再领取福利金。

社会社会科学家研究的许多事物，包括所有刚刚提到的问题，会牵涉许多人深刻的感情和坚定的信念。这会使得对事实的有效探讨更加困难；我们常常只是确认了原有的偏见。社会科学研究方法的特殊价值就在于提供探究事物的合乎逻辑和利于观察的方法。社会科学研究方法可以帮助我们越过个人的偏见，超越个人的眼界来看世界。这就是掌握着解决社会问题方案的"超然领域"。在一个越来越压抑和觉醒的时代，我们不断地希望逃避现实的社会问题，而转向和自身利益有关的事物。社会科学研究提供了一个机会，让我们面对问题，并且体验如何改变世界。机会掌握在你们手中，我们诚挚邀请你们接受挑战。我们很愿意和你们分享社会科学的乐趣。

二、人文社会科学研究的评价

作为思想文化和精神意识的社会科学，研究的是人与社会以及两者之间的相互关系。从学术演进的角度看，人文社会科学研究既离不开学术传承的相互整合，又离不开学术创新的相互激荡。要对社会科学研究评价进行实事求是的阐释，就必须对文章、专著、课题、奖项（还有研究报告和学术会议）

这四大板块有一个科学的认识，必须进行全面思考与理性分析，做出合乎实际与逻辑的结论。

如何看待文章和专著。"学术乃天下之公器"，文章是主体对客体的反映。人人都可以写文章，个个都可以搞科研。没有众多人的探索，没有探索中的失败与成功、分化与趋同，学术就不可能得到发扬光大。只有对一个个问题进行科学研究，只有将众多问题进行有机整合，学术才能碰撞出灿烂的思想火花。所以说，结合历史与现实，结合社会与人生，进行探索与研究，写出的文章是不会没有价值的。哪怕这种探索与研究是一孔之见、一得之获，也能为推动社会科学向前发展尽绵薄之力。然而，是否作了探索与研究，其文章就一定能发表呢？不一定。人的思想有深邃与浅显之分，思维有活跃与木讷之别，思路有清晰与混沌之异。那种见解不深刻、逻辑不严密、表述不畅达的文章，自然难以发表，即使发表了，也会无人问津；而那种提出新观点、发掘新材料、创立新写法的文章，当然就会有更多的人去阅读欣赏。

在对一个个问题进行研究，并以一系列文章表达观点之后，人们思索着如何把这些问题撰写成书，尝试着用书的形式来表达其思想的全过程。书可以让研究者尽情发挥、纵横驰骋、洋洋洒洒；书可以让研究者反思历史、剖析现实、考问人生。但是，书要成为真正意义上的书并非易事，它要有一个思想体系蕴含其中；一个问题意识贯穿始终；一个逻辑链条环环相扣。它离不开追问与解答。特别是那种被称之为专著的书，就必须要在某个问题的研究前沿中站稳脚跟，或者能在某一学科中形成一个新的学术流派。学术著作，既不是调研报告，也不是对策咨询；既不是文章精选，也不是资料汇编；既不是读本辅导，也不是经典解析，它必须是纵深挖掘学术矿藏的睿智之作，表达的是研究者对问题的反思和独到的见解、深厚的思想素养和崇高的职业操守。学术著作是研究者积多年学术思考而成的专门之作，它体现的不仅仅是十年磨一剑，甚至是终其毕生之心血。那种动辄一年出一本书，那种年纪轻轻就著作等身，真不知是从哪里得到的学术研究真传。

如何看待课题和奖项。人文社会科学研究是不同于自然科学研究的，它不一定都要设立众多的课题，也不一定都要成立课题组而集体攻关，它的个人行为更多些，自由度更高些，依赖的更多是文献、体察和悟性。以往那些在历史学、政治学、经济学、文艺学、美学、语言学等学科领域中取得一流成就的大师，他们只是从社会实际和学科特点出发，结合个人主攻方向甚至兴趣爱好而进行科学研究，结果一样做出了令世人瞩目的学术成就。而今，随着社会领域的扩展和社会科学问题的激增，各种课题也应运而生了。但是，那种为题课而课题，离开了自己的主攻方向和真实兴趣的所谓研究，是不会有靠得住的成果的。另外，只有那些对民族精神有弘扬作用、对国计民生有直接影响、对历史文化有重要传承、对学科发展有创新意义的课题，才是值得研究的。

现实情况表明，获奖不仅是对一个人某件作品的肯定性评价，而且会对他所从事的工作起到精神推动作用，有的还会带来直接的物质利益。而事实上，社会科学研究成果，是不能仅用获奖这一标准去界定和衡量的。也就是说，社会科学研究成果不是靠获奖来体现其自身价值的，也不是靠获奖来赢得读者认同的，它的价值与认同在于，对社会进步的重要作用、对人的内心世界的积极探寻、对民族精神性格的正面塑造。

如何看待科研量化与考核。有社会科学研究成果，就应该有对它的量化与考核。从目前的情况看，科研量化与考核必须做到如下两点：

一是正确地认识科研。科研可以激发人的活力和创造力，可以引领学科和培养新人，可以推动社会进步和人的全面发展。就社会科学所涉及的范围如高校而言，科研无时不在、无处不有。教学业绩评估、职称评定和学位授予、重点学科建设评比验收、学术交流活动，都离不开科研。教学与科研是相辅相成的。科研也离不开报刊和出版社。如果没有报刊和出版社，那么，研究出来的科研成果，就会"胎死腹中"，就会与社会发展和人们的精神思想状态完全脱节，一句话，就会影响人类社会的发展和文明的进步。

二是科学地进行科研量化与考核。传统意义上的科研量化与考核，不外乎对一个教研人员一年中的论文、专著、课题、奖项的认定，这是不科学不全面的。严格意义上的科研量化与考核，是对一个教研人员若干年科研成果完成情况的认定，按照这种量化与考核，即使是将教研人员的科研成果与岗位津贴、职称学位、荣誉头衔等挂钩，也经得起时间和实践的检验。科研有自身规律，也有一个过程，不是一朝一夕的事情，也不是一蹴而就的。所以，量化与考核也要讲究科学性，要定若干年为一考核周期，不能以一年为周期来考核教研人员的文章、专著、课题、奖项情况。一年一考核，容易给教研人员造成压力，也容易造成"学术泡沫"和"学术垃圾"。

如何看待科研成果评价。看一篇文章好不好，不是只看它发表刊物的级别，也不是只看它被转载引用的频次，关键还是要把这篇文章摆在它那个学科中进行比较，摆在它那个类属中进行鉴别，看它是有新视角、新材料、新观点，还是有对前人他人旧说的超越。尽管摘转率和引文率是学术成果价值判断的一个重要依据，但不能完全衡量出学术成果的分量，它们只是有所反响而不是全部反映。同样，看一部专著好不好，也不是只看它的出版社，不是只看它的字数多寡，特别不是只看它的书评及其反映。书评中的那种被称之为"开山之作"、"扛鼎之作"、"填补空白之作"、"开启先河之作"的专著，其质量不一定都靠得住。唯有看它的学术成分，从它文本的原汁原味中，看它有何新建构、有何新拓展、有何新修正、有何新补充、有何新启发。

看一项课题好不好，不是只看它的前期成果如何、学术前沿了解如何、设计论证如何，而是要看他对问题的把握，看他的学理和思辨。计划立项部门不能只做那种按申报数比例最后评出多少项目，还要建立学者档案，及时了解其研究方向、重点和成果，加大委托力度及其公正性，确定一批重要项目经专家认定直接下达给有实际研究能力的真正的学者。同样，看一项获奖成果，不是只看该成果评奖单位的行政级别，也不是只看奖项等级，而是看它的实际作用与学术价值。社会科学成果评奖有一定的复杂性，但有两条必须把握住：一条是不以海选确定评委。确定评委一定要从学科出发，量力而行。评委自身要过硬，就是所评领域的有研究能力和研究成果的专家，而不是纯行政官员或学术官员。另一条是不以匿名进行评审。一项非常严肃而有价值的学术评奖活动，不是心照不宣的暗箱操作，也不是"排排坐，分果果"，而是摆在桌面上面对面打分签名，"真金不怕火炼"。匿名评审既会使评委把本应属于自己的责任摆脱得一干二净，又会使评委与评委、成果持有者、组织评审机构之间发生不正当的行为。

人类社会不管发展到何种程度，社会科学总还是需要的；社会科学不管繁荣到何种程度，学术文章和学术专著也总是不可或缺的。如何看待社会科学研究评价，是学术界、报刊出版部门和科研管理机构长期值得关注、思考和研究的问题。只有正确看待社会科学研究及其评价，才能更好地发挥社会科学的作用与价值，推动社会科学的发展与繁荣。

第二节　人文社会科学的研究方法

对社会现象发展规律、人类自身生存价值、生存意义的概括和总结。人文社会科学的产生和发展以不同的方式通过各种途径影响物质文明建设、精神文明建设。

人文科学与社会科学既相互联系，又有所区分，主要表现为：

1. 研究对象的区别

社会科学的研究对象是社会客体，即社会现象及其运动规律。作为社会科学对象的社会客体的基本内容包括社会本质与规律，社会机制与动力，社会结构与功能，社会形态与发展等方面。社会科学通常要面对和探索的是社会的运行，组织，调控，管理，规范和发展之类的社会性问题。经济学，政治学，社会学，法律学等可以说是最典型，最主要的社会科学学科。

人文科学的研究对象是"人文世界"，所面对和解答的是关于人的生存与关怀，人的信仰与情感，人的自由与幸福，人的价值与发展等问题。伦理学、宗教学、文艺学、美学、语言学、历史学等都属于人文科学范畴。

2. 研究方法的区别

社会客体一般具有近似于客观实在性的刚态性和某种程度的运动周期性，主体可以对其在一定层面上进行某些观察和试验，因而作为社会客体建构的社会科学在很大程度上是可以形式化，定量化和公理化的。研究者为了客观，精确的解释和把握社会的本质和规律，必须广泛运用各种定量分析和数学方法，人文科学由于以人为根本的出发点，归宿点和价值取向，它要认识和理解的是人的情感，心态，信仰，理想，意义，文化等问题，因而应当采取人学本体论的立场，观点和方式进行认识。感悟，反思，直觉，情感思维，价值分析，自由联想等内在必然地构成了人文认识的基本和主导型的方法，而客观实证和定量分析只能作为一种必要的补充和参考。

3. 研究成果的区别

社会科学成果由于是对客观、稳定、持续的社会现象及其运动规律的确切反映，它们一般应具有不同于日常生活语言的语义的确切性，语词的单一性和语言的国际性、公理化、形式化、定量化应是它追求的基本目标。人文科学成果由于是对价值性，精神性和心态性的人文世界，人文文化的表征和建构，它在本质上是对现实世界的某种批判，拓展和超越，因而人文科学成果无论从内容还是形式上，都应表现民族风格、日常介入、个体体验、价值自觉、主体意向等特点。

4. 研究价值的区别

(1)在价值目标上，社会科学的目标定位在探求社会运动规律，改造社会现实状况和建构合理的社会世界上；而人文科学的价值目标则应是洞悉价值真谛，解释文化意义，提升人生质量和建构理想的人文世界。

(2)在价值功能上，社会科学的作用范围是提供决策咨询，调节社会运行，协调社会关系和促进社会发展，其价值功能主要集中定位在改善社会管理和推进制度文明建设方面；人文科学的作用在于关怀人的生存与价值，优化人的心理与人格和增进人的自由与幸福，其价值功能主要定位在促进人的身心发展和指导文化建设方面。

(3)在价值评价上，对社会科学的评价应坚持功利和实效标准，即主要以其对经济发展，制度文明，管理效益的作用大小来判断社会科学理论和方法的是非与得失；而对人文科学的评价则应坚持主体和精神标准，即主要以其对人的关切，完善，幸福与发展的作用和对社会的精神文明的影响效应作为评价的根本标准。

（4）在价值实现上，要采取有效措施促使社会科学向领导决策、方针政策、管理效益和制度文明转化，促使人文科学向人的自由幸福，人的人格发展和社会的精神文明转化。

同时也应当看到，社会总是人文化的社会，人文也总是社会化的人文，在人文科学与社会科学之间并不存在一条绝对分明的鸿沟。

第三节　人文社会科学家

一、人文社会科学家的素质

人文社会科学家形象与责任。人文社会科学家在社会中享有很高的声誉，原因不仅是科学知识给人类社会带来巨大财富和福祉，而且是因为社会科学家被视为不求功利、超凡脱俗的真理化身。人文科学不仅是建立在事实和逻辑基础上的客观知识，它还受社会价值的影响，也有善恶之分。有的学科是价值中立的，如语言学。马克斯·韦伯相信，科学的目的是引导人们做出合理性的行动，通过理性计算去选取达到目的的有效手段，通过服从理性而控制外在世界，因而他主张科学家对自己的职业的态度应当是"为科学而科学"，他们"只能要求自己做到知识上的诚实……确定事实、确定逻辑和数学关系"。

这种"科学价值中立"的观点有时指科学知识（纯科学）不反映人类的价值观；有时指科学活动的动机、目的仅仅在于科学自身，不在于个人的价值；有时指科学理论不直接对社会产生影响，社会科学家不对其成果的社会后果负责。

"科学价值中立论"在不同时期有不同的形式和目的，其中有认识方面的原因，也有社会政治、经济、文化方面的原因，这包括：方法上的专业化分工达到高效率；哲学上的机械唯物论把物质和精神、事实和价值截然分开；经济学上作为一种时代精神的不干预主义影响到科学界强调科学的自主性；政治上的官僚科层制把个人既看作内行又看作无意识的齿轮。这反映了科学发展一定阶段由于专业分工过细，专业化程度高而造成的注重局部，忽视整体的局限性，反映了科学作为一种理性活动与人类的其他活动（例如，艺术、宗教等）的区别，也反映人们对自然界基本图景的理解，还反映了科学作为一种社会建制对自主发展的要求。

"科学价值中立论"在某种意义上、某个特定范围内似乎可以成立，并且在一定程度上保护科学事业免受某些社会干扰。例如，17世纪，羽毛未丰的英国皇家学会的社会科学家以向保皇党保证保持价值中立，不插手神学、形而上学、政治和伦理的事务，作为获得自由发表文章和通信权利的交换条件。20世纪，在科学日趋强大甚至成为时代的主旋律时，"中性论"又被用作反对"科学政治化"、"科学道德化"（李森科事件、纳粹对犹太社会科学家的摧残）的武器。但是"科学价值中立论"也有时被用来作为拒绝考虑社会科学家的社会责任的挡箭牌。

社会在变化，科学事业也在变化，当代社会绝大多数社会科学家把科学研究作为谋生的职业，为实际应用的功利目的而进行科学研究。这是否会有损于社会科学家清高脱俗、集真善美于一体的理想形象呢？

20世纪80年代以来，科学研究中的不端行为引起社会的日益关注。1989年美国医学学会发布"在健康科学中的负责任的研究行为"的报告；1992年美国国家科学院、工程院和医学研究院共同发表了题为"负责任的科学：确保研究过程的诚信"的研究报告；1995年美国的这三院又联合再版了《怎样当一名社会科学家——科学研究中的负责行为》，在1989年初版时的书名《怎样当一名社会科学家》后面明确加上"科学研究中的负责行为"以强调社会科学家的责任；2002年美国的三院再次出版了有关科学研究的责任的研究报告《科学研究中的诚信——创造促进负责任研究行为的环境》。可见责任在科学界越来越受到重视。

什么是负责任的科学研究？责任的最一般、最首要的条件是因果力，即我们的行为都会对世界造成影响；其次是这些行为都受行为者的控制（自由意志），如果一切行为都出于被迫，就谈不上责任；最后，在一定程度上它能预见后果（认识能力）。由于人有自由意志、有控制能力、有预测能力，人能有效地影响外部世界，因此人的行为要负责任。在任何一个社会中，总有一部分人，例如，医生、律师、社会科学家、工程师或统治者，由于他们掌握了知识或特殊的权力，他们的行为会对他人、对社会、对自然界带来比其他人更大的影响，因此他们应负更多的责任，需要有特殊的行规（诸如希波克拉底誓言）来约束。

科学技术增加了人的预测和控制能力，因而也扩展了责任的范围。随着科学技术的发展、知识的增长，人的能力增加了，人的行为本性也发生了变化。个人的行为的后果越来越复杂、越严重、越持久而且不易预测。

关于社会科学家的责任的讨论有不同的角度和层次。一种角度是讨论作为科学共同体的成员，在促进科学知识增长过程中社会科学家应遵循的行为规范。马克斯·韦伯、默顿等人正是从这一角度提出为科学而科学，普遍性、公有性、无利益性、系统的怀疑主义、独创性、谦虚、理性精神、感情中立、尊重事实、不弄虚作假、尊重他人的知识产权等。社会科学家的研究工作本身（比如做实验）还应遵守人道主义原则（比如，1949 年纽伦堡法典，强调人类被试的实验要遵循知情同意、有利、不伤害、公平、尊重等原则）以至动物保护和生态保护原则。这些规范保证了科学的自主发展和科学知识生产的正常运行。

另一个角度是从社会大系统来看，考虑社会科学家在社会中身份的多重性，社会科学家的行为规范应该增加一条：有责任性，即有责任去思考、预测、评估他们所生产的科学知识的可能的社会后果。由于科学发展使人拥有的力量越来越大，因此社会科学家对由这种力量导致的行为的后果的责任相应也增加了。如果人们把科学给人类带来的福祉归功于社会科学家的话，那么社会科学家对科学导致的其他消极后果是否应该负责？如果说很难要求社会科学家对应用前景尚不清楚而且不易预测的基本原理的发现的应用后果负责的话，那么对试图把科学理论应用于实际（工业、军事或其他）的社会科学家（这是当代社会科学家中的大部分）来说，不管他们的主观动机意愿如何，都应该要求他们对其科学活动的后果作慎重的考虑。

20 世纪以来，随着科学在军事和工业中的应用日益增加，科学技术的负面社会影响越来越明显。核战争、基因工程、与科技发展不无相关的生态危机等将对人类的生存起决定作用，社会科学家们对科学的社会后果再也不能漠不关心。

30 年代随着马克思主义者对科学与社会关系的开创性研究，以贝尔纳、李约瑟、C. P. 斯诺等人为代表的一批英国进步学者，提出社会科学家的社会责任问题。他们认为社会科学家不应该躲在象牙塔中而应该为大众服务、为大众理解，科学与社会紧密相连，社会科学家有责任用科学为人类造福，以科学教育大众。

第二次世界大战后社会科学家们兴起反战和平运动，讨论社会科学家的社会责任。以爱因斯坦、尼尔斯·波尔、西拉德、鲍林等为代表的社会科学家们大力呼吁、积极活动为使科学研究的结果应用于和平目的，而不是用于战争。"致力于民众教育，让他们广泛地了解科学空前发展所带来的危险可潜在可能性，是所有国家的社会科学家的责任。"

由于社会科学家掌握了专业科学知识，他们比其他人能更准确、全面地预见这些科学知识的可能应用前景，他们有责任去预测评估有关科学的正面和负面的影响，对民众进行科学教育。由于现代的社会科学家不仅从事自己的专业工作，作为社会精英，他们还经常参与政府和工业的重大决策和管理，享有特殊的声誉，他们的意见会受到格外的信任。因此他们对非本专业特长的事应谦虚谨慎，在各种利益有矛盾时他们有责任公开表达自己的意见，甚至退出某些项目的研究。不能因为部门的利益，为了经费、投资，只说好的、不说坏的一面。

80 年代以来，人们对社会科学家社会责任的含义有了新的扩展，社会科学家不但有责任使自己的研究结果为人类和平服务，他们还有责任控制自己的研究本身，当一项正在进行的研究可能破坏生态平衡、物种或人类和平时，社会科学家有责任停止研究并向社会公开这一研究的潜在危机。1974 年生物学家伯格发表公开信自动暂停重组 DNA 研究，引起对基因研究的潜在危害的讨论。社会科学家对其责任的范围有了新的思考，"社会科学家自身开始对研究者的职责和无限地追求真理的权利提出批评和表示怀疑。"

1984 年在瑞典乌普萨拉制定的"社会科学家伦理规范"中规定：当社会科学家断定他们正在进行或参加的研究与这一伦理规范相冲突时，应该中断所进行的研究，并公开声明作出判断时应该考虑不利结果的可能性和严重性。

退一步说，即使这些研究都有价值，社会科学家也有选择的责任。国家或机构的资源总是有限的，选中某一些研究项目，就会牺牲另一些项目。因此在决断项目内容和研究目标时，要考虑是否合乎道义上对资源的使用和分配的正义标准，要权衡学术价值和社会价值。因为科学技术活动需要社会资源，它会带来社会效益，但也具有社会风险，所以在资源、效益和风险的分配方面要控制和避免利益冲突，尽量做到社会公正。

对科学研究，尤其是那些可能有潜在危险的科学研究是否应该加以限制，例如，克隆技术。有人认为号召社会科学家拒绝研究可能危害社会的项目带有不少空想的性质；也有人担心，对责任的强调是否会造成对社会科学家不必要的限制。然而，既然科学研究的最终目的是增长知识、提高人类驾驭自然力的能力、为全人类的福祉服务，那么，科学研究的方向和进展速度都应服从于社会科学家对社会的责任。

二、人文社会社会科学家的成长与培养

整个社会在前进，但是我们不知道前进的方向在哪里。社会科学家就仿佛是在一辆前行的汽车，他们是在加快这辆车的速度，而且越来越快，原本沉闷的前进曲因为科学的参与而变得悦耳而和谐，可到如今，车体各处撞击的声音已经越来越不和谐甚至刺耳，我不得不说，这种声音已经超过了滚轮前进而周期循环的美妙节奏，这是一种警告：车体可能会散掉，或者随时可能掉落我们不知通向何方的前方中存在的一道悬崖。

社会科学家这个群体，是不是到了这个时刻，该考虑一下他们的使命是什么。传统的使命：促进人们更轻松和安全的获取物质生存资料，是否该修改一下？

解救人们的头脑比满足他们的能源需要更重要。找到人类社会这辆大车

开进的正确方向比一直把车更快的推向不知道未来的黑暗更重要。我们应该调整一下我们前进的步伐了。静下来想一想该做什么，真的是比一味地向前狂奔，碰运气似的遭遇什么就是什么，真的要好得多。这辆车已经足够快，而这辆车本身能不能再撑得起，还能撑得起多久，这不该等到它已经崩溃的时候，我们才后知后觉的给出答案。而能做出这些判断的，只有人类社会的脑组织——社会科学家群体。这个年轻的群体已经把人类社会这个大群体带离了自然动物时代。这个世界上的多数人已经可以不必为最基本的生存资料而担忧。社会科学家存在的最主要任务，那么也就到了改一改的时候了。

社会科学家的品质对于要成为一名优秀的社会科学家所具备的素质，首先必须是要有好奇心，对于自然的好奇，对于普遍事物的好奇。据我所知的优秀社会科学家，他们对于所有事物都非常好奇。他们想探知事物的规律，他们具有看到事物最为本质一面的本领。作为社会科学家，他们能够将事物归纳为最基本的简单而重要的法则，并通过这些基本法则去了解许多其他事物。他们所了解的事物不单单是一个清单，或对个别事物的认识，而是将对它们的认识归纳成为一种普遍的认识。这些素质都是应该具有的。另外，优秀的社会科学家必须要有恒心。他们在研究实验过程中不断努力，努力再努力，锲而不舍。此外，优秀的社会科学家一般都有很强的自信心，相信自己的判断。自信是非常重要的一种素质。

对于年轻的社会科学家所需做的准备就是努力去具备我前面所讲的那些优秀社会科学家的素质。他们必须受到很好的训练，习惯长时间的工作，必须具备化繁为简的本领，有时你会阅读一篇内容非常复杂、有许多公式的科学报告，优秀社会科学家能够将其内容观点进行提纲挈领，并转化成自己的语言，将其转化成对于他们而言非常自然的东西。如果用他们的语言进行复述，讲法肯定完全不一样，但是所领会的实质是完全一样的。所以对事物的理解不仅仅是简单的记忆，而是将其简单化，并转化为自己的语言，那时你就真正理解了。一旦你理解了，你就会很容易记住。人的大脑结构是不同的，有些人记名字非常容易，但对于理解观点则非常吃力。学习科学、思考科学或研读科学论文与学习别人如何做事情是不同的。你必须做到你已经真正吸收掌握它了，当你再次回想或运用时，你要觉得它似乎就是由你自己发明出来的一样。你必须看到那些别人已经看过但没有发现的东西。你如何才能做到这一点呢？有两种途径，要么你有先进的设备使你具备别人不具备的条件，比如伽利略的天文望远镜，这样你无须非常聪慧，只要使用这些先进设备，你就可以研究出新成果；要么，你能尝试将问题"内在消化"，使其成为一种直觉，这样当你进行研究时，直觉会引导你走向成功。当然，毅力是一种非具备不可的素质。

比起他们的成就，这些大社会科学家留给我们的更多是精神的财富。他们身上有真正社会科学家的精神。在这个物质文明发达，许多人都为名利奔波的时代，这种精神更值得我们尊敬。社会科学家该有什么样的精神？科学，本身即是探索未知，发现真理，发展先进，改造世界，造福人类的学问，而成为社会科学家，献身科学事业的人所拥有的精神是：锲而不舍，勇于献身于科学，无私奉献却淡泊名利……

简单入手多元思考。选择简单对象开始研究，建立理想模型，尽量应用数学，完整的考虑各要素，建立理论，并通过修改和扩展，扩大应用范围。这其实就是上面所叙笛卡尔提出的科学思想，所以把它称为笛卡尔精神。不仅在物理上牛顿的质点模型、克劳修斯的理想气体模型等取得了巨大的成功，而是在其他领域也一样，如生物界摩尔根幸运地选择了果蝇这个简单对象才揭开了遗传学研究的序幕。对事物的正确认识，最重要的就是避免片面思维，要有多元化思考，但大脑处理信息能力有限，所以先选择简单对象，就可以避免思考过多的因素。而较复杂问题可以用研究简单问题导出的结论通过各种方式的叠加和处理解决，更复杂的问题可以用已有结论定量分析和定性分析。

争论激励科学是人造的，因此与人的素质有关，争论和激励能使人的素质迅速提高，因此科学需要讨论的环境和维护人们对科学的热情。成为社会科学家的一个标志是首先是一个独立的研究者。也就是说一个社会科学家必须有参与科学研究，发表，交流等活动的自主性。而如何赢得这种自主性呢？这种自主性和成果挂钩的。说白了所谓的成果无非就是发表文章或获得专利权。这对于一位以科学研究为职业的社会科学家是至关重要的。在过去我们总强调社会科学家应该首先具备科学精神，也就是你如果想以科学发现为职业，就必须从精神上有一种献身，求实，严谨和持之以恒的内质。这就是所谓的科学精神。但是随着科学研究成了一种社会建制，特别是当现代科学活动出现了政府主导的特征之后，科学就一下子从"小科学"变成了"大科学"，科学也随之变成了一种职业。这就是为什么说科学从业人员也像社会中其他人群那样，有白领，蓝领，师傅，学徒，领导者，被领导者，剥削者，被剥削者，甚至也有资本家，工人，甚至还会有无赖，骗子，夸夸其谈者和滥竽充数者这等的原因了。

所以从这个意义上讲，并不是所有从事科学研究活动的人员都可以被称为"社会科学家"。只有那些获得了"自主性"、"独立性"，并且可以参与科学研究和交流等活动的科学研究人员才能称为实质意义上的社会科学家。但话又说回来了，不管你是不是一位具有独立能力的社会科学家，但如果你从事的是科学研究，那么你就必须具备科学精神。也就是具备求实，敬业精神。

这一点和一个人是不是社会科学家没有关系。因此在研究生阶段发表一些有力的文章是你找工作的敲门砖，否则这个发表文章的任务就必须在博士后阶段尽快完成，否则你肯定不会有轻松日子过。除非你不准备再从事相关的科学研究。也就是你不准备再成为社会科学家了。

科学活动有时看上去更像一种信誉投资。不仅是因为在当今的"大科学"时代里每一位社会科学家都需要有人资助，而且没有信誉的社会科学家也算不上是实质意义的社会科学家。好像有人说过一句话：一个有贡献的社会科学家顶得上很多的政治家或将军们。这句话如果评价处于"小科学"时代的社会科学家是不过分的。但是在当前的"大科学"时代，我们更应该强调的是科学研究集体的贡献，而不是单个人的贡献。但是在现实中，人们还总是习惯于把科学发现的功劳算在一个研究小组的领头人名下。因此如果说科学成果能够给科学技术人员带来"信誉"的话，那受益最多的往往是其中的少数人，体现社会中常见的"马太效应"。

这就可以理解为什么说科学研究越来越是一种职业的原因了。对于一个准备成长为社会科学家的青年人来讲，你所需要的是如何在这样的环境中建立自己的学术信誉。但是鉴于人们的认识习惯，对于一个年轻的科学生来讲是很难不需要自己的导师分些学术信誉给你的。因此当你在挑选导师的时候就一定要看你将来"导师"的为人。特别是看导师能不能帮助你最终成为"独立"的研究者。在英语里有一个名词"Mentor"相当于汉语的"恩师"。那么衡量你的导师是不是你的"恩师"的判断依据除了你是否真的学了些什么之外，最终一定要看你的导师在你成为一个独立的科学研究者的过程中起没起关键的作用。这一点其实是非常重要的。也许有些人会以为只要是导师做到了"授业解惑"就行了，但我觉得那确实远远不够。因为一个社会科学家的责任除了需要做出科学贡献之外，还必须能够培养成独立的社会科学家。这其实是社会科学家的另一个重要任务之一。应该算在一个社会科学家的贡献里面。

因此在如今的科学环境下，对于一个有志于成为社会科学家，准备献身科学研究的年轻人来讲就必须注意一下三个方面的问题：第一，认识到科学的重要性，认同科学是人类生存发展所必需的。有了这样的观念才会热爱科学，才会产生献身科学的动机和愿望。第二，自觉培养科学精神，尽可能地系统掌握已有的科学知识。其实这是一个社会科学家所必不可缺的东西。第三，学习生涯规划，其中选择导师是关键。

思考题

1. 社会科学研究的价值有哪些？

2. 人文社会科学研究评价标准的有哪些？

3. 人文社会社会科学家的素质有哪些？

4. 人文社会社会科学家的成长环境有哪些？

附录

我们为什么要学习文史哲？

龙应台（根据龙应台在台湾大学的演讲整理）

　　在台湾，我大概一年只做一次演讲。今天之所以愿意来跟法学院的同学谈谈人文素养的必要，主要是因为看到台湾解严以来变成政治掩盖一切的一个社会，而我又当然不能不注意到，进入 21 世纪的政治人物里有相当高的比例来自这个法学院。台湾地区领导人候选人也好，民意代表也好，不知道有多少是来自台大政治系、法律系，再不然就是农经系，李登辉是农经系，是不是？（笑声）

　　但是今天的题目不是"政治人物"，而是"政治人"要有什么样的人文素养。为什么不是"政治人物"呢？因为对今天已经是 40 岁以上的人要求他们有人文素养，是太晚了一点，今天面对的你们大概 20 岁；在 25 年之后，你们之中今天在座的，也许就有四个人要变成"政治候选人"。那么，我来的原因很明白：你们将来很可能影响社会。但是昨天我听到另一个说法。我的一个好朋友说，"你确实应该去台大法学院讲人文素养，因为这个地方出产最多危害社会的人"。（笑声）25 年之后，当你们之中的诸君变成社会的领导人时，我才 72 岁，我还要被你们领导，受你们影响。所以"先下手为强"，今天先来影响你们。（笑声）

　　我们为什么要关心今天的政治人，明天的政治人物？因为他们掌有权力，他将决定一个社会的走向，所以我们这些可能被他决定大半命运的人，最殷切的期望就是，你这个权力在手的人，拜托，请务必培养价值判断的能力。你必须知道什么叫作"价值"，你必须知道如何做"判断"。

　　我今天完全不想涉及任何的现实政治，让我们远离政治一天。今天所要跟你们共同思索的是：我们如何对一个现象形成判断，尤其是在一个众说纷纭、真假不分的时代。25 年之后，你们之中的某个人也许必须决定：你是不是应该强迫像钱穆这样的国学大师搬出他住了很久的素书楼；你也许要决定，在"五四"105 周年的那一天，你要做什么样的谈话来回顾历史？25 年之后，你也许要决定，到底日本跟中国的关系，战争的罪责和现代化的矛盾，应该怎么样去看？中国文化在世界的历史发展上，又处在什么地位？甚至于，西方跟东方的文明，他们之间全新的交错点应该在哪里？25 年之后，你们要面对这些我们没有解决的旧问题，加上我们现在也许无能设想的新问题，而且你们要带着这个社会走向新的方向。我希望我们今天的共同思索是一个走向未来的小小预备。

人文是什么呢？我们可以暂时接受一个非常粗略的分法，就是"文""史""哲"，三个大方向。先谈谈文学，指的是最广义的文学，包括文学、艺术、美学，广义的美学。

文学——白杨树的湖中倒影

为什么需要文学？了解文学、接近文学，对我们形成价值判断有什么关系？如果说，文学有一百种所谓"功能"而我必须选择一种最重要的，我的答案是：德文有一个很精确的说法，意思是"使看不见的东西被看见"。在我自己的体认中，这就是文学跟艺术的最重要、最实质、最核心的一个作用。我不知道你们这一代人熟不熟悉鲁迅的小说？他的作品对我们这一代人是禁书。没有读过鲁迅的请举一下手？（约有一半人举手）鲁迅的短篇《药》写的是一户人家的孩子生了痨病。民间的迷信是，馒头蘸了鲜血给孩子吃，他的病就会好。或者说《祝福》里的祥林嫂：祥林嫂是一个唠唠叨叨的近乎疯狂的女人，她的孩子给狼叼走了。

让我们假想，如果你我是生活在鲁迅所描写的那个村子里头的人，那么我们看见的，理解的，会是什么呢？祥林嫂，不过就是一个让我们视而不见或者绕道而行的疯子。而在《药》里，我们本身可能就是那一大早去买馒头，等着看人砍头的父亲或母亲，就等着要把那个馒头泡在血里，来养自己的孩子。再不然，我们就是那小村子里头最大的知识分子，一个口齿不清的秀才，大不了对农民的迷信表达一点不满。但是透过作家的眼光，我们和村子里的人生就有了艺术的距离。在《药》里头，你不仅只看见愚昧，你同时也看见愚昧后面人的生存状态，看见人的生存状态中不可动摇的无可奈何与悲伤。在《祝福》里头，你不仅只看见贫穷粗鄙，你同时看见贫穷下面"人"作为一种原型最值得尊敬的痛苦。文学，使你"看见"。

我想作家也分成三种吧！坏的作家暴露自己的愚昧，好的作家使你看见愚昧，伟大的作家使你看见愚昧的同时认出自己的原型而涌出最深刻的悲悯。这是三个不同层次。

文学与艺术使我们看见现实背面更贴近生存本质的一种现实，在这种现实里，除了理性的深刻以外，还有直觉的对"美"的顿悟。美，也是更贴近生存本质的一种现实。

假想有一个湖，湖里当然有水，湖岸上有一排白杨树，这一排白杨树当然是实体的世界，你可以用手去摸，感觉到它树干的凹凸的质地。这就是我们平常理性的现实的世界，但事实上有另外一个世界，我们不称它为"实"，甚至不注意到它的存在。水边的白杨树，不可能没有倒影，只要白杨树长在水边就有倒影。而这个倒影，你摸不到它的树干，而且它那么虚幻无常：风吹起的时候，或者今天有云、下小雨，或者满月的月光浮动，或者水波如镜面，而使得白杨树的倒影永远以不同的形状、不同的深浅、不同的质感出现，它是破碎的、回旋的、若有若无的。但是你说，到底岸上的白杨树才是唯一的现实，还是水里的白杨树才是唯一的现实。然而在生活里，我们通常只活在一个现实里头，就是岸上的白杨树那个层面，手可以摸到、眼睛可以看到的层面，而往往忽略了水里头那个"空"的，那个随时千变万化的，那个与我们的心灵直接观照的倒影的层面。

文学，只不过是提醒我们：除了岸上的白杨树外，有另外一个世界可能更真实存在，就是湖水里头那白杨树的倒影。

哲学——迷宫中望见星空

哲学是什么？我们为什么需要哲学？

欧洲有一种迷宫，是用树篱围成的，非常复杂。你进去了就走不出来。不久前，我还带着我的两个孩子在巴黎迪斯尼乐园里走那么一个迷宫：进去之后，足足有半个小时出不来，但是两个孩子倒是有一种奇怪的动物本能，不知怎么的就出去了，站在高处看着妈妈在里头转，就是转不出去。

我们每个人的人生处境，当然是一个迷宫，充满了迷惘和彷徨，没有人可以告诉你出路何在。我们所处的社会，尤其是"解严"后的台湾，价值颠倒混乱，何尝不是处在一个历史的迷宫里，每一条路都不知最后通向哪里。

就我个人体认而言，哲学就是，我在绿色的迷宫里找不到出路的时候，晚上降临，星星出来了，我从迷宫里抬头往上看，可以看到满天的星斗；哲学，就是对于星斗的认识，如果你认识了星座，你就有可能走出迷宫，不为眼前障碍所惑，哲学就是你望着星空所发出来的天问。

掌有权力的人，和我们一样在迷宫里头行走，但是权力很容易使他以为自己有能力选择自己的路，而且还要带领群众往前走，而事实上，他可能既不知道他站在什么方位，也不知道这个方位在大格局里有什么意义；他既不清楚来的走的是哪条路，也搞不明白前面的路往哪里去；他既未发觉自己深处迷宫中，更没发觉，头上就有纵横的星图。这样的人，要来领导我们的社会，实在令人害怕。其实，所谓走出思想的迷宫，走出历史的迷宫，在西方的历史里头，已经有特定的名词，譬如说，"启蒙"，18世纪的启蒙。所谓启蒙，不过就是在绿色的迷宫里头，发觉星空的存在，发出天问，思索出路、走出去。对于我，这就是启蒙。

所以，如果说文学使我们看见水里白杨树倒影，那么哲学，使我们能借着星光的照亮，摸索着走出迷宫。

史学——沙漠玫瑰的开放

我把史学放在最后。历史对于价值判断的影响，好像非常清楚。鉴往知来，认识过去才能以测未来，这话都已经被说烂了。我不太用成语，所以试试另外一个说法。

一个朋友从以色列来，给我带了一朵沙漠玫瑰。沙漠里没有玫瑰，但是这个植物的名字叫作沙漠玫瑰。拿在手里，是一蓬干草，真正的枯萎，干的，死掉的草，这样一把，很难看。但是他要我看说明书；说明书告诉我，这个沙漠玫瑰其实是一种地衣，针叶型，有点像松枝的形状。你把它整个泡在水里，第八天它会完全复活；把水拿掉的话，它又会渐渐干掉，枯干如沙。把它再藏个一年两年，然后哪一天再泡在水里，它又会复活。这就是沙漠玫瑰。

好，我就把这团枯干的草，用一个大玻璃碗盛着，注满了清水，放在那儿。从那一天开始，我跟我两个宝贝儿子，就每天去探看沙漠玫瑰怎么样了？第一天去看它，没有动静，还是一把枯草浸在水里头，第二天去看的时候发现，它有一个中心，这个中心已经从里头往外头，稍稍舒展松了，而且有一点绿的感觉，还不是颜色。第三天再去看，那个绿的模糊的感觉已经实实在在是一种绿的颜色，松枝的绿色，散发出潮湿青苔的气味，虽然边缘还是干死的。它把自己张开，已经让我们看出了它真有玫瑰形的图案。每一天，它核心的绿意就往外扩展一寸。我们每天给它加清水，到了有一天，那个绿色已经渐渐延伸到它所有的手指，层层舒展开来。

第八天，当我们去看沙漠玫瑰的时候，刚好我们邻居也在，他就跟着我们一起到厨房里去看。这一天，展现在我们眼前的是完整的、丰润饱满、复活了的沙漠玫瑰！我们三个疯狂大叫出声，因为太快乐了，我们看到一朵尽情开放的浓绿的沙漠玫瑰。

这个邻居在旁边很奇怪地说，这一把杂草，你们干吗？我愣住了。

是啊，在他的眼中，它不是玫瑰，它是地衣啊！你说，地衣再美，美到哪里去呢？他看到的就是一把挺难看、气味潮湿的低等植物，搁在一个大碗里；也就是说，他看到的是现象的本身定在那一个时刻，是孤立的，而我们所看到的是现象和现象背后一点一滴的线索，辗转曲折、千丝万缕的来历。

于是，这个东西在我们的价值判断里，它的美是惊天动地的，它的复活过程就是宇宙洪荒初始的惊骇演出。我们能够对它欣赏，只有一个原因：我们知道它的起点在哪里。知不知道这个起点，就形成我们和邻居之间价值判断的南辕北辙。

不必说鉴往知来，我只想告诉你沙漠玫瑰的故事罢了。对于任何东西、现象、目题、人、事件、如果不认识它的过去，你如何理解它的现在到底代表什么意义？不理解它的现在，又何从判断它的未来？不认识过去，不理解现在，不能判断未来，你又有什么资格来做我们的"领导人"？

对于历史我是一个非常愚笨的、非常晚熟的学生。40岁之后，才发觉自己的不足。写"野火"的时候我只看孤立的现象，就是说，沙漠玫瑰放在这里，很丑，我要改变你，因为我要一朵真正芬芳的玫瑰。40岁之后，发现了历史，知道了沙漠玫瑰一路是怎么过来的，我的兴趣不再是直接的批评，而在于：你给我一个东西、一个事件、一个现象，我希望知道这个事件在更大的坐标里头，横的跟纵的，它到底是在哪一个位置上？在我不知道这个横的跟纵的座标之前，对不起，我不敢对这个事情批判。

了解这一点之后，对于这个社会的教育系统和传播媒体所给你的许许多多所谓的知识，你发现，恐怕有百分之六十都是半真半假的东西。比如说，我们从小就认为所谓西方文化就是开放的、民主的、讲究个人价值反抗权威的文化，都说西方是自由主义的文化。用自己的脑子去研究一下欧洲史以后，你就大吃一惊：哪有这回事啊？西方文艺复兴之前是一回事，文艺复兴之后是一回事；启蒙主义之前是一回事，启蒙主义之后又是一回事。然后你也相信过，什么叫中国，什么叫中国国情，就是专制，两千年的专制。你用自己的脑子研究一下中国历史就发现，咦，这也是一个半真半假的陈述。中国是专制的吗？朱元璋之前的中国跟朱元璋之后的中国不是一回事的；雍正、乾隆之前的中国，跟雍正、乾隆之后的中国又不是一回事的，那么你说"中国两千年专制"指的是那一段呢？这样的一个斩钉截铁地陈述有什么意义呢？自己进入历史之后，你纳闷：为什么这个社会给了你那么多半真半假的"真理"，而且不告诉你他们是半真半假的东西？

对历史的探索势必要迫使你回头去重读原典，用你现在比较成熟的、参考系比较广阔的眼光。重读原典使我对自己变得苛刻起来。有一个中国作家在欧洲哪一个国家的餐厅吃饭，一群朋友高高兴兴地吃饭，喝了酒，拍拍屁股就走了。离开餐馆很远了，服务生追出来说："对不起，你们忘了付账。"

作家就写了一篇文章大大地赞美欧洲人民族性多么的淳厚,没有人怀疑他们是故意白吃的。要是在咱们中国的话,吃饭忘了付钱人家可能要拿着菜刀出来追你的。(笑)

我写了篇文章带点反驳的意思,就是说,对不起,这可不是民族性、道德水平或文化差异的问题。这恐怕根本还是一个经济问题。比如说如果作家去的欧洲正好是二次大战后粮食严重不足的德国,德国侍者恐怕也要拿着菜刀追出来的。这不是一个道德的问题,而是一个发展阶段的问题,或者说,是一个体制结构的问题。

写了那篇文章之后,我洋洋得意觉得自己很有见解。好了,有一天重读原典的时候,翻到一个畅销作家两千多年前写的文章,让我差点从椅子上一跤摔下来。我发现,我的"了不起"的见解,人家两千年前就写过了,而且写得比我还好。这个人是谁呢?(投影打出《五蠹篇》)

韩非子要解释的是:我们中国人老是赞美尧舜禅让是一个多么道德高尚的一个事情,但是尧舜"王天下"的时候,他们住的是茅屋,他们穿的是粗布衣服,他们吃的东西也很差,也就是说,他们的享受跟最低级的人的享受是差不多的。然后禹当国王的时候他的劳苦跟"臣虏之劳"也差不多。所以尧舜禹做政治领导人的时候,他们的待遇跟享受和最底层的老百姓差别不大,"以是言之",那个时候他们很容易禅让,只不过是因为他们能享受的东西很少,放弃了也没有什么了不起。(笑声)但是"今之县令",在今天的体制里,只是一个县令,跟老百姓比起来,他享受的权力非常大。用20世纪的语言来说,他有种种"官本位"所赋以的特权,他有终身俸、住房优惠、出国考察金、医疗保险……因为权力带来的利益太大了,而且整个家族都要享受这个好处,谁肯让呢?"轻辞古之天子,难去今之县令者也",原因不是道德,不是文化,不是民族性,是什么呢?"薄厚之实异也",实际利益,经济问题,体制结构,造成今天完全不一样的行为。

看了韩非子的《五蠹篇》之后,我在想,算了,两千年之后你还在写一样的东西,而且自以为见解独到。你,太可笑,太不懂自己的位置了。

这种衡量自己的"苛刻",我认为其实应该是一个基本条件。我们不可能知道所有前人走过的路,但是对于过去的路有所认识,至少是一个追求。讲到这里我想起艾略特很有名的一篇文学评论,谈个人才气与传统,强调的也是:每一个个人创作成就必须放在文学谱系里去评断才有意义。谱系,就是历史。然而这个标准对20世纪的中国人毋宁是困难的,因为长期政治动荡与分裂造成文化的严重断层,我们离我们的原典,我们的谱系,我们的历史,非常、非常遥远。

文学、哲学跟史学。文学让你看见水里白杨树的倒影,哲学使你从思想的迷宫里认识星星，从而有了走出迷宫的可能；那么历史就是让你知道，沙漠玫瑰有它的特定起点，没有一个现象是孤立存在的。

会弹钢琴的刽子手

　　素养跟知识有没有差别？当然有，而且有着极其关键的差别。我们不要忘记，纳粹头子很多会弹钢琴、有哲学博士学位。这些政治人物难道不是很有人文素养吗？我认为，他们所拥有的是人文知识，不是人文素养。知识是外在于你的东西，是材料、是工具、是可以量化的知道；必须让知识进入人的认知本体，渗透他的生活与行为，才能称之为素养。人文素养是在涉猎了文、史、哲学之后，更进一步认识到，这些人文"学"到最后都有一个终极的关怀，对"人"的关怀。脱离了对"人"的关怀，你只能有人文知识，不能有人文素养。

　　素养和知识的差别，容许我窃取王阳明的语言来解释。学生问他为什么许多人知道孝悌的道理，却做出邪恶的事情，王阳明说："此已被私欲隔断，不是知行的本体了。未有知而不行者；知而不行，只是未知。"在我个人的解读里，王阳明所指知而不行的"未知"就是"知识"的层次，而素养就是"知行的本体"。王阳明用来解释"知行的本体"的四个字很能表达我对"人文素养"的认识：真诚恻怛。

　　对人文素养最可怕的讽刺莫过于：在集中营里，纳粹要犹太音乐家们拉着小提琴送他们的同胞进入毒气房。一个会写诗、懂古典音乐、有哲学博士学位的人，不见得不会妄自尊大、草菅人命。但是一个真正认识人文价值而"真诚恻怛"的人，也就是一个真正有人文素养的人，我相信，他不会违背以人为本的终极关怀。

　　在我们的历史里，不论是过去还是眼前，不以人为本的政治人物可太多了啊。

一切价值的重估

　　我们今天所碰到的似乎是一个"什么都可以"的时代。从一元价值的时代，进入一个价值多元的时代。但是，事实上，什么都可以，很可能也就意味着什么都不可以：你有知道的权利我就失去了隐秘的权利；你有掠夺的自由我就失去了不被掠夺的自由。解放不一定意味着真正的自由，而是一种变相的捆绑。而价值的多元是不是代表因此不需要固守价值？我想当然不是的。

我们所面临的绝对不是一个价值放弃的问题，而是一个"一切价值都必须重估"的巨大考验；一切价值的重估，正好是尼采的一个书名，表示在他的时代有他的困惑。重估价值是多么艰难的任务，必须是一个成熟的社会，或者说，社会里头的人有能力思考、有能力做成熟的价值判断，才有可能担负这个任务。

于是又回到今天谈话的起点。你如果看不见白杨树水中的倒影，不知道星空在哪里，同时没看过沙漠玫瑰，而你是政治系毕业的；25 年之后，你不知道文学是什么，哲学是什么，史学是什么，或者说，更糟的，你会写诗、会弹钢琴、有哲学博士学位同时却又迷信自己、崇拜权力，那么拜托，你不要从政吧！我想我们这个社会，需要的是"真诚恻怛"的政治家，但是它却充满了利欲熏心和粗暴恶俗的政客。政治家跟政客之间有一个非常非常重大的差别，这个差别，我个人认为，就是人文素养的有与无。

25 年之后，我们再来这里见面吧。那个时候我坐在台下，视茫茫发苍苍、齿牙动摇；意兴风发的政治候选人坐在台上。我希望听到的是你们尽其所能读了原典之后对世界有什么自己的心得，希望看见你们如何气魄开阔、眼光远大地把我们这个社会带出历史的迷宫——虽然我们永远在一个更大的迷宫里——并且认出下一个世纪星空的位置。

这是一场非常"前现代"的谈话，但是我想，在我们还没有属于自己的"现代"之前，暂时还不必赶凑别人的热闹谈"后现代"吧！自己的道路，自己走，一步一个脚印。

后 记

　　本书是陕西学前师范学院教材立项建设项目的研究成果。在教材内容上，力求从我国高等教育现状出发，尽可能适应教师教学与学生学习提高的需要，吸纳最新研究成果，充分反映时代的先进性和创新性，知识的科学性和整体性。该书体例严密，内容广泛，叙述简明，是一部大学生人文通识入门教材。

　　本书具体撰写分工为：童广运（绪论、第七章、第八章、第十二章、第十三章、第十四章、第十五章、第十七章）、丁太魁（第二章、第九章）、杜晓霞（第一章）、梁英平（第三章）、高永鑫（第四章）、赵录旺（第五章）、张智虎（第六章）、孙倩（第十章）、张旭（第十一章）、姚挹沣（第十六章）。全书由童广运统稿，丁太魁审校，何兆华教授对全书进行了审定。

　　本书在编写过程中，得到了陕西学前师范学院党政领导、有关部门和人文社科领域专家教授的亲切指导和大力支持，北京师范大学出版社刘松弢老师、高锦老师在编写过程中也给予了大量的指导帮助，同时作者在编写过程中参考引用了国内外有关专家学者著述的资料及观点，在此一并致谢！由于作者水平和精力所限，问题与不足在所难免，祈请读者和有关专家学者批评指正。

编　者

2015 年 7 月